"十二五"职业教育国家规划教材
经全国职业教育教材审定委员会审定

高等职业教育财经类规划教材·教学改革示范系列

创业管理实务

主 编 李 莉 陈建华

主 审 黄友森

电子工业出版社

Publishing House of Electronics Industry

北京·BEIJING

内 容 简 介

本书从大学生的实际需求出发，广泛吸取中外有关创业理论、实践与教育的精髓，总结作者的创业经验和创业教育指导的心得，通过大量鲜活的案例，探讨了创业活动的一般规律和关键问题。

本书设置了理论篇与实践篇两个部分。理论篇包括创业概述、创业机会、创业条件与融资、创业者与团队、商业计划、创业过程、创业企业的经营管理、新创企业的危机管理；实践篇包括中国大学生创业的准备、农业创业、制造业创业、服务业创业、教育业创业、零售业创业、金融业创业，将大学生的专业进行分类，并结合我国最新的产业划分，尽可能地给读者提供具有实际意义的意见和拓展性的知识。

本书既可以作为高职高专院校大学生创业管理课程的教材和参考书，又可以作为创业教育的培训用书，也可以作为社会中想创业的人士的参考读物。

图书在版编目（CIP）数据

创业管理实务 / 李莉，陈建华主编. —北京：电子工业出版社，2014.9
高等职业教育财经类规划教材. 教学改革示范系列

ISBN 978-7-121-24245-8

Ⅰ. ①创… Ⅱ. ①李… ②陈… Ⅲ. ①企业管理—高等职业教育—教材 Ⅳ. ①F270

中国版本图书馆 CIP 数据核字（2014）第 203841 号

策划编辑：刘元婷
责任编辑：郝黎明
印　　刷：三河市鑫金马印装有限公司
装　　订：三河市鑫金马印装有限公司
出版发行：电子工业出版社
　　　　　北京市海淀区万寿路 173 信箱　邮编 100036
开　　本：787×1 092　1/16　印张：18.5　字数：480 千字
版　　次：2014 年 9 月第 1 版
印　　次：2020 年 1 月第 7 次印刷
定　　价：38.00 元

前　　言

创业与创业教育于 20 世纪末在美国兴起，硅谷大批学生企业的创立和成功有力地刺激和推动了美国经济的发展，创业教育也在此时受到了前所未有的关注。目前，在欧美等发达国家，创业教育已深受重视，发展颇具规模。一些学校甚至以创业领域的研究和教学作为学校的战略重心及竞争优势。长期以来，我国大学生创业教育严重缺失。美国等发达国家大学生创业的比例一般在 20%以上，而我国高校毕业生自主创业的比例仅为 1%左右。

党的十八大提出了"做好以高校毕业生为重点的青年就业工作"、"鼓励青年创业"、"推动实现更高质量的就业"等一系列新任务、新要求，为当前和今后一个时期高校毕业生就业工作指明了方向。近年来，国家出台了一系列鼓励大学生创业的政策，大学生的创业动机也比较强，但创业能力不足，亟须通过创业教育和实践操作来提升创业能力。

目前，我国的创业教育已经起步，进入了快速发展的阶段。从原来的就业教育指导逐渐转变为以创造、创新、创业为主题的教育，强调理论与实践相结合。国内很多大学都在积极探索大学生的创业教育，但目前的相关研究、案例、教材等还不能很好地满足创业教育的需求。

本书从大学生的实际需求出发，总结作者的创业经验、教训与感受和从事创业教育与指导的心得，广泛吸取中外有关创业理论、实践与教育的精髓，通过大量鲜活的案例，探讨了创业活动的一般规律和关键问题，从理论和实践两个层面展开。理论篇通过简练易懂的语言向读者介绍了创业的基础知识，按照创业的阶段，分为 3 个层次探讨：创业机会的识别和把握、创业条件的获取、创业过程与经营管理的相关知识。实践篇按学科划分领域，选取各个领域中的代表行业，结合大学生创业的现状、大学生的专业和大学生创业的案例进行了阐述和分析。书中结合当今世界的发展趋势和国家的创业环境，引用了相关案例，旨在让学生更好地理解和进行实际操作。

因此，本书具有以下 3 个方面的特点。

第一，理论知识的系统性。本书围绕着创业的不同阶段所面临的问题进行编写，逻辑清晰，语言通俗易懂，涵盖了创业管理中的核心内容。

第二，内容的新颖性和创新性。本书的内容多是作者自己的研究成果，并且吸收了国内外相关领域优秀的研究和教学成果。同时，国内外相关的创业书籍并没有分行业向大学生进行行业基础知识及创业相关内容的介绍，但是这一部分内容却是极其重要的。因为每个行业都具有特色，所以我们不能把基本理论直接套用在各行业的创业活动中，而应该结合行业特征进行合理计划，科学创业。但是对于初出茅庐的大部分大学生来讲，对所要进行创业的领域了解得并不深入，所以在进行创业时会感到迷茫、手足无措。本书作者在反复讨论和思考之后，决定分行业向大学生介绍各行业创业的基本情况，并在此基础之上给他们提供一些基本的创业思路和方法，为他们进行创业实践打下良好的基础。

第三，理论和实践的结合性。本书分为两个部分，一部分为理论篇，另一部分为实践篇，两部分相辅相成，相得益彰，理论篇为实践篇打下基础，通过实践篇的学习，读者可以更好地理解相关理论。另外，每一章都有学习目标、案例导入、本章小结和案例分析题，非常方便读者的使用，特别是结合大学生创业实际的案例分析，可以较好地满足应用型和技能型人才培养的需要。

本书从大学生创业的实际需求出发，以"易读、实用、指导性强"为编写宗旨和追求目标，让大学生在创业准备时有本可依、有迹可循，为大学生创业的第一步提供必要的知识和帮助。或许我们不能给予大学生创业的勇气，但是本书的理论篇和实践篇可以培养大学生鉴别项目的能力，教给大学生自主创业所需要的知识与技能，指引其走上成功创业之路。

本书由李莉、陈建华负责主编，旷健玲、袁慧英负责策划统稿，梁桂标、林凯励撰写第 1 章；蔡冬珠、黄雪撰写第 2 章；谢庆梅、梁艳莹撰写第 3 章；李虹颖、唐雪丽撰写第 4 章；李韵、吴昕蕾撰写第 5 章；赵严、陈安撰写第 6 章；吕晓秋、杨贺淇撰写第 7 章；耿焕玲、吴晓珊撰写第 8 章；梁槿、柯丽媛、梁桂标撰写第 9 章；麦珮、冯靖撰写第 10 章；张滢婧、许倩倩、王璇撰写第 11 章；江佳韵、陈绮娴撰写第 12 章；单映、简富涵撰写第 13 章；赵晓琳、陈淑伊撰写第 14 章；王腾、黄琳、唐涵娜撰写第 15 章。王沈平女士为本书的出版做了大量的工作，北京自动化所的黄友森教授作为此书的主审，给我们提出了宝贵的意见，感谢电子工业出版社的编辑在创业管理实务教育普及和推广方面所做的贡献，感谢同学们在学习过程中给予的反馈和辛勤劳动。

最后，我要感谢家人一直以来对我的支持，同时，感谢梁桂标认真校对，也感谢朋友范大良、杨杨、汤云刚给我的建议与帮助，感谢我的博士生导师顾良智，感谢母校澳门城市大学。

由于水平有限，书中难免有疏漏和不当之处，期待读者的批评指正。

编　者

2014 年 2 月

目　　录

第一篇　理论篇

第二篇　实践篇

第一篇

理论篇

第1章 创业概论

学习目标

1. 了解创业的概念和定义
2. 了解创业与创新、就业的关系
3. 理解创业活动和创业要素模型
4. 认识创业环境、创业精神和创业教育

> 生活是公平的，哪怕吃了很多苦，只要你坚持下去，一定会有收获，即使最后失败了，你也获得了别人不具备的经历。
>
> ——马云

案例导入

创业路上，她只有一只枕头……

枕头里面暗藏商机

张静大学毕业后到青岛市一家海运外企做文案工作，工作清闲，薪水又高，是女伴们羡慕的对象。2000 年张静被查出患有严重的颈椎突出病，医生建议她换一只矮一点的保健枕头。她在母亲的指点下，自己动手做了一只填充荞麦皮的矮枕头。

使用荞麦枕一段时间后，张静的颈椎病慢慢康复了。她从此对枕头产生了兴趣。她想：如果自己开一家保健枕头专卖店，会不会有市场？

张静从网上得知一家专门卖决明子保健枕头的店，便花 1000 元订购了 20 只决明子枕头。没想到，货刚到就被身边的朋友们以每个 120 元抢购一空，转手之间，就赚了 1500 元。张静更加肯定了自己的想法，又订购了 50 只。生意就此做起来了。

就在张静的枕头生意做得日渐红火之时，而供货商此时却提出要将枕头的价格提高 20%，张静一气之下终止了与对方的合作。

这一系列的变故，她意识到要想把枕头专卖店的生意做大做久，就必须有自己的拳头产品。

张静开始潜心琢磨"自己的枕头"。2000 年，在当地一位中医专家的帮助下，她运用传统中医药理论，相继研发出了清热解毒、泻火明目的野菊花枕、竹炭枕，健脾养血、止泻调经的鸡冠花枕、无忧草枕等。随后，张静筹资在即墨城南烟青路附近建了一家小型枕头加工厂。

不卖枕头，卖健康

一个周末，朋友约张静去城阳的一家樱桃园基地游玩散心。张静灵感顿发：把樱桃叶或者樱桃核放进枕头里，会怎么样呢？

张静很快了解到：樱桃除了味道鲜美之外，果核还有安神、降血压等作用；用樱桃核做枕头，可以用来治疗头部和肩部肌肉疼痛；在阿拉伯地区，樱桃核枕头非常受欢迎，一只樱桃核枕头的市场价格能达到 1200 美元……

青岛市地处温带海洋性气候区，是全国最大的樱桃树种植基地之一。张静决定研发樱桃核枕头。

经过反复试验，张静终于摸索出一套独特的樱桃核枕头制作工艺。她给枕头取了一个非常温馨的名字——"适之宝"，并组织工人小批量加工，然后投放到市场试销。

青岛一家企业的一位工程师患颈椎病多年，偶然用过"适之宝"樱桃核枕头后，病情竟然缓解了。他一路辗转找到张静，定制了几只枕头。张静为他量身定做了几种不同款式的樱桃核枕头。

这是张静接到的第一笔订单。这笔小订单给她带来了启发：现在人们生活水平比较高，对消费品的质量要求也比较高，"量身定做樱桃核枕头"应该有市场。她决定在青岛一家知名媒体打出"定制枕头"的广告。这次宣传使"适之宝"在青岛打出了名气。

随后，张静又联合青岛各大媒体举办"适之宝"体验有奖征文。张静和她的各种款式类型的樱桃核枕头的名气迅速传遍山东半岛，省内外一些客户慕名前来定制购买。张静的"适之宝"作为一种创新家居品牌迅速推向全国。2003年，张静加盟了阿里巴巴网进行产品推广。

畅销国外迎来更多机遇

2004年，张静带着一批樱桃核枕头前往宁波参加中国家居用品博览会。一举签下几百万元交易大单。2006年，适之宝枕工坊产品畅销世界20多个国家和地区。

2011年3月21日"世界睡眠日"，张静抓住商机，率先在全球推出了免费制定枕头活动。仅这一天，"适之宝"的成交额就达几百万元。与此同时，张静还受到了世界睡眠日委员会联合主席 Liborio Parrino 的高度赞扬和表彰。

在近期举办的青岛国际时装展会上，"适之宝"系列的"仿生可调3S套枕"、"阿兰贝尔梦"口袋儿童枕头双双获得"市长杯"工业设计大奖赛设计创新奖。无疑，一笔更巨大的财富正在前方等着张静。

大获全胜的张静却并不满足于目前大量财富的积累。她的理想是把"适之宝"打造成一个像美国星巴克一样的专业品牌，不局限于做枕头、卖枕头，要做全球的睡眠服务商。

📝 案例点评

通过张静发现商机和开始经营，却因缺乏竞争力的核心，供货商此时提出价格提高20%，价格的提高使张静无法接受，一气之下终止了与对方的合作。

在失败后，她意识到要把企业做成功，就必须有自己的核心竞争力。经过反复试验，张静终于摸索出一套独特的樱桃核枕头制作工艺。同时，她也深刻地领会到"现在人们生活水平比较高，对消费品的质量要求也比较高"，卖健康的产品将会有巨大的市场。张静抓住"世界睡眠日"这一商机，率先在全球推出了免费制定枕头的活动。

在张静的创业经历中，我们可以知道在创业时应有自身的创新点，看好市场抓住时机，了解创业要素、创业环境、创业精神等等。

1.1 创业的概念

1.1.1 创业的定义

什么是创业？在创业界，专家学者给出了不同的定义。

传统学院派对创业下的定义是，创业是"不在乎目前资源是否充足而识别机会的能力。"

百森学院进而将创业的含义表述为，创业是"一种思维和行动方式，为机会着魔，全盘规划，具备良好的领导力。"

杰弗里·A·蒂蒙斯说："创业是一种思维推理和行为方式，这种行为方式是机会驱动、注重方法和与领导相平衡。创业导致价值的产生、增加、实现和更新，不只是为所有者，也是为所有的参与者和利益相关者。"

罗伯特·C·荣斯戴特认为："创业是一个创造增长财富的动态过程。财富是这样一些人创造的，他们承担资产价值的时间风险，承诺或提供产品或服务。他们的产品或服务未必是新的或唯一的，但其价值是由企业家通过获得必要的技能与资源并进行配置来注入的。"

在学术界，学者们对创业的定义有所不同，但总体上来说，可以概括为：开创新的业务、创建新组织、利用创新这一工具实现各种资源的重新合理组合，对潜在机会进行发掘并加以创新的经济活动。

本书从狭义的角度对创业下定义：创业是指通过发掘潜在的商业机会，对资源配置的重新合理组合，创建新的企业组织形式，为消费者提供产品或服务，为个人和社会创造价值和财富的经济活动。

资料链接：《创业管理学》 李良智 查伟晨 钟运动 主编　出版社：中国社会科学出版社　出版时间：**2007-03-01**

1.1.2　创业与创新

1. 创新的定义

1912 年，奥地利经济学家熊彼特（J.ASchumpeter）最早提出了"创新"的概念。1939 年，他完善了自己的理论，提出创新就是"建立一种新的生产函数"，也就是说，把一种从来没有过的关于生产要素和生产条件的新组合引入生产体系。

1985 年，被誉为"现代管理之父"的彼得·德鲁克（Peter F. Drucker）发展了创新理论。他提出，任何使现有资源的财富创造潜力发生改变的行为，都可以称之为"创新"。Drucke 主张，创新不仅仅是创造，而且并非一定是技术上的；一项创新的考验并不在于它的新奇性、它的科学内涵，或它的小聪明，而在于推出市场后的成功程度，也就是能否为大众创造出新的价值。

2. 创业和创新的关系与区别

随着社会经济发展需求和国家政策导向的与时俱进，"创业"与"创新"已成为近年来我国学术研究的热点。很多学者都遵循"创新"学派的观点，过于强调创业和创新的内在联系，主张"创业是实现创新的过程，而创新是创业的本质和手段。"

瑞典管理学家 Kaj Mickos（2004）则认为，"创业不是创新，创新也不是创业。创业可能涉及创新，或者也并不涉及；创新可能涉及创业，或者也并不涉及"。结合实际，我们很容易就可以发现，Mickos 的主张更为客观。创新和创业的关系如图 1.1 所示。

在图 1.1 中，"创新型创业"是"创新"和"创业"的交集部分，也是无外力帮助的情况下，创业中最具可持续发展性的类型。

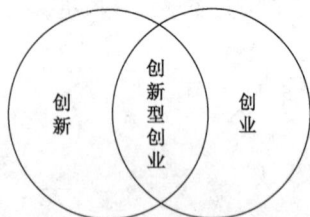

图 1.1　创新和创业的关系

3. 创业选择的创新形式

任何一个创业者都希望自己的企业能成为梦想中的"百年企业"，但事实并非如此。剖析今天的工业巨擘，50 年前它们大都是新创小企业。它们之所以能够获得今天的成就，根本原因就在于它们不断的创新。一般而言，企业的日常经营活动主要包括这样一个过程：原料→生产过程→产品服务→销售过程→顾客。因此在市场经济条件下，除顾客以外，企业家可以从原材料的采集或供给、产品本身、生产过程以及销售过程着手，努力创新，因此在创业选择时有四种基本创新形式：来源创新、过程创新、产品创新、销售创新。

（1）来源创新：采用新的技术或方法，把自然界的产出由一个极限推向另一个极限。

自然资源是有限的，如何使有限的自然资源满足人们无限的需求——创新。珍珠作为世间最流行的珠宝首饰之一，其光泽绮丽的外观、清新高雅的感受，备受人们钟爱。不仅如此，珍珠的药用、美容、保健功能，更为之增添迷人色彩。但历史上很长一段时间，最初珍珠的来源一直靠人工深海采集，在这种情况下，要获得一颗有商业价值的珍珠，需要杀掉成百上千的牡蛎，因此世界各地的珍珠资源迅速耗竭。面对严峻的形势，1893年日本的御木本幸吉首次采用人工方法培育出完美的珍珠，开创了人工培育珍珠的先河。御木本幸吉据此创立了御木本株式会社（MIKIMOTO），而日本也凭此逐渐成为世界珍珠产业的领头羊。今天，人们的生活因各种珍珠及珍珠饰品而绚烂多彩，御木本幸吉功不可没。而御木本株式会社，这个百年老店的辉煌正是建立在这个来源创新的基础之上的。

（2）过程创新：采用新的产品生产过程，提高生产效率，降低生产成本。

生产方式在人类社会的发展历程中由手工生产方式演变为大规模生产方式的过程，就是过程创新的力作。1914年亨利·福特建立了装配流水线，使得T型车的生产过程从无序转向有序，实现了生产作业的科学管理，形成了现代化大批量生产方式。在这种情况下，生产作业内容分解得十分具体，操作工人可以流动更换，不管是谁，只要经过短期培训，就能够到生产线上去干活。相比之下，摩根汽车公司（手工生产方式的代表）培养一个熟练的工人需要两年。正因为如此，福特汽车公司的生产效率得到了极大提高，奠定了其在汽车工业中的霸主地位。

（3）产品创新：采用新技术、提供新产品或服务、开拓产品新的服务领域。

微软——这个举世瞩目的软件大亨，其首席执行官比尔·盖茨以760亿美元的身价连续二十年蝉联美国首富称号。可在30年前的1975年7月，新成立的微软公司只有三名员工：比尔·盖茨、保罗·艾伦和他们的秘书。到1980年，位于西雅图的微软公司还被一片片森林所环绕。而在2003年，微软已发展成为一个拥有几百幢办公大楼、6万余名员工的软件业巨擘。是什么原因使得微软能够保持如此高速地增长呢?是创新。从Ms-DOS到Windows，从Office到IE……新产品不断开发、新领域不断开拓，使得微软从一个名不见经传的小公司逐步成长为世界最大的软件公司，成为当今知识经济的代言人。

（4）销售创新：采用新的销售方法、途径或模式，把产品更便捷地送达消费者手中。

在人类社会的发展史上，交易方式一直是不断变化的。从偶尔的物物交换到定时定点交换（集市的产生），再到商店的出现、城市的兴起、百货商店、邮购、超市、直销以至于网上购物……这些都是销售方式的变革。山姆·沃尔顿——沃尔玛折扣百货店的创始人，无疑是所有销售创新者中杰出的一位。沃尔玛，这个于1962年创立的折扣百货店，通过革新当时的销售模式，采用价低量大的销售方式，以惊人的速度增长，如今已雄踞《财富》"世界五百强"首位。沃尔玛的成功就是销售创新的有力例证。

因此，唯有创新型创业才能成为梦想中的"百年企业"。

资料链接：《发明与创新（综合版）》2006年第8期《创业与创新》作者：陈永怀

1.1.3 创业与就业

1. 就业的定义

就业是指符合劳动年龄、具有劳动能力的人员，通过一定形式与生产资料相结合，从事某种社会劳动，从而获得报酬或经营收入即取得谋生手段的经济行为。对个人来说，就业是使自己的劳动力同生产资料相结合，从事一定的社会劳动或经营活动，取得一定的劳动报酬或经济收入；从社会方面来看，就业是把全社会的劳动力和生产资料结合起来，用以创造社会财富。

2. 创业与就业的关系与区别

创业意味着承担一份社会责任，是为社会创造财富，而就业则是在分享财富，二者的价值与意义的区别显而易见。就业需要掌握基本知识、基本技能，这是外在表现，可以通过培训来改变和发展。创业则需要更深层的东西，包括自我形象、特质和动机，是人内在的、难以测量的部分，需要在社会中不断地积累经验、思考和总结，更重要的是创业者自己的理念动机，这不是通过简单的培训活动就可以形成的。

创业聚焦

创业者与打工者的区别

以下是一位经历丰富的做过长期职业经理人的创业人创业者与打工者的不同的阐述。

创业者，看市场、看营销理念、看产品有没有自己发挥的平台；打工者，看位置；创业者，需要的是依靠自己的能力，一步一个脚印地打造一个全新平台，直达成功彼岸；创业者，关注如何让平台更大，需要哪些资源支撑，并合理安排合适的人在合适的位置表演。而打工者，是靠别人给自己的平台来展示能力，如果觉得这个平台无法实现自己的表演还可以抱怨几句平台太差，然后跳槽换个位置继续表演。创业者，默默在后台做支撑，忍受心酸、汗水和痛苦以及无人喝彩的寂寞。打工者，关注的是怎样争取更好的舞台位置来表现自己，并尽情享受精彩表演所赢得的掌声。创业者，关注的只能是自己在某个平台上处于什么样的位置；打工者，看问题的角度不同；看到的都是不可能的一面；创业者，所看到都是可能的事，一定能做出成绩来。创业者，要跟随的是成功者，而打工者，要跟随的是领导者。创业者，影响的人是老板级别的人物，而打工者，影响的人是上班族的模范人物。

请上网查阅"创业者与打工者的差异"，阅读更多的描述，从中体味创业的本质以及创业思维。

1.2 创业活动

创业作为一种商业活动是长期普遍存在的社会现象，只是很长时间里人们并不知道他们在从事的活动就是创业活动。后来人们慢慢开始注意到这个相对特殊的群体，并开始称其为创业者，观察他们的行为，形成对创业活动的基本认识。

1.2.1 我国创业活动的基本情况

随着社会主义市场经济体制的逐步建立，我国的创业活动日趋活跃，创业环境正在不断改善。我国创业活动主要有以下特点：

1. 中国早期创业活动保持非常高的活跃度

根据《全球创业观察 2011 报告》中国的早期创业活动指数（TEA）排名第 1。与 2010 年的第 15 位相比，实现了大幅度的提升，这一数据反映了中国"全民创业"的火爆状态。除早期创业活跃度以外，2011 报告还显示：中国人的整体创业意愿与其他 GEM（全球创业观察组织）成员国相比，同样处于较高水平。

中国早期创业活动保持非常高的活跃度得益于中国日益开放的经济环境和开拓创新的创业氛围，即使在这两方面都还存在着很大不足。

即使这样，2011 年这样一个不可忽视的特殊背景：各国平均 TEA 指数均有所提高。在不利的经济周期中，人们为了更好地生活，更倾向于以自身努力寻找更好的发展机会，实现创业梦想，以抵抗下滑经济周期带来的不利影响。

2. 中国创业企业的质量和存活率还需要提高

根据《报告》比较可以看出，虽然中国初创企业活跃度是全球最高，但是既成企业比例偏低，这也是效率驱动型经济体的一个普遍现象。相反，在创新驱动型经济体中，初创企业与既成企业的比例相当。这至少可以带来两点思考：

第一，对创业者来说，创业就像漫长的马拉松，能跑到终点甚至取得好成绩的毕竟是少数的。当你开始走在创业的道路上，一定要做好"让路"或者"牺牲"的心理准备。

第二，在相对成熟的市场和体制环境下，创业活动相对更容易获得成功。中国的创业环境还有待优化和完善，创业企业的质量和存活率还有待提高。只有越来越多的创业企业不断走向成熟和强大，中国经济的整体竞争力才能真正得到体现。

3. 中国初创企业创新度不足

2011 年的数据显示：中国初创企业在提供创新产品方面排名很低，这揭示了一个很严重的问题，就是中国初创企业的创新度不足。这从另外一个角度揭示出：中国创业企业仍处于生存型创业（保证生存需要，相对被动）为主向机会型创业（倾向于创新，相对主动）为主过渡的阶段。

当然，初创企业创新度这一数据与各国的经济发展阶段相关，例如在某个国家被认为是创新产品的，在另一个国家则不被认为具有创新性。但不可否认，经济越发达的国家，初创企业的创新度必然更高。

4. 中国初创企业的国际化程度较低

考察初创企业国际化程度的标准是：企业的国际客户比例不低于 25%。在 54 个经济体中，中国的这一指标排第 51 位，与 2010 年相比，变化很小。但在各经济体中，俄罗斯、巴西等幅员辽阔、人口众多的国家的排名同样很低。

这一数据表明：在国内市场更充足的国家，创业企业的国际化意愿更低。当然，由于近两年国际市场的巨变，较低的国际化程度对创业企业抵抗外部风险来说未必是坏事。

5. 中国创业型员工活跃度（EEA）偏低

中国企业的创业型员工活跃度（EEA）在效率驱动型经济体中，处于中等水平，但在所有 GEM（全球创业观察组织）成员国中偏低，仅不到 2%，与早期创业活动指数（TEA）形成鲜明对比。这主要是由于整体创新环境和创业文化的限制，创业型员工相对较少。

各成员国的整体趋势是：EEA 指数与 TEA 指数相反，随着经济发展水平的提高而提高。例如：创新驱动型经济体早期创业活动指数偏低，但创业型员工活跃度在各经济体中则是最高的。

造成这种现象的原因在于：经济水平越发达的国家，企业发展成熟度越高，鼓励创新的体制更健全。员工在现有的企业同样有发挥创业精神、展现创新能力的机会，所以他们另起炉灶的意愿更低。

1.2.2   我国创业活动存在的主要问题

在创业服务、创业投资、创业教育、产权保护、金融支持、国家政策、商务环境等九项衡量创业环境指标的评价中,我国在 37 个国家和地区中处于中下水平。

创业活动的主要问题有:

1. 创业的门槛高,新创企业所需程序繁琐

我国作为发展中国家,理应降低创业门槛,而现行公司注册的门槛高,与国情不符;在经营范围、经营方式的核定上过于呆板,缺少一定的灵活性;在知识产权的投资比例上强制限定,以技术等生产要素投资创办中小企业,其作价金额可占注册资本的 35%;以工业产权、非专利技术作价出资的,金额不得超过公司注册资本的 20%。

2. 缺乏对创业税收的扶持

国外对新创企业普遍实施减税政策,相反我国的创业税收政策是区别对待的,对科技型企业的政策多,针对生存型企业的政策少;对创办吸纳就业容量大的劳动密集型企业则缺少鼓励性政策。

3. 融资渠道狭窄

中国少于 20 人的小企业只有 2.3%的运营资本来自银行,而国外的比例远远大于中国。对于规模比较小的企业而言,其正式融资渠道的融资相对更少。创业投资发育不充分,创业企业缺少融资渠道。

4. 创业公共服务发展程度低

创业服务与创业成功率有着密切联系。在美国,未接受创业辅导的小企业,4~6 年内有高达 55~65%的失败率,而接受创业辅导的企业仅有 20%的失败率。相对于美国这样的发达国家有着更完善的服务市场都有如此高的失败率,而我国服务市场不健全,能够为创业者提供服务的机构更是屈指可数。从某种程度上而言,我国的失败率会远高于像美国这样的发达国家。

5. 创业者知识水平不高

据统计,我国创业人群中仅有 36%的人员拥有创业技能和经验,文化素质不高,绝大部分创业没有开创新市场。

1.2.3   鼓励、支持创业活动的政策建议

1. 完善创业政策,鼓励创业

简化审批手续,缩短审批时间,切实降低创业成本,建立创业绿色通道。适当降低公司注册资本限额,允许注册资金分期到位,放宽知识产权出资比例限制,降低创业门槛。加强新创小企业的产业政策研究,制定并完善促进都市型工业、社区服务业、新兴服务业等产业的发展政策。调整就业补贴扶持资金的支出结构,将一定比例用于创业活动,变"输血"为"造血",支持失业、下岗人员的创业活动。创业扶持政策逐步扩大到城乡各类创业人员。鼓励高校毕业生从事个体经营和创办企业。积极帮助下岗失业人员通过非全日制、临时性、季节性、弹性工作等灵活多样的形式实现就业。

2. 努力改善投资、融资环境,加大对创业小企业的资金支持

研究制定针对新创小企业的政策性贷款,扩大对新创小企业发放小额贷款的范围,鼓励并支持中小企业信用担保机构开展创业贷款担保业务。积极开发和拓宽多种融资渠道,为创业者提供筹资、融资服务。鼓励有条件的地区通过财政资金引导,带动民间资本建立市场化运作的小企业创业投资机构,为创办小企业提供资金支持。鼓励并推动民间资金及风险投资机构参与新创企业

的投资，适时启动创业板市场，加快推出证券公司股份转让系统。

3. 完善创业辅导，建立健全创业服务体系

落实《中小企业促进法》的要求，建立对创业辅导等小企业服务体系的财政支持制度，通过政府购买服务的方式，引导各类社会中介组织为创业者提供公共服务。根据各地产业布局和资源优势，加快建立为创业者提供服务的专门机构，尽快建立一支创业辅导专业队伍，支持创业辅导基地建设，为小企业提供创业咨询、创业培训、政务代理、市场开拓、信息咨询等一条龙服务。

4. 加强创业培训，提高创业能力

尽快建立创业培训辅导员队伍，针对下岗失业人员、大学生等不同创业群体，开发相应的培训教材，完善创业培训，提高创业者的创业能力。

资料链接：《中国经贸导刊》2004 年第 24 期《我国创业活动现状、问题与对策》作者：顾强

创业聚焦

借力修天桥

在天津生活的人都知道国际商场，它是天津市第一家上市公司。国际商场临南京路，南京路是一条十分繁忙的主干道，道路对面就是滨江道繁华的商业街。在国际商场刚开业时，门口并没有过街天桥，行人穿越南京路很不方便，也不安全。修建天桥，这是很正常的事情，估计经过那里的人都会很自然地想到这一问题。但是，估计绝大多数有这样认识的人会觉得这个天桥应该由政府来修建，所以想想、发发牢骚也就过去了。有一天，一位年轻人同样也产生了这样的想法，他没有认为这是政府应该干的事情，而是立即找政府商量，提出自己出钱修建过街天桥，希望政府批准，前提是在修建好的天桥上挂广告牌。不花钱还让老百姓高兴，再说天桥也不注明谁出资修建，政府觉得不错，就同意了。这个年轻人拿到政府的批文，从政府出来后立即找可口可乐这些著名的大公司，洽谈广告业务。就这样，这位年轻人从大公司那里拿到了广告的定金，用这笔钱修建了天桥还略有剩余。天桥修建好了，广告也挂上了，年轻人从大公司那里拿到余款，这就是他的第一桶金。

1.3 创业要素模型

创业研究是一个多领域跨学科的复杂系统问题，国内外学者对创业研究也分散在各个子课题上，有许多课题已经形成固有的学者圈子。国内外学者对创业的研究没有一个统一的理论视角和明确的假设前提，研究创业理论的学者对创业的性质存在不同的看法，而且对于创业领域应该包括的内容也不清楚。因此，要建立一个综合各个学科视角内在的创业理论的框架体系是比较困难的。

但是，可以通过界定某些前提假设，把研究的问题集中在某几个因素，进而建立一个共同研究要素群体，这对于创业问题的研究和创业作为独立学科的建设是有重要意义的。国内外学者对此主要有以下研究成果。

1. 加特纳的四要素模型

加特纳认为单纯描述创业或创业者不利于展开创业研究，因而提出包括创业个体、环境、组织和创建过程四个维度在内的创业研究理论框架。他认为任何新企业的创立都是这四个要素相互作用的结果。

创立新企业的个人要素包含：个人成就需求、冒险倾向、年龄、教育及经历等特质；

新企业面临的环境包括：新市场的存在、资金可得性、外来人口率、进入壁垒、供应链上下游砍价能力等；

创建新企业的组织类型：内部机构及组织战略选择等；

新企业的创立过程要素包含：寻找创业机会、累计资源、推销产品或服务、生产、建立组织、应对政府与社会等。加特纳的四要素模型如图1.2所示。

2. 蒂蒙斯的三要素模型

蒂蒙斯认为，成功的创业活动，必须能将机会、创业团队和资源三者进行最适当的搭配，并也能随着事业发展而进行动态的平衡，创业流程由机会启动，在组成团队之后取得必要的资源，创业计划才能顺利开展。

团队是高潜力企业的关键要素，创业者面临的最大挑战就是建立一支杰出的创业团队。

蒂蒙斯认为，团队素质包含相关净利和业绩记录、取胜的愿望、敬业、决心和恒心、对风险和不确定性的容忍度、领导、沟通等。蒂蒙斯三要素模型如图1.3所示。

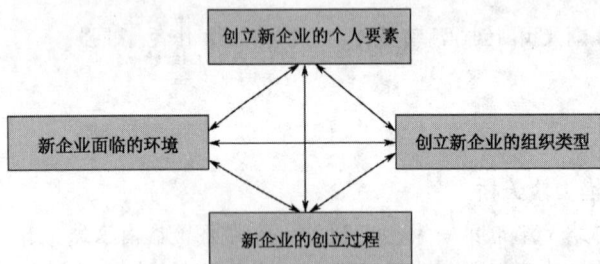

图1.2　加特纳四要素模型

3. 威克姆的四要素模型

威克姆提出基于学习过程的创业模型。认为创业活动包括相互联系的四个要素：创业者、机会、组织和资源。他认为，创业者的任务本质是有效处理机会、资源和组织之间的关系，实现要素间的动态协调和匹配。他认为，创业过程是一个不断学习的过程，创业型组织是一个学习型组织。

最主要的特点是将创业者作为调节各个要素关系的重心，创业者在创业中的职能体现在与其他三个要素的关系上：识别和确认创业机会、管理创业资源和领导创业组织。威克姆的四要素模型如图1.4所示。

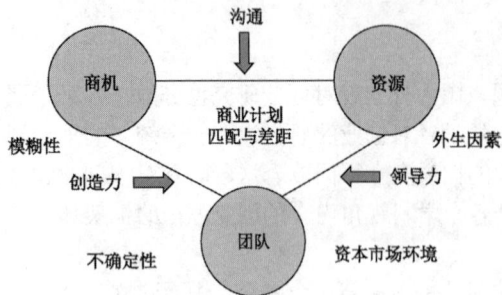

图1.3　蒂蒙斯的三要素模型

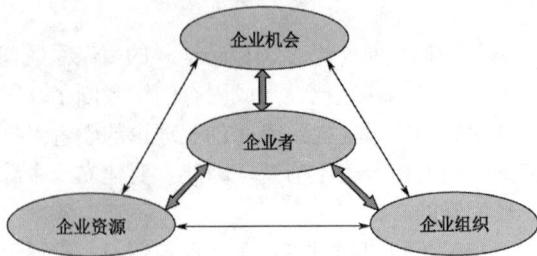

图1.4　威克姆的四要素模型

4. 布森茨的四要素交集模型

布森茨在研究了1985—1999年期间发表在西方顶级杂志上的99篇创业研究文献之后，发现创业研究主要集中在四个方面：创业机会、创业个体或团队、组织方式和环境、四个要素的交集。他认为，除机会外，其他要素都受到管理领域过度关注。布森茨的四要素交集模型如图1.5所示。

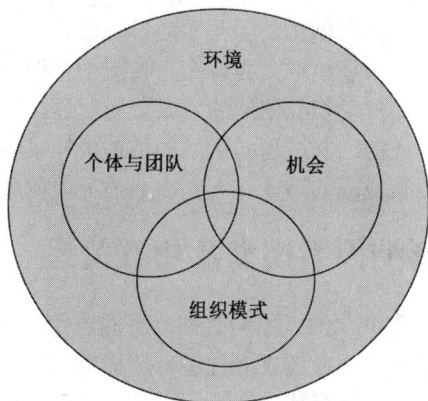

图 1.5　布森茨的四要素交集模型

1.4　创业环境

创业一直以来被看做是驱动经济发展和创新能力的引擎，也是形成提高经济产出与人均收入的重要方式。创业是一个极为复杂的动态活动过程，在技术开发型创业与服务型创业方面，一定的创业行为和创业活动是在特定创业环境条件下所产生并发展起来的，具备好的创业环境对于创业来说是至关重要的，所以创业者在开始创业时须认识周围的环境问题，以便结合自己的创业方向选择有利的创业环境。

1.4.1　创业环境现状

创业环境的现状是决定创业意愿、影响创业成功率的重要因素之一，是个人、社会和政府相互作用的创业支持系统，其中政府创业政策起着关键作用。

1．高校毕业生选择就业难

虽说我国以拥有 13 亿人口的大量廉价劳动力作为有力"武器"吸引国外投资，为出口加工产业带来巨大利润，被誉为"世界工厂"。但随着经济的发展，工人对工资的要求越来越高，很多制造业企业把生产线向成本更低廉的国家转移。因而创业在某种程度上成为大学毕业生毕业之后的必然趋向。

根据我国 2013 年数据显示，全国普通高校毕业生规模达到 699 万人，高校毕业生就业形势愈加严峻，为了缓解就业难的问题，已有大学设有专门从事创新实践活动的社团，定期举行创新创业大赛，以便能进一步触发大学生创新创业才能。

2．政府创业政策

在我国创业环境的诸多因素中，如政策扶持、教育与培训等方面，都有不同程度的提高，创业环境日益改善。现阶段政策里有多种形式的优惠，比如一定的创业配套资金、一次性创业奖励、降低公司注册资本登记等，可是资助力度并不大，而且申请手续繁琐。在"风险资金支持"方面，创业企业利用政策所指出的贷款贴息、融资担保等优惠，但由于留学人员及其企业自身没有固定资产抵押、信誉担保以及我国风险投资公司发育不足等原因，导致融资困难，因此应有效加强融资支持的力度。

3．我国的创业活动状态

现今我国的创业活动在全球中处于活跃状态，这也是我国经济为什么多年来都一直保持相当好的发展态势的关键因素。经济全球化使创业活动日趋复杂，创业服务对多样化、专业化的需求越来越高，有效地选择创业环境显得尤为迫切。眼前的新创企业环境下，针对着当前发展要求，政府的优惠创业政策，对推动积极创业的效果更为明显，新创创业环境里具备的各种必需外部条件是由企业创立所构成的，其过程的形成关键在于构成各因素的形成与组合，若不存在一个利于要素形成与促进要素流动的环境，新创企业的形成就难以进行到底。

1.4.2　创业环境影响因素模型及相互关系

创业环境的影响因素是动态变化的，不同时期、不同国家、不同地区的创业环境都具有不同的特征，创业过程中，创业者应充分考虑到周围环境影响因素的变化性。此外，影响创业环境的因素较多，如果把全部影响创业环境的因素一一纳入到创业环境研究范围，对于创业者而言，在理论上和实践上都不具有可操作性。所以，在创业时我们需界定创业环境的边界，找出其与创业绩效和创业决策相关性影响以及能够被感知的因素，提高可操作性。

1. 创业环境因素模型图

根据系统理论的整体性，我们将创业环境划分为外部创业环境与内部创业环境，外部创业环境是不可以操控的，而内部是可以操控的；其实，外部创业环境本身也是一个系统，数据系统的层次性特征，将外部创业环境系统分为三个层次：宏观环境子系统（或称社会环境子系统）、自然环境子系统、市场环境子系统。根据系统理论，我们把创业环境看作为宏观环境、自然环境、市场环境与内部创业环境四个子系统构成如图 1.6 所示。

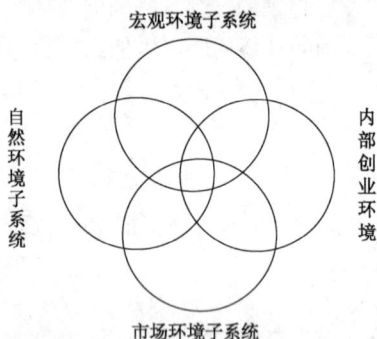

图 1.6　创业环境因素模型图

（1）宏观环境子系统。宏观环境子系统又称社会环境子系统，包括政策法规环境、金融环境、科技环境、社会文化环境四个方面。良好的政策法规环境会提供更多的创业机会、减少创业成本并为创业者提供更好的服务，增加创业者的动力和信息；资本对创业者而言是其他资源无法取代的，持续的资金投入是创业机会转变成产品或服务的重要保障，因此，良好的金融环境是创业成功和新创企业可持续发展的重要保障；良好的科技环境能够使创业者以较低的成本获得创业所需要的技术，有利于科技成果的转化；社会文化环境传递着社会对创业的支持态度、容忍程度及相关的支持，良好的社会环境会营造良好的创业氛围，影响人的观念，减少创业成本。

（2）自然环境子系统。自然环境子系统是新创企业赖以生存所需要的资源环境，是新创企业得以可持续发展的关键。自然环境子系统包括自然资源环境与生态环境。企业是一个资源的转化体，通过企业系统的转化，将一定的投入转变为产出，以产品或服务的形式存在。然而任何投入都离不开资源，资源的可得性以及持久性决定创业机会是否可以持续地转变为产品或服务，另外，新创企业还必须体现企业的社会责任，因为任何企业都是社会的一部分，企业的发展必须考虑到生态环境，良好的生态环境也会促进新创企业的可持续发展。

（3）市场环境子系统。市场环境子系统又称为微观环境子系统，在本文中，我们借鉴波特的产业竞争模型，认为市场环境是由供应商、顾客、替代品、潜在进入者和竞争对手五个方面组成。市场环境关系到创意能否成为一个创业机会以及创业机会的优劣。没有顾客需求的创意不能够成为创业机会，同时供应商、替代品、潜在进入者以及竞争对手都影响到竞争环境，对于创业者而言需要对市场环境进行有效评估，以决定是否建立新企业，将创业机会转化为现实的产品或服务。

（4）内部创业环境子系统。内部环境子系统是创业者可以控制的环境系统，主要包括创业者素质、创业团队文化与创业组织。创业者素质主要体现在两个层次上：精神层次与物质层次。精神层次是指创业精神对创业成功的期望程度；物质层次是指创业技能与技巧，创业者要具有创建和管理新事业的技术以及相关的商业知识和能力。创业团队文化是指创业团队的合作意识、对风险的承受能力、团队的进取心等理念。良好的创业团队文化有利于营造良好的内部创业环境，促进创业成功。创业组织科学的分工与合作，能提升创业组织的效率，充分发挥创业团队的潜力，充分利用内部的资源。

2. 创业环境影响要素之间的关系

依据系统的相关性，系统的要素之间是相互关联的。各个环境系统既有独立的运动轨道，又相互依存、相互影响、相互制约，共同构成创业环境动态链。了解各个子系统之间的联系以及对创业的影响具有重要意义。

良好的内部创业环境有利于创业者从外部创业环境中发现创业机会，通过外部创业环境把创业机会转变为现实的产品或服务；同时，外部创业环境的变化可以影响到内部创业环境，从而影响到新创企业的绩效，如果某个外部环境子系统或其中的某些环境要素与企业内部环境子系统不发生重叠，表明它对企业不会产生影响；如果某个外部环境子系统或其中的某些环境要素与企业内部环境子系统发生重叠，并与创业决策、创业目标以及创业绩效有关联性，就表明它会对创业产生有利或不利的影响，其重叠部分越大，对创业绩效影响就越大。各个环境子系统之间的影响是动态的，对不同创业者，外部环境对内部环境的影响程度是不一样的；在不同的时期，环境子系统之间的影响程度也不一样。

另外，各个环境子系统以及子系统中的不同要素在不同的国家和地区，对新创企业重要性也不一样。例如，中国是一个具有五千年历史的民族，其政治经济制度、社会文化等系统结构客观上存在着与西方国家不同的特征，对中国的创业者而言，宏观环境比市场环境对创业有更重要的影响；对于不同地区，在宏观环境相似的情况下，宏观环境的不同要素对创业影响也不一样，其中区域文化可能有更重要的影响。

资料链接：《经济与管理》2008 年第 9 期《创业环境影响因素研究》作者 郑炳章 朱燕空 赵磊

1.4.3 创业环境评价

创业环境评价是创业形成的关键问题之一，分析创业环境评价是认识和评估创业环境的前提。创业环境是一个系统，系统的特征表现为整体性、层次性、开放性与相关性。从系统的角度对创业环境进行内部和外部的评价，并对创业环境层次进行划分，构建完成创业环境评价。

从中国国情角度观察创业环境评价指标体系。国外的创业环境评价指标体系简单的只有三两项指标，复杂的可达到数百项指标。国外的指标若是放进我国体系应用，对我国的创业者而言，评价指标所突显的值哪些更为重要，具体情况需依据实证的检验。目前为止应用最广泛的是 GEM 创业环境评价模型，但 GEM 模型也是从国外引进来的，侧重于创业外部宏观环境的评价，对微观环境及内部环境评价没有涉及。若要建立一套适合中国国情的评价指标体系和评价方法，须结合中国实际情况并经过大量实证研究和实践综合分析。

1. 创业环境评价指标的理论基础

（1）系统环境观。系统环境观是我们认识和把握创业环境、研究创业环境理论的基本思想，也是科学发展观和认识论在研究创业环境中的具体体现。系统环境观认为环境是一个系统，它不仅包括外部环境，还包括内部环境，是内部环境与外部环境的统一体。因此，在研究创业环境时，不仅要研究外部创业环境，还要研究内部创业环境；在研究新创企业与创业环境之间关系时，就不能把新创企业内部环境（如创业团队）和企业外部环境看成对立的关系，而应把它们当作一个整体进行评价和分析。联系的统一体；在评估创业机会和新创企业绩效时，不仅要考虑到外部环境因素，还要考虑到内部环境因素的影响。

（2）内生性。内生变量是指由系统内部因素影响而自行变化的变量，通常不被系统外部因素所左右，而外生变量是指系统受外部因素的影响而决定的变量。依据系统环境观，创业环境就是一种内生变量。创业企业内部环境如创业团队、创业者等是新创企业内部因素，是可控的；即使是外部创业环境因素，创业企业也可以通过调整内部创业因素，在资源稀缺的情况下，创造性的整合资源以满足新创企业的需求，从而影响外部创业环境。

2. 创业环境评价指标体系构建

依据郑炳章等（2008）所构建的创业环境要素模型，构建了由 4 个一级指标和 14 个二级指标构成的创业环境评价指标体系。并对创业环境评价指标作出解释，如表 1.1 所示。

表 1.1　创业环境要素模型：

内部环境	创业者素质 创业团队文化 创业组织
宏观环境	政策法规环境 金融环境 科技环境 社会文化环境
市场环境	供应商 顾客 替代品 潜在进入者 竞争对手
自然环境	自然资源环境 生态环境

1.5　创业精神

当前，在创业活动盛行的美国，创业者主要指创建自己的、新的中小企业的人。然而并不是所有新的中小型企业的业主都是创业者，也并不只有新的中小型企业才可以称为创业企业。是否为创业企业，重要的不是规模的大小，而在于是否具有创业精神。

创业精神包含有多个要素，创新为其核心。创业的含义——资源的重新组合、转化和创造价值——本身就包含创新。今天的创业，不管是街头摆摊的生存型创业还是开发新型药物的机会型创业，其主要驱动力都不会仅仅来源于追求个人独立和实现自我价值的欲望。创业者或者拥有一种新技术、产品或服务，或者找到一种生产现有产品的新方法，或者慧眼发现一块新市场，或者挖掘出提供一种新资源的办法。这些活动都属于美国经济学家熊彼特所界定的创新范畴，因为它们为社会提供了新的交易机会。如果社会能够接受这种创业行为，就表明社会认为新的要素组合比旧的要素组合更有价值。

以创新为核心的创业精神包含三个主体要素：把握机会、甘冒风险、自我超越。以把握机会为基础的主动性，是创业过程中不可或缺的因素；Entrepreneurship（创业）最初即指创业者与普通雇员的区别在于前者的风险承担能力；而不断追求自我超越能够规避创业过程中遇到的"机会主义陷阱"，从而实现持续发展。

1.5.1　把握机会

创业首先由机会启动，然而，要敏锐地把握商业机会，却不是一件容易的事情。

由于有限理性的存在，创业精神的发挥是受到制约的。从组织外部来看，创业企业难以获得及时的信息和原材料，难以开拓营销渠道和市场。在组织内部，企业纵向和横向沟通有可能不顺畅，信息无法实现充分交流和共享，总部的战略决策可能在信息不充分的情况下被制定出来，这样的战略决策即使是合理的，各个职能部门的内部控制所导致的跨部门管理难度增大，也会使长期发展规划成为一纸空文。因此，在获取尽可能充分的信息的基础上进行机会把握，就成为创业者的首要任务。

创业初期，领袖的个人力量可以力挽狂澜。

然而，随着企业的发展，这种建立在个人基础上的机会把握意识和能力，便会在更广阔的市场和更繁多的资源面前捉襟见肘。这时，就需要建立一套完整的系统，在制度上保证机会的把握。即通过机会的发现和判断、机会的遴选与甄别、机会的准备和实施以及机会的扩充与优化等对机会进行重构，从而发现新的机会，在机会的把握上形成一个正反馈循环。此外，还必须要有制度化、组织化、规范化的运作体系来支撑，才能保证企业长期的可持续性的发展。例如：对机会进行全方位考虑；通过杠杆作用撬动各方面资源；发掘外部力量、建立独立研究机构，对机会的识别进行客观考察和建议等。

1.5.2　甘冒风险

1. 风险的来源

在创业过程中，创业者会面临许多风险，这些风险主要来自以下方面：

（1）内部技术风险；

（2）内部管理风险；

（3）外部市场风险；

（4）资本风险。

2. 风险承担意识

甘冒风险并不是说创业者必须"主动寻找风险、主动拥抱风险"，而是指要有敢于承担风险的胆识，善于降低乃至规避风险的能力。

在承担风险的过程中，要考虑几个因素。首先，必须测量风险的大小和可能性，以及可能带来的波动效应。其次，必须考虑为应对风险而能调动的资源数量。一个真正出色的冒险家，是懂得谨慎运用手头资源的，因为资源永远是有限的。第三，风险识别和应对系统不应当是建立在个人基础上，而是组织化、制度化的，否则就很难保证其可持续性。

风险在根本上来源于资产专用性，所引起的潜在损失难以通过纵向一体化的安排来进行规避，长期合约也难以做到完全规避风险。因此必须寻找和利用各种资源，降低专用性资产所面临的风险；发挥创业者的个人能力，突破"资产专用性壁垒"。同时突破制度、规则的约束，实现边际创新；排除各种外部干扰，顶住压力，推动创业活动的前进。

2007 年之后，四季沐歌总裁李骏放弃城市优先策略，通过发展乡镇二级代理、建立对村级网络的标准化代理系统，确立了基于农村市场的竞争力，使四季沐歌成为太阳能热水器行业中国市场的领军品牌。

1.5.3　自我超越

越是能够敏锐发现和把握机会，越是感觉有胆识与能力化解风险，创业者就越有可能落入机会主义陷阱，产生违约、欺诈、损害社会福利甚至触犯法律的行为。这样的创业，是不可持续的。比如盛极一时的山寨手机。因此，创业者必须追求自我超越，以规避"机会主义陷阱"。

从本质上讲，自我超越的目的就是要追求可持续发展。可持续发展是一种战略选择。实行可持续发展战略，就必须强调自主创新能力，通过不断创新，在变化的环境中保持竞争优势，同时避免或尽可能减少对社会、资源、环境等产生外部性问题的创新活动，这就是可持续创新。从根本上讲就是以创新的手段，有效地整合多种资源，从而形成收益的可持续性。

创业者可以通过以下几个环节的努力来促进可持续创新。

1. 观念创新

企业应当鼓励讨论和采用新的经营思想、新的经营理念、新的经营思路，在实践中形成新的经营方针、新的经营战略或经营策略。麦肯咨询在云南省咨询行业的竞争中，积极探索运用新观念来改变当地人群的思维模式和传统观念，成为组织变革领域的领导者。他们发现，当地人的工作和生活方式对经济活动的开展产生了不利影响，比如轻松的心情、宽松的环境、舒适的生活、凡事无所谓的态度，等等。在旅游产业开发过程中，这些因素已经产生实际的负面作用。因此，麦肯咨询在改造观念方面花大力气，并使客户有更好的体验和认知。

2. 机制创新

企业需要把各种创新活动制度化，从根本上保证创新活动的进行。这包括从组织、运营机制、企业文化等方面进行规范化。

3. 技术创新

前微软董事长比尔·盖茨总是告诫员工：我们的公司离破产永远只差 18 个月。企业运用高新技术和先进技术改造传统产业，增加科技含量，促进产品更新换代，提高产品质量和经济效益，是技术创新的重要内容，也是现代企业要在激烈竞争中胜出的必然选择。

4. 营销创新

如果产品或服务无法销售出去，企业的生存和发展就无从谈起。企业必须根据营销环境的变化，结合企业自身的资源条件和经营实力，寻求营销要素在某一方面的突破或变革，并实现和维持市场活动的可持续性，包括良好的客户关系、持续的服务优化等。

只要创业者的自我超越扩展到企业和整个经济世界中，就能够成为自动履约机制的前身和基础，实现创业精神从自发到自觉的升华。

资料链接：《清华管理评论》2012 年第 3 期《创业精神的主体要素》作者 赵炎

1.6　创业教育

大学生创业趋势转好归根于我国经济社会进步和教育体系不断改善，大学生创业对于缓解大学生就业压力和促进社会经济发展具有重要意义。创业的教育对于提高大学生创业素质、推进大学生积极创业的成功率提升都有着重要意义，需要加以关注。现今我国教育体系中关于大学生创业的部分还存在较大问题，据此我们的创业教育应该更多地学习和借鉴美国等发达国家的经验，促进我国大学生创业教育机制的完善，更好地发挥创业教育的作用，更好地推动大学生创业发展。

1.6.1 我国大学生创业教育的现状及特点

1. 我国创业教育的发展

国家颁布的《21世纪教育振兴计划行动》明确指出：实施"高校高新技术产业化工程"，也明文规定"加强对教师和学生的创业教育，鼓励他们创办高新技术企业"。同年，1999年第三次全国教育工作会议上，江泽民同志从发展我国高等教育的角度论述了进行创业教育的必要性和重要性。教育部为了响应国家推进创业教育的号召，通过十多年的实践，创业教育在我国有了基础的进步。2002年4月份教育部确定国内包括清华大学、上海交通大学等九所高校开始做大学生创业教育，在提升大学生创业素质和推进大学生自主创业上发挥了一定的作用。可以说，在过去的几年，我国大学生创业教育逐步开始强调大学生创业知识和创业实践的同步进行。从整体上看，我国的大学生创业教育虽然有着一定的发展，但是相对来说还比较初级，创业教育的系统性、实用性都存在很大缺陷，但很多学校所关注的重点只是集中在少数人的创业成绩上，而不是大学生普遍的创业教育。

2. 我国大学生创业教育的特点

（1）我国创业教育相当落后、但已受到重视。

创业教育较早的是印度。在1966年，印度就提出过"自我就业教育"的理念，在教育和培养的方面给予学生全面认识，提高了学生毕业后自谋出路的能力。在欧洲，创业教育发展趋势强劲，许多大学开设创业学课程，许多大学从事创业学研究，还有一些大学的教师和学生加入到创业实践中，分享新创企业的利润和快乐。在美国，20世纪80年代初在大学就开设了创业学课程，创业教育在美国快速发展已成为知识经济的直接驱动力。据统计，我国只有5%的大学生走上创业之路，美国大学毕业生中走向创业的有25%，日本有15%。相比之下，我国创业教育是比较落后的。但值得庆幸的是，随着我国大学生创业活动的兴起，教育部和各高校均开始重视创业教育。

（2）我国创业教育师资力量不足和制度体系未能形成。

在基础教育领域创业教育师资问题更为严重。教师多是在书本上"自学成才"，缺乏实践经验，不仅质量上亟待提高，数量上差距更大。从课程设置来看，目前我国高校还没有形成制度化的创业教育课程体系，但教育内容中已经出现了许多创业教育的因素，如科创协会的活动、商业计划比赛、挑战杯等。另外，还存在一些相关的讲座、选修课程等；然而，表现在课堂上的创业课程是零碎的，缺乏作为一门学科应有的严谨性和系统性。

（3）我国创业教育政策法规建设有待进一步规范和完善。

创业教育是一项涉及面广、政策性强的事业，涉及教育、科技、人事、计划、财政、税务、金融、外事等诸多部门，应由政府或授权某部门做好统筹和协调工作，制定出统一、权威的指导以及相关扶持、优惠、激励的政策和法规。要注意政策的连续性、协调性、规范性，修改和清除不利于创业教育、不利于创业实践的政策法规，逐步建立起良好的法律、法规环境以推动我国创业教育的发展。

资料链接：《创业学——理论与实践》刘平 李坚编著，——北京：清华大学出版社，2009.11（21世纪管理学教材）

1.6.2　美国大学生创业教育的经验分析

由麦可思研究院撰写、社会科学文献出版社出版的《就业蓝皮书：2012 年中国大学生就业报告》指出，2012 年中国大学毕业生自主创业比例连续两届略有上升，2011 届大学毕业生自主创业比例达到 1.6%，比 2010 届（1.5%）高 0.1 个百分点，比 2009 届（1.2%）高 0.4 个百分点。然而，即便 2012 年中国大学毕业生自主创业比例有所上升，但相较于发达国家大学生 20% 至 30% 的创业比例，我国大学生自主创业的比例仍然处于极低的水平。此外，根据南方日报的报道，我国大学生创业成功率平均为 2%，这一数字与美国的大学生创业成功率的 20% 也有巨大的差距。

1. 美国大学生创业教育简介

美国的创业教育极为发达，并成为当前世界大学生创业教育较为成功的案例之一。其创业教育中，形成较为完善的课程系统，并成为大学生必须培训的重要科目，这使得创业教育有了较高的地位。在美国多年创业教育发展中，学校及大学生对于创业教育的接受度及支持度不断提升，在创业教育的内容上不断创新，并注重实践教育。加上充分的财政保障等，创业教育得到不断完善和扩大。在创业教育的支撑下，美国大学生创业数量及成功率都是世界较为突出的。

2. 美国大学生创业教育的主要经验

美国大学生创业发展的经验可以简单地总结为三项内容。

（1）完善的大学生创业教育课程体系。美国几乎全部高校都开设了大学生创业教育，其课程体系极为丰富。一般大学生创业教育覆盖创业实践、活动课程、环境课程及学科课程，对创业相关的构想、融资、实践、管理等多方面内容进行系统教学。在斯坦福及哈佛大学等著名学府，都开设独立的创业管理学课程，为美国大学生提供丰富的创业教育。在创业教育中，案例教学和实践演练非常丰富，几乎在所有创业教育中一半以上为案例教学，通过成功的和失败的创业案例，有助于培养学生更加完善的创业理性思维。借助全国性或者地区性的创业大赛，提高大学生创业实践能力，并且对创业大赛的优胜者及突出创业者提供创业资金等，极大地提升了美国大学生创业的热情及创业成功率。

（2）与创业教育配套的组织体系。美国大学生创业教育的发展离不开创业型的组织结构，实际上，美国大学生创业的理念在大学师生心中都非常重要。在学校教育组织结构上，美国多数大学注重构建创业型的组织结构，将创业实践等作为更加重要的教育核心，注重贯彻建构主义教育理念，引导学生实践，并逐步提升师生的综合知识素养和综合能力。在美国的大学生创业教育中，包括大学生创业教育组织、小企业署、考夫曼创业中心、家庭企业研究所、创业家协会及智囊团等在内的创业或创业支持组织逐步形成，为美国大学生创业提供了极为完善的多元化支持，使得大学生创业构想及实践能够获得多方面的支持，促使大学生创业综合能力逐步提升。

（3）支撑大学生创业教育发展的资金体系。美国大学生创业教育的开展有着丰富的资金支持，其中包括财政资金、社会组织及企业资金、教育资金以及校友赞助等。其中，美国国家教育基金会设定的小企业创新研究计划，专门拨付经费支持创业教育，同时该机构在美国各州建立"小企业孵化器"，为师生创业提供机会。

1.6.3　借鉴美国经验促进我国大学生创业教育发展的建议

1. 改革并完善大学生创业教育课程体系

美国大学生创业教育在完善的课程体系下，能够实现对大学生创业知识和创业技能的综合培养。在目前我国大学生创业教育实践课程缺乏的情况下，发展大学生创业教育应该注重当前大学生创业教育体系的改革，形成理论与实践并重的教育格局。

2. 加强政府及商业银行等对创业教育的支持

美国大学生创业教育在多元化资金支持下，能够将创业构想逐步转变为创业活动，并最终形成可以运行和获利的企业。

案例分享 　　　　张小牛"小罐椒"，揣在兜里的湖南味

张小牛"小罐椒"，一款方便携带的时尚辣椒品牌。味道根植于湘壤百余年，是长沙地区传统的风味食品之一。沿用传统工艺精心酿造，新鲜爽口，香辣宜人，回味悠长，是居家必备、外出旅行、馈赠亲友之良品。殊不知，张小牛"小罐椒"创始人张绍敏，是长沙商贸职业技术学院 2017 级在校学生，他子承父业，将辣椒文化和湘楚文化结合，以"便捷好吃的湖湘文化"、"可以带走的湖南味道"为设计理念，大胆创新，在传统工艺的基础上融入新口味、新包装、新工艺，创立新公司，2019 年公司收入达到 2000 万，让古老的家族企业焕发勃勃生机，祖传家业得以发扬光大。这一切都得益于他在学校受到了良好的创业教育和专业实践。

"小罐椒"项目在创业大赛中崭露头角。以张绍敏为主的《张小牛小罐椒》项目团队参加了"建行杯"第五届湖南省"互联网+"大学生创新创业大赛，与 211 大学等本科院校同场竞技，获得国赛入场券。作为唯一参与主赛道的高职院校、也是总决赛仅有的一个食品类项目，与知名本科院校竞争，凭借产品优势、地域优势、市场优势和文化优势在全国排名十一，获得铜奖，张绍敏感受到了知识的力量和专业的潜质。

创新教育让追梦者如虎添翼。张绍敏受家庭影响，从小爱吃辣酱，对辣酱有浓厚情感。为了将传统家庭作坊带入现代化发展之路，实现小微企业的转型升级，2017 年他报考了长沙商贸职业技术学院湘菜学院烹调工艺与营养专业，一边学习专业知识，一边报名参加创业实践班的系统训练。《创业基础》、《中小餐饮企业创业与经营》、《湖湘饮食文化》、《餐饮企业市场营销》、《门店成本核算》等创业课程、专业课程为他开拓了思路，他和小伙伴们利用学校的营养分析、食材检测等实验室、菜品研发中心、创业街免租金门店、实习食堂、学生食客众多等有利条件，在创业导师和湘菜大师的悉心指导下，将传统工艺、湖湘文化与新时代的创新思维融入小罐椒，历经一年的餐馆调研，数百种辣菜品尝，一年多新品研发，20 余种不同选材，50 次不同配比，无数次求教和研讨，成就了今天的小罐椒湘菜知名品牌。

新理念让传统辣酱展翅高膀。张小牛小罐椒主打"便捷携带""好吃不贵"的理念，定位大众消费，将辣文化和湖湘文化融为一体，选用优质原料，年轻、时尚、轻快的包装设计，产品一上市即得到广大家庭特别是青年上班族的青睐，弥补了市场同类产品稀缺的不足，市场迅速打开。目前已经完成了商标注册，开发了香辣、酸辣、甜辣、酱香四种口味的系列产品，成功打入中国国旅、新康辉等旅行社的定点餐馆，入驻长沙地方特色小吃一条街和淘宝网购平台，更具湖南口感、更营养、更卫生、更快捷的新品，布点全省、APP 一点即到的营销模式将是这个团队的下一个目标。

本 章 小 结

创业重点强调的是主体在社会实践中所体现出的一种特定的精神、能力和行为方式。创业是在不确定的环境中，在不拘泥于当前资源条件的限制下对机会的追寻，将不同的资源组合以利用和开发机会并创造价值的过程。创业活动的特点：普遍性、特殊性。

案例研读

星巴克公司：构建可持续供应链

星巴克公司是世界上最大的特种咖啡零售商，截至 2005 年 10 月 2 日的财政年收入为 64 亿美元。星巴克在世界范围内继续扩张其门店数量，并且在销售和利润方面一直保持快速增长（见图 1）。20 世纪 90 年代，特种咖啡产业经历了巨大增长，该市场中拥有良好教育背景的消费者也日益增多。然而，在某些年份，全球范围内低品质咖啡供给过多，压低了世界市场中的价格，这使得咖啡种植农很难获得足够的收入来支付他们的生产成本。尽管星巴克只购买品质最好的阿拉伯咖啡并且支付溢价，所有的农场主还是在经济上受到了这种低品质咖啡过度供给的影响。

Starbucks Corporate Performance

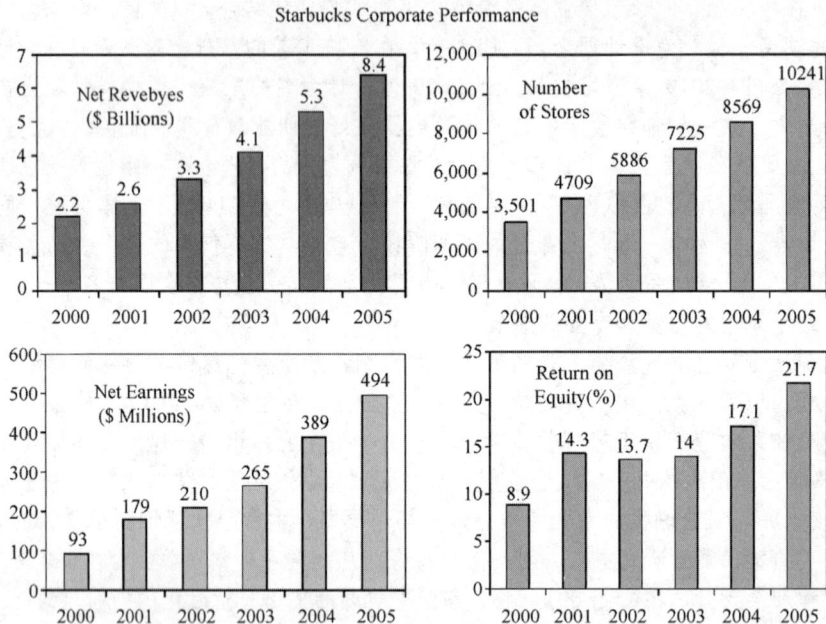

图 1　星巴克公司业绩

这是星巴克历史上具有挑战性的转折点。星巴克公司拥有 10 000 多家门店——自十年以前的 676 家开始——烘烤世界上 2.3% 的咖啡产品。各门店不仅销售咖啡饮料和美味食品，同时也销售咖啡豆、咖啡附属产品、茶以及 CD。星巴克平均每天开四家门店并聘请 200 名员工。显而易见，星巴克公司未来的成功将主要取决于确保高品质咖啡豆的安全供应以满足日益增长的需求。

星巴克咖啡供应链

图 2 描述了星巴克的咖啡供应链。事实上，星巴克实际采用的咖啡供应链中的流程远比图表中所显示的复杂得多。咖啡豆来自于世界各地。大约 50% 来自于拉丁美洲，35% 来自于环太平洋地区，15% 来自于东非。大多数的咖啡生产者是小规模至中等规模的家族式农场。其中一些农场有能力加工自己的咖啡豆，但是多数农场通过当地市场将自己的产品卖给了加工商（磨坊、出口商或者合作社）。加工商将樱桃色的咖啡加工成为上等咖啡或绿色咖啡，然后将它们销售给供应商（即出口商或者分销商）。供应商为加工商和种植农提供多种服务，譬如市场营销、干磨、咖啡方面的专业技术、筹措资金，以及出口物流等。除了从供应商或者直接从加工商购买咖啡之外，星巴克也通过代理商从个人庄园和生产商协会购买。

The Starbucks Coffee Supply Chain

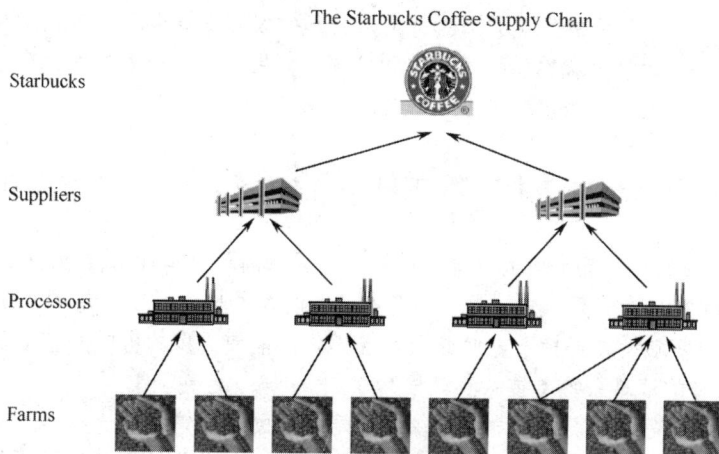

图 2　星巴克咖啡供应链

C.A.F.E.准则

尽管在特种咖啡业占据行业优势，星巴克并没有利用自己的购买能力来压榨咖啡供应商从而达到提高利润的目的。星巴克携手国际保护（Conservation International）——一家非盈利性环境保护组织，联合制定了《咖啡与种植农公平惯例准则》（Coffee and Farmer Equity Practices，简称 C.A.F.E.）来帮助咖啡种植农改善生计，从而保证高品质咖啡的长期供应。该项目有六个目标：

1. 提高特种咖啡产业在经济、社会以及环境方面的可持续性，包括保护生物的多样性。
2. 通过经济上的激励手段和优先购买特权鼓励星巴克的供应商们执行 C.A.F.E.准则。
3. 在 2007 年之前，实现依据 C.A.F.E.准则指导购买大多数的星巴克咖啡。
4. 与供应商协商长期互惠合同来支持星巴克的发展。
5. 构建与供应商互惠且更加直接的关系。
6. 在咖啡供应链内促进透明度和经济公平性。

C.A.F.E.项目主要关注三大方面：第一，星巴克希望通过提高可见性来观察供应链中各个参与者的经济回报率，从而确保经济透明度。这使得他们能够鉴别咖啡种植农是否被供应链中的中间商所剥削。第二，星巴克希望确保咖啡供应商所从事的生产活动合乎环境（保护）的要求，从而不会污染环境并且不会在农场使用破坏环境的工艺或原料（譬如杀虫剂或农药）。第三，星巴克希望确保供应链符合企业社会责任标准，譬如农场工人的最低工资、健康安全条款，以及对农场社区的捐助等。

当开头的先决条件都满足之后，供应商就被按照一系列环境和社会标准进行等级划分。所有供应商被评估的不仅仅是他们的业绩，还有他们在农场的供应网络。如果种植农的咖啡种植和加工过程对土地、水、能源以及生态多样性起到保护作用，并且对环境产生最小影响，则对他们予以奖赏。同样，工人的工资应当达到或者超过当地或国家法定的最低要求。必须采取有效措施来确保工人的健康和安全，并为他们提供适当的生活条件。基于各自的业绩表现，同时以环境和社会标准作为考核指标，供应商在 C.A.F.E.准则中有可能获得高达 100 个百分点的成绩。

除了对战略供应商进行价格奖励之外，C.A.F.E.项目还允许星巴克首先从首选供应商中进行优先购买，对那些得分最高的供应商支付高价并提供特惠合同。尽管咖啡豆产业存在着全球供应过剩的问题，C.A.F.E.所提供的这些高于市价的奖励性价格还是帮助种植农获得了利润并得以养家。除此之外，星巴克还通过各种借贷资金为咖啡种植农提供他们可以承受的贷款。他们在咖啡生产国投资于社会事业的发展并通过哥斯达黎加的农民支持中心（Farmer Support Center）与种植农进行合作，为种植农提供技术支持和培训。如果某个供应商未能达到 C.A.F.E.标准，星巴克将在咖啡种植地区为种植农主办宣讲会。

问题与思考

每位学生必须读完案例材料和思考所有问题，每组准备一个 3～5 分钟的 PPT，对其中一个问题进行深度讨论。

1. 由 C.A.F.E.项目联盟组成的咖啡供应链中，股东的动机是如何被激励的？
2. 咖啡种植农、出口商，分销商及星巴克，它们各自与该项目有关的风险有哪些？
3. 在有限的基础设施支持下，使此项目规模化，能使更多的咖啡种植农民都加入进来，你建议采用什么样的信息系统、技术和流程？
4. 你认为星巴克纵向集成更加深入供应链是正确的吗？请给出支持或反对的理由。星巴克业务具备一些特质，这些特质使得纵向集成成为可能。你认为这些特质有哪些？
5. 星巴克在产品、服务和流程上的创新是什么？
6. 星巴克努力采取了哪些措施来成为一个有社会责任感且在环境上具有可持续性的企业？这些措施的实施将对星巴克带来怎样的利益和潜在风险？

思考与练习

1. 创业与创新有哪些区别？
2. "先就业，再择业，择业之后再创业"你认同这个观点吗？理由是什么？
3. 对于创业环境我们应注意哪些？
4. 创业环境影响要素有哪几种关系？
5. 若你是创业者你认为你的项目可行性会是 SWOT 的哪方面？
6. 改革开放以来，我国的创业教育为什么迅速发展？
7. 你怎样看待大学生自主创业的？

第2章 创业机会

学习目标

1. 了解创业机会的概念及类型
2. 掌握识别和判断创业机会的基本方法
3. 了解创业机会的 PEST 分析
4. 懂得创业机会寻找的方法
5. 掌握创业机会评估的两种方法
6. 大学生创业机会的自我评价

> 人生成功的秘诀是当好机会来临时，立刻抓住它。
>
> ——狄斯累利

案例导入

苏宁创始人张近东的创业故事

回眸张近东 15 年来的创业历程，始终离不开一个"快"字。20 世纪 80 年代末 90 年代初，中国出现一股"下海"潮流。年轻的张近东也在此时跃跃欲试。张近东利用工作之余承揽了一些空调安装工程，为自己创业攒到了 10 万元资本。当时最热门也最赚钱的商品是家用电器，彩电、冰箱、洗衣机等供不应求。但张近东却没凑这个热闹，在冷静思考了几天后，他做出了令周围许多人惊讶的选择：专营那时还属于"奢侈品"的空调。1990 年 12 月，27 岁的张近东，凭着"初生牛犊不怕虎"的劲头辞去了固定工作，在远离闹市的南京宁海路上租下一个面积不足 200 平方米的小门面，成立了一家专营空调批发的小公司——苏宁家电，开始了个人和苏宁电器的创业历程。谁也不会想到，十几年后，从这家并不起眼的"小门面"竟驶出一艘中国屈指可数的家电连锁业"航母"——苏宁电器，而其掌舵人张近东则成为"中国连锁风云人物"。

富有前瞻性的第一步奠定了张近东事业的基础。当时正处于空调销售的暴利时代。张近东下海第一年就使营业额达到了 6000 万元，净利润 1000 万元。此时的张近东年仅 28 岁。在当时南京国有大商场眼中，民营企业苏宁无疑是半路杀入空调业的"程咬金"。1993 年，"八大商场"向苏宁发难，宣称将统一采购、统一降价，如果哪家空调厂商供货给苏宁，他们将全面封杀该品牌。这场商战是中国家电业第一次在卖方市场下出现的"价格战"，不过苏宁反而一战成名，凭借平价优势，当年空调销售额达到 3 亿元，一跃成为国内最大空调经销商，最终成为这场大战的赢家。但好景不长，1995 年以后，中国家电市场供大于求，许多制造商直接渗透零售市场。为此，张近东逐渐缩减批发业务，开始自建零售终端，卖家电也从单一空调逐步增加到综合电器。1996 年，苏宁进入扬州市场，标志其开始走出南京家电连锁探索之路。

2000 年对于苏宁电器是个转折年。这一年苏宁停止开设单一空调专卖店，全面转型大型综合电器卖场，并喊出"3年要在全国开设1500家店"的连锁进军口号。苏宁南京新街口店位于苏宁电器大厦内，该大厦位于南京最大商圈——新街口商圈中心，属"黄金建筑"。大厦落成之初就有人劝张近东把这栋楼出租，一年至少可以净赚3000万元，但张近东却坚定地表示："哪怕亏4000万，苏宁也要做家电卖场"。时间证明了张近东的正确选择，苏宁的全国连锁体系也在快速扩张。张近东当初准备亏4000万元开的南京新街口店，如今已成为全国家电销售第一店，一年销售额达10亿元。

15年下来，苏宁电器从当初的10个人壮大到7万人，从200平方米的一个店面扩张到全国的300家店，从年销售额400万元提高到近400多亿元。2005年5月1日，苏宁在北京、上海、广州、深圳等城市同时新开出22家连锁店，打破了国美一日连开11家新店的"神奇纪录"。如果再算上4月份新开的近40家门店，苏宁4月1日到5月1日一个月间，一共开出近60家新店，创下家电连锁新纪录。"在经历15年稳健发展后，2005年苏宁全国连锁发展已进入批量生产阶段。我们现在不再制定具体的开店数量指标，而是放手看自己到底能跑多快。"如今这位家电业的"江湖大佬"，似乎更在意未来。

案例点评

市场的资源是有限的，但商机却是无限的。创业机会是创业活动的起点，比别人早一步抓住机会，下一个成功的就是你。

资料来源：http://www.795.com.cn/wz/98048.html

2.1 创业机会概述

2.1.1 创业机会的概念

对于创业者而言，创业机会的发现、开发、利用以及实现，是创业过程中的关键问题。同时，创业机会也是创业研究领域的核心概念。近年来，大量研究人员从经济学、管理学、心理学、行为学等不同方面对创业机会的内涵和性质进行研究，而不同的学者对创业机会的概念也有不同的理解。表2.1是客观静态角度阐述创业机会的概念。

表2.1 创业机会的概念

作　者	概　念
Casson（1982，America）	创业机会是指在现有的生产方式、新的产出或新的生产方式与产出之间的关系形成过程中，引进新的产品、服务、原材料和组织形式，得到比生产成本更高的价值的情形
Casson（1982，America）	创业机会具有吸引力、持久性和适时性的特征，并能为购买者或使用者创造或增加使用价值的产品或服务
Kirzner（1997，America）	机会的最初状态是"未精确定义的市场需求、未得到利用或未得到充分利用资源的能力。"后者可能包括基本的技术，未找准市场的发明创造，或新产品、新服务的创意
Schumpeter（1934，America）	创业机会通过把资源创造性地结合起来，满足市场的需要，创造价值的一种可能性

站在动态的角度上阐述创业机会的含义，即随着市场发展和细分，创业者明确了市场需求，各种资源也被精确地定义成潜在的用途，市场的资源在不断运转，市场的需求和潜在的创业机会也处于不断变化中。

综上所述，创业机会是被创造出来的，是在新的生产方式、新的产出或新的生产方式与产出之间形成过程中，引进新的产品、服务、原材料和组织方式，得到比生产成本更高价值的情形。

2.1.2　创业机会的特征

1. 潜在价值性

潜在的价值是创业机会存在的基础，而创业者寻找创业机会的目的就在于成就事业，获得财富。若一个创业机会失去盈利性，那么对创业者而言，也失去了吸引力。如上文案例提到，若苏宁公司连续多年亏损，那么还会有今天张近东的成功吗？答案当然是否定的。学者Ardichvili认为，从获取预期消费者的角度来看，事实机会上意味着创业者探寻到的潜在价值。创业机会的价值性是潜在的，需要创业者通过经验、知识、技术去分析和寻找，才能识别出来。

2. 客观存在性

在一定时期，创业机会是客观存在于市场环境中，并能够被人们抓住。无论人们能否发现，具有盈利性的市场需求都会存在于市场中。许多人会认为显露出来的消费者需求才是创业机会，但事实并非如此，很多创业机会就在我们身边，生活中平常的事情，在有心人眼中就是机会。

3. 时间性

创业机会具有很强的时间性，一旦被别人把握住也就不存在了。而机会又总是存在的，一种需求被满足，另一种需求又会产生；一类机会消失了，另一类机会又会产生。 未发现或未被利用的市场资源是一个动态的过程，如果创业者不想失去机会，就应该及时发现和利用机会，抓住市场机遇。

2.1.3　创业机会的类型

研究表明，创业机会的类型对创业活动的发展和成败产生影响。阿迪奇维力（Ardichvili）等学者根据创业机会的识别与发展情况，为创业机会的分类构建了矩阵图（图 2.1）。横坐标是探索到的价值，纵坐标是创造者创造价值的能力。探索到的价值可以是确定的（已知的）或不确定的（未知的）；创业者创造价值的能力也可能是确定或不确定的。一般来说，可确定的创业者创造价值的能力为：人力资源、资金、知识、技术等。在此矩阵图中，探索到的价值表示创业机会的潜在价值，创造价值的能力表示创业者自身的能力。

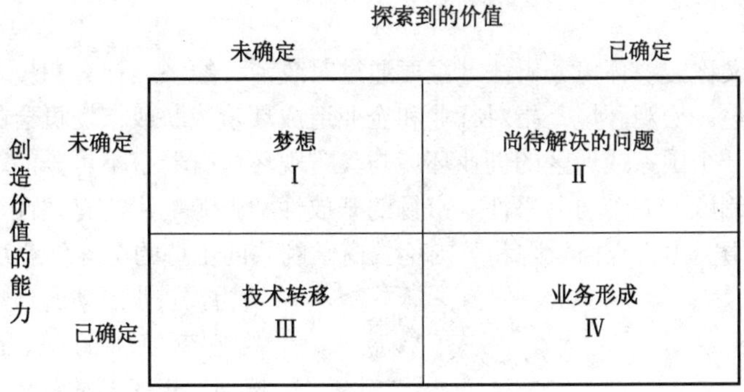

图 2.1　阿迪奇维力的创业机会类型图

资料来源：《创业学：创业思维·过程·实践》，魏栓成 姜伟主编，机械工业出版社，2013.1

在第 I 象限中，创业机会的潜在价值是不确定因素，创业者的创造能力也不明确。此时的机会只是一个梦想，人们需要找寻新的技术和方法突破现有的局限，为机会寻找新方向。

在第 II 象限中，创业机会的潜在价值已被发现，但是创业者缺少解决问题的能力。"尚待解决的问题"即指，创业者已发现市场中未被满足的需求，但还没发现解决问题的方法。在此情况下，创业者应设计出能满足消费者需求的产品或服务，以满足市场需求。

在第 III 象限中，创业者的创造价值的能力已经被确定，但机会的潜在价值仍未能发现。在此情况下，创业者更需要着重寻找新科技的应用，而不是去发展产品或服务。

在第 IV 象限，创业者的创造能力和市场机会的价值被确定，这时只要创业者抓住机会，对市场资源进行合理的配置，新的消费市场便会形成。

总体而言，这个矩阵描述了创业者利用自身能力发现机会潜在价值的一个发展过程。从理论上讲，"探索到的价值"和"创造价值的能力"都已确定的创业机会，成功率会大于两者有其一不确定的创业机会。

资料链接

创业机会类型

创新型机会，通过技术的创新为人们带来方便，比如苹果、微软的核心竞争力在于开发别人短时间内没有的技术。机会在需求中找到，根据需求创新技术。

模仿型机会，通过模仿别人的技术，优化产品，降低成本形成竞争力，或者利用自己已有的用户群。比如百度模仿谷歌，但百度更适合中国人；腾讯则利用已有的庞大用户群对其依赖盈利。机会在优化资源配置中找。

识别型机会，通过已有技术和已知需求成为供给方，比如百合网利用中国的庞大人口和现代找伴侣难的契机，结合科学心理分析，将生活背景、兴趣爱好、性格气质、学历知识水平、世界观价值观接近甚至相同的人搭配在一起，提高配对率。

发现型机会，将新技术应用到不同领域，与其他行业融合，例如，阿里巴巴将网络和商业买卖融合到一起，改变了人们的消费观念。

资料来源：http://blog.renren.com/share/466688414/13951109150

2.2 创业机会的PEST分析

PEST 分析法又称宏观环境分析法，主要通过对政治、经济、社会和技术四个方面分析，从总体了解宏观环境。宏观环境是指对行业和企业造成环境威胁或市场机会的各种宏观力量。许多学者都认为，一个国家或地区的创业环境与其宏观环境有着密不可分的联系，国家或地区的政府地位、法律制度的完善与公平性、市场的开放性和资源配置的有效性等都会影响创业企业的经营与发展。由美国百森商学院和英国伦敦商学院共同主持的全球创业观察（GEM）研究认为，创业活动的环境和基础主要由金融支持、政府政策、政府项目、教育与培训、市场开放程度、有形基础设施、知识产权保护、文化和社会规范、研究开发转移、商务环境等 10 方面组成。图 2.2 为典型的 PEST 分析模型。

接下来，详细叙述政治法律、经

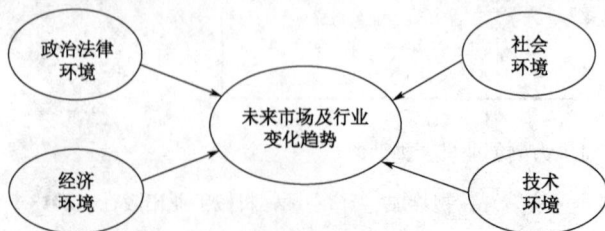

图 2.2 PEST 分析图

济、社会和技术环境主要包括什么要素。

2.2.1 政治法律环境

P（Political Factors）即政治法律环境。政治法律环境是由法律、国家机构以及社会上对企业从事经营生产活动施加约束力和影响力的集团组成的。

政治环境包括国家的政党政治制度、军事形势、国家政策方针、社会政治气氛等；法律环境是指国家的法律规范、法律制度、法律组织机构及法律设施等。一个国家或地区的政治法律环境对创业活动起到约束或影响的作用，有利的环境能为创业者创造市场机遇。

当国家颁布了对企业生产经营活动具有制约力的法律时，创业者的创业活动或企业的经营策略必须随着国家的政策和法律制度而调整。例如在 2013 年《国家宏观经济报告》中提到，"我国将落实和完善财税扶持政策，加快战略性新兴产业和服务业发展；落实和完善促进民间投资和中小企业发展的财税优惠政策，推动企业投资和技术创新；引导和支持企业兼并重组和技术改造，加快淘汰落后产能和抑制产能过剩"。

创业者可借助国家政策的帮助，加快实现自己的创业梦想。此外，国家的税收政策、贸易政策、福利政策等都会影响创业者的选择和决策。2013 年第十八届三中全会提出："实行激励高校毕业生自主创业政策，整合发展国家和省级高校毕业生就业；完善创业基金完善扶持创业的优惠政策，形成政府激励创业、社会支持创业、劳动者勇于创业新机制等多种方式健全大学生创业体制机制"。当代大学生可抓住现有的市场机遇，发展创业活动。

重要的政治法律变量如表 2.2 所示。

表 2.2　重要的政治法律变量

执政党性质	专利数量	政府补贴水平
政治体制	专程法的修改	反垄断法规
政府的管制	环境保护法	与重要大国关系
经济体制	产业政策	地区关系
税法的改变	投资政策	对政府进行抗议活动的地点
各种政治行动委员会	国防开支水平	民众参与政治行为

2.2.2 经济环境

E（Economic Factors）即经济环境。经济环境是指直接或间接影响企业生产活动的国家经济特点及发展状况，包括国家的经济方针、经济布局、产业结构、资源状况以及未来的经济发展方向。国家的经济状况可具体体现在国内生产总值（Gross Domestic Product，GDP）、人均国内生产总值、消费者物价指数（Consumer Price Index，CPI）、可支配收入（Disposable Income，DI）等重要指标上，这些因素都会直接影响家庭的消费支出和收入水平，对创业者的创业活动也产生一定影响。

关键的经济变量如表 2.3 所示。

表 2.3　关键的经济变量

GDP 及其增长率	规模经济	证券市场状况
贷款的可得性	政府预算赤字	外国经济状况
可支配收入水平	消费模式	进出口因素

GDP 及其增长率	规 模 经 济	证券市场状况
居民消费（储蓄）倾向	失业趋势	不同地区和消费群体间的收入差别
利率	汇率	价格波动
通货膨胀率	劳动生产率水平	货币与财政政策

2.2.3　社会环境

S（Sociocultural Factors）即社会环境。社会环境包括一个国家或地区的居民的信仰、民族特色、文化传统、教育水平、自然环境等因素。人们在成长和生活的社会中形成了独有的世界观、价值观和行为规范，社会环境影响了消费者的生活方式和消费方式，也创造了不同的市场需求，因此它对创业的市场产生重大的影响，特别是对那些与健康或生活质量等密切相关的产品或服务。人口规模、年龄结构、种族结构、消费结构等是构成社会环境的主要要素。其中人口状况尤为重要，因为市场需求由人产生，创业者首先需要衡量目标地区的人口规模和状况，再去做进一步决策。随着国家人口政策的放宽和人们迁移的便捷，个性化需求成为现今社会越来越明显的发展方向，昔日的大众市场逐渐转型为具有性别、年龄、民族、教育、地域等细分特点的小众市场。创业者需把握这些差异，才能更好地抓住市场机遇。

关键的社会文化因素如表 2.4 所示。

表 2.4　关键的社会文化因素

人口出生率	投 资 倾 向	种族平等状况
人口结构比例	储蓄倾向	节育措施状况
性别比例	性别角色	社会活动项目
结婚率、离婚率	对道德的关切	社会责任
人口出生、死亡率	购买习惯	居民对职业的态度
人口移进移出率	居民对工作的态度	居民对权威的态度
社会保障计划	居民对政府的态度	城市、城镇和农村的人口变化
人口预期寿命	居民对政府的信任度	宗教信仰状况
人均收入	特殊利益集团数量	平均教育状况
平均可支配收入	生活方式	污染控制

2.2.4　技术环境

T（Technological Factors）即技术环境。技术环境指能对社会发展产生推动作用的科技进步以及新技术的应用。近年来，科学技术越来越成为企业发展的关键因素，技术日新月异，技术的进步能使新产品不断地涌现，使产品生命周期不断缩短，但也能提高产品质量，极大地提高了企业的利润空间。知识型创业者要密切关注技术在计算机科技、信息技术、新材料应用、管理应用等方面的进步，发现能让自己在创业过程中带来利益的新工艺、新材料。技术环境除了要考察与企业所处领域的活动直接相关的技术手段的发展变化外，还应及时了解以下内容：

（1）国家对科技开发的投资和支持；

（2）重点该领域技术发展动态；

（3）专利及其保护情况；

（4）技术转移和技术商品化速度。

根据 PEST 模型，大学生在寻找创业机会，进入行业领域前，应先进行市场调查，了解与该行业相关的政治、经济、社会和技术因素，通过头脑风暴法、市场分析等方法对于各种数据资料进行描述性分析或解释性分析，寻求到现存市场进入机会的途径和方法，进而能更好地开展创业活动。

2.3 创业机会概念的来源

创业机会的寻找主要依靠外在的社会条件和创业者的个人能力。一方面，外在条件的变化涌现出的机会，如政策中规划的城市的发展，对新型的产业和可持续发展的能源开发给予支持；另一方面，个人是否能够识别机会的优劣，是否具有足够的能力去把握这个机会。

2.3.1 创业机会的来源

1. 德鲁克的观点

德鲁克在他的《创新与企业家精神》认为，变化会给人们带来创新和与众不同的去发现机会和创造新的机会的灵感，并把创业的机会分为七大来源。

（1）出乎意料的事件或成功。由于机会共有模糊性、客观性的性质，所以一件突然的且让人想不到的事件的发生会给人带来新的思想去创造一个新的机遇。

（2）不一致之处。不一致是指存在着一种有待认识的变化，与人们设想的不一样的事情。产品的优势与各种期望之间的不一致，产品的供给量与顾客的需求不一致时都会产生创业的机会。

案例分享

雷军（小米科技创始人）在 2011 年 9 月 5 日，小米手机正式开放网络预订，从 5 日 13 时到 6 日 23:40 两天内预订超 30 万台，小米网站随即立刻宣布停止预订并关闭了购买通道；2011 年 12 月 18 日凌晨，小米手机开始面向普通消费者直接销售，每人限购两台。在开放购买 3 小时后，小米网站称 12 月在线销售的 10 万台库存就全部售罄；2012 年 1 月 4 日下午，第二轮上线的 10 万台小米手机，在两个小时内被抢购一空。雷军正是通过饥渴营销的方式，让小米手机赢得了消费者的购买需求。

（3）程序的需要。通过分析作业程序的需求来发掘机会，尤其对于第二产业的企业来说，大型机械和流水线的工作该如何降低成本提高效率，这个问题蕴含着大量的创业机会。

案例分享

1764 年的一天，英国纺织工哈格里沃斯夫妇正在家中劳作，当时他们使用的是手摇纺车。哈格里沃斯见那纺锤由水平状态变为直立，却依然转动不停。于是，哈格里沃斯按照自己的设想，亲自动手制作，经过反复试验，改进，终于造出了一部由 4 根木腿组成，机下有转轴，机上有滑轨，带有 8 个竖立纺锤的纺纱机。哈格里沃斯以爱女"珍妮"的名字为这台新机器命名。恩格斯曾把它称之为"使英国工人的状况发生根本变化的第一个发明"。

（4）产业和市场结构的变化。在一个经济时期，某个特定的产业的发展也许是稳定的，但是到了一定的阶段，这个产业和产业相关的市场会发生变化，这就给予创业者一个巨大的机遇。电商的发展使得传统的实体书店、服装店、化妆品店产生巨大的变化，消费者不再如同以前一般亲自到店面去购买商品，而是通过网络购物来满足自己的需求。在这一形式的变化下，涌现了许多的网上销售的创业者，如亚马逊创始人杰夫·贝索斯（Jeff Bezos），美丽说的徐易容，阿里巴巴的马云，等等。总的来说，在国营事业民营化与公共部门产业开发市场自由竞争化的今天，从交通、电信、能源等产业中可以发掘出极多的创业机会。

（5）人口状况变化。在人口统计资料的变化趋势上可以发现创业机会，就如随着计划生育政策的放宽，独生子女结婚后可以生育两胎，婴幼儿用品市场依然广阔；老龄人口不断增多，市场上孕育出许多老年人保健产品……

（6）观念或情绪的变化。随着社会的进步，人们的观念也不断地发生变化。生活环境的提高带来了绿色家居设计，生活饮食水平要求的提高带来了绿色有机食品的发展，教育质量的提高带来了课外培训行业的涌起，青少年的国际视野的提高带来了语言培训机构的发展，互联网的发展引起了人们交往方式的改变等。

（7）新知识。把这一机会因素列在最后，是因为它不易管理，很难预见，花费较高，且生产的实践较长。如人类基因图像获得完全解决，可以为生物科技和医疗服务等领域带来极多机会。

2. 我国学者的观点

（1）从问题中寻找机会。满足顾客的需求是创业的目的之一，而顾客的需求没有被满足，这就是问题。市场的需求很多时候是没有被满足的，这种市场空缺往往易被人们忽视。有眼光的创业者通过搜寻、瞄准市场的空缺，合理地开发和满足这些市场需求，独树一帜，便可找到创业机会。

案例分享

"小蓝鲸"的发展故事几乎是餐饮界的一个奇迹，有一天报纸上报道了一些消费者由于食用不健康食物而造成中毒的现象。一时间，健康的观念深入人心。独具匠心的刘国梁抓住这一时机，于1996年首创了"科学美食，营养均衡"的餐饮饮食新观念，并与武汉军事经济学院联合研制了"电脑配餐"，填补了当时国内空白。为了真正让所有小蓝鲸顾客"吃出健康来"，他甚至违背酒店业经营惯例，提出不让顾客空腹饮酒，不让顾客乱点菜，不让顾客多点菜，虽然少了些收入，但却因此赢得了顾客的赞誉。刘国梁在国内中餐业界首推"多品牌差异化连锁"战略，即根据不同的地域特点，在统一品牌之下，实现菜肴的本地化和差异化。同时，他斥巨资对"小蓝鲸"这一品牌进行整合升级，取得了很好的社会效果，从此，"小蓝鲸"真正依靠品牌走向了全国连锁之路。

（2）从趋势研究中寻找机会。大趋势是城市化、全球化、信息化；中等趋势则是西部大开发、新农村建设、中部崛起；小趋势是家政外包、注重养生、休闲、保健。例如随着经济全球化，中国逐步登上世界的舞台，尤其是2008年奥运会的举办之后，一方面让越来越多的国人开始学习英语，从而发展出来的新东方、新世界等英语培训机构，另一方面，中国文化开始深入传播到世界各地，越来越多的孔子学院在外国开设。

（3）从未满足的市场需求中发现机会。

① 自己未满足的需求。

案例分享

在1895年40岁的吉列是一家公司的推销员，职业的需要使他十分注意仪表的修饰。一天早上当吉列刮胡子的时候，由于刀磨得不好，不仅刮起来费劲，而且还在脸上划了几道口子，懊丧的吉列眼盯着刮胡刀，突然产生了创造新型剃刀的灵感。于是他辞去了推销员的职务，专心研制新型剃须刀。几年过去了，吉列仍是空怀雄心，希望渺茫。一天，他两眼茫然地望着一片刚收割完的田地，一个农民正在用耙子修整田地。吉列看到农民轻松自如地挥动着耙子，一个崭新的思路出现了。新剃须刀的基本构造应该同这个耙子一样，简单、方便、运用自如，苦苦钻研了 8 年的吉列终于成功了。

资料来源：**http://baike.1688.com/doc/view-d2604412.html**

② 顾客未满足的需求。例如：GILLETTE 推出"女士剃毛刀"。

③ 身边人或其他主体未满足的需求。

（4）在变化中寻求机会。创业机会大多数情况下都产生于时时刻刻变化的市场环境当中，变化是创业机会的重要来源，没有变化就没有创业机会。这种变化主要来自产业结构的变动、科技的进步、消费结构升级、城市化加速，等等。

案例分享

第二次世界大战后，赤松要与其学生小岛清及其他学者进一步将"雁行理论"扩展，用以形容 20 世纪 60～80 年代东亚各国、各地区产业分工与梯度转移以及经济依次起飞的动态过程，并形象地称之为"雁行发展模式"（Flying Geese Paradigm）。该模式认为，按照经济和科技发展水平，技术先进、资金雄厚的日本居于东亚经济发展的雁头地位，主要通过技术开发并进行产业转移来带动该地区的经济增长；具有一定资金和技术积累的"四小龙"，可以积极利用日本的资金、技术和市场，重点发展资本密集型工业和部分技术密集型产业，与此同时又将失去竞争力的劳动密集型产业转移到东盟国家，因而起着承上启下的作用，是东亚经济发展的雁身。作为雁尾的东盟和 20 世纪 80 年代初开始积极参与国际分工的中国，具有丰富劳动力资源的比较优势，可以利用日本和"四小龙"产业结构转移的机会，发展劳动密集型产业，并通过奋力追赶，争取在产业结构升级和比较优势转换的阶梯上攀升。由此，东亚国家按照"日本—四小龙—东盟、中国"的产业转移顺序，呈现出不同发展阶段的国家（地区）多层次赶超的格局。

资料来源：**http://wiki.pinggu.org/doc-view-37066.html**

（5）在创造发明中发现机会。创造发明为创业机会提供了新的领域，如新产品、新服务，从现有产品、服务的改进中寻找商机，这样更能满足顾客的需求。

案例分享

1938 年匈牙利的一位编辑拉季斯洛·拜罗以圆珠作为笔尖，以活塞筒作为笔芯，发明了圆珠笔。"拜罗笔"风靡一时。但它有一个致命的缺点——漏油，消费者受不了污染，很快圆珠笔就没了市场。1950 年，日本发明家田藤三郎变换了思路，经过试验他发现圆珠笔一般写到两万字时就漏油，那么，控制圆珠笔笔芯中的油量，使之写到 15000 字左右时刚好用完，便弃之不用，漏油问题不就彻底解决了吗？这一发明造就了圆珠笔巨大产业。

资料来源：**http://blog.sina.com.cn/s/blog_4c61dd140100dcqn.html**

（6）从新的技术的产生中发现机会。技术创新的结果是新兴产业的形成和发展。一个企业的产品假如一成不变只会遭到竞争者的挤压、消费者的淘汰。只有产品不断更新升级，才能既满足消费者的需求，又能探索到新的创业机会。

📎 案例分享

2013 年 9 月 10 日，王传福在比亚迪第二届技术解析会上对外公布了比亚迪汽车的两大"驭变战略"，即主打新能源的"双驱战略"以及汽车电子配置的"智能化战略"。

王传福把当下最流行的互联网思维融入对未来车市竞争格局的思考之中。他以对汽车钥匙的变革为例，展现出了比亚迪汽车在传统造车理念之外的颠覆性思考。"简单总结一下，其实汽车每一次的变化就是一个创新，这个创新需要我们的工程师、企业家用不同的眼光，把用户的体验放到他的最高点去推动技术的变革，实现我们用户的便利和方便。"王传福说："媒体也在受到网络此消彼长的冲击，必须要变革。今天我们讲的这些技术，明年我们也要有更先进的技术，更创新的产品。必须要有这个危机感。"

（7）从产业链角度分析商机。若产业链的某个环节存在供给约束、或无效率，或不和谐，那就存在商机。提到戴尔不得不说他所创造的直销模式。

📎 案例分享

戴尔直销模式是指按照客户需求制造计算机，并凭借其强大的物流体系向客户直接发货，使戴尔公司能够以最有效的方式了解客户需求，继而迅速对市场做出反应。与传统的分销相比，这种直接的商业模式消除了中间商，这样就降低了不必要的成本和减少了产品在路途上的时间，让戴尔公司更好地理解客户的需要。这种直接模式允许戴尔公司采取总成本领先的富有竞争性的价格，为每一位消费者订制并提供具有丰富配置的强大系统。大家都知道，IT 行业制胜的一个关键要素就是速度，产品的更新换代快。戴尔通过平均四天一次的库存更新，把最新相关技术带给消费者，而且远远快于那些运转缓慢、采取分销模式的公司。

资料来源：http://abc.wm23.com/zhangmiao10/148412.html

2.3.2 宏观上行业的创业机会

曾有学者认为，影响行业竞争力和盈利性的关键因素是行业特征。行业特征包括行业的需求、行业的结构和行业的生命周期。这三个因素对创业者的创业活动都会产生影响，假若两位创业条件相当的创业者，一位选择了适合创业的行业，另一位选择了不适合创业的行业，结果必然不同。

1. 行业的需求因素

市场规模、市场细分性和市场发展性是影响创业企业生存的 3 个行业需求因素。在市场规模大的行业，新生企业有更大的空间发展；在明确的细分市场下，新创的企业更容易生存；在发展前景良好的行业，新创企业可以有更大的成长空间。

2. 行业结构

行业结构是指主营品种和范围基本相同的商业企业群体的数量及其构成比例。不同的行业，有不同的结构，垄断程度越高的行业，新创企业越不容易发展；资本聚集度低、以中小型企业为主的行业，适合新创企业的生存与发展。

3. 行业生命周期

行业的生命周期是指行业从出现到完全退出社会经济活动的过程。了解行业的生命周期，有助于创业者选择更好的创业机会。行业的生命周期分为四个阶段：导入期、成长期、成熟期、衰退期，如图 2.3 所示。

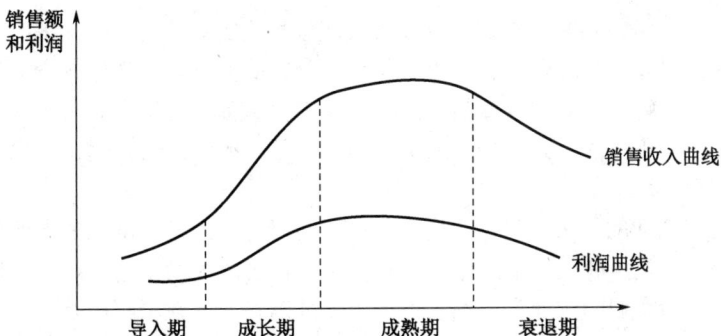

图 2.3 行业生命周期图

资料来源：**http://image.baidu.com**

（1）导入期。行业处于起步阶段，产品的占有率、行业的利润额都相对较低，但市场需求增长较快。这一时期，属于卖方市场，因为不熟悉消费者的习惯、需求和喜好，创业者需摸索新的能够满足消费者需求的技术，以达到迅速占领市场的目标。此时行业内的技术变动大，发展空间广阔，对于服务等指标也没有明确标准，适合新创企业的进入。

（2）成长期。这一时期的市场增长率很高，行业的利润额也相对较高。行业特点、行业竞争状况，行业技术及消费者的消费特征已比较明显，企业进入壁垒提高，产品品种及竞争者数量增多。

（3）成熟期。行业进入成熟期标志行业内已形成行业标准，行业特点、行业竞争状况及用户特点非常清楚和稳定。这一时期的市场增长率不高，行业利润较低，技术上已经成熟，属于买方市场，新产品和产品的新用途开发较为困难。一般而言，行业标准出现前比行业标准出现后更适宜创业企业发展。

（4）衰退期。这一时期的行业生产能力会出现过剩现象，替代产品充斥市场，市场增长率严重下降，需求下降，产品品种及竞争者数目减少，行业逐渐衰败。

不同的行业，拥有不同的生命周期。总的来说，创业企业越是在行业发展初期进入，越容易生存和发展。

2.3.3 大学生创业机会的寻找

随着每年的高校扩招，毕业生的数量也在不断攀升。面对现今如此激烈的竞争，许多大学生都选择了自主创业。对于经验尚浅的大学生而言，自主创业的道路是荆棘满途。此刻，创业机会的获得显得尤为重要。但要如何才能发现创业机会并利用机会呢？笔者认为最重要的两个因素是掌握外部环境的特点和自身条件及优势。

1. 外部环境

（1）了解目标市场的行情。了解目标市场行情的流程如图 2.4 所示。

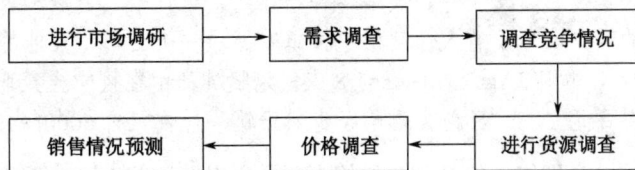

图 2.4 了解目标市场行情的流程

（2）发掘顾客的潜在需求。顾客是创业者最应该关注的对象，如今几乎所有流行的产品都有一个共性，就是要充分满足顾客的需求或是引导顾客的需求。大学生在创业的前期可以多与顾客接触和交谈，了解顾客对现有商品的看法，从中得到真实的信息。与顾客接触的方法大多都是采用个人的、非正式的方式，如发放调查问卷、了解顾客的潜在需求，也可以采用正式的座谈会的形式进行。

（3）跟踪已有企业的相关信息。业内人士拥有对行业内熟悉、准确的专业能力，可以帮助大学生对行业中参与竞争者的产品、服务进行分析和评价。大学生对市场的分析往往缺少实战经验，通过与已有的企业的沟通和咨询，可以更加准确和广泛地了解现有市场上某种产品的优劣和饱和程度，由此进而可以有针对性地改进现有产品或开发新产品。

（4）善于在分销渠道上了解信息。分销商对顾客的需求、满意程度和消费能力是最清楚的一环，所以他们对产品的看法或许比单一的顾客更为准确和清晰。大学生创业可以多跟分销商进行交流，多聆听他们的建议，尤其是他们在营销渠道的策略，这会给我们带来很大的机会。

（5）时刻关注政府的政策。

大学生创业时往往会忽视政策的变化，其实这也是很多创业者忽视的一个重要环节。政府政策不仅包括政府的管制，还包括政府对某领域的支持。

（6）关注国外市场的动向。中国是一个新兴市场，与发达国家的市场相比，因市场环境不同，很多产品在发达国家试行后才会在中国开展。所以大学生关注国外市场的动向，有利于机会的挖掘。

2. 个人条件

机会常垂青于有心之人，这说明个人的特质可以增加寻找到创业机会的几率。这些人也许比别人更加留心生活，更善于思考，更具有创新意识。但是这并不是说创业机会只能让特定的人寻找到，有些条件是可以通过训练所具备。

（1）先前经验。往往具有行业的经验的创业者，能比刚开始创业的人更加能够抓住机会。创业者在创业之初会遇上很多不顺利的情况，即蛰伏期，这个时候是创业者耐心等待和有意识地发现机会的良好时机，也是创业者学习和积累经验的过程。

另外一种情况就是创业者在某个行业打工时，发现了新的市场空间从而挖掘出创业的机会。

（2）认知因素。同样是学习一个专业的人，为什么有的人会发现新的机会、产生新的创意，但有的人却不会呢？这叫做创业警觉（Entrepreneurial Alertness），不必周密的调查便可以发觉创业机会的能力。其实就是人们所说的商业意识，具备这种意识的创业者会将一个新的事物与商业相联系，从而形成一种认知能力，这是一种可以锻炼的习惯性行为。

案例分享

2012 年刚大学毕业的阿彬大一时看到学校食堂吃饭要排长队，遂寻到商机。他后来发现的创业业务包括：代买盒饭、收发文件、代缴各种物业费、帮挂号、道歉和求爱等。这些都是大学生活里司空见惯的现象，可没有人像阿彬一样想着做成一个公司，在他的跑腿公司最红火的时候，团队有 20 多人，平时工作人员保证有 8 人。跑腿员都由在校学生兼职，仅仅靠每天饭点给学生送饭就能挣得百元左右。目前公司已经步入正轨，月收入有 5000～10000 元。

（3）社会网络。社会网络指的是创业者的人际关系以及这些人际关系的关系网络，通过这些网络似的关系，创业者会得到更多的创业机会。

案例分享

北京大学校友创业联合会搭建北大创业者和学界、商界、政界、金融界、媒体等各界、各领域校友间交流合作的平台，为创业的校友提供服务，以争取更多的资源和机会，实现校友们的持续创业发展。其中校友企业有易车网、佳美口腔、学而思、世纪佳缘、百度、新东方、IDG等近百家知名企业和会所，并得到了王璞、李彦宏、俞敏洪、黄怒波、丁健、孙陶然这些北大校友的大力支持。通过这个平台，创业校友更容易找到合作者、挖掘校友人才、寻求适合的媒体报道、获得天使投资人和投资机构的青睐。

（4）创新。是寻找创业机会最重要的一个因素，没有创新就会被淘汰，没有创新就会被市场挤出。创新可以在看似饱和的市场需求中开辟出另外的更为广阔的消费需求，几乎是所有创业者必不可少的因素。创新分为以下七种：

① 开拓式创新——开拓式创新是最有价值、也最有难度的一种创新，这种创新所创造的事物是历史上不曾出现过的，是全新的，并且对于历史进程具有深远的影响，它往往伴随着天才人物的灵光乍现，带有一定的偶然性。比如牛顿开创的经典物理学，爱因斯坦开创的相对论，哥伦布发现新大陆，莱特兄弟发明飞机，制药公司发明新药，等等。

② 升级式创新——开拓式创新固然重要，我们也看到很多开拓者没有赚到钱，模仿者赚了个盆满钵满的例子。比如说福特并不是汽车的发明者，但福特却靠 T 型车成为了当年的美国首富，比尔·盖茨虽然不是图形化操作系统的发明者（图形化最早的发明者是施乐公司、最早的商用者是苹果），但他的 Windows 却几乎统治了个人电脑。升级式创新其实非常重要，因为早期产品往往是比较粗糙的，而且价格昂贵，升级式创新起到了完善产品、降低门槛的作用，因此他们同样值得尊敬。

③ 差异化创新——大概 10 年前，定位理论开始风靡于营销界，其实，定位理论所适合的，只是差异化创新这个领域。差异化的例子不胜枚举，比如说专门给老人使用的手机，专门定位于办公的 Think Pad 笔记本，专门用来越野的 Jeep 车……差异化创新是最常见的一种创新模式，它是由消费者驱动的创新模式。

④ 组合式创新——要理解什么是组合式创新，想想瑞士军刀就明白了。当我们给一个拖拉机装上一门大炮的时候，我们就得到了一辆坦克；当我们给手机装上摄像头的时候，我们就有了"扫一扫"的可能性；当我们给眼镜装上小电脑，它就成了 Google Glass；当我们给牙刷装上发动机，它就成了电动牙刷。组合式创新同样是一种常见的创新模式，它依赖的不是技术进步，而是对于新需求的敏锐洞察。

⑤ 移植式创新——所谓移植式创新，就是把在 A 领域所使用的技术或模式，移植到看似没有关联的 B 领域，从而创造出新的产品或模式。例如，吉列在剃须刀领域发明了"刀架+刀片"的模式，把重复购买率低的刀架以极低的利润出售，提高市场占有率，然后再通过出售重复购买率很高的刀片来赚钱。亚马逊的 Kindle 在策略上和吉列如出一辙，它以极低的利润率出售 Kindle，基本上没有在硬件上赚到多少钱，但是 Kindle 的普及带动了电子书的销售，总体来看亚马逊还是赚了。在电子书项目上，亚马逊没有学习纸质书的商业模式，反而学习了剃须刀的商业模式，这就是移植式创新。移植式创新依赖的是对于商业模式本质的理解。

⑥ 精神式创新——在大部分发展到成熟阶段的行业当中，开拓式创新、升级式创新的机会极少，差异化创新也没有什么空间，这时候仅仅能够依赖的就是精神式创新了，你通过取得人们在情感、文化、价值观层面的共鸣来实现创新。如果消费者消费某件产品是因为可以通过它向外界传递出自己的价值主张，就像开牧马人用来标榜自己很 Man、穿无印良品来标榜自己

很小资、去西藏旅行来标榜自己很文艺，那么这件产品就成功了。不过精神式创新是一道门，因为真正具有价值观输出能力的企业并不多。

⑦ 破坏式创新——可能很多人都听到过这样一句话："不要和傻瓜理论，因为他会把你拉到和他一样的水平线上，然后用他丰富的经验打败你。"破坏式创新就是这样一种创新，行业的新进入者相对于行业领先者，唯一的优势就是他没有什么东西好失去，所以他就可以制订新的、带有破坏性的行业规则，然后把你拉到和他一样的水平线上面，再用他的经验打败你。当年淘宝与易趣打商业战，易趣是跟商家收取上架费的，交易也要收佣金，而淘宝作为后来者直接打出免费牌，一下子就把商家给吸引过去了，这就是典型的破坏式创新案例。

3. 帕尔默给大学生创业的建议

大学生这一群体在创业的初期可以借鉴学者对创业机会的评估，也可以从自身的角度去发掘创业机会。帕尔默在鲍登学院（Bowdoin）主修英语、历史以及计算机科学专业，毕业之后，这位充满激情的英式橄榄球运动员受了伤，他决定认真对待自己的事业。于是，他在达特茅斯大学塔克商学院（Dart Mouths Tuck School）拿到了 MBA 学位。如今，帕尔默把自己一半的时间花在生命科学领域，另一半时间用于科技创业公司。他投资了 30 多家的公司，平均投资额为 75 000 美元；他是 6 家公司创始董事会的成员；他还致力于更具有公益性质的项目——比如跟麻省理工学院（MIT）的博德研究所（Broad Institute）进行合作，以帮助开发一套基因组学信息系统。帕尔默给考虑创业的大学生以下五个建议：

（1）仔细看清楚你的真正创业潜力。

帕尔默指出，潜在的创业者必须知道自己在"钟形曲线"（即正态分布曲线）上的位置。正如他所言，"诸如史蒂夫·乔布斯（Steve Jobs）或比尔·盖茨（Bill Gates）等，他们命中注定会成为创业者，没有什么能够阻挡他们。其他人在曲线的位置上，则存在一个标准差，他们可以在正确的环境下成为创业者。但大多数人在创业潜力方面只是处于平均水平。"

这种自我评估具有重要的影响。如果你命中注定要成为一个创业者，那就没有必要询问旁人的意见，你会创立自己的公司。如果你存在一个标准差，那么你需要找到正确的环境——意味着你必须选择正确的机会去定位并找出你自己能够为团队和合作伙伴带来的创业才能，并发现自己的不足之处加以克服。

（2）寻找一位取其所长补己所短的合作伙伴。

帕尔默为我们提供了这样一种见解，即英雄式企业家——比如一人打天下的拉里·埃里森（Larry Ellison）——这种理念已经过时了。他把谷歌（Google）视为一种典范，该公司由拉里·佩奇（Larry Page）、谢尔盖·布林（Ser gey Brin）以及埃里克·施密特（Eric Schmidt）组成的三驾马车一起驱动。这三人各有所长，而且他们愿意携手合作，运用自己的长处来帮助公司成长以及适应变化。

对大多数科技创业公司来说，最开始的时候需要用到两种技能，一是商业技能（包括销售、市场营销、融资以及会计事宜），二是技术开发技能。如果你擅长其中一种技能，那你应该找到一位擅长另一种技能的合作伙伴，所以说寻找到一位能够与你取长补短的合作伙伴至关重要。

举例来说，当帕尔默创立 Vertica 时，他负责打理商业方面的事情，他找到的合作伙伴迈克尔·斯通布雷克（Michael Stonebraker）是一位数据库方面的技术专家。

（3）选择一位具有相同价值观念的合作伙伴。

一位商业人员如何选择一位技术人员作为合作伙伴呢？或者反过来，一位技术人员如何选择一位商业人员呢？帕尔默认为，价值观念是最为关键的。

帕尔默希望合作伙伴能够认同他的这样一种价值观念，即设置切合实际的期望是非常重要的。"简单地说，我希望与这样一位技术专家成为合作伙伴，他（或她）要认同我在给予潜在客户以实在预期方面所遵循的价值观念。在高科技行业，人们非常容易夸大自己取得的成就。"

（4）为激情创业，而不是为了金钱。

帕尔默认为，一位创业者必须知道自己为什么要创业。"当谈到搞清楚自己在钟形曲线所处的位置，扪心自问，为什么想要创业是至关重要的。创业的最佳理由是出于你自己的激情。"帕尔默如是说。

（5）在不同的创业公司使用不同的运营风格。

帕尔默看到过两种类型的创业公司：天生幸运型和自力更生型。它们需要不同的运营风格。

天生幸运的创业公司能够获得大部分的资金、最好的投资者、最好的管理者以及各个层面上的顶级人才。

然而，自力更生的创业公司是截然不同的。它让"每 1 美元都成为一笔产生 5 倍回报的投资。"

资料来源：http://finance.east money.com/news/1682，20130710305045748.ht ml

2.4　创业机会的评估

在创业的初级阶段，创业者在寻找一项创业机会的同时，应该评估这项创业机会是否可行，是否具有商业潜力。创业机会就像一把双刃剑，给创业者带来利润和发展的同时存在着风险。因此，对于创业项目的评估识别，必须慎重并全面考察。

一般来说，创业机会的评估可以从产品、技术、市场与效益等几大方面进行评估。例如，产品的创新程度及独特性；技术的先进、有效程度；市场的未来规模和渗透力占有率大小；创业项目的财务指标是否有利润。但不容忽视的是，实际过程中，创业者不会去比较那么多项指标，由于创业机会的特性是客观存在的，很多指标无法用标准衡量，所以创业者需要借助自己的警觉和敏感的商业思维去分析创业机会的适合性。又由于创业机会的存在具有时间性，不随创业者的主观意识存在，评估创业机会的时间非常短暂，所以创业者要在众多机会中寻找有价值的并采取快速行动。

2.4.1　创业机会的定性评价

美国百森商学院的 Tim mons 教授设计了一个创业机会评估框架，包括行业与市场、经济因素、收获条件、竞争优势、管理团队、致命缺陷、创业者的个人标准、理想与现实的战略差异的 8 大类 53 项指标，如表 2.5 所示。他指出，在现实生活中未必每一特定行业的创业者都适合这个评估框架，但他的这个框架算得上是一个比较完全的体系。我们可以从中提炼出对自己创业需求有利的方面加以研究和改良。

表 2.5　Tim mons 的创业机会评价框架

行业和市场	（1）市场容易识别，可以带来持续收入
	（2）顾客可以接受产品或服务，愿意为此付费
	（3）产品的附加价值高
	（4）产品对市场的影响力大

续表

行业和市场	（5）将要开发的产品生命周期长
	（6）项目所在的行业是新兴行业，竞争不完善
	（7）市场规模大，销售潜力达到 1000 万～10 亿
	（8）市场成长率在 30%～50% 甚至更高
	（9）现有产商的生产能力几乎完全饱和
	（10）在 5 年内能占据市场的领导地位，达到 20% 以上
	（11）拥有低成本的供货商，具有成本优势
经济因素	（1）达到盈亏平衡点所需要的时间在 1.5～2 年以内
	（2）盈亏平衡点不会逐渐提高
	（3）投资回报率在 25% 以上
	（4）项目对资金的要求不是很大，能够获得融资
	（5）销售额的年增长率高于 15%
	（6）有良好的现金流量，能占到销售额的 20%～30%
	（7）能获得持久的毛利，毛利率要达到 40% 以上
	（8）能获得持久的税后利润，税后利润率要超过 10%
	（9）资产集中程度低
	（10）运营资金不多，需求量是逐渐增加的
	（11）研究开发工作对资金的要求不高
收获条件	（1）项目带来的附加价值具有较高的战略意义
	（2）存在现有的或可预料的退出方式
	（3）资本市场环境有利，可以实现资本的流动
竞争优势	（1）固定成本和可变成本低
	（2）对成本、价格和销售的控制较高
	（3）已经获得或可以获得对专利所有权的保护
	（4）竞争对手尚未觉醒，竞争较弱
	（5）拥有专利或具有某种独占性
	（6）拥有发展良好的网络关系，容易获得合同
	（7）拥有杰出的关键人员和管理团队
管理团队	（1）创业者团队是一个优秀管理者的组合
	（2）行业和技术经验达到了本行业内的最高水平
	（3）管理团队的正值廉洁程度能达到最高水准
	（4）管理团队知道自己缺乏哪方面的知识
致命缺陷问题	不存在任何致命缺陷问题
创业者的个人标准	（1）个人目标与创业活动相符合
	（2）创业者可以做到在有限的风险下实现成功
	（3）创业者能接受薪水减少等损失
	（4）创业者渴望进行创业这种生活方式，而不只是为了赚大钱
	（5）创业者可以承受适当的风险
	（6）创业者在压力下状态依然良好
理想与现实的战略差异	（1）理想与现实情况相吻合
	（2）管理团队已经是最好的
	（3）在客户服务管理方面有很好的服务理念
	（4）所创办的事业顺应时代潮流
	（5）所采取的技术具有突破性，不存在许多替代品或竞争对手

续表

理想与现实的战略差异	(6) 具备灵活的适应能力，能快速地进行取舍
	(7) 始终在寻找新的机会
	(8) 定价与市场领先者几乎持平
	(9) 能够获得销售渠道，或已经拥有现成的网络
	(10) 能够允许失败

资料来源：姜彦福，邱琼，创业机会评估重要指标序列的实证研究[J]. 北京：科学学研究，2004，（1）：62-623.

2.4.2 创业机会的定量评价

约翰·G贝奇（John G.Burch）提出四种当今学术界认可的评价创业机会的定量分析方法：标准打分矩阵、Westinghouse 法、Hanan Potentionmeter 法和 Baty 的选择因素法。

1. 标准打分矩阵

这种方法是指影响创业机会成功的重要因素是选择，因此让专家团队把每一个因素进行三个等级的打分，分别是最好（3 分）、好（2 分）、一般（1 分），最后求出每个因素在各个创业机会下的加权平均分，通过不同的结果来对不同的创业机会进行判断。

下面举一个餐饮业的实例来具体分析这种方法，打分矩阵如表 2.6 所示。

表 2.6 餐饮业创业机会标准打分矩阵

标 准	专 家 评 分			
	最好（3 分）	好（2 分）	一般（1 分）	加权平均分
实际操作程度	8	2	0	2.8
软硬设施的质量	6	2	2	2.4
受消费者欢迎程度	7	2	1	2.6
融资能力	5	1	4	2.1
财务能力	6	3	2	2.5
知识产权的维护	9	1	0	2.9
市场发展空间	8	1	1	2.7
服务人员的熟练程度	7	2	1	2.6
营销影响的范围	6	2	2	2.4
成长潜力	9	1	0	2.9

在这十个标准中，最高的是知识产权的维护和成长潜力的加权平均分是 2.9 分，最低的是融资能力，则是 2.1 分。基于十个标准的加权平均分都大于 2 分属于"好"的标准级别，则可分析得出该餐饮业的创业机会可行的结论。而在实施过程中一方面需注意寻求到好的融资途径，另一方面要重点维护该知识产权及开发成长空间。

2. Westinghouse 法

这种方法是在计算和比较每个机会的优先级。公式如下：

机会优先级=[技术成功概率×商业成功概率×（价格-成本）×投资生命周期]÷总成本

我们可以看到，技术和商业成功的概率是以百分比来表示的，即 0%～100%，平均年销售数是以销售产品数量来计算，成本则以单位产品成本计算，投资周期是可以预期的年均保持不变的年限，总成本是预期中所有的投入和各种费用。该公式算出的机会优先级越高，那么表示创业机会的成功性越高。

例如：假设一个创业机会的技术成果概率为 50%，预计商业成功概率为 70%，在 10 年的投资生命周期中年均销售数量预计为 30 000 个，销售价格为 150 元，该产品的单位成本为 100 元，研发费用 60 000 元，设计费用 150 000 元，制造费用 250 000 元，营销费用 60 000 元。那么，机会优先级=[0.5×0.7×30000×（150−100）×10]÷（60000+150000+250000+60000）≈10

本 章 小 结

创业机会是指创业者据以将市场资源创造性地结合起来，以满足消费者的需求的创业情形。

创业机会有三个特征：潜在价值性、客观存在性和时间性。创业者需要懂得创业机会的特征，才能更好地抓住机遇。

创业机会的类型，著名学者阿迪奇维力认为创业机会的类型、机会的潜在价值和创业者的个人能力息息相关，可以分成四个类型：梦想型机会、尚待解决的问题型机会、技术转移型机会和业务形成型机会。

寻找创业机会的方法，德鲁克给出了：意料之外的事件，不一致的状况，基于程序需要的创造性，基于产业或市场结构上的变化，人口统计特征，认知、情绪及意义上的改变，新知识七个方面。而我国的学者给予了四个维度：问题、变化、创造发明和新的技术的产生。

大学生的创业机会应该从外部环境和个人条件两个方面发掘创业机会。

大学生的创业机会需要做到：留意身边的潜在机会，懂得抓住市场机遇，充分发挥自己的才能，仔细看清楚你的真正创业潜力；寻找一位取其所长补己所短的合作伙伴；选择一位具有相同价值观念的合作伙伴；为激情创业而不是为了金钱。

知识拓展

创业者如何抓住机会并且选择正确商机

第一步：确定新创公司的市场

第二步：分析影响市场的每一种因素

知道自己的市场定位后，就要分析该市场的抑制、驱动因素。要意识到影响这个市场的环境因素是什么？哪些因素是抑制的，哪些因素是驱动的。此外还要找出哪些因素是长期的？哪些因素是短期的？

第三步：找出市场的需求点

在对市场各种因素进行分析之后，就很容易找出该市场的需求点在哪里，这就要对市场进行分析，要对市场客户进行分类，了解每一类客户的增长趋势。

第四步：做市场供应分析

即多少人在为这一市场提供服务，在这一整个的价值链中，所有的人都在为企业提供服务，因位置不同，很多人是你的合作伙伴而不是竞争对手。不仅如此，还要结合对市场需求的分析，找出供应伙伴在供应市场中的优劣势。

第五步：找出新创空间机遇

供应商如何去覆盖市场中的每一块，从这里找出一个商机，这就是新创公司必需要做的一块。这样分析后最大的好处是，在关键购买因素增长极快的情况下，供应商却不能满足它。但是新的创业模式正好能补充它，填补这一空白，这也就是创业机会。

第六步：创业模式的细分

知道了市场中需要什么，关键购买因素是什么，以及市场竞争中的优劣势，就能找出新创公司竞争需要具备的优势是什么，可以根据要做成这一优势所需条件来设计商业模式。对于新创公司来讲，第一步是先把市场占住，需要大量的合作伙伴，但随着公司的发展，自有的知识产权越来越多，价值链会越来越长。

分析自然需要各种各样的信息，当然也需要正确的观念与思维模式，因此，创业商机的分析既不能缺少足够的信息收集，也要创业者自身具备够用的头脑。

第七步：风险投资决策

以上七点作为商业机会的分析，大小公司都可以运用，这第七点就是针对 VC（风险投资商）的。VC 主要看投资的增值能力，在什么时候投，投多少？这要结合 VC 自身的财务能力、公司的背景和经历。VC 投的不光是钱，他是需要考虑各方面的因素的。

资料来源：http://info.txooo.com/carveout/2-911/1358732_1.htm?txooo=Txooo2&fu_url= http://info.txooo.com/CarveOut/2-911/1358732.htm

案例思考

清华大学生卖猪肉

陈生，广东湛江人，北京大学经济学学士，清华 EMBA。1984 年毕业分配至广州一个机关，三年后他毅然决定下海。

一篇论文引发辞职念头

谈及为何放弃这样一个人人羡慕的"铁饭碗"，陈生笑着说，当时进入机关的，只有他一人是经济学系出身。有一天，他闲来无事就写了篇名为《中国迟早要进入自由经济》的论文，后来还发表了，但不知为何，论文竟辗转到了上司手中。上司看后就把他叫去办公室"教育"了一番，认为他的观念有问题。

"当时可郁闷了，觉得自己在那里格格不入，也找不到职业优势。"陈生说，他喜欢独立地对某些东西作出决定，但在那个工作环境中，他无法按照自己的个性行事，可以说"论文事件"促使他间接作出了辞职的决定。

种菜赚得人生第一桶金

辞职后为了生计，陈生当起了"走鬼"，开始摆地摊卖衣服。卖了数月衣服后，他赚了一点小钱。后来有一天，他去湛江农村的一位亲戚家玩。正好当天他的亲戚抬着自己种的 100 多斤萝卜上街去卖，可是由于当时刮风下雨天气不佳，亲戚只卖出了 10 斤，赚了 10 元钱。而当天村子里面其他农民的遭遇也相差无几，一群农民都很生气，坐在地上抱怨"明年再也不干了"。

当时站在一边的陈生却受了这句话的启发。按照经济学原理，供小于求时价格会上升。于是，他便用倒卖衣服赚取的积蓄承包了 100 亩菜地，自己带着一些菜农来耕种。期间，他发现，除了供求关系外，蔬菜的价格受天气的影响最厉害。尤其是当西伯利亚寒流逼近广州地区的前一天时，天气相当闷热，蔬菜的价格就特便宜。陈生就趁机将市场上能收购的蔬菜都收购了。到了降温那天正好过节，大多数农民都没有出来卖菜。"进价 1 毛钱一斤，我卖到 6 毛钱一斤。"陈生说，这笔倒卖让他赚到了人生了第一桶金，一下子赚了十几万元。此后，他开始专做倒卖蔬菜的生意。而关于对天气影响价格的领悟，陈生笑着说他一直守口如瓶，直到 8 年后，他回去和当年的菜农们闲聊时才透露出去。

两个电话 "催生" 醋饮料

拿着赚到的第一桶金，1993 年陈生开始投身于湛江的房地产业。只用了三年时间，他做到了湛江房地产市场的前三名。考虑到房地产业涉及的一些法律之外的不安全因素，陈生开始转行去制造饮料。"当时我想做一种纯碳酸饮料。"陈生说，正当他的纯碳酸饮料研发进入最后关头时，两个朋友打来的电话改变了他的命运。

陈生说，当时两个朋友都不约而同地给他打电话说，"你不要再研发你的碳酸饮料了，这年头大家都流行喝醋饮料啦"。原来，当年由于某国家领导人在湛江视察时选择了雪碧勾兑醋这种新颖喝法，一时间醋饮料风靡起来。陈生跑到市面上调查了一番，发现大家都是直接用醋和雪碧在一起勾兑，却没有一种现成的醋饮料。随即，他大刀阔斧拍板马上生产醋饮料。于是，1997 年中国第一家醋饮料便在陈生的手中诞生了。

去菜场买肉投身猪肉档

"我喜欢这种在未知领域或者说在一种比较复杂的环境下面做一些事情，满足自己的一些欲望，包括卖猪肉。"陈生说，决定"杀猪"是他去菜场买肉时突然决定的。他发现这个行业被别人误解，这个职业被别人误解，很多东西都被别人误解了。广州的猪肉市场一年产值几十亿元，为什么没人去做大？带着这样的疑问和巨大的市场的诱惑，陈生开始投资。他认为，越是被人误解的行业机会就越大，第一个是市场广阔，第二个是竞争对手较少。

他解释说，假如他是卖电脑的，他得面临与像联想这样资产几百亿、上千亿级的企业竞争，但是选择卖猪肉，跟他的竞争对手相比，他还是有优势的。他就要在这个职业里面干出一点伟大的事，比如人家卖一头猪、半头猪，而他能卖到十几头猪，这不是北大水平吗？

"卖猪肉比卖电脑还有技术含量？"陈生对此有一番解释，"卖电脑就是把各种硬件进行组装，然后卖给消费者。组装是一门技术，只要稍加学习便可。但是对于卖猪肉而言，肥肉、瘦肉、排骨等如何去分割、如何搭配，决定了卖猪肉的盈利还是亏损，其可变性很大。"

他向记者举例说，比如瘦肉，全部是瘦的不好吃，太肥了，也不好。从口感上说，或许加上 3% 的肥肉最好，但操作起来没法教，可能就是靠手感，因此培养一个好的卖猪肉刀手就是技术含量的体现。

于是，2006 年，陈生在湛江和广西交接处附近建立他的土猪养殖厂，2007 年开始在广州开猪肉档卖猪肉。在短短一年时间里，发展成为广州乃至广东最大的猪肉连锁店——"壹号土猪"。

资料来源：2008-06-04 09:33 来源：广州日报　作者：张丹羊 江飞雪 **http://news.xinmin.cn/domestic/shehui/2008/06/04/1181036.html**

思考题：

1. 陈生是如何发现创业机会的。如果是你，你会如何发现创业机会？
2. 陈生是怎样利用现有的环境，实现自己的创业活动的？
3. 对于清华大学的学生卖猪肉这一创业行为，你的看法是什么呢？

思考与练习

1. 什么是创业机会，创业机会的类型有哪些？
2. 影响创业环境的宏观因素有哪些？
3. 两位学者对创业机会寻找的角度分别是什么？
4. 创业机会的评估主要从哪两个方面进行？两个方面的内容分别是什么？
5. 结合你的生活经验，谈谈你对创业机会的看法，并利用本课所学知识，以小组的方式寻找在你身边的创业机会。

第 3 章　创业条件与融资

学习目标

1. 了解创业者需具备的创业条件
2. 掌握创业者融资的方式与渠道
3. 了解创业者融资难的原因
4. 了解创业者融资应注意的事项

> 不能等别人为你铺好路，而是自己去走，去犯错，而后，创造一条自己的路。
>
> ——古祖特

案例导入

马化腾的融资故事

腾讯，内地最大的网络即时通讯营运商，2004 年 6 月 16 日在香港交易所顺利挂牌交易。据马化腾在"2004 年中国互联网大会"透露，"上市之后腾讯手中握有 2 亿多美元现金"。成立 6 年的腾讯公司以从最初的 50 万元到 2004 年的 2 亿美元资产，成为中国网络公司中的又一个传奇。

腾讯的招股上市，使得这家诞生于 1998 年底、快速崛起的 IT 公司的资本路径第一次完整地展现在公众面前。

那么腾讯企业的创立在融资前做了些什么呢？据资料显示，有以下三点：

技术资金的双重储备

1993 年从深大毕业后，腾讯的创立者马化腾进入润迅公司，开始做软件工程师，专注于寻呼软件开发，并一直做到开发部主管的位置上，这段历经使他明确了开发软件的意义在于实用的方向。实用的软件概念不仅培养了马化腾敏锐的软件市场感觉，也使他从中盈利不菲。同时，马化腾是风靡一时的股霸卡的作者之一，他和朋友合作开发股霸卡在赛格电子市场一直卖得不错。马化腾还不断为朋友的公司解决软件问题。这使他不仅在圈内小有名气，而且也有了相当的原始积累。就是这样不经意间为自己的创业做了扎实的准备。

最关键的问题是马化腾平静而有耐心的个性使其在股市上如鱼得水，手头上很快就有了百万资金。1994 年入市的马化腾最精彩的一单是将 10 万元炒到 70 万元，这使其完成了一次飞跃，为独立创业打下了基础。

团队的建立

马化腾是个崇尚共享、自由精神的人，与其他创业者不同的是，他绝不会单纯强调"我"的价值，他从心底里知道团队的意义。腾讯创业的 100 万元完全是马化腾自己出资，然后他选择了与曾李青等老友商量共事，然后再为他们置换股份。腾讯的几个创始人都曾在深圳电信、网络界有多年的从业经验，几乎都是深圳第一批做互联网的人，这无疑可以在技术和业务层面为腾讯提供很多帮助。

对风险个案的研究

许多人对于这家在极短时间内就融到 220 万美元资金且成立仅一年的小公司非常惊讶，但马化腾却认为理应如此。"腾讯完全是有备而战，融资之前就对国内成功的风险投资个案进行研究，加之 QICQ 市场博大，懂网络的投资者对其青睐有加并毫不奇怪。

明确企业的发展的原则

从 1998 年以来，新浪、搜狐以及其他同行的融资故事激励着马化腾，1999 年 4 月，他决定找钱。而在他和伙伴们找钱之前，他们有一个重要举措：完善公司的股东结构，吸纳一个真正懂得资本运作的人来帮助公司勾画蓝图，并借此形成能够吸引投资公司的管理层。把懂技术开发、公司管理和融资运作的人结合在公司原有价值及股东利益问题上，马化腾有自己的原则"我们明白自己的价值，绝不会把公司低价解决。"因此一个小公司更要有自己的原则。

最后腾讯选择了 IDG 和盈科数码两家投资商，二者各投 100 万美元并各占 20%的股份，腾讯的年轻人保留了 60%的股份，为腾讯日后的迅速崛起奠定了基础。

在经过了几年的等待和准备后，2004 年 6 月 7 日，腾讯正式向海外投资者发售 4.2 亿股股票。就在这一天，这一消息在中国互联网界引起了巨大的震动，滴水不漏的保密工作使诸多投资机构和媒体在消息面前措手不及。

资料来源：候之，学军. 马化腾的资本新途[J]. 中国投资，2004，（10）：和于凌波. 马化腾创业速成新版硅谷故事[J]. 当代经理人，2000，第（Z1）期.

案例点评

从马化腾的创业融资故事看出，一个人的创业需要具备一定的创业条件。创业前，我们应该为自己的创业做好一定的准备，从而增加自己创业融资和创业的成功率。

3.1 创业的条件

一颗种子的萌芽，需要阳光、水分、泥土、肥料等要素。那么，一个人的创业，同样需要各方面的条件来给予支持，才能得以萌发并发展壮大，一般创业的条件可以分为客观条件和主观条件。

3.1.1 创业的客观条件

很多时候，我们改变不了的就是客观存在的条件，所以我们必须让自己去适应这个客观环境带来的变化。一般情况下，创业的客观条件包括技术条件、资金条件、国家政策条件、企业发展环境、团队条件等方面。

1. 技术条件

技术条件指所从事领域的专业技术，这是在选定创业行业时就应该考虑的问题。很多时候技术条件会成为一个企业的核心竞争力。企业通过对技术的掌握来占有市场上的优势，当然这并不是要求创业者自身一定要具备相当顶级的专业技术条件。因为技术可以通过资金来换得，但是对于创业者自身而言，如果对于专业技术一窍不通是万万不行的，如果自身对技术是外行的话，不但耽误决策的时机，还有可能会让好的技术错过它的"伯乐"。

2. 资金条件

对于大部分创业者来说资金才是创业需首要攻下的难关，相关调查显示，45%的有创业打算的创业者因为资金问题放弃了创业计划。对于大学生而言，这样的问题更加明显，只有当家庭经济条件很富裕时，才能够提供充足的创业启动资金，而家庭经济水平一般的同学则会受到很大的限制。不少人选择从亲戚朋友募集启动资金，这是一种比较有效的集资方式，可以迅速得到需要的资金，但风险性也是存在的。

近几年，国家对于大学生创业的资金扶持力度不断加大，包括银行贷款优惠与政府无息贷款等，另外，寻找风险投资也是一种集资方式，但是对于应届大学生而言，个人发展的不确定性、对市场把握能力的不足以及各种能力的欠缺使得风险投资家很难冒险进行投资，因此这在很多时候风投只是种可以考虑但难以实施的融资方法。见图3.1，可以看出企业初始创业资金来源的大概分布情况：

企业初始创业资金来源分布

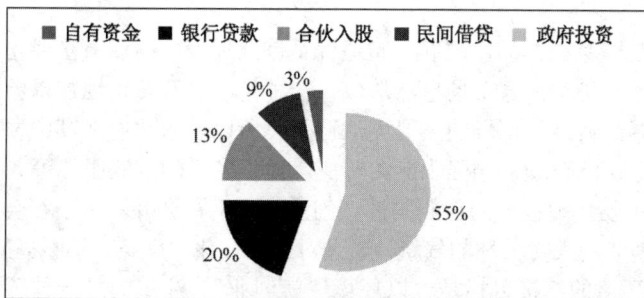

图 3.1　企业初始创业资金来源分布

图片来源：冯庆硕.商业银行信贷集中和担保偏好行为的实证研究.南京理工大学[J].2009.

由上图我们不难看出，创业初始阶段大多数的创业资金都是来源于创业者的自有资本，20%的资金来自于银行的贷款，13%来自于合伙入股，9%来自于民间借贷，只有极少部分来自于政府的投资。因此，很多时候，创业的瓶颈问题是创业者自身资本的不足，资本在此时起到举足轻重的作用。

3. 国家政策

当前，国家为了促进创业型经济的发展，在全国各地不断出台各种创业支持政策。因为一个国家经济发展的根本驱动力量就是创业活动，它能有效改善困境，促进社会公平公正的发展，对维护社会秩序，促进社会稳定以及增强国家的综合竞争力起到了一定的积极作用。通过创业政策，可以激发创业动机、提供创业机会和培育创业技术，最终达到创业者的创业目的。

当前，结合当前中国大学毕业生十分严峻的就业形势。党的十七大提出，要实施扩大就业的发展战略，促进以创业带动就业。提出在坚持实施积极的就业政策的同时完善支持自主创业、自谋职业政策，加强创业观念教育，使更多劳动者成为创业者。国家政策主要是针对大学生创业者在资金、法律、工商方面出台给予了一定的保护和优惠，这体现了国家对大学生创业的重视，对于创业者是一个福音，开始创业之前最好对这些政策进行详细深入的了解，也可以向专业机构进行咨询，以便在创业过程中得到更多的优惠政策。

据相关数据调查显示，目前我国高校应届毕业生中，自主创业的比例仅占0.3%。换言之，目前，我国大学生虽然创业艰难，但创业潜力也很大。近年来，国家出台了一系列的创业促进政策来解决创业资本不足、创业经验欠缺、创业技术不成熟等常见问题。

一般情况下，创业促进政策措施可以分为四大类型：

（1）税收优惠政策；

（2）降低进入壁垒政策；

（3）商务支持政策；

（4）提供合理信贷与创业基金政策。

4. 企业发展环境

一般情况下，创业环境指的是政府和社会为创业者创办新企业所搭建的一个公共平台。

我们可以从以下几个方面对定义进行诠释：

（1）理想的创业环境。在这个创业平台上，创业者可以最有效地获得资本、技术、政策支持、人才等创业资源，通过这些生产要素的整合，使新公司获得成长空间。因此，在同等的条件下，具有良好的创业环境企业的创业成功率更高。不过，要构建这个理想平台的必备条件是：完善的市场经济体制、健全的创业服务体系、逐步深化的社会化专业分工和公正、高效、透明的政策环境等。

（2）创业环境是一个公共品，政府在塑造优良创业环境中扮演着重要角色。创业环境的形成一般有两种途径，一种是依靠市场自然形成，一种是政府有意识地加以塑造和建设。但是，由于创业环境的公共品特性，市场的失灵无法避免，所以要求政府在其中发挥主导性的积极作用，用"有型的手"调配市场，加强职能的转变，提供多样的创业服务等。

（3）创业环境中要体现社会的创业关怀。创业来源于社会并服务于社会。所以，社会上要有尊重创业、支持创业的人文关怀的气氛，通过对创业文化的弘扬，不断提高人们的创业水平。

（4）优化创业环境的终极目标是"以环境造就创业"。注重的是一种感染的氛围，通过创业成功率的提高，促成人们成就事业，社会财富源泉充分涌流的新局面。

资料来源：范伟，熊小果. 南宁市创业条件评价分析：基于创业者调者的视角[J]. 广西大学商学院.

5. 团队条件

在强调团队合作的今天，创业者想靠单打独斗获得成功的概率正大大降低，团队精神已成为不可或缺的创业素质。风险投资商在投资时更看重有合作能力的创业团队。

如今大学生一般都有个性，在创业中常常自以为是、刚愎自用，这些都影响了创业的成功率。因此对打算创业的大学生来说强强合作、取长补短要比单枪匹马更容易积聚创业实力。有鉴于此，成功的创业者无不推荐团队创业，通过这样可以积累成功的信心，也便于未来的发展。

案例分享

马云的十八罗汉&史玉柱的四个火枪手

在从征途到巨人网络的IT界富有传奇色彩的人物——史玉柱的二次创业期间，很长一段时间，身边的人连工资都没领。但是有四个人始终不离不弃，他们就是史玉柱的大学时期的"兄弟"——陈国、费拥军、刘伟和程晨。

阿里巴巴的马云创业的时候，初期的50万元是18名员工一起凑出来的。9年过去后，这18个人中有做到总裁级别的孙彤宇，也有还是经理的麻长炜，但是，令人惊奇的是没有任何一个人从阿里巴巴流失。

以上两个例子有个共同点就是创业团队的核心凝聚力，即对公司的绝对崇拜精神，对团队精神深信不疑，始终坚持团队才能带来最大的效益的观点。

从上世纪80年代末开始，创业团队的成功带来的巨大经济效益引起社会的反响，团队可以认为是创业成功和研发技术的基本单位，是造就创业成功的奠基石。

资料链接：名人传记（财富人物）2008 年 01 期作者：森丽

3.1.2　创业的主观条件

一般情况下创业的主要条件包括：创业者的能力素质、个人品格、市场规则的认知、自身优势的发挥、创业经验的积累等方面。

1．创业者的能力与素质

关于创业者能力可以归纳为：综合创新能力、社会适应能力、社会信息收集归纳内化能力。至于创业者素质方面，我国《科学投资》杂志在研究了国内上千例创业者案例后提出了"中国成功创业者十大素质"为：忍耐、眼界、敏感、欲望、胆量、策略、人脉、明势、与他人分享的愿望和自我反省的能力。笔者认为大学生创业者应该具备的基本素质包括：创造性思维素质、经济与管理素质、法律意识和素质、修养与心理素质。很多时候，以上能力与素质在创业者的主观条件中起到决定性作用。

2．个人品格

可以发现良好的个人品德乃创业者应该具备的各种素质的首位，一个拥有美好品德的人，不仅可以让周围的人接受和喜欢，而且可以影响到身边的人们，这也是作为创业者个人魅力的一部分，对将来吸引人才和合作伙伴都有着非常重要的意义，这些优良品格人各不同，总结出来，主要有真诚、乐观、独立、创新精神、开拓勇气、坚持不懈、脚踏实地、吃苦耐劳、乐于助人、充满激情、责任心强烈、勇于承担风险等。这些素质往往是性格的组成部分，通过自己的努力，是可以通过后天努力来弥补。

3．市场规则的认知

要创业就要了解和熟悉市场运营的"游戏规则"，即在市场的开发、企业的运作、财务运营、社交网络、人际沟通、企业管理等方面要了解。我们可以通过在校对专业知识的学习，去了解和掌握关于市场发展规律、资本的运作程序、财务管理、成本收益等方面的内容。要充分发挥自己对这个战场的认知能力，去突破将要面临的重重难关。

4．自身优势的发挥

当代大学生是自主创业的后备军和生力军。在一定程度上具有其他创业者所不具备的优势。首先，大学时期是人生中最好的年龄阶段，精力充沛、富有创新灵感、创业热情高涨，这正是干一番大事的好时机。其次，大学生接受的是高等教育，文化程度和自身的素质也高，创业意识正强，给予创业极大的驱动力。再次，就是大学生的可塑性强，容易接受新事物，观念转变快，即使创业失败，也能够很快地汲取教训和总结经验，而后再接再厉，不断成长，实现人生价值。

5．创业经验的积累

缺乏创业经验对于创业者是一个缺憾。缺乏经验和实战机会是大学生创业者普遍存在的创业问题，这样很容易出现眼高手低、纸上谈兵的情况。但是，可以利用在企业打工的机会积累相关的管理和营销经验，参加各类型的创业培训与督导，接受专业指导，从而积累创业知识，掌握相对应的技巧。

3.2　融资概述

所谓融资是指一个企业在筹集资金时所表现出来的行为与过程，也就是说公司根据自身的生产经营、资金持有的状况，以及公司未来经营发展的需要，经过科学的预测和决策，通过一定的渠道向企业的投资者和债权人去筹集资金，组织资金的供应，以保证公司正常生产运营，以及提供经营管理活动所需要的理财行为。

3.2.1　融资渠道

融资渠道是指获得资本来源的方向与通道，体现着资本的源泉和流量。目前，我国的融资渠道主要包括：国家财政资金、银行信贷资金、非银行金融机构融资、其他法人单位资金、民间个人融资、境外资金。下面将对这些内容做详细的论述。

1. 国家财政资金

国家财政资金是指国家以财政拨款的形式投入企业的资金。在企业的资金来源中，国家财政资金占有相当大的比重，是国有企业最主要的资金来源，特别是国有独资企业。从产权的关系上看，国家拥有企业的产权。例如：对那些只能或只便于由国有资本进入的部门或行业中的企业，如国防、航天航空、造币等，主要的就是采取财政投资的形式。所以，一般的自主创业的企业是很难得到这部分的资金。但是，如果中小企业要申请这一部分的资金。可以通过一定的渠道来得到这一部分资金的。例如：

（1）定期登陆相关政府网站查看公告通知栏；

（2）了解专项资金八大类；

（3）与经验丰富的专业项目申报咨询机构联系，请专业人士提供申报信息；

（4）通过项目主管部门了解项目申报具体要求。

2. 银行信贷资金

银行信贷是各类自然人或企业法人按照贷款合同从银行获得的各种贷款。它是我国目前各类企业最为重要的资金来源。我国银行主要分为以盈利为目的的商业银行和为特定企业提供政策性贷款的政策性银行两种。商业银行主要为企业提供各种商业性贷款，从事信贷资金投放的金融机构。银行贷款方式灵活多样，企业可以根据自己需要向银行获得多种资金支持。

3. 非银行金融机构融资

非银行金融机构主要指除商业银行和专业银行以外的所有金融机构。包括证券公司、保险公司、信托投资公司、租赁公司、合作金融机构、企业集团所属的财务公司等。他们提供各种金融服务，有信贷资金投放、物资的融通、企业承销证券服务等。通过这些服务，为企业直接提供资金或融资服务。

4. 其他法人单位资金

主要是指其他法人单位利用企业生产经营中闲置资金进行投资来获得其他收益的资金，包括企业法人单位资金和社会法人单位资金。随着我国上市公司的增加，目前，很多公司将上市融来的资金进行再投资和收购。

5. 民间个人融资

作为游离于银行和非银行金融机构之外的个人可支配资金，我国城乡居民个人的资金可以用于企业股票、债券、创业等投资。随着我国人民生活水平的提高，投放意识逐渐增强，这部分资金将会越来越多，也会成为创业资金的重要来源。

6. 境外资金

主要是指外国投资者以及中国港澳台地区的投资者的投入资金，是我国外商和境内外投资者的重要资金来源。目前，境外投资也开始介入我国创业领域，成为又一活跃力量。

3.2.2 融资的分类

根据不同的口径和特点，融资有如下分类：分为股权融资和债权融资、内部融资和外部融资、风险资本融资。

1. 股权融资和债权融资

创业融资活动按照资本的来源和方式，分为股权融资和债权融资。

股权融资是指通过扩大企业的股权所有者权益，如吸引新的投资者、发行新股、追加投资等方式筹集资金，而不是出让现有的股权所有者权益或转让现有的股票。出让或出卖现有的股份是转让行为，没有增加权益。股权融资后果是稀释了原有投资者对企业的控制权。

债权融资也称债务融资，是指通过增加企业的债务筹集资金，是一种有息支付的融资方式，主要包括银行贷款、民间借款、发行债券、融资租赁等。

2. 内部融资和外部融资

创业资金按照资本的来源范围，分为内部融资和外部融资。

内部融资是指创业者自己或家庭通过原始积累来形成的资本，一般不需要花费融资费用。或者来自公司的内部，如利润、出售资产收入、减少的流动资本量、延期付款、应付账款等。外部融资是指向企业外的人融得资本。对有发展潜力的融资项目来说，往往需要外部融资来满足需要。包括吸引直接投资、银行贷款、发行债券、融资租赁、民间借款等。创业者应该充分利用好内部融资再开展外部融资。

3. 风险资本融资

风险资本（Venture Capital Investment，VC），也叫做创业投资，是一种高风险、高收益的投资类型，是指向创业企业进行股权投资，以期所投资创业企业发展成熟后主要通过转让股权获得收益的投资方式。风险资本是一种权益资本，而不是借贷资本。对于具有高成长性的高科技创新企业，风险投资是一种昂贵的资金来源，也许也是唯一的投资的来源，由于它的高风险性，它很难获得银行贷款。同样，风险投资也很少用于传统风险性较少的企业。

3.2.3 融资方式

所谓的融资方式是指企业筹集资金所采取的具体形式。研究、分析各种融资方式及其特点，有利于我们创业融资的选择。目前，我国的主要融资方式具体分为股权融资和债权融资。股权融资与债权融资的比较如表 3.1 所示。

表 3.1 股权融资与债券融资的比较[①]

融资类型		优 点	缺 点
股权融资	使用个人存款	● 独享全部利润	● 可能损失自己的现金资产
		● 减少债务数量	● 需要个人较大付出
		● 失败的风险转化为成功的动力	● 丧失了存款用于其他投资可能产生的收益
		● 向借款人展示良好的信用	
	向亲友借款	● 可筹集较多资金	● 让出部分利润
		● 分散财务风险	● 让出部分所有权
			● 可能干扰正常的经营管理
	合伙企业	● 宽松的现金来源	● 私人关系破裂的风险

① 刘国新等，创业风险管理，武汉：武汉理工大学出版社，2004:167

融资类型		优　点	缺　点
股权融资	合伙企业	● 较小的压力和制约	● 可能增加企业运作的复杂性
	有限责任公司	● 可筹集较大量的资金	● 让出部分利润
		● 分散财务风险	● 让出企业部分控制权
		● 降低法律风险	
		● 降低税负	
	使用风险投资	● 这类资金就是为了帮助小企业	● 只关注其资本增值
		● 有利于寻找贷款	
债权融资	所有形式的借款	● 比较容易获得	● 贷款必须归还，这对集中精力开始运营的初创企业来说可能很困难
		● 企业控制权和所有权得到维护	● 要负担利息成本，要承担将来利润可能不足以归还借款的风险
		● 可选择有利的时间归还	● 可能导致滥用和浪费资金
		● 可以节约自有资金	● 让他人了解了来了财务及其他一些保密信息
		● 借款成本可在税前列支	● 贷款机构有可能要附加一些限制条款，如要求提供大量抵押物
		● 通货膨胀可以减少实际还款数	

1. 股权融资

股权融资也叫权益融资，是指创业者用未来企业的部分股权来换取企业创业的融资。我国主要股权融资的融资方式有：吸收直接投资、发行企业股票。

（1）吸收直接投资。吸收直接投资是指企业以协议形式直接吸收来自国家、其他单位、民间或外商的投入的资金，这部分资金将成为企业融资的主要来源或部分来源。它是非股份有限公司融资的基本方式。融资规模大小不一。

（2）发行企业股票。这是股份有限公司资金来源的基本方式。同吸收直接投资相比，股份有限公司可以将其所需筹集的自有资金划分为更少面值的计价单位，符合上市条件的股票还可以在证券市场流通，这就为不同投资者提供了方便。

2. 债权融资

债权融资对创业者来说主要是商业信贷。我国主要债权融资的融资方式有：银行贷款、发行企业债券、商业信用、民间借款。

（1）银行贷款。银行贷款是指银行根据合同给企业贷款的资金。银行贷款分为长期贷款和短期贷款、人民币贷款和外币贷款、固定资产贷款和流动资金贷款等。它是企业融资的主要方式。一般适合大、中型规模的企业筹借资金。

（2）发行企业债券。企业债券分为长期债券和短期债券。企业债券是企业依照法定程序发行，约定在一定期限内还本付息的债券。同银行借款相比，它可以向企业、单位、社会团体和个人发行，并可以在金融市场上流通转让。但获得发行债券的资格并不容易，需要证监部门的审批，适合较大规模的融资。这也是企业取得资金的重要方式之一。

（3）商业信用。企业在正常的经营活动和商品交易中由于延期付款或预收账款所形成的企业常见的信贷关系。商业信用的形式主要有：赊购商品、预收货款和商业汇票。延期付款（如应付账款和应付票据）同预收账款都是在商品交易中因发货或预付款在时间上的差异而产生的信用行为，从而为企业提供了筹集短期资金的机会。应善加利用这样的机会筹集资金并扩大可不断周转的短期资金。

（4）民间借款。是指公民之间、公民与法人之间、公民与其他组织之间借贷。只要双方当事人表示认同即可认定有效，因借贷产生的抵押相应有效，但利率不得超过人民银行规定的相关利率。同银行贷款相比，更加灵活快捷，但筹集成本可能较高，适合中小规模的融资。能否获得借款主要看自己的社会关系及社会公信力。

知识拓展

众筹是一种新型的融资方式。众筹，顾名思义就是利用众人的力量，集中大家的资金、能力和渠道，为小企业、艺术家或个人进行某项活动等提供必要的资金援助。相对于传统的融资方式，众筹更为开放，能否获得资金也不再是由项目的商业价值作为唯一标准。不过这种新的融资方式现在也备受争议。合法性界定不一，在中国曾经被定义为非法集资。但是如果这一融资渠道得到普及，创业者得到融资的机会就大大增加。

案例分享

没错，2000元就能在北京开一间咖啡店

北京市朝阳区的一家小店——"很多人的咖啡馆"，由100多个"股东"共同出资创立，每人最少出资2000元。创办者网名"蚁二姐"，是北京的一名普通白领，对"咖啡馆之梦"一直欲罢不能。

于是，2011年她在豆瓣网发帖，召集到众多志同道合的"股东"。当年9月，咖啡馆开门迎客。

"蚁二姐"不是一个人在战斗，通过互联网召集众人支持创业项目的人不在少数，有人拍电影，有人装修客栈，还有人开发手机应用软件。起点创投基金、乾龙创投合伙基金创始合伙人查立告诉记者，这是"众筹"模式（Crowdfunding）的一种，即以互联网为媒介推广自己的想法，吸引支持者。

"众筹模式的最大好处是降低了创业门槛，让年轻人有机会实现创业梦想。"查立说道。

"钱少、人多、爱做梦"的众筹模式，去过"很多人的咖啡馆"的顾客都会对一进门书柜上贴着的几个大字"钱少、人多、爱做梦"印象深刻，用这几个字来形容众筹模式，再合适不过。

资料来源：马婷婷. 中国众筹模式有待进一步发展[J]. 卓越理财. 2013（08）.

3.3 创业的融资问题

经过3.2的融资概述，相信你们对融资已有一定的了解。下面我们将结合创业谈谈融资的问题。在确定创业计划后，创业者开展他的创业计划往往需要第一批资金，这时就需要创业者进行融资。（见表3.2）所谓创业融资，是指创业者为了将自己的创业想法转变成商业现实，根据自身拥有的资金的情况、未来企业经营发展的需要，通过科学的预测和决策，采用不同的方式，从一定的渠道向风险投资者或债权人筹集创业资金，保证创业期间资金供应的一种经济行为。

表 3.2 创业融资产生的原因

产生时间	产生原因	主要内容
企业成立前	注册资本	设立企业的注册资本
	发起设立	办理相关权利证书、审批、登记、营业执照，甚至还可能涉及疏通关系的费用
	办公条件	租赁、装修办公场所、购置办公物资

续表

产生时间	产生原因	主 要 内 容
企业成立后	现金流	销售活动产生现金之前、购买存货、招聘员工、员工培训、员工薪资、市场推广、建立品牌等
	生产设备设施	购置、维护生产设备设施，购买成本往往超出自己所能提供的能力，如机床
	产品开发周期	前期的开发、生产成本也往往超出自己所能提供的能力，如开发期漫长的某专有技术

3.3.1 创业融资的渠道

创业融资的分类有很多种，但是在这里我们根据创业的不同阶段来选择创业的融资渠道作为本课题的讲解，以给初创者更多的启示，如表 3.3 所示。

表 3.3 创业的资金来源

创 业 初 期	创 业 中 后 期
自融资	风险投资
商业天使	商业银行融资
小额的创业贷款	上市
政府的支持（SBIC）	兼并收购

1. 创业初期的融资渠道

在种子期和启动期，企业处在不稳定的状态中，只能依靠自我融资的方式或亲戚朋友的支持以及外部获得的天使投资作为融资的来源。风险投资很少在这时进入，而从商业银行里获得贷款的难度更大。建立在亲戚血缘关系和自我原始积累的资本，是这时候融资的主要来源。所以创业初期的融资渠道主要有：自融资、商业天使、小额的创业贷款和政府支持（SBIC）。

（1）自融资。自融资主要包括自有资金和亲戚朋友的资金。创业初期通常使用自己的资金，就如开篇经典案例中的马化腾融资故事一样，腾讯一开始建立时，也是运用马化腾个人的资本原始积累开始获得资本。除此之外，个人也可以抵押自己的个人资产（如房子和汽车等）来获得银行贷款。向亲戚朋友借款融资对于一定的小本创业可能有帮助，但是对于那些科技创新类的企业来说，可能行不通，因为这些创新行业需要资金比较大，所以创业者要善于吸纳有一定实力的合伙人和股东。

（2）商业天使。商业天使又称天使投资。所谓的天使投资是指具有一定本金的人把自己的资本或税后收入，投入到那些对于他们来说有发展能力的初创企业中，是一种对初创企业进行早期的、直接的权益资本投资的民间资本运作模式。

天使投资家不仅对初创企业提供资金上的支持，而且还在市场、产品、工艺、人力资源、管理上提供可贵的非资金上的支持与帮助。比如联想之星天使投资，借助联想 28 年的科技创业成长历程和十多年的科技领域投资经验，首创"创业培训 + 天使投资"的模式，将专业投资机构和培训机构的优势结合，并进一步整合各类社会资源，全面解决科技创业企业和科技成果产业化发展所面临的人才、资金、资源等问题。首期四亿元人民币的联想之星天使投资基金，专注于先进制造、医疗健康和 TMT 的早期科技企业投资，平均每个项目投资额超过 500 万人民币，有 20 余名专职人员，从体量和平均投资额来看，都属于国内的超级天使。迄今为止，它已投资微纳芯、铁皮人、恒图科技等数十家初创企业，累计投资额近 2 亿元人民币。

天使投资作为一种小型的、自发的投资模式，是创业者能获得创业资金的来源之一，也为具有一定投资实力的个人或团体提供了一种灵活的投资模式。

案例分享

如果投资了好的项目，天使投资回报惊人。不久前，小米手机的雷军投资的欢聚时代在美国上市。当年他投资了 10 万美元，如今，他所持股票按照开盘价计算，价值达到 1.13 亿美元，获得了约 112 倍的账面回报。德讯投资创始人曾李青所投资的第七大道在 2011 年卖给搜狐畅游，获得 1 个亿的收益，而当初他仅仅投资 200 万。

资料来源：创业邦 2012 天使投资报告

（3）小额的创业贷款。目前各地政府正在积极解决创业贷款难的问题，出台了一系列政策来扶持大学生创业，其中小额创业贷款就为重点扶持项目。有创业意向的刚毕业的大学生和刚退伍的军人可以通过提交相关材料去申请小额贷款帮助。

案例分享

创业之初，吐尔逊江·吐热首先遇到的问题就是资金困难。他东拼西凑仅自筹了 1 万元创业资金，资金不足使他陷入困境。当地劳动、社会保障部门和农村信用社得知这一情况后，主动上门向他介绍大学生创业优惠贷款政策，鼓励他参加免费的创业培训。参加完培训后，农村信用社为吐尔逊江·吐热提供了 5 万元全额贴息贷款。这笔创业资金犹如"及时雨"，为吐尔逊江·吐热实现梦想注入了活力。经过不懈努力，吐尔逊江·吐热于 2008 年 3 月成立了爱乐格亚电子科技有限责任公司。短短几年，公司已发展了 4 家连锁店，固定资产达到 60 余万元。吐尔逊江·吐热自创业以来，先后招收多名大中专毕业生，培养了 200 余名失业人员，教会他们学习基本的电脑操作和维修知识，帮助他们创业，现在已有 40 余人在昭苏县、巩留县、特克斯县等地开店，实现了自主就业。由于吸纳员工多为大中专毕业生及城镇低保户，2012 年 7 月，吐尔逊江·吐热又获得 90 万元劳动密集型小企业贴息贷款。

资料来源：石润梅，刘焕钦，王力敏. 创业贷款成就新疆各族大学生创业梦[J]. 卓越理财金融时报，2013-05-31（1）

（4）政府支持。政府在风险投资各个阶段都能发挥直接或间接的作用，政府与风险投资间的关系，包括政府与风险投资公司间的关系，政府与初创企业间的关系以及政府与风险投资生存的大环境之间的关系，都可以通过图 3.2 表现出来。

政府直接支持风险投资的金融体系，以发达国家为例，主要表现为两个方面：一是政府出资建立风险投资基金或投资公司；二是政府贷款的方式。

政府间接支持的风险投资金融体系主要表现为以政府信用提供担保。担保方式主要包括两种：贷款担保和股权担保。

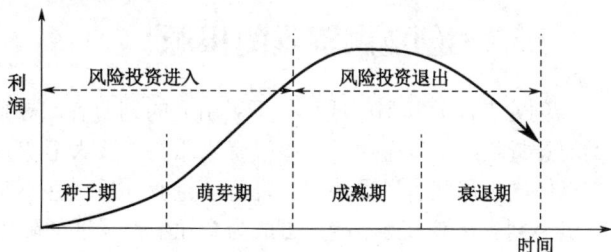

图 3.2 风险投资流程及政府作用

资料来源：余正. 政府支持风险投资的金融模式及"风险杠杆"效应研究[J]. 2008

2. 创业中后期的融资渠道

（1）风险投资。创业融资的种子期或者初创期，企业一般处于不成熟，发展不稳定的状态，所以较难获得风险投资的资金支持。（见图 3.3）创业投资者一般在企业发展潜力显露出来后才进行投资。因为风险投资是一种有风险的长期权益专业组合的投资。主要支持创新企业，因为创新企业高风险和高收益同在。同时，创业投资者一般要经过 3～7 年才能获得收益退出，而且对有希望成功的企业不断增支，这也是初创企业投资难的原因之一。

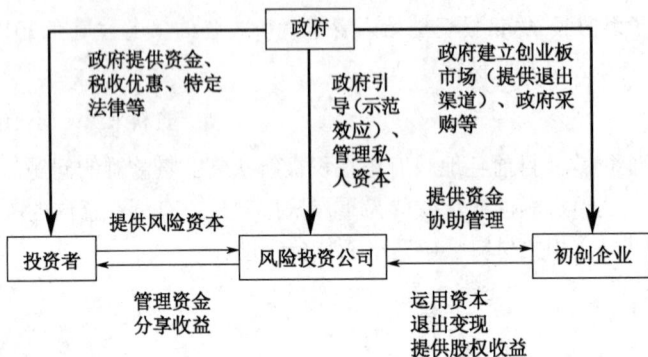

图 3.3　风险投资进入企业的阶段

（2）商业银行。向银行贷款是企业最常见的融资方式之一，但是由于创业企业的经营风险较高，价值评估困难，所以银行一般不愿意冒太大的风险投给初创企业，只有等到企业有一定规模之后，商业银行贷款融资才较容易获得。

（3）上市。上市即首次公开募股（Initial Public Offerings，IPO）指企业通过证券交易所首次公开向投资者增发股票，以期筹措企业发展需要资金的过程。通过首次公开（IPO）实现上市，是创业融资的又一个重要渠道。选择不同的上市地点有不同的要求和优势。目前，主要的上市地点包括国内主板、美国纳斯达克、香港主板、香港创业板、新加坡证券交易所等。

（4）兼并收购。兼并收购，一般是指兼并（Merger）和收购（Acquisition）。兼并，又称吸收合并，指两家或两家以上的独立企业、公司合并组成一家企业，通常以最优势的企业为首吸收其他企业。收购是指一家企业用现金或者有价证券购买另一家企业的股票或者资产，以获得对该企业的全部资产或者某项资产的所有权，或对该企业的控制权。被大企业兼并收购也是创业企业融资的一种渠道，尤其对于那些遇到生存发展问题的公司而言，为了企业的生产发展不得不选择的融资渠道。典型的创业企业并购案例，如联想并购 IBM PC，Amazon.com 并购卓越网等。

3.3.2　创业融资难的根源

创业者，尤其那些项目并不吸引人的创业者，寻找资金的支持的确会比既有企业难。银行不愿意贷款给初创企业，风险投资家总在寻找大笔交易，私人投资也开始谨慎起来，而公开上市只倾向于那些有发展潜能且良好的企业。虽然并不是所有创业者都需要大量的资金，但是没有资金创业者就万万不能，必成为企业生存发展的障碍。

据一项对六家城市商业银行及其分支机构的抽样调查显示，企业规模与贷款申请被拒绝次数呈现负相关关系。同样，企业经营年限与贷款申请被拒次数也呈负相关关系。可见，对于初创企业来说，规模越小，经营年限越短，企业获得银行贷款的可能性就越低，初创企业的融资困境可想而知。总括来说，创业融资有以下的难题：创业企业的平均风险水平较高、信息不对称、中国创业环境的内部因素等三个方面。

1. 创业企业的平均风险水平较高

创业企业的平均风险水平较高，即使是美国这个创业活动相当活跃、融资渠道相当通畅的国家，新创企业的创业失败率也很高。根据哈佛商学院最新调查研究显示，创业企业失败率比我们看到的数据要高得多。本次调查的带头人 Shikhar Ghosh 研究了在 2004—2010 年获得风投投资在 100 万美元以上的 2000 多家创业企业，得出了"风投支持的创业企业失败率也高达 75%"的结论。获得投资的企业失败率都这么高，可想而知，融资是一件多么艰难的事情。

2. 信息不对称

信息不对称也是创业融资难的原因之一。这主要表现为创业者不愿意透露过多的创意、技术或商业模式给投资方。投资方因不太了解项目而放弃。同样的，部分创业者夸大对自己创业项目的评估，由于不信任，投资方也会放弃对项目的投资。

3. 中国创业环境的内部因素

《全球创业观察报告：中国 2012》报告以中国创业的十年变迁为主题，总结了过去十年间中国创业活动的四项变化和四项特征。清华大学经济管理学院副院长、中国创业研究中心主任高建指出，这四项变化是指：十年间中国创业活动日益活跃；中国的创业转型基本完成，创业者的创业动机由以生存型为主导转变为以机会型为主导；中国的区域创业活动的绝对差距在加大；中国的创业环境在缓慢改善，创业机会变多。而四项特征是指：我国新创企业在产品创新和工艺创新方面与其他发展中国家相比仍然处于较低水平；在就业促进方面，预期五年后能够创造出较多就业机会的新创企业的比例有所提高，将处于发展中国家的前列；在创业活动的国际导向方面，我国新创企业一直以国内客户为主要的服务对象，国际化程度处于发展中国家后列；高学历创业者的创业效应显著。

研究发展中国家发现中国创业活动虽然以机会型创业为主，但是创业活动的质量不高，高技术行业创业者少，在全球的排名落后，较多集中于低技术行业，以利用劳动力成本优势为主，尽管能够创造一定的就业机会，但对长期的经济增长和出口的贡献相对不足。这些因素进一步加进了我国的创业融资难度。

3.3.3 创业融资需要注意的问题

对于一个初创企业来说，创业融资往往缺乏经验，为了使初创企业更好地完成融资，在融资时需要注意以下问题。

（1）寻找专业的融资机构。很多企业在创业融资前往往缺乏经验，这时，专业的融资机构的融资对于创业企业来说，无疑是雪中送炭。其中，创业融资机构包括投资银行、会计师事务所、创业投资协会、创业投资保险机构、专利事务所、律师事务所、资信评估机构和信息咨询机构、资产评估机构以及代理人和投资顾问等，他们会根据他们所拥有的专业知识为投资者提供独立的意见评价，使投资者作出正确投资决策。

（2）注意知识产权的保护。无论用哪种融资方式，创业者要得到融资，一般都需要提给投资者交商业计划书。因此，创业者要在信息不对称的环境中，要学会识别交易中不可接受的条款和条例，并使用相应的措施来保护商业秘密。

（3）了解企业的融资成本，预测企业资本的需求。融资成本是资金所有权与资金使用权分离的产物，融资成本的实质是资金使用者支付给资金所有者的报酬。包括资金筹集费和资金占用费两个部分。资金筹集费是指资金筹集过程中所支付的所有费用，如发行股票、债券支付的印刷费、发行手续费、律师费、资信评估费、公证费等；资金占用费顾名思义就是因资金占用所产生的费用，如股票的股息、借款和债券的利息等。

创业者在创业融资前，一定要首先考虑好融资成本和融资后的收益，切忌急于把目光直接对向各种吸引人的投资方式上，更不要因急于求成而草率地做出融资决策。融资成本包括既有资金的利息成本、昂贵的融资费用和不确定的风险成本。因此，在做出决策时要充分考虑分析，确定利用筹集的资金所预期的总收益大于融资的总成本时，才做出融资决策。创业者在融资中，需要在充分考虑项目效益的前提下，综合研究各种融资方式，寻求最佳的融资组合来降低融资成本。

（4）预测企业资本的需求。融资的基础是资本需求量。创业者通常根据同行业的融资需求量和自己的主观意志来预测最低融资资本需求估算。对于创业者来说，首先需要清楚创业所需要资本的用途。任何企业的经营都需要一定的资产，资产以各种形式存在，包括现金、材料、产品、设备、厂房等，创业所筹措的资金就是用来购买企业经营所需要的这些资产，同时还要有足够的资金来支付企业的营运开支，如员工工资、水电费等。从资本的形式来看，有固定成本和营运成本两个部分。固定资本包括用于购买设备、建造厂房等固定资产的资本，这些资本被长期占用，不能在短期内收回，所以筹措这些资金的时候要考虑资金的长期性要求。而营运资本包括购买材料、支付工资、各种日常开支等资本一般可以通过短期资金解决。

（5）选择合理的融资方式，增加企业的竞争力。创业融资通常会给未来企业的竞争力带来很多影响。首先，企业要通过融资壮大企业的资本实力，使企业能更好地继续向前发展，从而增强自身的竞争力。其次，通过融资，提高企业的信任度，扩大企业的产品市场份额。再次，通过融资增加企业的规模和获利能力，充分利用规模经济优势，提高企业的竞争优势，使企业更快发展壮大。企业一定要选择最有利于自己的融资方式。

（6）规划融资的期限，使资金的流动趋向合理。创业融资按期限来分，一般分为短期融资和长期融资。创业者融资必须根据企业资本的投放时间来决定好融资的决策，使融资与投资时间相协调，避免由于资金不足而导致生产无法进行，或由于资金剩余而造成的闲置成本。

（7）设计资本结构，降低融资风险。资本结构一般是指企业的长期债务与权益资本的比例关系。创业是否成功，很大程度取决于它的资本结构，包括融资计划是否与企业的发展阶段报告相匹配。创业者为了减少融资风险一般可以采取一定的融资组合来规避风险。

（8）尽可能多地保留企业的控制权。创业者在筹集资金时，经常会发生企业控制权和所有权丧失的问题，所以我们在融资时，要考虑好融资的代价，合理地利用股权融资和债权融资。其中股权融资增加新股时会削弱原有的股东对企业的控制权，而债权融资就只增加债务而不影响原有股东对企业的控制权。例如：新浪的王志东、爱多的胡志标都曾为企业的控制权而烦恼，胡志标更为争夺企业的控制权而最终沦为阶下囚，其辛苦开创的爱多 VCD 最终宣告破产。

3.4 创业融资风险

很多时候，创业是否成功取决于企业的资本结构，这主要体现在融资计划是否与其阶段性发展计划相匹配。如果融资的计划不符合发展阶段的需求，就有可能产生资本投入不足或者资本过剩的现象，导致创业过程中的资本链条断裂或者造成资本的浪费和增加资本的使用成本。因此，创业者很有必要弄清楚创业发展各阶段资本的需求量的差异性，合理融资与投资。为了降低创业的融资风险，创业者在融资的时候务必慎思谨行。

3.4.1 创业者找寻创业资本时，小心误入迷途

1. 妄想一次性融得大笔资本，永无后顾之忧

在创业初期，许多创业者都渴望一次性获得一大笔的创业资本，一解后顾之忧。这样，创业者就很容易给社会上很多非法集资犯罪团伙抓住弱点，然后被骗取不多的启动资本、知识产权、技术技能等创业启动资源。此外，随着银行的商业化改制，外贸公司的融资变得越来越困难，因此，许多企业一般在捕捉业务信息上，追求的是不动资金的业务。而设陷者正是抓住了这一心态，而称不需要不动资金，只需出具全套单据，资金由对方垫付，用简单的条件而诱使外贸公司中圈套。

2. 高估自身价值，低估融资风险

创业者常常会过分高估创意、技术的作用以及商业价值，低估其商业价值实现过程中要面临的风险，这种情况下往往会使创业者难以获得创业资本。

3. 为了融资，过早或过度地稀释创业团队的股权

创业企业在发展阶段非常依赖创业团队尤其是核心创业者的领导，如果创业团队的股权过早、过度地被稀释，这无疑会导致企业发展后劲不足。有部分创业投资专家在创始人应该持有企业多少权益的问题上认为，尽管经过多轮的融资稀释后，在企业IPO的时候，创始人最好应该持有10%或者更多一些的股权。这样，创业团队会认为公司是自己的孩子，自己是推动公司发展的人，组织归属感更强。

4. 融资时，没擦亮眼睛，掉进圈套

很多时候经验缺乏的创业者会去找外部的投资者，一方面不了解这些投资公司的投资规则、投资领域，也不知道他们是否有钱，是否愿意投资，更不清楚这些投资者除了资金外还能否给企业带来其他价值。这样，不但耗费精力，而且会耽搁企业正在上升业务的发展，导致企业财务金融状况混乱。

5. 目光短浅，认为一个外部投资者足己

有些创业者在向外部招募资本的时候，缺乏信息和渠道，在社会人脉关系上见短，通常只找一个投资者。结果就是：不但不能做出有效比较，"资比三家"，对企业的市场价值有效估算，而且，一旦这个唯一的"救命稻草"撤离资本，出尔反尔，创业者就会手足无措，失去资本靠山了。

6. 心胸狭窄，融资时拘泥于小利益

股权的分配是融资时常常纠结的重点，很多创业者会过度拘泥于小利益，因小失大，错失融资的大好时机。这就告诫我们，要审时度势，以大局为重，因为很多时候，资本是制约企业快速成长的关键因素。

3.4.2 创业融资风险的规避

融资风险贯穿于融资的始末，一旦企业采用债权的方式筹集资金，就存在融资风险。在实际经营活动中，作为融资主体的企业应重点做好以下措施，以防范和规避融资风险。

1. 加强融资的风险管理

（1）保持负债规模的适度性。只要企业负债经营，就可能存在融资风险，而且其大小与企业借入资金的多少成正比。因此，合理确定借款额度，保持适度的负债规模以及考虑借入资金利率的变动趋势，是控制融资风险的关键。

资金的测算是融资的基础，一般而言，在企业成立的最初五年，要很确切地了解企业到底

需要多少资本的可能性不大，也不现实，因此需要结合行业的经验并通过客观地判断来推算资本需求量的最低限额。

（2）保持负债结构的合理性。负债结构，是指企业借入资金期限结构、利率结构、融资来源结构等。在负债结构中要使短期、中期、长期负债均衡安排，并保持适当比例。首先，企业的借款期限要稍长于项目投资回收期。其次，长、短期负债比例必须与企业固定资产和流动资产的结构比例相适应。

利率结构是指长期固定利率借款与浮动利率借款的比例关系。应从降低企业利息负担的角度出发，保持固定利率和浮动利率的适度比例。

企业可以通过银行借款、债券和商业信用等方式借入资金。不同的融资方式，取得资金的难易程度不同，自然地，资金成本也高低有别，而且也具有不同的融资风险。例如商业信用比较容易取得，也不必付出任何代价，但只能在短期内使用，而且无力偿还的风险很大。

银行借款与发行债券相比，一是限制条件较少，容易筹集；二是融资速度也较快。由于各种融资方式和资金来源各有优缺，因此，企业必须注意债源结构的合理性，使之相互配合，才能趋利避害，有效地控制风险。

2. 选用实际可行性高的发展项目

企业融资的前提是要有适宜的投资项目，否则企业的融资就会有风险。企业应采用科学合理的方法来研究、分析、评估、取舍投资项目，使得在规避融资风险的前提下最大程度地获取投资报酬。

3. 提高企业资产的流动率、增强企业的获利能力

企业资产的流动性与融资风险关系甚密。当企业的资产流动性较强时，则表明资产的变现能力较强，那么企业的融资风险相对较低；反之，则融资风险较大。所以，企业在满足正常生产经营的前提下，应最大限度地提高企业的资产流动性及变现能力，使企业的流动比率和速动比率保持在一个安全合理的范围内。

资产报酬率反映了企业全部资产投资效益的综合水平，当该指标的期望值高于银行贷款利率时，可适当借款，当等于或低于银行贷款利率时，不宜负债经营。负债经营的临界点指的是全部资金的息、税前利润等于负债利息。因此，要保持合理的资本结构，应综合考虑企业发展的前景、收益的稳定性、同行业的竞争情况和企业资本结构等情况，充分利用财务杠杆原理来衡量企业产生的效益和可能承担的风险，避免可能在经营困境中产生权益资本收益率低于负债融资利率的风险与危机。

案例分享

白手起家的牟其中虽然已锒铛入狱，但是他对资本流动的操作是很值得我们学习的。在前苏联瓦解之初，重工业和高端技术发达的俄罗斯正遭遇严重的经济困难，轻工业发展维艰；而此时的中国，经过改革开放，虽然轻工产品丰富，但是国内的航空企业刚刚起步，飞机紧缺，身无分文的牟其中看中了这个创业机会，开始了他的创业计划。首先，他向银行申请贷款，描述自己的创业计划，并承诺以俄罗斯的飞机能够停在中国某机场出售为担保。第二步，去邀约国内某航空公司委托他购买飞机，以双方满意的价格成交，航空公司认为自己也是受益的，于是授权牟其中。第三步，此时的俄罗斯的飞机制造厂，大量飞机积压而居民生活用品无法供应，于是牟其中提出以货易货的交易方式购买俄方的两架飞机。要求俄方先把飞机开到中国的机场停放，然后他就把生活用品运往俄罗斯。第四步，牟其中利用这笔贷款在全国组织货源，装了

一火车的中国廉价日用轻工产品运到俄罗斯。第五步，就是把飞机卖给航空公司。这么下来，四方都能如愿以偿。航空公司买到廉价飞机、俄方得到急需的生活用品、银行得到了贷款利息、而牟其中得到了可观的创业启动资金。

当然，这是全球范围内资源的分配不均所带来的商机，但是，做一个有心之人，才能察觉到全球市场的供需矛盾，然后才能利用它为自己带来人生的第一桶金。

4. 加强对企业现金流的管理

企业应加强现金管理，避免由于现金流量短缺，导致公司到期不能还债的风险。为此企业应以经营活动的现金流量为主线，对现金流量可以实行事先预算、事中控制和事后分析；实行资金相对集中的管理，减少资金的体内沉淀和超额占用；降低采购成本；加强应收账款管理，加速资金回笼；保持流动资产的合理结构，加强其流动性和应变能力。为到期债务的偿还提前做好准备。

5. 巧妙利用金融衍生工具来规避利率和汇率风险

衍生金融工具是指其价值依赖于基本标的资产价格的金融工具，如远期、期货、期权、互换等。

所谓利率风险，是指由于利率变动而给借款者和投资者带来的损益。在货币和资本市场上，利率的变化意味着有价证券的价格也要有相应的变化，同时也可能使融资者的融资风险相应提高。所谓汇率风险，就是指因汇率变化而使以外币计价的资产或负债的数额变得不确定的情况。

企业可以采取以下措施来规避利率风险和汇率风险

（1）使用远期合约处理利率风险和汇率风险。

远期合约是指双方约定在未来的某一确定时间，按确定的价格，买卖一定数量的某种金融资产的合约。在合约中规定在将来买入标的物的一方称为多方，而在未来卖出标的物的一方称为空方。合约中规定的未来买卖标的物的价格称为交割价格。如果信息是对称的，而且合约双方对未来的预期相同，那么合约双方所选择的交割价格应使合约的价值在签署合约时等于零。这意味着无需成本就可处于远期合约的多头或空头状态。因此，远期合约迎合了规避现货交易风险的需要。

远期利率协议是买卖双方同意从未来某一商定的时期开始，在某一特定时期内，按协议利率借贷一笔数额确定、以具体货币表示的名义本金的协议。这种交易并不涉及到名义本金的收付，而只是在某一特定日期，按规定的期限和本金额，由一方向另一方支付根据协定利率计算出来利息差额的贴现金额。签订远期利率协议后，不管市场利率如何浮动，协议双方将来收付资金的成本或收益总是固定在合同利率水平上，从而规避利率上升的风险。

远期外汇合约是指双方约定在将来某一时间按约定的远期汇率买卖一定金额的某种外汇的合约。交易双方在签订合同时，就确定好将来进行交割的远期汇率，到时不论汇价如何变化，都应按此汇率交割。在交割时，名义本金并未交割，而只交割合同中规定的远期汇率与当时的即期汇率之间的差额。

（2）使用期货合约处理利率风险和汇率风险。

期货合约主要是为了解决远期合约信用风险问题而产生的。金融期货合约是指协议双方同意在约定的将来某个日期按约定的条件买入或卖出一定标准数量的某种金融工具的标准化协议。按标的物不同，金融期货可分为利率期货、外汇期货等。有了期货交易后，市场主体就可以利用期货多头或空头把价格风险转移出去，从而实现避险的目的。

（3）使用期权处理利率风险和汇率风险。

期权又称选择权，是指赋予其购买者在规定期限内按双方约定的价格或执行价格购买或出售一定数量某种金融资产（称为潜含金融资产或标的资产）的权利的合约。

按期权买者的权利划分，期权可分为看涨期权和看跌期权。凡是赋予期权买者购买标的资产权利的合约，就是看涨期权；而赋予期权买者出售标的资产权利的合约就是看跌期权。对于期权的买者来说，期权合约赋予他的只有权利，而没有任何义务。

他可以在规定期限内的任何时间或期满日，行使其购买或出售标的资产的权利，也可以不行使这个权利。对期权的出售者来说，他只有履行合约的义务，而没有任何权利。作为给期权卖者承担义务的报酬，期权买者要支付给期权卖者一定的费用，称为期权费或期权价格。

（4）使用金融互换的方式规避利率与汇率风险。

金融互换是两个或两个以上当事人按商定条件，在约定时间内，交换一系列现金流的合约。

利率互换是指双方同意在未来的一定期限内根据同种货币的同样的名义本金交换现金流。双方进行利率互换的主要原因是双方在固定利率和浮动利率市场上具有比较优势。

货币互换是指将一种货币的本金和固定利息与另一货币的等价本金和固定利息进行交换的经济活动。货币互换的主要原因是双方在各自国家中的金融市场上具有比较优势。

通过金融互换可在全球各市场之间进行套利，从而降低筹资者的融资成本或提高投资者的资产收益，同时，利用金融互换，可以管理资产负债组合中的利率风险和汇率风险，并逃避外汇管制、利率管制及税收管制。

当前，企业在融资中利用金融衍生工具规避风险还处于探索阶段，伴随着我国市场经济的逐渐成熟，金融衍生工具在我国的发展和应用将越来越广。

6. 着眼于资金市场的利率走向、有效施行企业融资计划

在利率处于高水平时期，尽量少融资或只筹急需的短期资金。当利率处于由高向低过渡时期，也应尽量少融资，减少资金的筹集，应采用浮动利率的计息方式。当利率处于低水平时，融资较为有利。当利率处于由低向高过渡时期，应积极筹集长期资金，并尽量采用固定利率的计息方式。

7. 充分体现负债的节税效用

企业举债，所发生的利息虽说具有减少企业所得税的作用，但我们必须看到，企业一旦借债，不管经营状况如何，必须偿还利息；而权益资金融资，在盈利欠佳或没有盈利时，可少发放或甚至不发放股利。因此，在经营情况不太乐观的前提下，企业在决定借债时，应权衡比较债务的抵税数额与权益资金少分配的股利后再做决策。如果债务的抵税数额小于权益资金少分配的股利，那么企业则应该考虑多筹集些权益资金；相反，如果债务的抵税数额高于权益资金少分配的股利，则企业应该考虑多筹集些负债资金。

8. 把融资与保险有效地结合起来，使风险得到转移

保险是一种有效的风险转移手段。融资者作为投保者在保险期间向保险公司缴纳一定数量的保险费，一旦在保险期内发生投保范围内的意外损失，保险公司将按规定补偿投保者的经济损失，企业的损失因此转由保险公司承担，相应降低了企业的经营风险，从而也降低了企业融资的风险。

以下是融资风险出现时的处理方法。

（1）实施债务重组。

在实际工作中，一旦企业面临风险，所有者和债权人的利益都将面临风险，如果处理不当，双方均将受到损失，因此，在此种情况下，企业应采取积极措施做好债权人的工作，避免其采取不当措施，同时应使债权人明确企业持续经营是保护其权益的最佳选择，从而动员债权人将企业部分债务转作投资或降低利率，即进行债务重组。适时进行债务重组是降低企业融资风险，

避免债权人因企业破产而遭受损失的较好对策。

（2）制定合理的负债及还款计划。

根据企业一定资产数额，按照需要与可能安排适量的负债。同时，还应根据负债的情况制定出还款计划。因此，企业必须从加强管理、加速资金周转上下工夫，努力降低资金占用额，尽力缩短生产周期，提高产销率，降低应收账款，增强对风险的防范意识。在制定负债计划的同时须制定出还款计划，使其具有一定的还款保证，企业负债后的速动比率应不低于一比一，流动比率应保持在二比一左右的安全区域。只有这样，才能最大限度地降低风险，提高企业的盈利水平。同时还要注意，在借入资金中，长短期资金应根据需要合理安排，使其结构趋于合理，并要防止还款期过分集中。

本 章 小 结

创业绝非易事，没有人可以一蹴而就，在创业前我们需要配备一定的条件，没有上述主观与客观条件，创业无从谈起。其中创业的客观条件有技术条件、资金条件、国家政策条件、企业发展环境、团队条件等。创业的主观条件包括创业者的能力素质、个人品格、市场规则认知、自身优势的发挥、创业经验积累等。

通过对融资的概述，相信大家都对融资有所了解，其中如本章节一样，融资的渠道有很多，但是创业融资要根据企业所处的阶段，适当选取自己的融资渠道。其中，初创企业可以选择的融资渠道有自融资、天使融资、小额创业贷款、政府的支持。创业中后期的融资渠道有风险投资、商业银行贷款、上市和兼并收购。并且，我们可以通过一定的创业融资步骤和了解一定的融资问题来化解创业融资的难题。

最后，在当今经济高速发展时期，企业融资身处更加复杂多变的环境。企业由于支付能力下降而产生支付风险，以及由于负债经营而产生的财务杠杆风险，都是企业在融资管理过程中面临风险的具体体现，然而影响企业融资风险的因素也是众多的。而确定最优资金结构，选择最佳融资方案，合理规避融资风险，已成为企业决策的重要组成部分。只有对融资全过程实行动态管理，不断评价融资风险程度，并善于做好与融资活动有关的工作，才能使企业持续成功经营成为可能。

案例思考

融资诈骗产业链已经从"链式协作"升级到"拉网设局"——"群狼围笼"式融资骗局

2009年3月25日，全国各地的一些企业主，应邀到北京参加了"2009中国国际投融资大会"。这些参会人都希望能在会上融到他们急缺的资金。但是在这个名头、声势、场面都很浩大的会议上，他们非但没有融到资，反而倒贴了几千到几十万不等的现金。

从央视事后的追踪报道来看，这是一场经过精心设计的融资骗局。而且，该模式更具隐蔽性和技术性，让人更难以识破。传统的融资诈骗模式通常为：第一步，诈骗方在发达一线城市的CBD区域设立办公室，以混淆视听的境外机构身份示人；第二步，主动联系有融资需求的企业，或通过散布信息让融资方自己找上门；第三步，经过初步接洽，佯装确定投资意向，但需境外总部审批；第四步，宣称为了完成所谓的项目考察，要求融资方聘请诈骗方指定的机构，并且做律师尽职调查、项目评估及融资担保，相关费用均由融资方缴纳；第五步，待融资方缴纳完这些费用之后，借口说总部未通过审批或者干脆"集体失踪"。这个过程是通过上下游的"链式协作"来实现的。这种愿者上钩的诈骗行为，随着时间的推移，已很容易被融资者识破。而如今，融资诈骗者以群狼协作，进行有组织、有明确分工的联合做局，"羊羔们"进去后就恐很难脱身了。

精心策划的投资"盛宴"

"'2009 中国国际投融资大会'由中国国际经济技术合作促进会、中国国际风险投资协会和中国国际投资贸易协会三方主办，中国国际投资贸易研究会、中国专利技术推广中心、欧盟亚太经济委员会、美国（亚洲）投资企业商会协办。""我国政府已邀请数十个国家的投资经贸代表团参会，各国投资商已向大会提交 2000 多个投资意向，代表的资金额度已超过 500 亿美元，开幕时国家商务部、发改委、科技部等部委领导，以及国内外著名经济学家、投资机构将会出席……"瞧这介绍文字的架势！谁能想到，这些带有"中国"字样的协会、中心、研究院，皆由私人注册于香港，与内地政府没有任何联系。其所宣称的"商务部、发改委、科技部相关领导"，在会上也全无踪影。专业打造，全面撒网看似是为投融双方打造双向选择的环境，实为稳住人心，为"宰割"做铺垫。会议地点安排在北京五星级酒店，并安排好了住宿，配备了专职翻译。与会议相关的资料等细节也都考虑得很细致。

"群狼围笼"——分工协作，共同做局。看似政府背景的协会搭建舞台，实际上，幕后却由会展公司具体承办；看似具有国际背景的投资商，似乎代表着巨额的资金额度到来；看似非盈利性的带有研究性和政府职能部门色彩的中介服务机构来参会，号称能提供国际咨询服务、可帮助打开国际融资大门其实就是在寻找猎物各行各业需要融资、需要实现专利产业化的被邀方。实际上会展公司（组委会）就是皮条客，他们宣称"我们与全球范围内著名投资机构、金融组织、投资银行及各类专项投资基金保持长期的合作关系，我们可根据您提供的项目为您联系、落实相关的投资商"。

其中，就有一女士在会中接到了组委会的通知，称有三家境外投资商对她的专利感兴趣，希望与她当面洽谈。该女士按时赴约，来到位于北京某高档写字楼内的"瑞典 CBC 控股集团有限公司"北京代表处，一位项目经理接待了她，并首先告诉该女士，他们连夜研究和讨论了该女士的专利项目，觉得市场前景很好，认为可以投资。之后的洽谈也很是顺利，谈及投资金额时，同意投入 8000 万元，谈及投资方式时，更是表示可以一次性投入，这都让人感觉确实很有实力。接下来，对方打印出一份项目合资洽谈纪要，签字之前，双方还要确定各自的股份比率。该女士提出希望自己能持有 51% 的股权，可对方主动提出，只要股权占到 35% 以上就可以，这让该女士喜出望外，为显公平她主动提出，让投资方占到 38% 的股权。签字后，对方说，按照会谈纪要内容的要求，该女士需要在 15 天内提交相应的资料，资料还需呈交到公司总部，由总部来最终拍板。并递给该女士一份清单，其中项目可行性研究报告，要求是中英文对照版的。15 天内就要拿出这样一份报告，这让该女士有些发愁，此时，对方提了一个建议。让她问一下组委会，说组委会能给她推荐一些有能力制作这类报告的单位。该女士拨通了预留的电话，被推荐到一家叫"中国投资规划研究院"的单位。并出席了由中国投资规划研究院的负责人主讲的演讲会，在专利权人与投资商洽谈的当天，他们也在现场提供咨询服务。所有的一切都已事先铺垫好了，身处其境极易转向，完全被牵着鼻子走。就是如此这般，组委会、投资商和中介共同做局，提供所谓的"一站式"服务。

实际上，这所有的一切只是一家会展公司的幕后操办，投资商只是空有其囊，所谓的国际背景和资金实力都是吹嘘的，中介服务更是标准的门外汉，制作出来的所谓符合国际标准的各种报告实际上都是出于同一模板，只是更名为融资或专利人而已。这一狼群进行专业分工，组合围笼，精心设计了这个融资陷阱，只要诱羊成功后就将肆意宰割。分割"羊羔"——成本共担，利益共享。整个过程完全按投融资流程走，非常专业，身处其境极难识别。酒店、场地及会议设备的租赁由会展公司具体操办，参会的其他各投资商和中介再向其分租摊位场地和设备，参会融资人和专利人向其交会务费进场。投资商则提供虚假投资，要求考察融资人项目，骗取考察差旅费等，最终融资人若走完融资流程所有的各个环节后，再榨取高额的融资保证金。中介服务则配合提供各种所谓符合投资商要求的报告、咨询调查、增值评估、担保等骗取服务费。

思考案例：

1. 为什么这个诈骗团伙可以如此"成功"地骗取大量资本的呢？
2. 谈谈声势浩大的"2009中国国际投融资大会"的高明之处在哪里？
3. "羊羔们"是怎样一步步掉进陷阱的？
4. 在当今诈骗手段日趋高超的状况下，创业者们要怎样才能保护自己，成就创业计划呢？

思考与练习

每位学生必须读完案例材料和思考所有问题，并且准备一个3～5分钟的PPT，对其中一个问题进行深度讨论。

（1）结合你们现在的条件，说说你们具备创业条件的哪些素质？
（2）当前每个人都想创业，那么会不会因为这样而降低创业成功率呢？
（3）除了本章节提到的通往创业的融资渠道，你们认为还有那些融资渠道需要补充？
（4）高新创业为什么融资难？并尝试去采访一些高新创业成功的人士，领悟他们的成功之道。
（5）创业融资步骤中，为什么要注意知识产权的保护？
（6）考察身边创业者们是如何进行对知识产权的维护的。
（7）要想获得创业资金，创业者在融资前需要做什么准备？
（8）在上述融资风险规避建议中，你受到什么启发？
（9）探寻你所在地区有哪些比较适合自己创业的机构或者银行，了解他们的融资方案与计划，尝试制定自己的融资方案。
（10）尝试自己设计一份商业计划书，并参考本章的内容予以改进。

第4章 创业者与团队

学习目标

1. 了解创业者应具备的独特技能和能力
2. 了解团队和创业团队
3. 明确创业团队的组建途径和管理方法
4. 了解创业团队的风险以及规避方案

> 创业要找最合适的人，不一定要找最成功的人。
>
> ——马云

案例导入

QQ 是如何长大的

他，创业 14 年，以 403.2 亿元的身价登上《福布斯》2012 年福布斯中国富豪榜单，位列第四。让上亿中国人改变了沟通习惯，打造了最具知名度的"深圳制造"；与软件巨擘微软争锋中国网络通信市场；2013 年，《巴伦周刊》评选并公布了全球 30 位最佳 CEO 名单，他依旧榜上有名。他就是深圳市腾讯计算机系统有限公司 CEO 马化腾。

1998 年的深秋，马化腾与他的同窗张志东"合资"注册了深圳腾讯计算机系统有限公司。之后公司又吸纳了三位股东：曾李青、许晨烨和陈一丹。都说一山不容二虎，更何况是五虎。尤其是在企业迅速壮大的过程中，要保持创业团队的稳定合作尤为不易。在这背后，工程师出身的马化腾从一开始对于合作人员的正确选择起到了至关重要的作用。

为避免彼此争夺权力，马化腾在创立腾讯之初就和四个伙伴将职责划分清楚：各展所长、各管一摊。马化腾是 CEO（首席执行官），张志东是 CTO（首席技术官），曾李青是 COO（首席运营官），许晨烨是 CIO（首席信息官），陈一丹是 CAO（首席行政官）。

创业之初这五个人一共凑了 50 万元，虽然主要资金都由马化腾所出，但他却自愿把所占的股份降到一半以下，即 47.5%。"要他们的总和比我多一点点，不要形成一种垄断、独裁的局面。"而同时，他自己又一定要出主要的资金，占大股。"如果没有一个主心骨，股份大家平分，到时候也肯定会出问题，同样完蛋。"

这五个人的创业团队，马化腾在人员选择和股权设计上着实下了一番工夫。

资料来源：《创业学》张文松 裘晓东 陈永东 编著 机械工业出版社

案例点评

马化腾团队的成功，关键因素在于搭档之间的"合理组合"，并从一开始就很好地设计了创业团队的责、权、利。诠释了一个团队的建设对企业成功举足轻重的作用。

4.1 创业者的素质及特征

4.1.1 创业者的概念

"创业者"，英文为"Entrepreneur"，意为在持有有限的资源去发现、创造新的生产价值的个体或团队。此词还包含有创业者、企业家、创业等意思，故创业者的含义与企业家是紧密联系在一起的。随着时代与经济的不断发展变化，创业者的内涵和外延逐渐变得更加广泛。从最大众化的定义到经典的专家定义再到不断更新的现状定义，创业者都有着不一样的含义。

1. 大众化的定义

英国贸易与产业部（2004）认为，创业者是一切尝试着创建一个新的企业或其他组织、机构的人。

2. 经济学家的定义

创业者一词由法国经济学家理查德·坎蒂隆（Richard Cantillon）于 1755 年首次引入经济学。

法国政治经济学家让·巴蒂斯特·萨伊（J.B.Say）于 1803 指出："创业家能够将经济资源从生产力低的地方转移到生产力高、产出多的地方"。萨伊最早赋予了创业者作为生产协调者的角色，认为创业者是经济活动中的代理人。

1934 年，奥地利经济学家熊彼特在萨伊的基础上为创业者的概念新加了一种崭新的定义。他认为，创业者应当具备发现和引入新的更好的能赚钱的产品、服务和过程的能力。而创业是建立一种新的生产函数，是新产品、新工艺、新组织和新市场的组合。这种新组合包括 5 个方面：① 采用一种新的生产方式。② 采用一种新产品或者一种产品的新特征。③ 获得并控制原材料或者半成品的新供应来源。④ 寻找并开发新市场。⑤ 完成一种工业的新组织。

管理学大师彼得·鲁克进一步发展了熊彼特关于创业者的定义。德鲁克指出，不仅仅是从事经济活动的人才能称之为创业者。他认为，不论是哪一个领域，只要是提高了资源的利用效率，进行了创新性的活动，都是创业者的行为。例如，一个改进了学校的管理制度，使学校人员的办事效率提高的人，是创业者；一个改善了制衣工艺，从而使消费者拥有更好质量的成衣的人，也是创业者。

资料来源：《创业学》张文松 裴晓东 陈永东编著 机械工业出版社

4.1.2 创业者的心理特征

成为一名创业者很容易，只需要具备一腔热情。而成为一名成功的创业者，要在千军万马过独木桥的创业事业中，不被自己打败，不被敌人打败，该有着怎样过人的品质？胆小的人不敢冒风险，他敌不过和他抗争的敢于拼搏的创业者；依赖性强的人虽然可以拥有团队，但他会输给能独立思考、判断力强的创业者；急功近利的人或许大胆，但他可能酿成大错，被自己击溃。由此，一名好的创业者，要有过硬的心理素质。

1. 较强的抗压能力

抗压能力是指在外界压力下处理事务的能力。亦可称为抗挫力，其根源是面对外界压力与挫折时的抵抗能力。

"什么是脸面？我们干大事的从不要脸，脸皮可以撕下来扔到地上，踩几脚，扬长而去，不屑一顾。"这是太平洋集团前总裁严介和说的一句话。也许严介和的话有些偏激，但是对于一个企业，尤其是创业初期，面子问题是摆在创业者面前的不可避免的一大难题。

在成为超级富豪的道路上付出常人不能忍受的屈辱和痛苦的创业者不止他一人，史玉柱、陈天桥、严介和……很多海归人士，政府官员和受过良好教育的人员，在创业时候成功的概率很低，原因则在于他们太要脸，太好面子。

把事业当成一种革命，自己是革命者，怀着一种豁出去的心态，面对诸多挑战、压力和困难的时候多逼自己一点，坚持到最后，才能闯到最后。

2. 敢于面对失败

每个人人生中都会经历无数次的挫折，有的人会因此而失去信心，一蹶不振；有的人则会越挫越勇，敢于面对。

肯德基创始人山德士虽然不曾公开他的食品配方，但他曾公开他的成功秘诀："坦然面对第1009次失败。"这个世界上最知名的"上校"，现在在超过100个国家的14000多个连锁店里为各国食客烹饪美味的快餐。他那白色的西装以及同样白色的山羊胡子让众多迷恋肯德基味道的食客倍感亲切。不过，也许65岁时才创立了肯德基快餐品牌的他，才真正明白成功的到来有多么不易。他首创的快餐连锁加盟形式已经改变了整个饮食行业。肯德基在中国发展十分火热，肯德基自1987年在北京前门开出第一家餐厅之后，截至2008年，已在中国的360多个市开设了1700多家连锁餐厅，遍及中国大陆除西藏以外的所有省、市、自治区。到目前为止，肯德基已是中国规模最大、发展最快的快餐连锁企业。

面对失败的时候，我们应该怀着三颗心：一是平常心；二是自信心；三是求助心。

3. 敢于承担风险，迎接挑战

大多数创业家通常喜欢承担风险，但并不是盲目地去冒险。他们对于自己有兴趣的并且能控制结果的挑战，都竭尽全力地接受并加以投入，并从挑战中获取无穷的乐趣。

史玉柱从他的第一桶金中就尝到了敢于挑战的甜头。1989年夏，他自认自己开发的M-6401桌面文字处理系统作为产品已经成熟，便用手中仅有的4000元承包下天津大学深圳电脑部。该部虽名为电脑部却没有一台电脑，仅有一张营业执照。当时深圳电脑价格最便宜一台也要8500元。为了向客户演示、宣传产品，史玉柱决定赌一把，以加价1000元的代价获得推迟付款半个月的条件优惠赊得一台电脑。以此方式，如果某史在半个月内没有收入，不能付清电脑款项，不仅赊购的电脑需要交回，1000元押金也将失去。为了尽快打开软件销路，他再下赌注，以软件版权做抵押，在《计算机世界》上先做广告后付款，推广预算已计17550元。打出广告后史玉柱天天跑邮局看汇款单，直到第13天，史终于收到了数汇款笔，史才长舒了一口气。此后，汇款单便如雪片般飞来，至当年9月中旬，史的销售额已突破10万元。史付清全部欠账，将余下的钱重新投入广告宣传，4个月后，M-6401桌面文字处理系统的销售额突破100万。

试想假如史玉柱当时没有作出这种冒险的行为，M-6401会不会还未得到推广，就被淹没在了数字化技术更新极快的商海之中？挑战和机遇是并存的，当你面临挑战的时候，可能会有点不安，但因为接受挑战，享受着机遇带给你的回报时，就会得到意想不到的满足感。尤其在创业的过程中，创业者如若总是墨守成规势必会在激烈的竞争中趋于劣势，甚至被淘汰。所以，必要的时候要敢于接受挑战，敢于承担风险，打破常规，只有这样企业才能在激烈的竞争中蓬勃发展，才能在市场中占有一席之地。

4. 敢于克服盲目冲动和私利欲望

创业者在企业建设的道路上可能会受到很多不正当的利益的诱惑，或由于一时冲动或利欲熏心而做出不理智的行为，甚至会因此而触犯法律和丧失职业道德，做出伤害社会的事情。三鹿牌部分批次的婴幼儿配方奶粉中添加伤害整个乳品行业的非食品化工原料——三聚氰胺就是一个典型的例子。这个经过50年打拼才树立起来的品牌因此而进入破产清算的法律程序。三鹿的三聚氰胺事件打破了社会对这个企业的信任，更给整个食品行业带来了不可磨灭的伤害。这惨痛的教训警示着每一位创业者，当个人利益与法律、社会公德相冲突的时候，要克制自己的欲望，约束自己的行为，克服盲目冲动和私利欲望，让企业健康地成长。

5. 有控制和指挥的欲望

很多创业者都经历过被某公司炒鱿鱼而愤然离职的场景。他们不习惯听命于人，不喜欢授权给别人，执意于自己的决策。如果你在公司是个不敢于发表自己意见、唯唯诺诺，或是一个虽不喜欢公司环境，但又没有勇气辞职自创前途的人，那你离成为创业家还有一定的距离。

然而控制欲过强，则会显得不够虚心，不听从意见，反而造成相反的后果。控制欲过强的创业者往往很难放手让下属独当一面，即使最简单的决策都要亲自参与。这种创始人领导的公司对一些顶级的人才和优秀顾问是望而却步的，他们认为，这种创业者的能力会限制企业的成功。一些不进行自我反思的创业者通常还会将矛头指向潜在投资者、客户和员工，认为这些拒绝他的人"根本不懂行"，从而与成为一名优秀的创业者失之交臂。

很多优秀的创业者有着与生俱来的好的心理素质，但更多的心理素质是通过后天培养和学习，在失败的经验中汲取出来的。只要秉着初心，坚定自己的创业目标，努力不懈地去发展自身与企业，终将会得到理想的收获。

资料来源：**http://www.cazgw.net/Index.html<陈安之成功学>**

《创业者的心理特征》作者：孙山 期刊：《职高生》1997.05 期

http://wenku.baidu.com/view/c6c36d1ec281e53a5802ff93.html

4.1.3 创业者的个人能力

创业者必须具有区别于一般人的素质，即创业综合能力。这是一种高层次的能力，并由多项特殊能力综合而成，是成功创业者在创业实践中做人、做事、生存、发展、创造等各种能力的有机结合体。

一般来说，成功的创业者都至少具有以下六种能力：

1. 创造能力

这是创业成功者最重要的素质之一，包括敏锐的洞察力、丰富的想象力、灵敏的应变力、灵活的创造性思维、高度的创造力和进取开拓精神等。创业者的真正价值在于他们能够根据社会的需求和变化有所发现和创造，从而对社会做出贡献，并实现自身价值。

2. 自学能力

这是创业者成长与成功的一项基本能力。在知识和信息急剧膨胀的当今社会，创业者想要立足于竞争环境中并取得成就，就必须掌握大量的专业知识和信息情报，了解国内外的经济状况及社会发展动态。而这些知识的获得和情报的准确捕捉，除了课堂的知识外，更多的是依靠自己去学习和揣摩。因此，成为一个成功的创业者不仅要勤于学习，更要善于学习。有研究表明，一个科技专业人员所应用的知识总量，有20%是在传统教学课堂中获取的，其余的80%都是在自身的实践和学习中获得的。这就要求创业者要学会不断摄取对自己有帮助的知识，并学会相关知识的科学学习方法，以提高自身的综合能力。

3. 人际交往能力

创业的过程就是不断认识社会，让社会熟悉自己、接纳自己的过程。因此，创业者必须要敢于面对社会，从社会中获得能量、材料和信息，同时扩大交往，并与人沟通和合作，从而在与他人的交流之中排除障碍，化解矛盾，增加团队之间的信任和默契，这样可以降低工作的难度，有助于创业的发展，使自己拥有一个良好的创业环境。

4. 独立工作能力

创业者的独立工作能力不但包括自立、自主、自强等心理素质，还包括自我控制能力、经营管理能力、独立思考能力、组织决策能力、遇挫承受能力以及在市场经济条件下的竞争能力等。独立工作能力的培养要从平凡的小事入手，从学生时代开始做到独立完成每一次任务和工作，独立组织每一次活动，在实践中培养自己的独立工作能力。

5. 公关能力

俗话说，"知己知彼，百战不殆"。作为一名挑战者，只有充分了解自己和敌方的条件或环境，才能在交战中立于不败之地。对于创业者来说也是一样，一个成功的创业者首先要学会认清自我，对自己拥有客观的评价，清晰地分析自己的能力和潜质，对外部环境有准确的分析和判断，并同时善于抓住机遇，实现自身的人生目标。

6. 创业能力

这是一种具有创造性的特殊能力，表现在创业实践活动的全过程，即要从实践中提出问题和解决问题。创业能力是一种综合程度要求较高的能力，创业者必须具备开阔的视野、敏锐的洞察力，善于变通的思维方式以及新颖独特的创新能力。从这个意义上说，综合就是创造。在社会主义市场经济体制逐步完善的背景下，市场竞争变得日趋激烈，创业者能够有创造性地提出问题并解决问题，会使创业实践更加顺利。

小测试

创业者需要具备较高的素质与能力，这就意味着并非每个人都适合做一名创业者。如何检验自己是否具有创业者的心理素质和特性呢？虽然没有单一而准确的方法，但从现实中可以发现大多数创业者都具备的着相似的素质与能力。本书根据巴隆和谢恩的设问，将其提问内容转化为测试的形式，让测试者根据问题进行赋分，通过测试或许可以让你得到基本的了解：你能够成为一名优秀的创业者，只是还需要继续提高自己的能力与素质。

（1）你掌握了创业的相关知识吗？或者掌握了其中一项，如技术、营销、人力资源；或者参加过创业培训；或者富有学习精神，准备去掌握这些知识。（1～10分）

（2）你对新生事物充满好奇心吗？你对国家大事、社区生活百态时常留心吗？你是否思考并分析过一些创业人物或企业或身边的店铺的经营情况？（1～10分）

（3）你能应对不确定性吗？安全（如固定薪水）对你来说重要吗？或者你愿意容忍不确定性（经济和其他方面的）吗？（1～10分）

（4）你精力充沛吗？你是否有精力和健康的身体能够长时间工作，以实现对你而言很重要的目标？（1～10分）

（5）你信任自己的能力吗？你是否相信，你能够达到想达到的任何目标，并能学会这个过程所需要的东西？（1～10分）

（6）你能很好地处理逆境和失败吗？对于不利的结果你如何反应？是灰心丧气还是从错误中学习？（1～10分）

（7）你对你的目标或愿景充满热情吗？一旦你建立了一个目标或愿景，你是否因为对此充满热情而愿意牺牲所有其他东西来实现它？（1～10分）

（8）你善于同其他人相处吗？你能够说服别人像你一样看待世界吗？你能够同他们融洽相处吗（如处理冲突、建立信任）？（1～10分）

（9）你能否尽快地适应不同环境？你容易在创业中途改正自己的错误吗（1~10分）

（10）你愿意承担风险或相信没有经过证明的事物吗？一旦你树立一个目标，你是否愿意承担合理风险来实现它？你是否愿意尽你所能去减少风险？你是否会始终坚持自己的创业目标？（1~10分）

测试分析

通过完成这些题目并评分之后，你会发现身边的每个人都会有不同的分数。最终测试分数在85分以上，就证明你相信自己、精力充沛、能灵活地对困难和对逆境做出反应，并且容易从恶劣的状况中走出来。当你具备这些特征时，或许就成了一个适合创业的角色。但如果你的得分低于60分，却往一个创业者的方向发展，就需要比他人付出更多的努力去提升自己的能力和培养自身的素质了。

资料来源：

● 就业与创业 浅谈创业者的能力要求 黄镇龙

● 罗伯特·巴隆，斯科特·谢恩. 创业管理：基于过程的观点[M]. 张玉利等译. 北京：机械工业出版社，2005:19.

4.2 创业团队的概念与意义

4.2.1 团队概述

在中国传统文化中，"和"是其中一个重要的哲学思想。真正发展了"和"的思想的是伟大的思想家孔子。"和"的观念重于协调、合作以及统一，从而达成共识。"和"的思想也渗透在现代"团队"的概念中。

团队，是指其成员是通过选拔和组合，每一个成员做不同的事情或执行不同的任务以达到集体预定目标的。团队精神并不等于集体主义。集体主义有其值得发扬的部分，但也存在明显不足，即追求趋同，埋没成员特长。相比之下团队则侧重于要求发挥自我，表现自己的特长，积极回应他人的观点，在成员与成员之间形成一种向心力和凝聚力，实现他们之间的才能互补。在团队精神基础上建筑的企业精神，其品味也会更高，发挥的作用也会更大。

结合我国企业培养团队精神的实践，良好的团队精神应具有以下特征：

1. 目标的一致性

当团队或群体存在共同目标的时候，价值取向、使命感和利益诉求也变得统一。古话有言："上下同欲，同舟共济"，意为上下有共同的愿望，谓众心齐一。共同的追求可以使团队拥有使命和灵魂，是增进团队成员之间团结合作的黏合剂。索尼公司曾经表示，管理成功的关键就在于如何组织全体员工为共同目标而努力，故索尼公司在开创之初就已经制定一个守则："索尼公司是一个开拓者，它从来不想跟在别人后面走路；在前进中要为全世界服务，永远做未知世界的探索者。"即使开拓道路十分困难，索尼公司的员工也要像家人一样紧密地团结在一起，他们的员工都有一个特性，就是喜欢参加有创造性的工作，并且乐意把自己的才智和创意贡献给团队，共同为了公司目标奋斗并为此感到自豪。

2. 团队的和谐与合作

根据"和"的观念，团队中的人际关系受到了以下三方面的限制：与他人相处；在同一活动中与人合作；建立和保持和谐互助的关系。在社会团体中进行活动，要把自己摆在正确的位置上。团队中每个人的工作都是整个工作流程的重要环节，但同时又缺少不了别人的协助，这是一个成功团队该有的心理暗示。工作过程中处处存在齿轮，整体的工作水平必须依靠个体的工作完善和提高，再者，合作和互助也是必不可少的。由此可见，和谐与合作的团队关系能够使整个机体拥有更大的凝聚力。

3. 个性的适度张扬

团队保持和谐一致，这与不排斥个性差异的观点并不矛盾。团队之间应认可个性差异存在的价值，必须承认只要是个体必定会存在差异这一现实，并鼓励开发成员个性。但这种开发应当是适度的，必须在保持整体和谐的基础之上进行开发。在拥有良好的团队氛围的集体里，成员们可以以一种轻松愉悦的心情工作。如索尼公司高层管理者每年从每个员工那里得到 8 条建议，并认真对待这些建议。管理者既重视集体智慧，又充分肯定个人价值，因而使管理行为行之有效。

4. 注重自我管理

所谓幸福的本质是适当的行为，适当的行为含义是：一个人和其他人的关系是在相互作用的环境中培养的，个人的"违"影响到团队的"和"。因此每个人应适当地约束自己，这就是个体主动求"和"的行为表现，应注重不断提高个人的修养，"和而不违"并不主要依靠制度的约束和命令，更主要的是来自于成员内心价值观对于"和"的认同。在有一个良好氛围的团队中，管理者应当适当淡化自己的领导身份，与下属讨论问题或协商工作时，把自己摆在一个互相平等的位置上更有利于进行有效的沟通。

资料来源："和"的思想与团队精神刍议，发展研究，**Development Research，2003 年 02 期**

4.2.2　创业团队概述

当今，越来越多的人在国家和地方号召全民创业的基础上，加入自主创业这一行列。但他们很快发现创业面临着一个障碍：个人经验、实力以及经济能力等的欠缺难以支撑创业企业的发展，因此，更多的创业者愿意选择以团队的方式开展创业活动，创业团队因此产生。

创业团队一般由两个或者两个以上的创业者组成，成员之间拥有统一的创业理念和价值追求，并且愿意共同承担风险、收获利益。从某种程度上来说，一支优秀的创业团队成为了创业成功的关键因素。

一个完整的创业团队应具有四项要素，如图 4.1 所示。

1. 人

团队或者企业的既定目标需要由个体来实现，人是整个创业团队中最核心的部分，因此选择团队中的人需十分慎重。对于一个创业团队而言，成员之间除了拥有共同创业理念和目标之外，还需要有互补点。一个企业的创立需要很多层面的擅长者，如决策者、管理者、宏观把握者、制订计划者、对外沟通者等。这些引领企业发展的初创成员必须在团队中寻找一个平衡点，并尽量保持创业团队成员的多元化，并且让成员之间的优势处于一种互补而非叠加的状态。

因此创业团队在成员构成上要把握三个"共同"和三个"互补"，即创业理念和目标相同、金钱观相同、价值观相同；资源互补、性格互补以及能力互补。

2. 目标

无论是团队还是创业团队，都有一个共通点，就是必须拥有共同的目标。没有目标的人，就好像一艘没有舵的船，最终只会迷失方向。因此创业团队成立的目的之一是把握明确的目标和创业的方向，引领团队成员抓住机会并准确把握时机和商机。除此之外，明确的目标能够使创业团队清楚组织需要哪方面的人才和资源，在寻找合作伙伴或者雇佣员工时都能事半功倍，从而提高团队的综合实力。

3. 职责分配

创业团队的必备条件之一是合理的职能分配。创业团队的成员都必须有职责上的分配，即每个成员在团队中所负担的责任及拥有的权利。职能的分配要根据每个成员的特长和优势来确定，这样才能保证成员发挥自己的最大优势。除此之外，创业团队还需明确每个成员的权力，在具体进行决策的时候对成员进行适当的分权可以更快、更准确地做出决定。

4. 计划

创业团队成功的前提是拥有准确详细的计划，这是实现创业目标的先决条件。在制订计划，不仅要充分考虑创业企业的内、外部环境，还要分析企业自身的优势、劣势等各方面因素，从而制定有利于创业企业长期发展的计划。明确的目标、合适的成员、清晰的职责分工，这些都需要有周密的计划来引导企业团队完成工作目标。一份合理详尽的计划能为企业的管理活动提供可靠的依据，使创业团队的目标和发展始终保持一致，从而使创业企业在正确的轨道上不断前进。

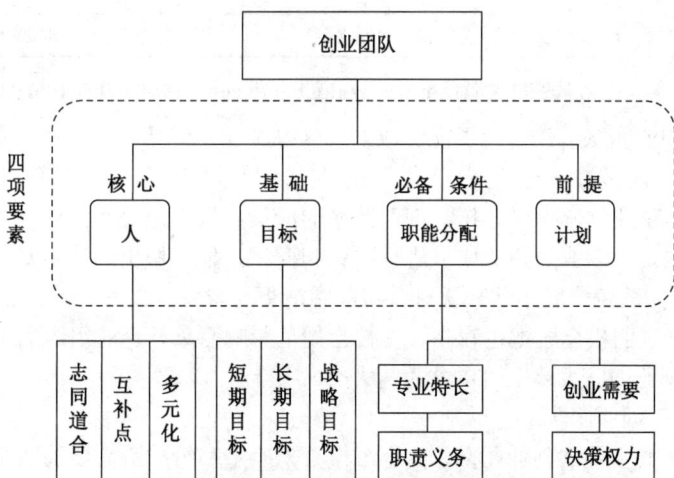

图 4.1　创业团队的要素构成图

资料来源："on College Students' Entrepreneurial Team"，王年军，2012 年 3 月

4.2.3　团队与创业团队的区别

团队是当今时代备受推崇的名词之一。在一个优秀的团队里面，成员之间能够互相弥补缺漏，相互之间取长补短能够使团队更加具有战斗力。团队毕竟不能等同于组织，企业和视野的发展依靠组织的力量，组织自身需要培育能力。也就是说，创业者要把创业团队当成一个组织来进行培养，在组织的框架中发挥其团队的力量。为此就需要成熟的管理机制来支撑，但往往创业者们似乎做得并不够。

创业者们应意识到在资源高度约束的情况下对机会进行追寻与开发是至关重要的，而组建创业团队本身就是一个资源整合的过程。创业团队与一般团队的组建、基本特征、管理模式等方面都存在差异，如表 4.1 所示。一般团队的组建通常只是为了解决某一特定问题或完成某一特定任务，当问题或任务得到解决的时候，团队有可能就解散了；团队里的绝大多数成员并不处于企业的高层位置，只是一个临时组建起来的组织。创业团队一般都要求成员拥有股份；而一般团队成员未必要求成员拥有股份，其对公司的情感性承诺、连续性承诺和规范性承诺一般不高，通常只是关注战术性或者执行层面的问题。

表 4.1　一般团队与创业团队的区别

比 较 项 目	一 般 团 队	创 业 团 队
目的	解决某类或者某个具体问题	开创新企业或者拓展新事业
权益分享	并不必然拥有股份	一般情况下在企业中拥有股份
职位层级	成员并不局限于高层管理者职位	成员处在高层管理者职位
影响范围	只是影响局部性、任务性的问题	影响组织决策的各个层面，涉及范围较宽
组织依据	基于解决特定问题而临时组建在一起	基于工作原因而经常性地一起共事
关注视角	战术性、执行性的问题	战略性的决策问题
领导方式	受公司最高层的直接领导和指挥	以高管层的自主管理为主
成员对团队的组织承诺	较低	高
成员与团队间的心理契约	心理契约关系不正式，且影响小	心理契约关系特别重要，直接影响到公司决策

资料来源：http://wenku.baidu.com/view/1d7b541a52d380eb62946d1c.html

初创时期的创业团队组建是为了能够成功地创办企业，但是随着企业的发展和成长，创业团队当中的成员可能会发生一些进出变化，为了延续创业团队，可能会有新的高管团队的组建，使原来的企业或者事业领域得以开拓；创业团队的成员一般都是处在企业高管的位置，对于企业的重大问题，也是由创业团队的成员进行决策和商讨，他们做出的决定常常影响到企业的存亡。相反地，创业团队较一般团队来说对公司的感情更为浓厚，成员对企业组织的认同感更高，对于企业投入而产生的机会成本也较高，受社会规范影响而离开企业组织的可能性小。

一般来说，创业团队大体上可以分为两大类。

（1）"核心式"创业团队

这是一种有核心主导的创业团队，由一个核心来确定和组成所需要的团队，如图 4.2 所示。组建团队的人往往是想到了一个商业点子或者抓住了一个商业机会，由核心人员来组建团队，一般这个组建团队的人都是这个团队的领导核心，其他的成员围绕着这个领导核心运转。例如，太阳微系统公司（Sun Microsystem）的创业者，维诺德·科尔斯勒最初确立了多用途开放工作站的概念，接着他找来了另外两名软件和硬件方面的专家，分别是乔伊和贝克托克姆，协助他创业的还有一名具有实际制造经验和公关能力的麦克托里，于是，这个创业团队诞生了。

这种创业团队有几个明显的特点：

① 权力过分集中，容易决策失误加大风险。

② 当团队成员之间产生矛盾时，特别是主导人物与某一团队成员之间发生冲突，可能由于核心主导人物的特殊权威影响到其他团队成员，在冲突被激化时，成员一般都会选择离开团队，对组织的团结性影响较大。

③ 由于核心主导人物的领导关系，组织的结构较为紧密，向心力和凝聚力强，主导人在组织中的行为对其他个体的影响力大。

④ 决策程序由领导人物占主要引导位置，相对一般团体的决策程序简单，在一定程度上

可提高组织效率。

（2）"圆桌式"创业团队

这种创业团队也作为群体性创业团队，一般是由几个志趣相投的人组成的团队，如图 4.3 所示。这种创业团队的成员之间可能因为经验、专长和共同目标等因素走到了一起，他们之间起初并没有核心，但通过一起发现商业机会和发挥各自专业优势后，组成了创业团队。通常群体性创业团队的成员都能充分运用团队内部分工，成员之间呈圆桌形状参与在团队活动之中，这些参与者都具有较大的发言权，相互持有平等关系和团队协作关系。例如，雅虎的杨志远和斯坦福电机研究所博士班的同学大卫·费罗，惠普的戴维·帕卡德和他在斯坦福大学的同学比尔·休利特，微软的比尔盖茨和童年玩伴保罗·艾伦等都是基于一些互动激发出创业点子，或者由于关系密切，兴趣相投而合伙创业的。

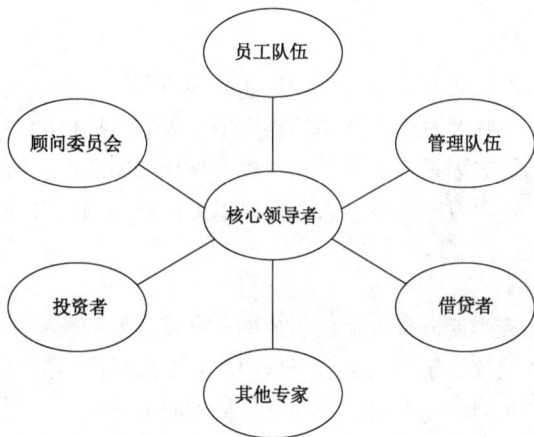

图 4.2 "核心式"创业团队　　　　图 4.3 "圆桌式"创业团队

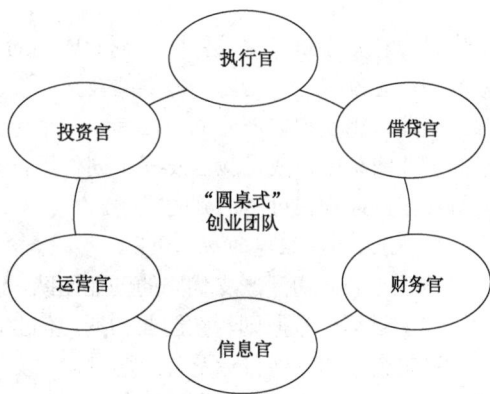

这种创业团队有几个明显的特点：

① 组织决策的时候，一般采用集体决策的方法，需要采集大量的成员意见和进行繁琐的沟通讨论才能达成一致意见，决策效率相对较低。

② 团队中没有明显的核心与领导人物，容易造成结构松散的局面。

③ 由于团队成员在团队中的地位相似，在团队中形成多人领导的局面，当意见不一致的时候容易产生争执。

④ 当团队成员之间发生冲突的时候，一般采取积极的态度去消除冲突，并进行有效的沟通和协商，团队的成员不会轻易离开。但是成员间的冲突被进一步激化时，若某些成员撤出团队，很容易影响整个团队的涣散。

4.2.4　创业团队对于创业成功的重要性

1. 优秀创业团队是创业成功的第一壁垒

在信息全球化的 21 世纪，单独创业已经逐渐淡出人们的视野。有远见的创业者往往能够意识到，创业对于人的素质要求是极高的，没有任何一个人能够具备所有的技能及完全拥有必要的资源。从数量的角度上来看，成功的创业企业大多都是通过团队创业实现目标；从质量上来看，团队创业无论是速度还是品质也都远远超过个人创业。一个创业团队，在实现了很好的组建以及管理以后，能够拥有更强的抗风险能力、更广阔的视野以及更丰厚的资源，能够使创业成功的可能性大大提高。蒙牛之父离开伊利，揭竿而起、暗度陈仓的故事体现了优秀团队的重要性。

2. 优秀的创业团队领袖是创业成功的方向标

一个创业团队往往会受市场经验影响和老式思维的左右，加上团队成员的意见难以统一，这时一个有远见的领袖做出的决定将会对企业的发展起到关键性的作用。

3. 优秀的创业团队精神是创业成功的润滑剂

优秀的创业团队精神犹如企业无形的强大心脏，它激励着企业的每一位工作者不断向前，也支持着企业不断地进步。

4.3 创业团队的组建和管理

4.3.1 创业团队的组建途径

从以往众多例子来看，团队创业成功的概率要远远高于个人创业。团队创业也是大多数人采取的创业方式，一个团队提供的技术、经验、人脉关系或者声誉等都大于个人能够提供的资源。因此，想要把握创业成功，其中一个至关重要的因素，就是顺利组建一支核心团队。在组建的创业团队中，成员应当发挥不同作用，有了各个方面的技术人才，可以更快更准确地发现并解决创业过程中可能遇到的难题。

1. 创业团队组建的基本原则

创业者若想组建一支优秀的创业团队，首先应当明确创业团队组建的一些基本原则。

（1）目标一致原则。在创业初期，创业团队的核心领导人物或群体中的各个成员应经过商讨，确定企业的发展目标及公司愿景，并弄清企业的奋斗方向。在订立目标的时候也需要一定技巧，具体应切合企业的实际情况，订立可实行的合理目标。切忌好高骛远，在创业初创期间订立团队难以达到的目标不能真正达到激励企业前进的目的。

（2）精简高效原则。为了节省创业初期的投资，能够以少投入多产出的方式获取成果，创业团队人员应当根据企业的具体规模谨慎选择成员数量。当企业初创并且规模不大时，团队人员过多会加大创业的难度和企业的负担。因此创业团队应在保证企业正常运营的情况下尽量精简，这样也可以避免责任分散。

（3）互补原则。创业者之所以选择以团队的方式开创企业，其目的就在于创业团队成员之间可以互相取长补短，让问题得到更好的解决。只有当团队成员在各个领域之间都有所专长的时候，企业运营过程中所需要的经验、技术、知识等才能够得以满足，并且发挥出"1+1>2"的协同效应。

（4）动态原则。企业初创期间充满了不确定性，刚创立的团队也欠缺稳定性。因此在团队成长和企业刚开始发展的阶段，可能会由于内部因素或者外界环境因素等影响使得团队成员有所变化，可能因为观念的不同，导致成员离开；也可能因为团队的壮大，带来新成员的加入。所以团队必须保持和平衡动态性，让更多适合团队的人加入。

2. 组建创业团队的基本条件

组建一个能够长远发展的、有生命力的创业团队需要具备以下条件：

（1）明确企业发展目标。

曾经有调查过程显示，在问一名团队成员最需要领导做什么的时候，70%以上的人都回答，需要领导订立团队的目标，让团队得以发展。从这里可以看出一个明确的目标是企业发展的前提，没有目标的企业就像一艘没有灯的船，容易在竞争市场中失去方向。目标的订立需要抓住重点，立足当前，着眼长远。因而应当本着企业的利益，在把握中谋划未来。立足当前是指能够清楚地了解企业的定位及发展方向，只有基于这个认知，才能拟定一个完善有效的目标。

（2）确定创业团队理念。

重视团队资源。人是团队里最宝贵的资源，创业团队成员可贡献的人脉资源、技术资源、经验等都是团队可利用的无形资产。这个团队要求团队成员相信他们是处于一个互利的状态下合作，每个人都需要依赖团队中的其他人来进行工作，通过互相激励共同进步。

保持企业的诚信度。这是企业非常重要的价值观念之一，正确的企业观念都排斥利己主义或实用主义，在最开始创立团队的时候强调打造企业的诚信度有利于企业今后的发展。

为长远发展着想。创业团队成员应该培养这样一种理念：公司的成长是一番事业，即能为自身提高价值和为社会带来利益的事业，而不是团队快速致富的工具。目光短浅的创业团队常常在困难出现或者出现之前就为了谋取利益而退出了，没有考虑到长远的发展，他们追求的是眼前的回报和利益诱惑，并不是企业的发展和对社会的贡献。

承诺价值创造。创业团队中的成员承诺为了每个人而让企业步入更加正确的发展道路，本着为顾客增加价值、让供应商随着企业壮大同时获利的目的去发展企业。

（3）建立责、权、利统一的团队管理机制。

责、权、利统一的思想在古代传统文化中就已有体现，发展到现代企业的管理思想，其本质即强调人的作用，以人为本，重视人的责任意识。在社会中、企业中、团队中，人都有承担责任的潜力存在，要实现企业目标的管理，建立一个可以操纵的管理体系，需要从以下几个方面考虑：

（1）构建职责分明的组织框架。在创业团队的运行过程中，应明确团队里的具体职责由哪些人负担，详细分配到由哪个组或哪个人负责并承担相应责任，使能力和责任的重复达到最小化。在实际操作中，多数企业通过建立人力资源体系引用了这个观点，有了人力资源体系的保障，可以减少分工混乱、框架模糊等问题，使高层到基层人员都有明确的目标。

（2）从流程的角度构建创业团队管理构架。在企业处于独立期阶段，每个成熟的部门都可以像成人一般统筹自己的工作，可以独自为自身负责；但初创期的企业，每个环节的负责人员都像儿童时期的个体，依赖于其他团队或者其他个体的协助。同时在遇到挫折和问题的时候也容易发生推卸责任等问题，因此，运用创业团队的发展流程或者公司企业的业务流程来组建团队非常实用，在每个独立环节设立不同的管理机构，不仅达到责任的分权，还可以为了实现流程的目标增强成员之间的合作。

（3）考核和激励。在实际企业营运过程中，往往由于某些原因，基层部门得不到应有的权利，在利益分配上也不均匀。因此在组建团队的时候就应明确不同成员的职责分工，并根据不同的实际工作表现进行考核，采取相关的激励政策，再进行利益的分配。

资料来源：《从责、权、利统一到团队合作》卢刚 http://www.docin.com/p-3635300.html

3．组建创业团队的程序和方法

创业者在拥有创业想法之后，就可以开始进行创业团队的组建。由于不同创业者创立企业的类型不同，团队的类型也随之具有差异性，创建步骤也不相同。概括来说，组建步骤和程序如图4.4所示。

（1）根据目标撰写商业计划书。

首先应明确创业团队的总目标，把企业从无到有逐步建立起来。起初必须通过初创阶段的技术、市场、组织、管理、规划等工作，对于企业需要做什么、怎么做等问题进行详细的探讨和计划，拟定一份可行的商业计划书。在确定了阶段性子目标和总目标之后，要根据不同目标制定实际操作程序,确定不同创业阶段需要完成的阶段性任务。一份成功的商业计划书是创业成功的基石,也是合作伙伴选择加入创业团队的判断依据。

(2)寻找创业合作伙伴,招募合作人员。

适合的创业合作伙伴和公司成员是创业团队组建的重要因素之一。创业者要在考虑了创业团队的互补性和适度规模后,对人员进行招募和筛选。创业者可以通过媒体广告、亲戚朋友介绍、各种招商洽谈会、互联网等方式对创业团队成员进行招募。一般来说,创业团队有三方面必不可少的人才,即管理人才、技术人才和营销人才,因此在招募过程中应首先考虑具有这三方面特长的人才,确保创业团队在面临常见问题的时候能够快速应对。成员数量恰当能够保证团队正常地运作,减少沟通障碍,过多或过少的成员数量都会给创业团队带来负担。一般认为,创业团队的规模控制在2~12人之间为佳。

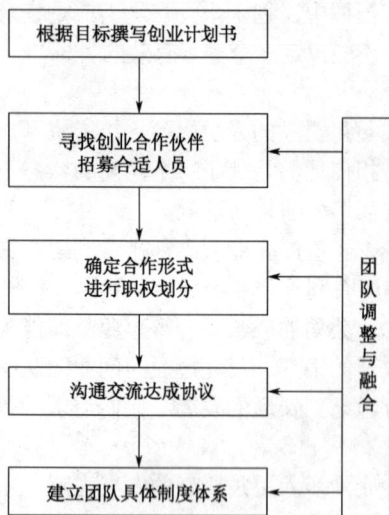

图4.4 创业团队的组建程序

(3)确定合作形式,进行职权划分。

创业者可以根据自己的情况和创业企业的类型,选择有利于自身企业和团队发展的合作方式。在创业合作者的选择方面,通常能与自己形成形式互补的成员较佳。为了保证创业团队的有效工作,在团队内进行明确的分工是至关重要的。进行分工应注意到以下两点:一要避免职权和责任的重叠和交叉;二要避免责任无人承担而引起的工作漏洞。由于创业初期面临的外界环境变化十分复杂,团队内部因素也不够成熟稳定,通常会不断出现新的问题,对于团队成员的离开和加入,应及时做出调整并加快适应,而创业团队成员的职权也应根据变化进行不断调整。

(4)沟通交流,达成协议。

在找到有相同意愿的创业伙伴并作出相应职权分工后,为了保持团队的稳定,应就创业计划、股权分配等事宜进行深层次和多方位的沟通。只有创业团队成员之间保持充分的沟通和交流,才能及时地了解到对方对于企业建设、团队建设的想法。通过团队成员之间的互相学习和互相交流,能够减少矛盾的冲突,避免出现因沟通不足引起的解体,并能依据成员意愿共同朝着正确的方向开展企业的建设工作。

(5)建立团队具体制度体系。

创业团队具体的制度体系包括各种约束制度和激励制度。一方面,创业团队通过纪律条例、组织条例、财务条例、保密条例等可以有效指导成员规范工作职责,避免成员做出不利于团队发展的行为;另一方面,创业团队要进行高效的运作就需要设立有效的激励政策,通过奖惩制度、利益分配方案、绩效考核、激励措施等可以促使团队成员实现企业目标,从而充分调动团队成员的积极性,最大限度地发挥团队价值。需要注意的是,这些具体的制度体系应按字面文件协商设立,以规范的形式确立下来,以免造成不必要的争执和矛盾。

(6)团队的调整和融合。

一个高效而默契的团队并不是组建初期就有的,在企业创立和逐步发展的过程中,团队中设立的条例或规范制度必定会存在不合理之处,随着外界环境的变化,团队的管理体制等弊端也会逐渐暴露。对于这些问题的出现,团队应作出及时调整。团队的发展是一个动态的过程,在完成了前面的步骤之后,团队就应对工作运行中存在的不足和问题进行必要的调整,达到能够满足一个企业具体实践的程度。

参考资料：《市场现代化》，浅析创业团队的组建，黄海燕，2008（9）

4.3.2 创业团队的管理方法

1. 目标管理

1954 年，管理学家德鲁克（Peter Drucker）在著作《管理实践》中最先提出了"目标管理"的概念。

目标管理是以目标为导向，以人为中心，以成果为标准，使组织和个人取得最佳业绩的现代管理方法。目标管理亦称"成果管理"，俗称责任制。是指在企业员工的积极参与下，自上而下地确定工作目标，并在工作中实行"自我控制"，从而保证目标实现的一种管理办法。因此管理者应该通过目标对下级进行管理，当企业最高层管理者确定了组织目标后，对其进行有效分解，使其转变成各个部门以及各个人的分目标，管理者根据分目标的完成情况对下级进行考核、评价和奖惩。

目标管理指导思想上是以 Y 理论为基础的，即认为在目标明确的条件下，人们能够对自己负责。具体方法上是泰勒科学管理的进一步发展。它与传统管理方式相比有其鲜明的特点，可概括为：

（1）重视人的因素。人是组成创业团队最主要、能动性最强的资源。创业团队很多问题难以得到解决是因为人员管理不妥，导致员工目标与企业目标不一致、意见难以协调。目标管理是一种参与的、民主的、自我控制的管理制度，也是一种把个人需求与企业目标结合起来的管理制度。在这一制度下，上级与下级的关系是平等、尊重、支持、依赖，下级在承诺目标和被授权之后是自觉、自主和自治的。

（2）确定目标体系。将企业的整体目标逐级分解，转换为各部门、各员工的分目标。从企业目标到经营单位目标，再到部门目标，到最后的个人目标，其中权、责、利三者明确，相互对称。分目标与总目标方向一致，各分目标相互配合，形成协调统一的目标体系。只有每个分目标逐个完成以后，总目标才有希望完成。

（3）重视成果。目标管理以制定目标为起点，以考核目标完成情况结束。评定目标完成程度的标准是工作成果，这个标准同时也是人事考核和奖惩的依据，是评价管理工作绩效的唯一标志。达成目标的具体过程、途径和方法，上级并不过多干预。由此看出，目标管理监督的成分很少，而控制目标实现的能力很强。

2. 定位管理

创业团队的定位包含两层意思：

（1）创业团队的定位。

① 创业团队在企业中处于什么位置；

② 由谁选择和决定团队的成员；

③ 创业团队最终应对谁负责；

④ 创业团队采取什么方式激励下属。

（2）个体创业者的定位。各位成员在创业团队中扮演什么角色，是制订计划还是具体实施或评估，是大家共同出资，委派某个人参与管理；还是大家共同出资，共同参与管理；或是共同出资，聘请第三方（职业经理人）管理。这主要取决于创业实体的组织形式上。

除了创业团队内部管理以外，一个优秀的创业团队必须具备对市场定位管理的能力。被誉为"定位之父"的杰克·特劳特先生于 1969 年在《定位：同质化时代的竞争之道》论文中首次提出了商业中的"定位（Positioning）"观念，1972 年在《定位时代》论文中开创了定位理论。他提出，随着商业竞争日益兴起，企业应先在外部竞争中给自身价值一个定位，再引入企业内部作为战略核心，形成独具的运营活动系统。定位选择不仅决定企业将开展哪些运营活动、如何配置各项活动，而且还决定各项活动之间如何关联，形成战略配称。这也体现了明晰的战略定位，为创业企业指明了方向，创业团队可依据战略定位确定团队组织的规模、范围和结构。

3. 计划管理

创业团队的计划管理的目的是通过对计划的编制、执行、调整、考核的过程来组织、指导、调节、实现企业团队的目标、原则，以实现更好的团队管理目标。

（1）团队计划的组成：

① 明确定义目标；

② 认识定义目标的含义；

③ 找到实现目标的最佳办法；

④ 明确每个员工的职责；

⑤ 建立合理的目标实现计划表；

⑥ 制定备用计划；

⑦ 使每一个目标标准化，确保目标完成，进度可控。

（2）团队计划的工作流程。

工作流程之所以有用，是因为它能提供给企业考察每个步骤是否必要的依据。团队计划流程能找到以下答案：

① 要做哪些工作；

② 工作是否必要；

③ 此项工作对谁负责；

④ 工作完成的最佳时间；

⑤ 工作完成的最佳地点；

⑥ 工作完成的最佳方法。

4. 职权管理

每一个管理职位都具有某种特定的、内在的权力，而任职者可以从该职位的等级或头衔中获得这种权力。因此，职权与组织内的职位相关，是一种职位权，而与担任该职位管理的个人特性无关，它与任职者也无直接关系。"国王死了，国王万岁"的表述说明了这一意思：不管国王是谁，国王职位所固有的权力依然存在。某人被辞退掉有权的职位，离职者就不再享有该职位的任何权力。职权仍保留在该职位中，并给予新的任职者。

创业团队当中领导人的职权大小与其团队的发展阶段和创业实体所在行业相关。一般来说，创业团队越成熟，领导者所拥有的权力相应越小，在创业团队发展的初期阶段领导权相对比较集中。优秀职权管理，应当能够解决以下问题：

（1）让团队成员拥有独立决策的权利。授予团队成员独立的决策能力，这不是仅仅让他们参与其中。独立的决策能力表现为：持久性，团队成员做出的决定能够起到一定时间内不随意改变的作用；可选择性，团队成员可自主通过完善的选举制度选举公认的领导者。而团队成员在拥有独立的决策能力的同时也必须制订出自己的目标和义务并使目标和义务对每一个成员都有所影响。

（2）提高团队效率。当团队成员未得到真正授权或获取权力主要职责未明确，则会影响团队的效率。通过职权管理可以改变这种情形。首先应多加培训团队成员，在确保能够提高团队成员的绩效成绩和职权认知的情况下减轻各成员的工作压力，最后使得团队能够通过对职员的职权行使好坏进行奖惩制度，以提高团队的效率。

（3）消除矛盾。创业团队往往面临着授权与选择的困难。有的决策者会从各方面考虑自己将要授权的对象，其中有一点就是如何使授权后团队的矛盾降到最低。通过职权管理，明确每个人的具体职责，防止势利保护和中层管理者的反对，并尽量统一上级与下级的意见，解决上下级矛盾，使团队在一个更加融洽的环境下高效地运作。

5. 人员管理

（1）人员的配置管理。对于一个创业团队而言，人员配置的一大前提是人员的互补度和融合度。这很大程度上决定了团队凝聚力的大小。除此之外，按照工作的目标、任务、工作要求分配团队人员，应达到人与事相匹配，人与人相融合。

（2）人员的培训。人员的培训包括技能培训和精神培养。

人员的技能培训包含了人员对创业团队的各项业务的规范制度的掌握、基本职业技能的操作，以及对公司提倡什么反对什么的明确认识。

人员的精神培养主要包括团队精神的培养和人员的激励。

团队精神是指团队成员一致为团队的利益与目标相互协作、全心全意的意愿与气氛。团队精神的培养可以使团队成员把自己的利益与团队的利益的大致方向调整到一致，表现出对团队的无限忠诚；使团队成员充分调动自身的积极性、主动性和创造性，尽心尽力地完成每一个工作任务；使团队成员之间能够相互支持，同舟共济，荣辱与共。人员的激励分为奖惩激励、考评激励、竞赛与评比激励和榜样激励法。

① 奖惩激励法能够使员工个人获取进取心并消除人的不良行为；
② 考评激励法能提供目标导向的作用，使员工拥有更强的工作主动性；
③ 竞赛与评比激励法能增强团队成员的凝聚力，锻炼人员的智力与非智力能力；
④ 榜样激励法对先进者是一个挑战，对一般人员具有鞭策作用。

4.4　创业团队的风险与发展

4.4.1　创业团队的风险

1. 创业团队的风险形成

有数字资料表明，绝大多数的新创立企业会在短期内失败，尤其是高新技术企业，初创立的寿命只有 3 年。而这些能够在艰难环境中存活下来的企业，大都十分重视创业中的团队建设。单凭个人的能力，创业设计的资源获取、技术研发和有效利用等多项商业活动等都难以完成，而团队力量可以对此提供很大的帮助。风险投资者在选择投资项目时，也开始重视创业团队的影响，对创业团队的考评占其总评考评的 50%。

随之而来的问题是创业团队的发展困难重重。在团队初期时所有成员都能全心全力投入新产品的开发和推广，但随着时间的推移，企业产生剩余利润，管理步入正轨，就逐渐暴露创业团队中的许多矛盾，造成关键成员的流失，导致企业的发展速度放慢。

2. 创业团队构建的风险成因

创业团队存在风险，包括由于各种原因造成创业团队成员流失或创业团队分裂解体，使创业企业遭受损失甚至破产的可能。一个好的创业团队对于企业成功起着重要的作用，能让企业避免承担不必要的风险。据国外一家研究机构对100家成长较快的小公司调查显示，存在一半的创业团队无法在公司初创企业的前5年顺利存活。当创业团队瓦解之后，企业也随之倒下。

一般来说，创业团队的风险由以下几个因素构成：

（1）盲目照搬成功的组建模式。

古话有说，什么"马"配什么"鞍"。这个看似简单的道理，运用在企业团队中却有不少失败的案例。创业团队的组建基本可以分为三种模式，分别是关系驱动、要素驱动和价值驱动。关系驱动是指由一个核心创业领导者为主，由他扩展而成的人际关系圈内成员构成团队。这些成员因为友谊、爱好和经验结成合作伙伴，利用彼此的资源以达到共利共赢的状态。要素驱动是指创业团队成员分别拥有创业企业所需的资源、创意和操作技能等要素，由于这些要素相对重要性一致，因此团队成员之间持有互相平等的地位和关系。价值驱动是指创业成员将创业事业当做是实现自身生命价值的手段，这种团队的使命感一般较强，成功的概率也很大。

不同的组建模式对于不同的企业条件、环境等适应度不同，如果创业团队盲目照搬某种组建模式，将给企业带来巨大的风险。创业团队应根据创业企业的特点和发展目标，选择一个适合自身的组建模式。目前最广泛应用的组建方式是关系驱动模式，它比较适合中国文化的特点，稳定性也相对较高。但是，远近亲疏的关系经常会阻碍创业团队的发展；相反地，要素驱动模式具有较多西方文化的特点，并广泛应用于当前的互联网创业团队。无论在哪种方式的团队组建模式下，成员磨合的顺利与否是达到团队团结的决定因素，如果磨合出现问题，就容易发生解体风险。价值驱动模式中的成员则容易为了不同意见和观念产生分歧，一旦发生自身价值观的差异，很少有妥协的余地。

（2）缺乏明确和一致的团队目标。

心理学家马斯洛曾经提出，借出团队的显著特征是拥有共同的愿景和目标。由此可见团队合作的基础是有凝聚人心的愿景和经营理念，并在客观环境中培养共同愿景，确立明确目标，为团队和企业的发展指明方向，提供核心动力。

一般情况下，初创团队的目标并不是十分清晰和明确，甚至有些人根本不明白自己为什么会走上创业这条道路。随着创业进程的推进，团队成员可能会由于发现目标与现实之间存在差异而发生意见不合等状况。为了保持团队的稳定性必须及时对目标进行适当调整，若调整之后团队成员的个人目标仍与组织目标存在差异，那么团队可能面临解体的风险。

（3）团队成员选择具有随意性和偶然性。

英国学者贝尔宾曾经考察了1000多支团队，在研究创业团队的构成之后得出了"九种角色论"这一观点。这九种角色分别是：提出创新观点并作出决策的创新者；进行角色职资和义务分配的协调者；将思想语言转化为行动的实干者；引进信息与外部谈判的交流者；促进决策实施的推进者；分析问题并评估他人贡献的监督者；给予个人支持并帮助他人的凝聚者；强调任务时效性的任务主义者；以及具有专业技能和知识的专家。

在现实情况中，创业团队在组建初期由于规模和人数的限制，创业团队很难集合九种人才构建全能团队，多数团队在组建的时候存在随意性和偶然性，甚至只是因为某次谈论和商讨一拍即合，在缺失各方面人才组建团队之后没有对成员进行及时的补充，导致团队里成员角色和优势出现交叉和重叠，这些因素都会给团队引发各种矛盾，最终导致整个创业团队的散伙。

（4）激励机制尤其是利润分配方式不完善。

有效的激励是企业能够长期保持士气的关键，其重点在于能够给予团队成员合理的"利益补偿"。实际上，在创业团队组建初期，由于企业前途未卜，每位成员在创业企业中发挥的作用和提供的资源都无法得到准确的衡量，随着企业的发展和利润的增加，在对利润进行分配的时候可能就会出现争议，为了避免这种问题的出现，在创业初期应当通过商讨设立一个明确利润分配方案，并培养团队成员之间的感情，否则等企业规模扩大的时候矛盾也将逐渐被激化，导致创业团队的解散。

资料来源：http://wiki.mbalib.com/wiki/%E5%88%9B%E4%B8%9A%E5%9B%A2% E9%98%9F

4.4.2　创业团队的发展

1. 创业团队的五个发展阶段

（1）创立期。

团队成员在建立初期都比较谨慎，相互也不十分了解，这时要加强大家相互的联系，让大家充分地沟通，有利于相互的合作与协助。团队领导也应尽力让团队成员知道团队存在的意义和愿景，认同团队的目标，让大家都有一种奋发向上的精神，明确自己的角色与职责，让每个团队成员对自己、对其他团队成员、对团队都有一个清醒的认识。

（2）动荡期。

经过一段时间的成员之间的相互了解，人与人之间的矛盾开始出现，团队的问题开始暴露。这时候，团队就会进入一种很危险的状态。人对组织的认同感和归属感还很低，思想较混乱。可以通过职业经理，或者团队领导的努力，改变这种现象。

（3）稳定期。

团队进入高产时期，经过相互的磨合后，大家建立了相互的信任，团队的效率也明显地提升了。团队成员愿意承担更多的责任，这时候团队成员对团队很认同，精神状态也很好，团队形成了真正的团队规则，大家都按规则行事。这个时候主要的工作是内部拓展，主要是团队文化与团队精神的拓展，让每个成员都具备相同的团队气质。

（4）高产期。

特征表现：团队信心大增，具备多种技巧，能协力解决各种问题，用标准流程和方式进行沟通、化解冲突、分配资源。团队成员自由而建设性地分享观点与信息。团队成员能够自我约束，自我管理。处于最佳状态团队成员会有一种完成任务的使命感和荣誉感，团队精神加强。

（5）调整期。

边际效应使高产期发展到一定程度之后进入衰退期。团队中成员容易出现居功自傲、不思进取或墨守成规的成员等现象。这时团队面临着解散、休整的危险。

2. 创业团队的发展阻碍

创业团队从创立到调整期，特别是从创业阶段向集体化阶段过渡的过程中，随着企业从不规范过渡到正常经营管理状态，很多矛盾很容易暴露出来，而这些矛盾将会是导致创业团队分裂的主要原因。

（1）随着企业规模的扩张，部分成员因其能力有限难以适应更大规模、更规范的企业经营管理的需要。这一点在我国众多的中小乡镇企业中体现明显。许多乡镇企业的创业者文化程度不高，当初的成功往往是因为敢拼敢干，吃别人不能吃的苦，干别人不敢做的事而发展起来，但随着企业进入一个规范发展的时期，自身素质和能力的制约反而成为了企业发展的阻碍。

（2）创业团队成员经营理念不一致，成员之间对于公司的目标和价值观有冲突。这种情况是非常普遍的，一个典型的例子就是本章提及的联想的倪光南和柳传志。柳传志是一位有科技背景的企业管理者，而倪光南是一名科学家，他们的分歧是经营理念的不一致，柳是市场导向，而倪光南是技术导向，这一根本的分歧导致了曾被誉为"中关村最佳拍档"的联想创业组合的分裂。

（3）创业成员之间性格、兴趣不合，难以磨合，企业气氛不融洽，创业活动难以正常开展。群体性的创业团队中容易出现这种情况。群体性的创业团队经常由一些私交很好而在一起的伙伴来共同创业，例如朋友、同学、亲戚等，多是由人际关系来寻找共同创业的伙伴；或是有相似的理念和观点，例如具有相近技术研发背景的人，基于对某一技术的狂热而结合。然而，人际上的交集是群体性创业团队成员最重要的条件，在这种情况下，团队成员在性格上的差异和处理问题的不同态度就容易被掩盖。当这样的团队缺乏真正的沟通，那么这些伙伴实际上并未形成真正的团队，难以达成 1＋1>2 的效果。

（4）团队在创立初期没有制定一个明确的利润分配方案，随着企业的发展，利润的增加，在利润分配时出现争执。这种情况在民营企业中是非常普遍的，很多的中小民营企业的创业团队在发展初期，没有明确提出未来具体的利润分配方案，等到企业规模扩大的时候利润分配问题随之出现。

资料来源：http://shequ.docin.com/app/teamMessage/showTeamTalk?teamId=1979&cardId=12 15925 http://www.cs360.cn/qiyezhanlue/zlgl/gldq/25242/

3．创建学习型团队

学习型组织管理方法在全世界范围内的传播是伴随着《第五项训练——学习型组织的艺术与实务》一书的问世而兴起的。在该书中，作者彼得圣吉博士整合了美国麻省、哈佛著名教授的成果，吸取东西方文化精华。

学习型团队不是单一的模型，它是关于团队的概念，是运用一种新的思维方式对团队的思考。在学习型团队中，每位团队成员都应该参与学习和解决问题，使团队不断地尝试、改善和提高它的能力。学习型团队的基本价值在于成员解决问题的本身素质的一种提高，与之相对的传统团队设计的着眼点是效率。

本 章 小 结

通过对创业者定义的阐述，可充分了解到适合创业的个体所具备的心理特征以及个人能力，包括创业者在工作、生活中各方面的能力和技能要求；

说明了团队与创业团队的基本特征和两者的区别，并提出创业团队对创业成功的重要性，创业者应注重创业团队的组建；

本章重点是创业团队的组建途径和管理方法，其中分别论述了组建、管理团队的过程中应当注意的事项；

本章最后提出了创业团队可能遇到的一些风险，也提供了一些关于发展创业团队的建议。

案例思考

联想的柳传志和倪光南

心理学家马斯洛指出：杰出团队的显著特征是具有共同的愿景与目标。凝聚人心的愿景与经营理念，是团队合作的基础。目标则是共同愿景在客观环境中的具体化，能够为团队成员指明方向，是团队运行的核心动力。

随着创业进程的不断变化，团队成员之间可能会逐渐发现原定目标与现实的差距，此时假若团队意见难以调和则会面临解散的风险。曾经被誉为"中关村最佳拍档"的"联想教父"柳传志和他的昔日战友倪光南的决裂从反面印证了马斯洛的观点。联想创业"柳倪"组合的分裂并非发生在联想从创业阶段向集体化阶段过渡的时期,而是发生在集体化阶段向规范化阶段过渡的时期。

1995年6月30日,时任联想公司总工程师的倪光南被联想董事会解除总工程师及董事职务,柳传志在那次会议中回忆起自己与倪光南共事的经历以及倪光南对自己的举报时眼泪纵横。会议室里的气氛很紧张,200多人正襟危坐,听主席台上的人念着讲稿。这或许是他一生中最艰难的时刻之一,他多次无法自己,任凭泪水流淌。在他的对面,主席台另一侧,坐着一名比他年纪稍大的中年男子,一声不发,冷冷看着他。台下的人都惊呆了。正在发言的人是这家公司的创始人、领头羊,一贯坚韧、稳重,他怎会在这么多人面前泣不成声,究竟发生了什么?

联想从1984年中科院门卫室那间小平房开始创办,到成为一家在香港上市的企业,柳传志和倪光南都是联想基业的缔造者,但最后两人分道扬镳。柳传志与倪光南合作的最终破裂,来自于前文提到的举报——倪光南针对"港方负债持股"的问题向上级举报。香港联想控股有限公司在香港上市时有中科院计算所、香港导远公司、中国技术转让公司三家股东,后来中国技术转让公司出让了属于自己的30%的股份,由其余两家股东出资均分。由于香港导远公司无法拿出足够的资金买下15%的股份,北京联想就向其贷款帮助其买下了那15%的股份。倪光南认为让香港导远公司负债持股导致了国有资产流失,自己是在保护国有资产。柳传志则认为倪光南这想法是完全不懂得经营的表现。倪光南不依不饶的"举报"可以看做倪光南与柳传志长期积累的矛盾的总爆发,也是两种思维方式发生最激烈的碰撞后具体的表现。4年后的1999年9月2日,倪光南被联想解聘,从此便极少出现在公众视野中。一场耗时10年的联想内战总算结束了。

柳传志和倪光南有过美好的共同回忆。他们在20世纪70年代初就相识于中科院计算机所,1974年下放到天津干校时一起工作、生活的经历让两人交情渐深。1984年11月,柳传志将刚从加拿大进修回来的倪光南请到联想(当时叫计算机所公司)担任总工程师,共同创业。两人在联想共事之后,曾经一起出门去推销倪光南研发的汉卡。那算是一段美好经历。联想作为平台,成就了"汉卡研发科学家"倪光南。倪光南在联想,主要心思放在研发上,对很多琐事并不感冒。联想制度严格,对开会迟到者罚站,副总经理张祖祥亦不能例外,而倪光南甚至不参加会议也没事。柳传志在这些事情上非常包容。1986年,柳传志接替王树和担任联想总经理,资格更老的倪光南为了支持柳传志,从此不再称其"小柳"而改叫"柳总",但作为总工程师的倪光南心里依然认为自己的技术要比柳传志对公司的治理能力更加重要。柳传志则认为,只要自己能调动公司就能节制倪光南,为了表示对倪光南的尊敬,他把倪光南放在了很高的位置上,这也导致了他几近无限度地包容倪光南,甚至对下属说"跟老倪发生任何矛盾都是你的不是"。这不能不说助长了倪光南对于自身分量的判断的失当。柳传志作为企业家,要考虑的是整个企业的生存和大家吃饭问题,倪光南作为科学家,只对研发本身负责,每个人的出发点不一致,这种视野与关注点的不同也是日后分歧的一个重要原因。1990年,联想退出汉卡市场,联想的利润主要依靠代理销售和生产制造,倪光南感到技术不被重视,与董事会和柳传志的矛盾开始显现。1994年,当时联想一年的利润不到一亿元,倪光南希望投入8000万元进行ASICS项目研发,但被柳传志否决了。这种情况在当时并不少见,汉字激光排版系统发明者王选与北大方正的总裁张玉峰,四通的王辑志和段永基都因为技术与管理难以协调而分道扬镳。在当时的中国,科学家成为企业家是困难的事情,因为缺乏融资平台,缺乏资金将技术转化为产品。硅谷的成功某种程度上可以看做是资本的成功——掌握技术的科学家可以通过投资成为企业家。在今天的中国，融资平台比 26 年前要健全许多，类似倪柳之争的情况很难再出现——像倪光南这样手握核心技术的人从一开始就可以通过技术获得融资自己成立公司。去年，赋闲 10 年的倪光南接受了《南方人物周刊》的采访，他对那场影响了中国高科技企业发展的争论已经看得很淡，他觉得历史会给自己一个圆满的答案。与此同时，柳传志则再次掌舵联想，开创新的蓝海。

资料来源：http://www.cnwnews.com/html/chuangye/cn_cyrw/20110211/314225.html

思考题

1. 创业团队的管理需要注意哪些问题？

2. 企业在发展壮大的过程中，创业团队应该如何规避可能会发生的风险？

3. 运用创业者与创业团队的管理方面知识谈谈你对联想创业"柳倪"组合分裂的看法。

思考与练习

1. 创业者的心理特征有哪些？

2. 创业者需要具备哪些个人能力？

3. 一般团队和创业团队有哪些区别？

4. 组建创业团队时需要注意哪些问题？

5. 创业团队有哪些风险？

6. 将学生随机分为不同的小组作为不同的创业小团队，各小组提出团队的创业项目，列出该创业小团队的利弊。并撰写一份团队管理手册。

第 5 章 商 业 计 划

学习目标

1. 学会撰写商业计划书
2. 理解商业计划对创业者的意义
3. 掌握商业计划的关键要素
4. 了解商业计划的主要内容
5. 掌握开发商业计划的能力

> 与其让别人掌控你的命运，不如你自己来主宰。
>
> ——杰克·韦尔奇

案例导入

商业计划书在中国

在美国，商业计划是获得风险投资的第一步，风险投资机构首先收集商业计划书，然后据此对项目进行初次审查，再挑选出少数感兴趣者进一步考察，最终只有约 2%的立项能获得资金。

20 世纪 90 年代，风险投资在美国大行其道，创业者在硅谷的咖啡馆里拿着单薄的一纸商业计划书给投资人讲生动故事，就可以在几个星期内融到几百万甚至几千万美金。1995 年 4 月，在斯坦福大学攻读电机工程博士学位的杨致远休学创立了 Yahoo，他制订了一份周密的商业计划书，并每天带着计划书早出晚归，不停地拜访风险投资者，最终获得硅谷最具知名度的风险投资商近两百万美元的投资，开启了硅谷一代新神话。

在中国，人们是逐步认识商业计划书的魔力的。从人们的早期记忆来看，风险投资像"傻钱"，一纸空文就可以换来钱看似很玄乎。1996 年，张朝阳凭借自己的执著和对国外互联网公司的简单模仿，以一纸商业计划书融来了 18.5 万美元，回到中国创办了当时人们听不懂的互联网公司，于是人们逐渐明白了这一纸可以换来创业资金，便纷纷投身其中。

在 2000 年前后，以搜狐、新浪、网易等门户媒体为代表的互联网企业在风险投资的启蒙下纷纷崛起，仅在 1999 年至 2001 年的 3 年间，吸引的风险投资额就在 15 亿美元左右。

在这次热潮中，美国风险投资首次进入中国，以跑马圈地的速度拓展领地，一手催生了当时还显稚嫩的中国互联网产业，同时给人们普及了商业计划书的概念。IDG、华登等拓荒者从新浪、搜狐、网易等早期幸运儿身上赚取了丰厚的收益，成为中国互联网产业的幸运者和获益者。

2000 年，马化腾拿着改了 6 次的 20 多页的商业计划书，凭着早期 QQ 的 400 万个用户数量，从 IDG 和盈科数码那里拿到了 220 万美元的风险投资，资金迅速壮大。如今的腾讯以 4 亿多用户为筹码，迅速在中国门户网站、在线游戏等多个领域做到市场前三。

资料来源：《商业计划书编写指南（第 2 版）》第 15、16 期，国家科技风险事业开发中心编，电子工业出版社

5.1　初步了解商业计划

5.1.1　什么是商业计划

商业计划又称作商务计划，主要是对企业活动进行详尽的、全方位的筹划，从企业内部人员、制度、管理，以及企业的产品、营销和市场等各个方面展开分析。本章所说的商业计划是狭义的，专指创业的商业计划。它是创业者或企业为了实现未来增长战略所制订的详细计划，主要用于向投资方和创业投资者说明公司未来发展战略与实施计划，展示自己的实现战略和为投资者带来回报的能力，从而取得投资方或创业投资者的支持。

5.1.2　为什么要有商业计划

商业计划具有计划和营销两大功能。计划可以为即将进行的创业活动提供行动指南，而营销则可以从不同的受众那里获得必要的支持，尤其是创业融资的支持。根据商业计划书读者的不同，商业计划书的撰写也应有所侧重。商业计划书的作用主要有以下几点。

（1）认识自己：商业计划能帮助创业团队理清业务概念、近期目标和战略，编制时要细化到商业计划的各个部分的优势和劣势。

（2）创业融资：商业计划是外部投资者（尤其是风险投资）了解某一创业项目的第一途径，编制者可将重点放在财务和金融方面，以好的财务规划和客观的价值评估来吸引投资商。

（3）战略思考：撰写商业计划能迫使创业者系统思考新企业的各个要素，以便梳理思路，商业计划书的编制必须以详尽的分析为基础，才能使企业的创业旅程稳步前进。

（4）创建和凝聚团队：订立团队的共同目标，编制时要方便员工了解企业的经营发展状况，以激励他们为个人和共同的目标而努力。

（5）取得政府和相关机构的支持：国内以前常常用可行性报告和项目论证书实现这一目的，编制此类商业计划书要基于产品分析，把握行业市场现状和发展趋势，综合研究国家法律法规、宏观政策、产业中长期规划、产业政策及地方政策、项目团队优势等基本内容，深度透析项目的竞争优势、盈利能力、生存能力、发展潜力等，最大限度地体现项目的价值。

5.1.3　商业计划的类型

世界上并不存在所谓的最完美的商业计划，虽然商业计划的写作要遵循一定的规范，但没有一种商业计划能适用于所有的创业项目，创业者需要根据环境、受众、行业、创业阶段等种种因素的不同来制订有效的商业计划书。例如，根据商业计划不同的受众，可把其主要分为三种类型：

（1）吸引风险投资商的商业计划；

（2）吸引合伙人的商业计划；

（3）获取政府或公共部门支持的商业计划。

此外，还有针对创业企业的其他合作伙伴（如供应商、承销等商）的商业计划。

5.2　如何编制商业计划书

5.2.1　商业计划书的六大要素

一般情况下，投资者首先会从商业模式、市场、产品/服务、竞争、管理团队和行动这六个方面审视企业的商业计划，因此这六点就成为了商业计划书的六大基本要素。

1. 商业模式

商业模式的通俗解释是：描述企业如何通过运作来实现生存与发展的"故事"。价值创造、价值获取和价值传递是商业模式涉及的三个基本问题。创业团队需要通过一个商业模式来描绘企业实现愿景的途径，此外，创业者还能通过对商业模式的提炼，对企业运作中的各种要素、业务板块展开周密的考虑，并使它们构成一个相互支持和促进的有机整体。

商业模式决定了企业的运作，决定着企业的生存与发展战略。通过阐明商业模式，投资者能迅速了解企业是如何赚钱的，并判断此种商业模式是否有利可图、是否能随企业自身条件和市场的变化灵活创新。因此，商业模式的设计要具有合理性，具体可从商业模式细分出的九个关键要素着手：价值主张、客户细分、客户关系、渠道通路、核心资源、 关键业务、收入来源、重要伙伴、成本结构。

2. 市场

投资人最关心的就是产品/服务是否有市场及市场容量的大小，因此投资人需要创业者向其提供全面而深入的市场分析。创业团队需要通过向投资人阐明经济、文化、心理和地域等因素是如何影响消费者行为的，并对消费者的购买行为进行详细的分析，来使投资者相信企业的产品/服务的市场前景广阔。

3. 产品/服务

创业者需要在商业计划书中为投资者提供企业产品/服务的所有相关细节及相关调查数据结果，说明产品/服务的独特之处、所处的发展阶段、目标顾客群、生产成本、销售价格、企业的营销策略等，力争让投资者确信企业的产品/服务能够在市场上占据一席之地，甚至能产生革命性的影响。

4. 竞争

创业者必须在商业计划书中就竞争对手清晰地阐述如下几个重要问题：

① 潜在和现有的竞争对手有哪些？

② 竞争对手的产品/服务与企业的产品/服务之间存在哪些相同点和不同点？

③ 竞争对手采取何种营销策略？

④ 竞争对手的销售业绩和市场份额如何？

⑤ 相对于竞争对手，企业目前有哪些优势？

⑥ 如何体现产品价值？

⑦ 如何应对竞争对手带来的挑战？

总的来说，创业者必须使投资者确信企业能够应对即将面临的战争，并成为行业中有力的竞争者。

5. 管理团队

很多时候，创业者往往由于过于关注产品/服务而忽视了管理团队的建设，要知道，要把一个绝佳的商机转化为一个成功的企业，强有力的管理团队是必不可少的。创业者应在商业计划中整体介绍管理团队及其职责，然后再分别描述每一位管理人员能为企业做出的贡献，最终阐明企业的组织结构和管理目标，使投资者相信企业已经拥有了一支高质量的管理人才队伍。

6. 行动

再好的创意没有行动也只能是纸上谈兵，俗话说：细节决定成败，一份优秀的商业计划书应具备切实可行的企业设计、生产、营销和财务计划。具体要回答如下几个问题：

① 如何设计生产线？

② 需要哪些原材料？

③ 如何组装产品？

④ 如何将产品推向市场？

⑤ 如何给产品定价？

诸如此类今后在运营过程中会碰到的具体问题，创业者在商业计划书中回答得越清楚详尽越好，这样投资者便能看到创业者的深谋远虑。

5.2.2　制订商业计划书的步骤

准备创业方案是一个展望项目的前景、细致探索其中的合理思路、确认实施项目所需的各种必要资源、寻求所需支持的过程。制订一份优秀的商业计划书是一项漫长而复杂的工作，需要创业团队花费大量的时间进行研究、思考、写作和编辑，因此创业者必须保证团队成员能够全身心地投入。制订商业计划书主要可以有以下几个步骤。

1. 细化商业计划构想

首先进行总体的规划，确定企业的盈利模式、竞争对手、目标客户及技术等主要内容。

2. 市场调研

细致准确的调研能为商业计划的下一步工作奠定良好的基础，因此必须就企业所处行业的内外部环境、政策背景开展调研，尤其需要对竞争对手和目标客户进行深入而细致的研究。

3. 商业计划书写作

在前面几个步骤的基础上，根据企业构想和具体的市场状况，创业团队可以明确制定出企业的发展目标、锁定市场及竞争策略，并具体拟定战略实施的详细措施，阐述创业团队的执行能力，为企业详细制定一份未来几年的财务分析，确定商业计划书的基本框架后再着手对具体内容进行写作。

4. 检查与调整商业计划书

创业团队可以通过模拟辩论发现商业计划书中存在的问题，还可以咨询融资顾问，使商业计划书能够清楚地回答投资者的相关疑问，并对投资者所关心的问题做出明确的说明。

5. "答辩"

此时，可靠的市场数据和简洁有力的市场分析能有效地帮助创业团队推销商业计划，团队成员要做好充分的准备以应对投资者可能提出的问题。

5.2.3　编写商业计划书的技巧

创业者为使创业计划得到投资人的青睐并最终获得投资，应做到以下三点：确保新产品/服务的价值并拥有高素质的管理团队；对商业计划书以商务格式进行适当的编排；拥有简洁的执行摘要和充分的创业热情。商业计划书的编写技巧具体表现在以下两个方面。

1. 结构体例方面

由于商业计划书的写作基础是特定的市场调研数据，其写作结构已经相对固定下来了，因此创业者应避免为充分表明创业激情和商业计划的可行性而不直接套用模板不应为了标新立异而偏离一般格式太多。

体例方面最好给人讲究的印象，不要过多地使用文字处理工具，尽量使用透明的封面和封底，给人一种严谨的专业感。在一些小细节上也要格外用心，如果企业有设计精美的标志，应放在商业计划书的封面和每一页的页眉上，这样可使阅读者印象深刻；最终还要对商业计划书进行逐项检查，不能出现任何错误或遗漏，有时一些看似不起眼的小疏漏会使投资人对创业者的责任感产生怀疑，进而影响其投资决策。

2. 内容设计与组织方面

商业计划书的编写首先要遵循真实性原则，其基础应是通过市场调研或其他间接方式获得的真实数据。因此，目标客户群和市场分析这一部分可以先行编写，产品/服务信息、企业发展目标、财务计划等信息可以稍后编写，创业者切不可忽略市场调研而花费大量篇幅描述财务计划等信息。

商业计划书的编写是一个漫长的动态过程，随着时间的推移和编写工作的深入，创业者获取到的相关信息越来越多、越来越具体，此时就应对商业计划书进行相应的修改和完善，以应对不断变化的内外部环境。

最终的商业计划书应规避一切不应有的错误，因为无论其他部分写得多好，只要犯了一个错误，就会使精明的投资者给予投资的可能性降低。常见的不应有的错误主要有以下几种：

① 结构形式上的错误；

② 概要冗长松散、不知所云；

③ 未清晰回答产品所处阶段；

④ 目标市场过于宽泛；

⑤ 未能清楚地解释消费者的购买动机；

⑥ 认为没有竞争者的威胁；

⑦ 过于乐观的财务预期；

⑧ 未能详细陈述管理团队的能力；

⑨ 回避风险问题。

案例分享

什么样的商业计划书讨人嫌

实际上，商业计划书对创业而言者比投资人更重要，它可以作为公司的发展蓝图，用于团队沟通和发展规划。那些能让外部投资人感兴趣的东西对你自己也有用，因为你是最终的投资人。那么什么样的商业计划书让投资人不感兴趣呢？什么样的商业计划书无法获得他们的投资呢？

创始人的问题。 投资人是赌人，特定的人，胜于赌业务、市场、创意或产品。他们想要一个拥有创业经验的团队，当然也有需要技术天才的例外。而且，他们想要引进有经验的人。个性、背景或做事风格有问题的创始人获得不了投资。例如，我看到一位创始人在融资演示环节告诉投资人，有些投资人很讨厌，而且他之前的合作伙伴也骗了他。太激进、太直接也是问题。

创始人杜撰事实，以为没人会知道，但他必须非常精于此道，而且幸运，因为一旦被发现，投资人会认为他不会只撒一个谎，他们会认为这只是冰山一角。

对投资人来说，尽管创始人完全不拿薪水的精神令人钦佩，但这是很有问题的，因为长期来说这不现实。当然，创始人拿多于市场的不合理薪水也是问题。

下一个 XX。 投资人对下一个腾讯、百度、Facebook 之类的完全不相信。尽管这偶尔也会发生（百度就是下一个谷歌），但太罕见了，而这样的号称却多如牛毛。大的创新成功会创造新的市场，而不是复制当前市场中的成功者。另外，成为一个更好的腾讯、Facebook 也没有说服力，因为这些人忽略了当初这些公司出现时，用户当时所面临的各种问题在现在已经解决了。

没有"问题—解决方案"的故事。 投资人想要通过你的故事，看到自己是否存在你说要解决的问题，以及你对这一问题的解决方案。他们需要看到一个好的故事，讲述用户为何需要你将出售的东西，一个好的故事意味着他们可以自己评估和相信你的计划。找出一个典型的用户，并讲述如何满足他的需求。

缺少市场的故事。 当然，投资人想要看到你对市场的研究和数据，但是可靠度更重要，如果投资人立刻能够想象到，市场对他们来说就是可信的。如果需求——解决方案的故事能够适用于更多人，并且每个人都意识到这个，你就赢得了投资人的心。用数字来说明市场想象力很好，但数字本身单独说服不了任何人。

没有可以想象的退出。 投资人需要相信创始人愿意长大并创造退出机会。创始人自己不需要退出，他们有不错的企业，可以在无须融资的情况下生存和发展，这对他们来说不错，但投资人需要相信自己可以从这笔投资中获得回报。

愚蠢的盈利性预测。 做一份荒谬的盈利预测并不表示你的业务是盈利的，这意味着你对业务没有足够的了解，不懂其成本和费用。

自上而下的预测。 很多商业计划书的销售预测是获得一个巨大市场的一个小的份额，但这没有说服力。要依据各种假设来做销售预测，包括网站流量、渠道、时间、销售地点者综合。自上而下的预测方式，包括假设条件的清晰，是唯一的方式。

没有竞争对手。 没有竞争对手的业务到底是市场空间不够没有人在乎，还是你有足够的竞争门槛？即便真的如你所说，业务推出之后也会有竞争对手，即便没有直接的竞争对手，也可能有替代产品/服务的间接竞争。

没有进入壁垒。 你需要有商业秘密，通常是技术秘密或市场地位，你必须要有一些阻止别人进入的门槛，尤其是防止更大和更有实力的玩家直接跳进来，跳到你的头上。

空泛的声明。 比如"改变游戏规则"或"破坏性"等，每年我看过的数以百计的商业计划书中，三分之二以上有类似上述的说服。如果一份商业计划书真的是破坏性的或能够改变游戏规则，投资人会这么对自己说，他们也想看到这样的。但是如果他们自己这么说会比你说强 100 倍。

投资人投的不是商业计划书等文件，而是其中的内容和执行这些内容的人。

资料来源：《创业天下》2013 年第一期．作者为桂曙光，清华大学 MBA，蓝石资本合伙人，中澳财富投资董事副总裁

5.2.4 商业计划书的格式和结构

一个杰出的创业者不仅要具备创业所拥有的良好品行，更重要的是要拥有创业所需要的各方面条件，如资金、市场、人脉等，而一份完整的商业计划书是你能否拥有这些条件的基础。

创业者要制订一份完整、详细、深入的商业计划，首先必须拥有一个具有良好市场前景的产品/服务，并在此基础上围绕其产品/服务进行展开。接下来描述公司如何在市场中赢得并发展此创业机会，并提出详细和完整的行动建议。

不同的商业计划书会有不同的格式与结构。但是商业计划书中的基本内容却是大致一致的，这是因为商业计划书在写作上是有一定的规范性。当然，不同的企业会选择不同的方式"表达"商业计划，不需要拘泥于固定的格式与结构。通常情况下，商业计划需要包括以下部分：

(1) 封面；

(2) 内容索引和目录；

(3) 摘要；

(4) 公司概述；

(5) 产品/服务；

（6）市场和行业；

（7）行销计划；

（8）研究和开发；

（9）管理方法和团队组织；

（10）生产计划；

（11）财务计划与分析；

（12）融资说明；

（13）机会与风险因素分析；

（14）退出机制。

对于这些方面，企业在编制商业计划书时可以有所侧重。

5.2.5　商业计划书的内容

1．商业计划书摘要

当投资者拿到一份商业计划书时，摘要将成为投资者首先要阅读的内容。只有摘要写得精彩，并能够立刻引起投资者的兴趣，投资者才会有可能仔细阅读后面的内容。投资者如何判断出创业企业究竟是否值得进行投资，很大程度上取决于商业计划书中摘要的内容。因此，整个商业计划书的精华及核心就是摘要。摘要甚至可以反映整个商业计划书的全貌。让投资者在阅读摘要之后，立刻产生投资兴趣，这是融资过程中的第一步。

（1）摘要的内容。

摘要首先要体现商业计划的基本观点，让投资者马上理解并迅速掌握摘要中所要体现的商业计划的重点，然后思索是否继续了解这份商业计划书的所有内容。引起投资者的阅读兴趣是摘要的主要目的。如果创业者所制订的商业计划书可以给投资者带来一种新鲜感，并让投资者阅读摘要之后有一种爱不释手、相见恨晚的急迫感和阅读渴望，这样的摘要才可以说是一份成功的摘要。因此，写作摘要时，创业者首先要对自己充满信心，内心要怀有激情。只有这样，才能向投资者充分并且全面地展示自己的创业企业所具有的正面价值和具体优势，并让投资者充分相信创业者的能力和价值。

摘要部分应该着重向投资者展示五个方面：① 创业企业的价值理念是正面的，创业企业的产品、技术或服务等具有独特性，并区别于其他竞争对手；② 创业企业的商业机会和发展战略是在严谨、充分的科学依据的基础上经过详细、周密的深层考虑之后得出的；③ 创业企业拥有一个强大的管理团队和执行队伍；④ 创业企业对进入市场的最佳契机已经进行过具体、深入的调查，并且清楚地知道何时进入市场，以及在何时适当地退出市场；⑤ 确保创业企业的财务计划与分析是切实可行的，不会让投资者将钱投入水里。只有将这五部分的内容简洁明了地阐述清楚，投资者才会更有兴趣读完整篇商业计划书，甚至会把钱投入该计划中。

（2）摘要的注意事项。

想要写好一个摘要并不是一件简单的事情，应注意以下事项。

第一，如果可以，请选择将商业计划书的摘要部分作为整部商业计划书的最后一个部分完成。只有对整部商业计划有更加正确和清晰的认识，才能写好摘要。当完成对整部商业计划书的主要内容的阐述后，再反复阅读并研究主体部分，从中提炼出整个计划书的核心及精华，最后再动笔写摘要部分。写完摘要后，需要由融资顾问来检查，并对写的摘要提出修改的建议，再根据其他阅读人员的阅读反映来考虑如何再次加工摘要，直到让人读摘要就能够对下面的内容产生浓厚阅读兴趣的效果为止。

第二，摘要部分需要具有一定的针对性。在写摘要的过程中，要时常拿"谁会对我的计划感兴趣"这一问题不断询问自己。通常来说，投资者大多具有不同的背景和兴趣，这使得他们对商业计划书的关注点也会有所区别。一部商业计划书的阅读者可能来自不同的岗位，如雇员、投资者、风投公司、供应商、银行家、投资顾问及顾客。因此，在撰写摘要时，要先调查研究投资者最感兴趣的方面，并在摘要部分着重突出这些方面。一般来说，一项投资会由多人共同商定，因此，不仅要调查投资者的情况，也要对整个投资机构有一个较为整体的感知，特别是要对具有决策能力的投资者格外关注。

第三，注意运用具有强调内容的语言。语言生动、主题开门见山，让人眼前一亮，立即抓住重点，这也是撰写商业计划书的摘要部分所需要注意的事项。一般情况下，摘要不要过于冗长，语言也不要过于晦涩难懂，让人捉摸不透，一两页的摘要已经可以达到效果。

第四，当然，反复检查撰写好的摘要也是必不可少的重要环节。写作完成之后，应反复检查直到准确无误为止。万不可因为个别失误而导致不可挽回的后果，因小失大。

2. 公司概述

在一份商业计划书中，投资者首先要对一个公司有一定的初步了解，要对创业公司的简单情况进行概述，包括创业公司的成立和经历、公司创意的诞生和商业前景、公司的定位和战略目标等，尽可能全面具体、简明扼要地向投资者介绍公司情况，让投资者尽可能多地了解公司及所在行业的各种信息。总而言之，公司的发展进程、现状及未来的公司规划都应在公司概述中呈现。具体来说，可以从以下几个方面加以描述。

（1）一般性描述。一般性描述则主要包括创业公司的名称、地址、联系方式和公司的简要情况等内容。

（2）公司业务性质。公司所从事的主要业务和相应的产品/服务也需要简要地进行介绍，这能使投资者了解创业公司的产品/服务。

（3）公司组织架构。简单阐述企业的所有制性质和附属关系等基本信息，并简要地介绍公司的内部组织架构。

（4）公司业务发展历史。这一部分主要介绍创业公司曾经历过哪些重要阶段，比如公司创意的产生，开始生产产品或提供服务的具体时间，开始销售的具体时间，如今公司发展到哪个阶段等。同样，这一部分也只是需要简短全面地介绍，不宜过长，其他具体问题可在与投资者面对面交流过程中详细阐述。

（5）公司未来业务期望。创业公司的未来业务发展计划需要通过时间顺序来进行阐述，并指出哪一阶段为关键性阶段。同时，仍要用简洁明了的语言来让投资者在有限的篇幅中读出公司的未来价值。

（6）商标与专利。公司概述中要对公司所持有或将要申请的商标和专利进行阐述，这样可以体现公司的独特性，给投资者眼前一亮的感觉。同时，公司的商标清单和专利也可以在这一部分列出，投资人可以通过这些来自行判断公司的独特性。另外，要注意对商业秘密的保护，不宜毫无保留地展示在商业计划中。

（7）供应商。这一部分要求介绍供应商，主要是为了让投资者知道公司业务的合作供应商的名称。投资者通常会同这些供应商进行电话联系以确认其真实性。通常情况下，供应商提供生产所需的原材料及必要零部件的，用表格列出3～4家最大供应商及其为创业公司所供应的材料或零部件名称即可，而其他的供应商则根据投资者的具体要求进行阐述。

3. 产品/服务

商业计划书的主要内容就是向投资者重点介绍公司的产品/服务创意。如何能够让投资者对创业公司的产品/服务产生浓厚的兴趣，并产生想要投资的念头，商业策划书中的产品/服务介绍至关重要。在投资者评估投资项目时，创业公司应让投资者知道创业公司生产和出售的是什么产品/服务。与此同时，投资者会根据创业公司提供的有关内容，对公司的产品/服务做出评估，以判断产品/服务是否能够适应市场。这些结果都将影响投资者对该项投资的决策。投资者期望创业公司可以向其展示以下几个内容：产品的名称、特征及用途；产品的研究开发计划和过程；产品目前在何种生命周期阶段；产品拥有什么样的市场前景及产品的竞争力如何等。

（1）一般性介绍。要对产品/服务的名称、特征及其功能进行简单的描述，同时还要简要写出替代产品/服务，以及竞争对手提供的产品/服务等。但是有时创业公司可能提供的不止一种产品/服务，这时需要着重描述最重要的产品/服务，其他产品/服务只需进行大体上的介绍。

（2）产品/服务的价格。价格的定位标准也是投资者对投资的重要评估之一。这一部分需要介绍产品/服务的价格及价格形成的基础，同时还要描述毛利和利润总额等。创业公司对产品/服务的最终形成的定价必须要在逻辑上是合理的。产品/服务的价格需要体现两个方面：一方面，产品/服务是市场所接受的，有较强的市场竞争力；另一方面，投资者如果投资该项产品/服务，将会获取巨大的利益，这一方面是投资者所关注的重点内容之一。因此，对待这方面问题投资者将会产生一系列的疑问，这样产品/服务定价的介绍一定要充分考虑所有对其有影响的因素，这样才能够解答投资者所产生的疑问。同样，如果创业公司拥有多项产品/服务，那么在这一部分介绍时需要分开单独进行描述。

（3）产品/服务的独特性。投资者绝不会投资没有独特性的产品/服务。公司的独特性在很多方面都可以表现，如产品/服务的技术、进行产品/服务开发的管理团队、产品/服务本身等。事实上，有些创业者会专门在商业计划书的摘要部分或商业策划书中的某一节里对其独特性进行阐述。

对产品/服务的独特性进行突出介绍，需要证明产品/服务确实具有创新性，并指出从这种创新的意义中投资者可以获得的优势和价值，让投资者对创业公司充满信心。这需要创业公司在这一部分中不仅为投资者描述自己公司产品/服务的独特性，还需要对竞争对手的产品/服务进行比较，同市场上的替代产品进行对比，然后阐述公司的产品/服务具有的优势，看产品/服务功能是否可以通过更新给顾客带来额外的价值，能否通过技术的更新降低产品/服务的生产成本等。

（4）消费群体。这一部分需要向投资者详细说明产品/服务的消费群体。例如，使用该产品/服务的是哪些群体，他们的年龄区间和收入水平等；使用该产品/服务的目的是什么；为何会购买本公司的产品/服务。由于这一部分的数据过多，所以可以用直观的图表将群体构成和分布展示出来。

4. 行业和市场

编制商业计划书的依据主要是市场和行业。这一部分需要建立在充分的调查和研究的基础上，市场和行业是大环境，因此，对整个产业及其竞争状况需要进行充分详细的分析研究，并在此大环境中形成对公司目标市场的认识，这样才可以为企业制定战略目标。商业计划书不仅仅是一个"计划"书，它还具有"营销"的功能。"计划"与"营销"都需要以市场和行业分析为主要导向。因此，投资者十分看重市场和行业的分析内容。在描述这一部分时，一定要仔细思考，否则商业计划书很容易被投资者否定，也不会经得起市场的检验。这一部分的商业计划书需要包括企业在行业中的地位和对行业发展方向的预测，对市场的细分和对目标市场的预测，创业公司的目标群体和竞争态势。

（1）产业分析。

投资者是不会仅凭摘要的吸引度和产品/服务的独特性就进行投资的，因此创业公司必须对可能影响需求、行业和市场的因素进行充分的分析，以确保投资者能够通过商业计划书的展示来判断公司的目标是否具有合理性和可行性，以及投资者究竟承担什么样的风险。产业分析主要是从行业和市场角度向投资者进行介绍。

第一，从行业或市场的发展情况中向投资者展示公司的发展前景。这其中包括行业发展历史及程度、现在发展状态和未来趋势、如今该行业的总销售额和总收入、经济发展和政府是否影响该行业及影响程度、进入该行业是否有障碍、障碍是什么、如何克服，等等。

第二，整个市场的状况需要用具体的数据进行说明。这其中包括对市场的细分、目标客户群体、想要拥有的市场及目标市场份额、营销策略、市场的销售量以及对未来五年的生产计划、销售量和利润的预期、市场的总收入和对未来五年总收入、回报率和年平均回报率的预期等。这些数据并不都一定来自实际调研，有很多数据可以通过二手资料获取，但务必保证其真实性和可信度。

（2）目标群体。

公司的产品/服务"卖给谁"和"以后谁也会来买"，这就是产品/服务的现在顾客群体和潜在顾客群体。投资者需要清楚地知道目标市场的定位，因为这也是制订营销计划的依据。

第一，细分市场是企业要进入市场的首要条件。市场细分的方法并不是本章的主要知识环节，读者可从有关市场营销方面的教辅材料中得到解答。

第二，市场定位的准确性。产品/服务的特性和公司的情况将决定细分市场后会出现一个或几个适合的目标市场，选择哪种市场定位要结合公司的目标、产品/服务、优劣势、竞争者的战略、顾客的购买意愿等因素来考虑。

第三，公司的目标市场的大小及走势需要通过数据来向投资者展示，前提是需要结合目标市场的每一个细分市场。值得注意的是，细分市场太小，产品/服务市场的前景会让投资者产生疑虑。当然，如果公司有可以证明自己市场前景的材料，可以直接展示给投资者，如已经掌握的订单或者合作意向书。

（3）竞争分析。

制定战略时，竞争战略也是必不可少的。对竞争对手和产品进行描述和分析，并提出自己的特有优势，也是让投资者对投资增加兴趣的关键部分。

第一，列出所有现有和潜在竞争的对手，同时描述竞争对手所占的市场份额、销售金额和年销售量。当然，如果创业公司没有竞争对手，也要说明为何不存在竞争对手，同时要对潜在的竞争对手或者潜在的替代产品进行预期。

第二，对竞争力进行调查，熟悉竞争对手的优势和劣势。这其中包括：竞争对手的市场策略是什么、有可能会出现什么新的发展、我们的产品从质量和价格以及性能各方面与市场上的其他产品比较结果如何、我们的产品的市场和定位的优劣势如何、能否承受竞争中的压力等。

第三，缩小竞争范围。在前两方面之后，我们将主要竞争对手锁定为 1~3 个，并进行详细的比较。这样才可以充分掌握自身的优势和劣势，并改进劣势，然后不断提升优势。要让投资者充分确信创业公司的竞争战略是具有合理性的，并且有足够的竞争优势来面对市场的强烈竞争。

5. 行销计划

如何让投资者相信公司具有盈利能力，并为公司的行销活动进行指导，这都将在行销计划中展现。要使公司的未来价值得以实现，商业计划中的行销计划是必不可少的。公司用于同竞争者进行的各种竞争战略是在竞争分析的基础上进行的，包括市场定位战略、产品战略、定价战略、渠道战略、分销、促销和广告战略。若要确定采取怎样的措施实施这些战略，需要在结合行业和市场分析的情况下确立公司的销售目标。

（1）市场定位战略。

市场定位战略是总体行销的部分。在这里需要向投资者阐述的并不是具体的行销战略，而是一种行销理念。一方面，要突出公司的自身特色，结合竞争战略中的公司定位来确立公司的独特性。另一方面，运用在市场营销中称为"4P"的具体战略来展示创业公司的自身特色给目标群体。"4P"指的是产品（Product）、价格（Price）、地点（Place）、促销（Promotion）。最后，在这两方面的基础上，对市场定位战略进行补充说明，如提出"4P"之外的其他内容来补充说明创业公司的独特的市场定位。

（2）产品战略。

20世纪的今天是知识经济时代，人们的生活水平也已经日益提高，这使得人们对产品的要求也越来越高。创业公司要想更好地适应市场，增强竞争力，就应从满足顾客需求、创造新的顾客需求、完善顾客需求入手，并融合生产和服务，以达到公司目标。产品（Product）也是市场营销中"4P"理论的第一要素。公司获取利润的主要方式是通过产品/服务来满足顾客的需要。整个行销战略的基础就是产品战略。这里的产品战略，重点关注的是"行销"方面，与"产品/服务"中的内容特性是有所区分的。产品战略作为创业公司在行销计划中的重要战略，需要做到以下几个方面。

第一，要树立产品的整体概念和产品的五个层次。之前的学术界认为产品有三个层次，但在如今的知识经济发展下，将产品分为了五个层次：a. 核心产品层次是产品构成的核心，它确保了产品的本质内涵，是可以提供给顾客的最基本的效用和利益；b. 形式产品层次确定了产品的差异，通过质量、特征、款式、商标和包装来提供给顾客；c. 期望产品层次为顾客提供购买时期望得到的与产品相关的条件；d. 延伸产品层次给顾客带来的是附加利益；e. 潜在产品层次则是指示可能的发展前景，即在未来可能发展的最终产品的潜在状态。

第二，对产品的生命周期进行分析。产品生命周期一般分为四个阶段：引入期、成长期、成熟期和衰退期。创业公司需要向投资者说明此时产品处在哪个阶段。企业在不同阶段要采取哪种战略？在引入期，需要确保产品/服务的市场占有率，缩短引入期，为进入成长期打下坚实的基础，一般会采用高价高促销战略、低价高促销战略、高价低促销战略和低价低促销战略。在成长期，由于这是公司产品销售的黄金时段，需要迅速扩大生产能力，获取最大的经济效益，这时需要对原有产品/服务进行改进和完善，对广告宣传的目标进行转移、进一步开展市场细分、巩固原有分销渠道，开辟新的销售渠道。到了成长期，这时的产品/服务已经保持了较高的稳定性，因此为了留住原有顾客群体并提高销售量，应建立新的战略，如进行产品改革、发现市场中的潜在客户需求、寻找新的销售市场、改变营销组合来刺激销售、开发新式产品。在衰退期来临之前，企业应提前做好准备，可以采取放弃市场、收缩市场和对产品/服务的重新定位。

第三，开展产品组合战略。公司要将生产或经营的产品类别、产品线的数量、产品线内的各组产品项目、某一具体的产品项、产品的功能、产品的生产、产品的销以及产品组合的关联度等，向投资者展示并说明。是开展产品战略能在符合公司自身的利益的基础上，让投资者确信公司的产品满足市场上的多种需求。

第四，简要说明产品的品牌战略。整个产品概念的重要组成部分就是品牌，这也是公司制定行销战略不能忽视的一点。品牌作为一场销售竞争中的有力武器，在行销活动中具有独特的魅力。在品牌战略中，创业公司在向投资者说明前，要仔细考虑究竟要不要使用品牌战略，使用品牌战略要用哪种战略（个别品牌战略、统一品牌战略、多品牌战略、品牌延伸战略）等。

第五，产品的包装与包装战略也是需要在计划书内进行阐述的。包装不仅可以保护产品，方便、美观，还可以增加销售和营利，同时也能提升公司和品牌的形象。创业公司可以根据产品的不同销售方式采取不同的包装战略。常见的包装战略有：配套包装战略，将多种有关联的产品组合在一起包装，如化妆盒、洗浴用品包装等产品；附赠品包装战略，比如儿童玩具附赠电池、美容杂志附赠化妆品试用装；分类包装战略，比如消费者购买的商品要赠送给朋友就用精美包装，如果是消费者自己使用就选择普通包装；统一包装战略，尤其适用于新产品上市时采用的包装。

（3）定价战略。

公司行销和管理中的制胜环节是定价战略。产品的价格定位可以影响公司在市场上的销售业绩、经济效益和竞争地位。创业公司的商业计划在阐述定价战略时，应注意以下方面。

首先，要全面考虑影响定价的因素，在仔细考虑多种因素之后确定产品的定价。这些因素包括产品的成本、市场的需求、竞争的状况及政策法规。创业公司的主要目标之一就是让投资者向创业公司进行投资，因此，如何让投资者获得满意的收益是可以通过定价来确保的。

其次，根据影响定价的不同因素来选取适合的定价方法。一般来说，定价方法分为三种。第一种是成本导向定价法，是指在考虑收回成本的基础上实现利润获益。第二种是需求导向定价法，是通过现实市场上消费者可以接受的价格来确定产品价格。第三种是竞争导向定价法，是指以竞争对手的价格为参照的定价法。

最后，向投资者说明公司采用哪种具体的定价战略，确定在向市场投放产品时将采取哪种战略。具体的定价方法包括心理定价、折扣定价及阶段定价。选择合适的定价方法，并将选择的依据向投资者展示出来，让投资者判断是否应该投资。

（4）渠道战略。

渠道在这里是指营销渠道，是由实物流、付款流、促销流、信息流和所有权流构成的。公司要在行销中取得成功，除了要选择适销对路的产品外，还要了解客观环境、分析影响营销渠道的各种因素，选择适当的营销渠道战略。而营销渠道的环节制定，需要创业者研究批发、零售、代理等重要环节，并选择合适的中间商。

（5）促销战略。

随着经济的发展和人们生活水平的提高，对创业公司而言，不仅要根据顾客的需求，制定有吸引力的价格战略，还要开展行之有效的促销模式，从而吸引消费者的眼球。公司作为信息的沟通者，要如何才能够让产品和顾客之间产生交流呢？其实，促销就可以达到这一目的，促销的本质就是交流。

为了达到预定的销售水平，创业公司需要采用各种促销手段或促销工具的组合。一般来说，人员推销、广告、营业推广和公共关系这四种促销手段是最主要的。

当然，具体选择何种促销组合是要依据公司情况而定的。如果采用人员促销是求助于推销员还是营销结构？如果采用广告方式，是采用何种方式做广告？如果采用营业推广，是要通过新闻发布会还是展览会？

6. 研究和开发

并不是每一个商业计划书中都必须包括研究和开发这一内容，这主要取决于创业公司的业务性质。一般来说，高新技术创业企业对研究和开发是十分看重的，这时就需要在计划书中着重体现这一部分。而当投资者主要关心的是利润问题时，则需要着重说明研究和开发的结果转化为市场产品的过程中可以获取的利润是多少。以下将从四个方面对研究和开发展开阐述。

（1）研究的资金投入。创业企业要向投资者说明为了推出产品/服务，需要进行的研究计划，这其中包括研究成本预算、研究时间进度、产品的改进和更新及其成本预算。计算内容应尽可能详尽，以便投资者了解他的投资数额及在未来获得的利润数额。

（2）公司的研究人员情况和研发力量。应向投资者展示公司研发队伍的实力，列出研发团队中骨干成员的专业背景、实操经历以及创业公司已经获得的实际研发成果等，彰显公司技术团队的雄厚实力，让投资者确信公司具有面对未来竞争的抗压性。

（3）研究产品的技术先进程度及发展趋势。应简明地指出现有市场存在的产品具有的不足点及自身研究产品的先进之处，并展现未来市场上的产品发展趋势和需要的技术突破与改进。

（4）保护知识产权。对于创业公司来说，知识产权的保护是至关重要的。产品/服务的独特性如果不加以保护，那么创业公司在市场上的独特性也将不复存在。

7. 管理方法和团队组织

创业公司如何才能拥有强大的管理资源和有效的组织结构，这在于创业公司的管理方法和团队组织。管理方法的成效和团队组织的素质将会成为是否能够成功获得创业融资的关键。在商业计划书中，创业公司需要对管理方法和团队组织进行特别的关注。

（1）展示创业公司中的关键团队角色和担任这些角色的人员情况。应列出关键团队人员的名单和基本信息，并说明这些成员之间的责任划分。应通过简历的形式罗列出团队成员中的业绩和成功案例，同时还要展示团队成员的职业道德和优秀品质。当然，在阐述团队人员的优势时，也要适当提及一些弱势。就如同没有一个完美的人一样，公司中也不会有一个完美的团队，过分对投资者夸夸其谈，会造成公司不诚信的形象。而提及一些弱势，反而会让投资者感觉到创业公司是一个诚实可靠的公司。

（2）展示拥有良好信誉的关键性顾问、信誉顾问也是创业公司中不可或缺的人员。向投资者罗列这些具有良好口碑的顾问，公布他们的基本信息及他们在公司中所提供的支持和服务，可让投资者对创业公司的信誉有良好的认知。

（3）展示创业公司所采取的激励约束机制。例如，对员工的薪酬分配、升迁调配、奖惩制度和企业文化等方面所采取的激励约束机制进行展示，这会让投资者相信创业公司能够确保对公司进行有效的管理以达到预期目标。

（4）用图表的形式展示创业公司的组织结构图，让投资者可以清晰明了地了解创业公司的组织架构，并研究其合理性和持续性。

8. 生产计划

创业公司的新产品的生产制造及经营过程都需要在生产计划中进行阐述。生产计划是后文将要提到的财务计划与分析的基础之一，同样是商业计划书中不能缺少的一部分。这一部分需要向投资者阐述生产产品的原材料如何进行采购，供应商的相关情况，劳动力和雇佣人员的相关情况，生产资金如何安排，以及生产基地、土地，生产的经营过程等。生产计划将成为投资者进行投资项目评估的重要依据。

（1）生产资源。产品的原材料、厂房、生产设备、生产技术、生产团队和基础设施都是生产资源，这些资源都需要向投资者进行展示。当然，这些并不是全部的生产资源，创业公司的生产资源需求计划也是生产资源的一部分。这些计划包括原材料采购计划、劳动力和雇佣人员的招聘计划、生产厂房和土地计划、生产设备和基础设施购置、维修与改进计划及生产资源总资金需求计划。

（2）生产流程。生产流程的展示最好通过生产流程图来进行说明，并在此基础上阐述生产的特征和影响生产的关键因素，同时还要解决生产工艺的复杂程度、技术成熟度，以及控制关键环节和产品的实际附加值的问题等。与此同时，也要让投资者了解生产中的不确定因素，并对此进行详尽的描述。这些说明务必要使投资者对生产流程一目了然。

（3）生产产品的经济分析。生产首先要考虑产量。产量是根据之前创业公司对市场和行业的预测及公司的实际情况进行确定的。创业公司的实际能力将决定产品的产量，而销售能力又决定着产品的销量，因此生产产品的经济分析需要综合多种因素进行，包括对生产产品的存货的控制和管理、产品成本的结构及如何减少生产成本等问题进行细致周密地考虑。

9. 财务计划与分析

"商人重利"这是无可厚非的。因此，财务计划与分析也常常被称为商业计划书的灵魂。如何让投资者看到一个创业公司将自己的创意转化为盈利？只有财务计划与分析才能做到。一份商业计划书中最需要花费时间与精力编写的部分就是财务计划与分析。财务计划与分析在商业计划书中具有两个任务：一个是通过财务分析进行财务预测，向投资者提出融资需求；另一个是通过财务计划与分析，指出创业公司在未来的财务状况和盈利能力。财务计划与分析需要相当丰富的专业知识。因此，通常创业公司会选择委托会计师事务所来完成。

（1）财务预测。

创业公司需要向投资者提供一套财务报表，包括资产负债表、损益表和现金流量表。

第一，资产负债表。资产负债表提供了创业公司的资产结构，包括现金、应收账款、存货、土地等；还提供了资产流动性、资金来源状况、负债水平及负债结构等财务信息。这些信息将会让投资者了解创业公司的偿债能力、营运能力等财务能力。

第二，损益表，也称利润表。损益表可以成为创业公司利润计划完成情况的考核标准，可分析创业公司的盈利能力及利润增减变化的原因，并对公司利润的发展趋势进行预测。

第三，现金流量表。现金流量表是创业公司对外报送的一张重要财务报表，主要用于记录创业公司的经营、投资和筹资活动等产生的现金流量，并根据现金流量表来预测未来的现金流量。

如果创业公司已经开展了一段时间，则创业公司也需要将过去的经营阶段内的财务状况在资产负债表、损益表和现金流量表中表明，投资者也会将其作为重要的参考依据。创业公司需要根据生产计划的经营情况、行销计划的分析及预测，加上对市场和行业的分析及公司的财务环境，做出一套未来3至5年的财务报表，其中包括创业公司预计资产负债表、预计损益表和预计现金流量表。值得注意的是，这一部分是可以通过同投资者协商所给出的，投资者会希望创业公司在财务计划及分析部分中展现对未来的财务计划及分析，但是并不一定要求商业计划书中会出现这一部分。同样，财务报表的设定并不需要一定要以年份为基础，我们建议创业公司制定的损益表以月度为基础，而资产负债表和现金流量表则可以以季度为基础。

（2）财务计划与分析。

准确的财务预算是编制财务报表的必要部分，也是整个财务计划与分析的基础。

一方面，对资金需求情况进行的准确预期，包括资金额、条件和需求的时间。而最直接和简单的方法就是做财务预算，这其中包括短期资产预算、长期资产预算、短期债务资本预算、长期债务资本预算及股权资本预算。最后可以汇总成财务状况预算。

另一方面，预期创业公司未来的盈利状况。创业公司需要预算期营业利润、利润总额和税后利润。这样的一种预算就是利润预算，它其中包括营业收入预算、产品成本预算、销售费用预算、管理费用预算、财务费用预算、资本预算等。在此基础上，预测企业的预期盈利。

而在编制财务预算过程中，撰写人要能够保持清晰、准确、缜密的逻辑思维和有根据地进行财务计划与分析。这才是一个成功财务计划与分析的决胜条件，并为创业公司赢得投资者的青睐。

10. 融资说明

融资说明具有很大的弹性，因为投资者在自己心中会对投资项目有一个大致的资金评估。融资计划是在资金需求的基础上发展的，很多具体的内容则需要同投资者经过反复协商才可以完全确定。

融资说明中需要向投资者阐述以下几个比较重要的问题。

（1）此投资项目的预计资金是多少？这是投资者较为关注的问题之一，此处的预计资金并不一定完全由投资者提供。因此，还需要表明的问题是创业公司需要投资者投入多少资金。

（2）具体的融资方式是什么？有没有规定的具体细节性问题？

（3）创业公司的未来资本结构将如何发展？创业者同投资者的所有权及比例是如何分配的？

（4）资金的使用方式是什么？如何做到有效、公开的资金流向说明？投资者如何知道资金的走向和财务报告？

（5）如何制定财务报表的编制种类及周期？

（6）投资后产生的收益要如何分配？

（7）投资者如何参与到创业公司的管理活动中？投资者具有哪些权利？

提出这样的问题说明，可以使投资者准确分析所需要的融资数目和收益的关系，正确进行投资，能够保证创业者和投资者之间的有效合作。

11．机会与风险因素的分析

创业具有高机会性和高风险性，因此创业者要在将商业计划书呈现给投资者展示之前，尽可能地弄清创业公司可能面临的大大小小的风险，以及风险的程度和如何降低或防范风险、获得收益等。创业者完善机会与风险因素的分析，可以成功地减轻甚至消除投资者的疑虑，更易获得投资者的投资兴趣。

（1）风险来源。

不同的创业公司会面对不同的风险，这些风险的来源也不会相同。风险大致可以分为机会风险、技术风险、资金风险、管理风险、生产风险、市场风险、环境风险等方面。因此，在创业过程中，几乎每一个阶段都会遇到风险。具体风险来源有以下几个方面。

第一，市场风险。市场这一大环境一直都是一个不稳定的因素。政策的变动、需求的变动、竞争者的新战略等问题都是在不断变化的风险。

第二，资源不足。创业公司建立初期，并不一定会获得充分的资源支持，这可能导致创业公司缺乏足够资源来维持其长远发展。

第三，经营时间短。创业公司的创立和经营时间短，意味着创业公司具有较少的业内经验，这已成为要与投资者重点探讨的风险问题。

第四，生产风险。生产中的技术、研究及开发等因素，也是不确定的因素。

第五，财务风险。财务风险是对财务计划与分析的补充说明。如何规避财务风险，需要创业公司对财务风险进行细致准确的分析。例如，财务状况是否脆弱，公司各项财务指标是否正常，现金流能否支持创业的发展和延续等。

第六，缺乏管理经验。创业团队大多很年轻，对行业缺少足够的和深入的了解。

第七，团队对核心人物的依赖性。很多创业公司都存在以一人为核心的领导和管理模式。如果核心人物离开，将会对创业公司带来什么影响，以及谁可以替代核心人物，这也是现今创业公司所面临问题之一。

当然，风险来源并不仅仅只有这些，创业者需要尽可能地将各方面风险来源都考虑到，不要隐瞒任何风险因素。投资者十分看重风险对创业公司的冲击。

（2）风险控制。

创业者要根据不同的风险来源来制定相应的风险控制策略，以确保自己的创业公司不会因为这些风险来源的出现而失败，让自己和投资者有重大损失。常见的风险控制的方法有以下四种。

第一，回避风险。最消极的风险处理办法就是对风险的简单回避，在创业者放弃风险的行为也意味着放弃了目标收益，从而会影响企业经营目标的实现。

第二，控制风险。控制风险是创业者要制订计划和采取相应措施来降低风险可能带来的损失和减少风险所带来的实际损失。真正完全的控制风险是不可能实现的。

第三，转移风险。风险是可以通过契约形式进行转移的。一般转移风险的形式有两种，一是通过签订合同转移风险，将部分或全部风险转移给其他参与者；二是通过保险转移风险，这也是在风险转移方面最被广泛使用的方式。

第四，承担风险。创业公司在风险产生时，要运用当时可利用的资金自行承担风险。承担风险的情况有三种：一种是当损失金额较小时，可在损失发生时用公司的收益承担；另一种是当承担损失的发生频率大、强度大时，创业公司需要建立意外损失基金，当损失发生时，可以用基金承担；最后一种是当创业公司的规模已经完善和成熟的，创业公司为了更好地承担风险，应建立专业的风险承担公司来承担风险。

12. 退出机制

创业投资的退出机制也是投资者十分关注的一点。虽然创业者都希望自己的创业公司能够抵挡住大时代的洪流，成为成功的公司，但是在商业计划书中设计退出机制也是必不可少的。

公开上市、兼并收购和回购等是常见的退出机制。创业者要对这三种退出机制进行可能性分析。

（1）公开上市。上市后的公司会面对公众买卖公司股份，这样投资者所持有的股份也会被卖出。但是因为国内法律和股市的不完善，这条退出机制并不是畅通的渠道。

（2）兼并收购。如果市场上有其他企业家对创业公司感兴趣，则可选择将公司出售。但是在兼并收购的过程中，公司之间会产生营运风险、融资风险和被反购的风险等。

（3）回购。将本公司发行在外的股份进行回购。投资者将会要求公司根据预定的条件来回购。但是不恰当的股份回购有可能造成股票交易的不公正性和损害股东及债权人的利益。

知识拓展

商业计划书模板

第一部分：摘要
- 公司简介
- 业务类型
- 公司概况及其主要商业模式
- 管理者简介
- 产品或服务的竞争优势
- 资金需求
- 资金适用计划
- 公司近三年的财务报告
- 公司财务预测报告
- 撤出

第二部分：公司及其未来
- 概述
- 公司情况
- 公司的历史
- 公司的未来

- 唯一性
- 产品或服务
- 用户或产品经销商
- 行业或市场
- 竞争情况
- 市场销售
- 生产
- 生产类型
- 劳动强度与雇员
- 供应情况
- 协作生产商
- 设备
- 资产
- 特许权与商标
- 研究与开发
- 诉讼
- 政府管制
- 利益冲突
- 储备
- 保险
- 税
- 公司类别与隶属关系
- 公共关系

第三部分: 公司管理
- 董事和高级职员
- 关键雇员
- 管理者的职业道德
- 薪金
- 股权分配
- 主要股东
- 雇员协议
- 利益冲突
- 顾问、会计师、律师、银行家与其他

第四部分: 投资说明
- 关于投资的建议
- 资本结构
- 条件
- 报告
- 资金支出预算
- 所有权
- 股权收益减损

- 杂费支付
- 投资者介入公司业务之程度

第五部分：风险因素

- 经营历史的限制
- 资源限制
- 管理经验的限制
- 市场的不确定性
- 生产的不确定性
- 破产
- 对关键者的依赖
- 失误的所在
- 其他

第六部分：投资回报与撤出

- 股票上市
- 出售公司
- 买回
- 投资回报介绍

第七部分：经营分析与预测

- 概述
- 比率分析
- 营业成果
- 财务状况

第八部分：财务报告

- 如果公司财务报告未经公众会计师审计，则应追加审计手续
- 应该有固定的资产负债表、利润表和财务状况变动表，并有适当的附加说明
- 一切报告应包括近几年的财务报告，还应包括当前的财务报告

第九部分：财务预测

- 其后连续三年的财务预测数据的财务预测表
- 今后连续十二个月的资金流量表

第十部分：关于产品的报道、介绍、样品与图片

- 关于公司的综合介绍文献
- 行业产品目录
- 报刊、杂志关于公司或产品的报道
- 提供产品图片

资料来源：http://wenku.baidu.com/view/b8f906d8ce2f0066f53322fe.html

本 章 小 结

　　商业计划是对创业者的指引，也是对创业机会的识别和开发的再度论证，它是一种书面文件，阐述了创业者的愿景，以及将该愿景转变为一个可盈利的成功企业的可行性方案。

　　对于创业者来说，融资和计划是最需要斟酌的地方，而商业计划则在这两方面上具有重要

的作用。

商业计划的正文部分应包括概要、行业背景、企业目标、市场分析、竞争分析、开发生产和选址、管理团队介绍、财务分析、风险分析、收获与回报分析等内容，力求向读者阐述商业计划的全貌。

创业者应了解创业项目的融资分析和行动计划，这是商业计划的目标。

在建立融资分析和行动计划之前，创业者需要对自己进行分析，同时也要关注创业商业计划书的读者——投资者。

案例思考

绿色餐饮店创业计划书

一、发展前景

自上初中以来我便开始住校，深知令人头疼的"吃饭"问题，也就是食堂的饭菜问题。由于学校食堂普遍都是大锅菜，虽然价格较低但很少能真正让学生欢迎。而学生对食堂饭菜的抱怨则更是"自古有之"。虽然大学生可以到校外就餐，但大多迫于经济条件，还是选择在校食堂就餐。饭菜质量得不到保证，会导致很多问题，如学生营养跟不上，甚至有的学生经常不吃饭。于是，营养不良、胃病等病症也屡见不鲜，这为学生的身心健康埋下了隐患。因此我决定对学生食堂进行整合，开一家学生自助营养快餐店。

二、店面简介

本店位于大学城中心地段，主要针对的客户群是大学生、教师及打工人员。经营面积约为80平方米，主要提供早餐、午餐、晚餐及特色冷饮和休闲餐饮等。早餐以浙江等南方小吃为主打特色（当然本地小吃也是少不了的），品种多，口味全，营养丰富，使就餐者有更多的选择。午餐和晚餐则有南北方不同口味菜式。而非餐点又提供各种冷饮，如果汁、薄冰、冰粥、刨冰、冰豆甜汤、冰冻咖啡、水果拼盘等。本餐厅采用自助快餐的方式，使顾客有更轻松的就餐环境与更多的选择空间。本餐厅装饰自然、随意，同时富有现代气息，墙面采用偏淡的暖色调，厨房布置合理精致，采光性好，整体感观介于家庭厨房与酒店厨房之间。

三、发展战略

1. 本餐厅开业之前，要做广告宣传，因为主要客户群是学生，而学生中信息传递的速度与广度是很大的，因此宣传上可不用费太大的力度，只需进行发传单或多媒体宣传（如音响）等形式简单的广告即可。

2. 本餐厅采取自助餐的方式，提供免费茶水和鲜汤。并且米饭的质量相比竞争者要好，且可采用不同的做法，使其口感与众不同，以求有别于其他竞争者，给顾客更多的优惠，吸引更多的客源。此外，本餐厅还推出烧烤+冷饮、八宝饭等情侣套餐——由于休闲饮食的空缺，这也将成为本店的一大特色。

3. 有许多学生习惯于"三点一线"的生活方式，许多时候为了节约时间会选择最近的就餐地点而不愿到较远的餐馆就餐，因此本餐行在地理位置上不会选择与学校大门有太远的距离。餐厅在适当的时候还将推出送外卖的服务，并根据不同情况采取相应的做法，如若有三份以上（包括三份）的可以免费送货上门，单独叫外卖的需交付一定的送货费，这样还有一个好处，如有一人想叫外卖，则为了不出送货费则会拉上另外的两份外卖，如此也是能增加销量的方法。

4. 餐厅使用不锈钢制的自助餐盘，即节约又环保，而废弃物也不能随便倾倒，可以与养殖户联系，让其免费定期收取，如此可以互利。据悉，竞争者在这方面做得并不到位，因此良好的就餐环境是可以吸引更多的顾客的。

5. 暑假期间虽然客源会骤降，但毕竟还有部分留校学生、附近居民及打工人员，届时可采取减少生产量、转移服务重点等方式，以改善暑期的经营状况。寒假期间可考虑修业一个月，以减少不必要的成本支出。

6. 市场经济是快速发展的、变化的、动态的，因此要以长远的眼光看待一个企业的发展，并进行分析、制作出长期的计划，每过一个阶段要就该对经营的总体状况进行总结，并做出下一步计划，如此呈阶梯状地发展。在经营稳定后，可以考虑扩大经营，增加其他服务项目，借以开拓新的市场，做连锁经营，慢慢打造自己的品牌。另外，还可以往专为学生提供饮食的餐饮行业发展。总之，要以长远的眼光看待问题，如此才能有企业的未来。

四、餐厅管理结构

店长兼收银员 1 名，厨师 1 名，服务生 2 名。

经营理念侧重于以下几点。

主要的文化特色：健康关怀、人文关怀。

主要的产品特色：具有食疗保健功能的素食餐品。

主要的服务特色：会员制的跟踪服务。

主要的环境特色：具有传统文化气息的绿色就餐环境。

五、市场分析

大学食堂的饮食一直是个问题，大学的饮食质量不高已成为公认的问题，整体来说仅仅是满足了学生们的温饱问题，而营养却远远没有达到学生们的要求。部分大学的饮食状况令人担忧，甚至有的大学食堂出现了集体中毒事件。

为了保障大学生的饮食安全，提高大学生的饮食质量，本企划计划成立大学饮食联盟，旨在为高校大学生提供价格低廉、安全高质并富有特色的食品，并且同时为各高校提供一定的勤工助学岗位，帮助贫困生更好地完成学业。

优势与劣势分析如下。

优势分析：本餐厅经营解决了学校食堂饭菜口味单一等问题，也无流动小摊卫生没有保证的担忧，并且与食堂同样方便快捷、节约时间。另外，本餐厅采用自助选择方式，应该很容易受到顾客欢迎，并能节省部分人力资源。同时，本餐厅还提供冷饮、冰粥等，并提供免费茶水。简洁舒适的装修将是餐厅的一大特点。学生普遍喜欢在干净、服务态度好的餐馆就餐，因此令人满意的服务也将是本本店的一大特色。此外，学校食堂有明确的就餐时限，而校外很少有餐馆出售早餐，因此本店则抓住这部分因时间差而提升市场份额，换句话说，就是争取由在就餐点前后的一段时间要就餐的潜在客户群所产生的市场份额。

劣势分析：由于刚起步，快餐店的规模较小，如就餐的人力资源、服务项目等都比较有限，而校区内外的竞争也是比较激烈的，因此还存在不小的劣势。另外，因为学校假期是固定的，寒暑假期间的客源会骤降，而寒假期间客源会比暑期更少，这将会是一个比较难以解决的问题。

机会分析：据我们的市场调查与分析，本店产品的市场需求是存在的，并具有一定的竞争力。而本人正是学生——这个最大客户群中的一员，因此更能了解顾客需要什么样的产品和服务，从这些方面来看，是应该很有机会挤入该餐饮市场的。

威胁分析：餐厅的服务与产品质量的高低与经营成本有直接和必然的联系，因此产品价格必然不会比竞争对手低；虽然总体上价格并不会太高，但相比之下，客户的经济承受能力就成为一大考验了。并且成本与利润也是直接挂钩的，盈利的多少又是餐厅能否在竞争中生存下去的一大决定因素。再者，各地风俗与饮食习惯的不同，又产生了另一个问题，即是否大多数顾客都能对产品认可或满意？这也是需要接受考验的。

六、促销和市场渗透

促销策略如下。

前期宣传：大规模，高强度，投入较大。

后期宣传：重视已有顾客关系管理，借此进行口碑营销。定期搞具体活动的策划和组织宣传工作，如赞助学校组织的晚会并借此进行宣传，通过活动时时提醒顾客的消费意识；针对节假日，开展有针对性的促销策略，如发传单等。

七、财务状况分析

1. 据计算可初步得出餐厅开业启动资金约需10600元（场地租赁费用2000元，餐饮卫生许可等证件的申领费用600元，场地装修费用3000元，厨房用具购置费用1000元，基本设施及其他费用等4000元）。

2. 运营阶段的成本主要包括：员工工资、物料采购费用、场地租赁费用、营业税、水电燃料费、杂项开支等。

3. 每日经营财务预算及分析：据预算分析及调查，可初步确定市场容量，并大致估算出每日总营业额约为800元，收益率为30%，由此可计算出投资回收期约为3个月。

八、营销组合策略

有形化营销策略：

由于本餐厅的经济实力尚弱，因此初期将采取避实就虚的营销战略，避开大量的硬广告营销，而采取一整套行之有效的"承诺营销"进行产品宣传，如通过菜单、海报、文化手册、广告、促销活动等向消费者进行宣传、倡导"天之素"的经营宗旨与理念。

技巧化营销策略

持续性、计划性将决定本餐厅在避免普通餐厅的顾客忠诚度不高的缺陷方面具有先天的优势。为了使本餐厅能够在顾客心目中树立起权威感和信赖感，本餐厅将会建立一套完整的会员信息反馈系统，实现营销承诺。

1. 顾客反馈表。在服务中严格要求工作人员树立顾客第一的观念，认真听取顾客意见。

2. 将顾客满意进行到底。树立"顾客满意自己才满意"的观念，做到时时刻刻为顾客着想。

3. 建立餐厅顾客服务调查表，定期由营销部专人负责对顾客进行跟踪服务。

九、大力打造"绿色食品"的品牌形象

根据餐厅企业竞争激烈、模仿性强及食疗产品具有的季节性强的特点，实现对企业的外显文化和内隐文化的有机整合，加强企业的品牌保护意识与能力。围绕"健康、绿色"为核心的品牌特征，餐厅通过树立绿色形象、开发绿色产品、实行绿色包装、采用绿色标志、加强绿色沟通，推动健康消费来实现营销目标。作为一个餐厅开展绿色营销，我们有着天然的优势：我们将严格贯彻绿色餐厅的标准，无论从原料采购、食品加工还是卫生环境，都将严格把关，努力营造出朴素典雅又不失时尚的就餐环境，通过对餐厅设计的布局、装饰风格、室内温度等体现健康绿色的理念。

十、推广保健知识、宣传绿色文化

本餐厅将在营销过程中，围绕21世纪的餐饮主题——养生、健美、绿色三个具有社会意义的知识点，对消费者进行有计划、有针对性的宣传，从而引导顾客的消费取向。本餐厅将通过进行专题讲座、手册宣传、公益活动等方式将以上餐饮知识宣传出去，同时借此机会加大对绿色产品的宣传介绍，推广、倡导健康科学的饮食文化，弘扬传统文化中的养生文化，对产品、餐厅、服务进行文化包装，传播饮食文化，从而获得进一步的发展机遇与条件。

十一、重视搞好一系列的企业公关活动

本餐厅将通过一系列的公关活动，处理各方面的关系，为餐厅的发展提供宽松有利的经营环境。

1. 与员工建立团结、信任的合作关系。在员工之间搭建起平等、便捷的沟通方式，通过发行内部刊物、免费会员、提供奖励、集体娱乐等活动增加员工的凝聚力和工作积极性。

2. 社区群众关系。为保证充足的人力资源，获得稳定的顾客群，得到可靠的后勤保障，应积极参与维护社区环境、积极支持社区公益事业；尊重顾客的合法权利，提供优质餐品和服务，正确处理顾客的要求和建议。

3. 政府关系。及时了解并遵守政府相关法律法规，加强与政府部门的联系，主动协助解决一些社会问题；与宣传媒介建立并保持广泛关系；向其提供本行业的真实信息。

十二、发挥绿色餐厅的价格优势

本餐厅的目标人群为学生和城市居民。考虑到市场上餐饮产品、保健品的价格因素，本餐厅的产品定价将处于同类产品的中低价位，以占领一定的市场份额，形成规模经济效应，以低成本获得高利润。在产品的价格及其组合上，我们依据消费者不同的消费层次和需求，提供各种具有食疗保健价值的营养餐品，其中在价格的制定上将严格按照原料的利用率来计算，如果蔬的去根多少，是否去皮、去叶，以及厨房的加工程度，为消费者提供每份6～100元不等的餐品组合标准，顾客可以根据自己的实际情况选择不同的套餐。

十三、市场风险

市场是不断变化的，因此我们必须考虑到市场的风险，具体有以下几种风险可能。

（1）在本项目开发阶段的风险：市场上可能会同时出现类似餐厅的开业。

（2）项目生产经营阶段的风险：项目投产后的效益取决于其产品在市场上的销售量和其他表现，而对于本阶段项目而言，最大的市场风险来源与市场上餐饮业的竞争风险，如果项目投产后效益良好，很可能会带来一系列相似经营项目的诞生，从而加剧本项目的竞争压力。

内部管理风险：

餐饮业是一个技术含量相对较低的行业，但是它需要严格的管理来赢得消费者的信赖，对于大多数中国自办的餐厅来说，大部分存在内部管理松散、服务人员素质较低的情况。如何建立现代企业制度，健全企业经营机制，强化企业内部管理，关系着企业的生与存、成与败。

原料资源风险： 本餐厅的原料主要以果蔬、豆类、菌类为主，是当今最受欢迎的绿色、天然、无污染食品。本餐厅是以保健为主的餐厅，因此在原料的选择上需要专业的知识和技术投资，这样才有利于新鲜、天然、无污染的绿色食品的采购。

十四、应对措施

1. 汲取先进的生产技术与经验，开发出自己的特色食品。

2. 严格管理，定期培训人员，建立顾客服务报告。

3. 进入市场后，认识食品市场周期，不故步自封，积极开发，不断更新食品。

4. 与原料供应商建立长期并保持长期的合作关系，保证原料资源的供给。

初期（1～3月）

主要产品是针对城市三种群体不同身体健康状况的餐品，市场策略为通过积极有效的营销策略，挤占中式餐饮及保健药品的市场份额；树立"绿色食品"的良好的品牌形象，提升知名度、美誉度；收回初期投资，积极进行市场推广。

中期（1年）

巩固、扩展已有的市场份额，进一步健全餐厅的经营管理体制，提高企业的科学管理水平；

着手准备品牌扩张所必需的企业形象识别系统、统一的特色优势餐品、统一的管理模式等方面的建设。

长期（2 年）

届时，餐厅运营已经步入稳定良好的状态，随着企业的势力与影响力的增强，当服务范围不能再满足潜在顾客的需要时，以特许经营的方式，开拓新的市场空间，扩大餐厅的辐射范围和影响力。

十五、店面设计

1. 视觉识别

店名：一方面应该和自己的经营业务紧密相关，另一方面考虑到经营的场所是在校园内部，要贴近校园特色，易于为校园群体喜爱和接受，店名应有格调，意味悠长。

颜色：以黄色、红色、橙色等暖系色调为主，辅以轻快活泼的冷系色调，彰显时尚、潮流、雅致、品位。

2. 店面布局

恰当运用灯光、地毯、隔断等元素，尽量一方面有效利用空间，另一方面显得错落有致，不显开阔平淡之感。可适当设计一些较为私密的桌位，让长时间逗留的顾客充分享受那份怡然自得的情调。分区布局，让每个细分群体的消费者都有自己喜爱的角落和桌位。

灯饰和灯光：灯饰是餐厅装饰的重要元素，选择各种不同样式的灯饰可以有效增强餐厅的美感。灯光是烘托餐厅气氛的重要部分，可以选择不同颜色的灯光，烘托出餐厅宜人的气氛。同时，还为顾客提供能保留自己的空间并按照自己的要求调节灯光的便利。

墙面装饰和窗帘：按照季节及时调整，各种织物材质、图案、颜色尽量显得和谐，显示餐厅的格调，贴近消费者的感官享受。

桌位：桌位设计和摆放应该总体上和谐，个体上有差异，避免给消费者大排档那样的感受。

工艺品摆放：工艺品的选择应该贴近餐厅气氛和消费者偏好，烘托出餐厅的品位。

餐具：干净、整洁，应该体现咖啡厅特色或形象。

背景音乐：以浪漫、柔和的轻音乐为主，响度适中，切合季节变化和咖啡厅格调。

资料来源：http://www.glzy8.com/key/%B4%B4%D2%B5%BC%C6%BB%AE%CA%E9%B7%B6%CE%C4/

思考案例：

1. 通过本章的学习，你认为这份商业计划书有何亮点，为什么？
2. 你认为这份商业计划书还有什么不足之处？应该在哪些方面进行修改？
3. 如果你是投资人，在看过这份商业计划书后你会投资该项目吗？

思考与练习

1. 为什么创业者要撰写商业计划书？如果没有商业计划书，直接创业又会如何呢？
2. 阅读完本章后，你认为商业计划书中至关重要的部分是什么？请阐述原因。
3. 商业计划书的首要目标是什么？
4. 创业者在撰写商业计划书时，是否应该向投资者全盘展示创业过程的潜在风险因素？
5. 结合本章的内容，设计一份商业计划书，并寻找一位或多位同学扮演投资者，阅读商业计划书，并指出商业计划书中的问题。

第6章 创业过程

学习目标

1. 掌握一般创业过程的四个划分阶段
2. 熟悉创业者在创业过程的每个阶段的任务
3. 了解创业企业的生命周期
4. 掌握创业所需资源
5. 了解创业模型

> 生活的全部意义在于无穷地探索尚未知道的东西，在于不断地增加更多的知识。

——左拉

案例导入

"商人"教师俞敏洪

俞敏洪创业故事

新东方在美上市，造就了俞敏洪这个新的亿万富翁。有人说他是中国最成功的老师，有人说他是一个纯粹的商人，把这两个角色结合在一起，俞敏洪这条路走得并不轻松。

作为国内最大的英语培训机构，新东方声名赫赫。十几年来，它帮助数以万计的年轻人实现了出国梦，众多莘莘学子借此改变了自己的命运。有人评价说，"在中国，任何一个企业都不可能像新东方这样，站在几十万青年命运的转折点上，站在东西方交流的转折点上，对中国社会进步发挥如此直接而重大的作用。"

这样的赞誉现在看来也许并不为过，但对于创办新东方的俞敏洪来说，当初却根本没有这样的"雄才大略"。

失意的80年代

俞敏洪的授课风格被学生们总结为"激励型"，他常常用到的一个例子就是自己的经历。1978年，俞敏洪第一次参加高考，失败得很惨，英语才得了33分；第二年又考了一次，英语得了55分，依然是名落孙山。那时俞敏洪并没有远大的志向，作为一个农民的孩子，离开农村到城市生活就是他的梦想，而高考在当时是离开农村的唯一出路。

1980年，俞敏洪第三次参加高考，最终考进了北京大学西语系。

1988年，俞敏洪托福考了高分，但就在他全力以赴为出国而奋斗时，美国对中国紧缩留学政策。以后的两年，中国赴美留学人数大减，再加上他在北大学习成绩并不算优秀，赴美留学的梦想在努力了三年半后付诸东流，一起逝去的还有他所有的积蓄。

为了谋生，俞敏洪到北大外面去兼课教书，后来又约几个同学一块儿出去办托福班，挣出国的学费。1990年秋天，俞敏洪的如意算盘被打碎了：因为打着学校的名头私自办学，北京大学决定对俞敏洪进行处分。对此，俞敏洪没有任何思想准备。

被逼下海

1991年，俞敏洪被迫辞去了北京大学英语教师的职务，而且为了挽救颜面不得不离开北大，其生命和前途似乎都到了暗无天日的地步。但正是这段坎坷的经历，使他找到了新的机会。尽管留学失败，俞敏洪却对出国考试和出国流程了如指掌；尽管没有面子在北大呆下去，他反而因此对培训行业越来越熟悉。

离开北大后，俞敏洪开始在一个叫东方大学的民办学校办培训班，学校出牌子，他上交15%的管理费。这一年他29岁，他的目标是挣一笔学费，摆脱生活的窘境，然后像他的同学和朋友一样到美国留学。

尽管困难重重，但拼死拼活干了一段时间后，俞敏洪的培训班渐渐有了起色。

眼看着培训班越来越火，俞敏洪渐渐萌生了自己办班的念头。1993年，在一间10平方米透风漏雨的小平房里，俞敏洪创办了北京新东方学校。

到今天，新东方已成为中国最大的私立教育服务机构，在全国拥有25所学校、111个学习中心和13个书店，大约有1700名教师分布在24个城市。目前累计已有300万名学生参与新东方培训，仅今年就有87.2万名。外语培训和考试辅导课程在新东方营收中所占比例高达89%，是该公司最主要的营收来源和增长动力。

"任何一个人办了新东方都情有可原，但我就不能原谅。因为我在同学眼里是最没出息的人。我的成功给他们带来了信心，结果他们就回来了。"

在俞敏洪的鼓动下，昔日好友徐小平、王强、包凡一、钱永强陆陆续续从海外赶回加盟了新东方。经过在海外多年的打拼，这些海归身上都积聚起了巨大的能量。他们把世界先进的理念、先进的文化、先进的教学方法带进了新东方。也使得新东方走上了一个新的辉煌。

像所有处于快速成长期的民营企业一样，新东方几年后也同样遇到了一次次人事危机。

2001年8月，参与新东方创业的三位元老之一的王强决定出走。庆幸的是，在俞敏洪的极力挽留之下，王强最终没有离开。

新东方在美国纽交所上市后，俞敏洪身价已逾10亿，其他董事会成员徐小平、包凡一、钱永强的身价可能也将上亿。

如今，新东方已经成为无数人梦想的发源地和实现梦想的场所。成千上万人通过在新东方艰苦的学习，圆了自己的留学梦。

资料来源：http://www.studentboss.com/html/news/2013-05-15/132706_3.htm

6.1　理解创业过程

创业本身是一个复杂且涉及范围广泛的社会现象。创业活动涉及科学技术的开发、创业机遇的挖掘和把握、经营管理的产业化、社会资源的有效利用等一系列复杂的商业活动。创业的过程是一个动态的过程，创业者是否成功，多多少少与创业者在创业过程中是如何探索，如何一环扣一环地解决问题，如何抓住机遇有关。因此，创业中涉及的经济现象既重要又不是孤立的，每一位创业者都需要从整体去把握创业的整个过程。

创业管理与一般的营销管理、战略管理等企业智能管理有很大的区别。创业管理涵盖的时间轴更长，涉及的因素和具体问题也更多，因而具有挑战性和诱惑性。

创业者在将创业想法付诸实践、投身创业前，必须对创业过程有清晰的认识，只有在创业者清楚地了解创业过程后，才能更加积极地面对创业过程中所遭遇的问题和瓶颈。而对于有创业意向的投资者或实业人员，只有对创业过程的长期性和艰苦性有全面的把握和承受能力后，才能更加谨慎、正确地评估投资对象，选择投资战略、融资方式等，直至获得最后的投资成果。因此，无论对于有创业意向的投资者还是实业人员而言，对创业过程的整体理解都是有很重要的意义的。

创业的一般过程指的是创业者发现和评估创业商机，将创业商机转化为有效商业模式，并且付诸实践，对新创企业的管理运营及之后进行成长管理的一个循序渐进的过程。在这个过程中，新创企业的组织创建和发展是企业发展运行中的关键因素，新创时期的创业活动是基于企业组织的良好运行而进行的。这是理解创业活动的基本出发点。

另外，对于不同类型的新创企业，在创业过程的不同时期，其创业活动的侧重点也是各不相同的，这取决于创业者对企业发展目标的理解和对外部市场环境的衡量和把握。

6.2 创业过程的阶段划分

6.2.1 四阶段创业过程

一个完整的创业过程，一般按照时间发展顺序来划分为四个阶段：识别创业机会阶段；创业初探阶段；初创管理阶段；企业成长阶段。在每一阶段中，新创立的企业会经历不同的环境变化。因此，创业者应该选择针对性的战略去应对每个阶段的不同情况，实施可行的应对措施，推动创立企业的健康发展。

创业的一般过程如图 6.1 所示。

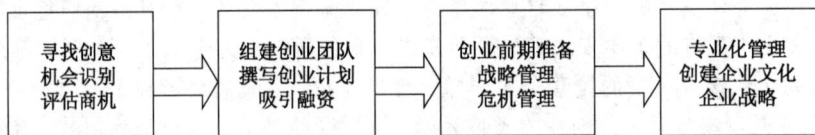

图 6.1 创业一般过程

1. 创业阶段一：识别创业机会

一般创业者的创业动因都是由于商机的发现。但是并不是每一个商机都能带来成功创业的结果。面对那些看似有价值的商机，从中找出真正有商业价值和市场发展潜力的商机，并且用独到的眼光把商机转化成有效的商业模式，这才算是奠定了创业成功的一大基础。因而，每位创业者都应该在创业前，找出机会识别的关键因素，对自己所把握的机会进行识别和评估，走好创业的第一步。创业阶段涉及如下关键词的概念。

（1）创意。

创意是创业者进入创业状态的初始点。在未开始正式的创业活动前，创业者可能会有意识地做一个创业的初步打算。但不是每个创意都能为创业者的创业带来成功，因而创意也就成为广大研究人员关注的对象。在实际中，创意无处不在、无奇不有，这使得各类型的创意可以不同的形式表现在一个创业项目中。

一般一个崭新的创意都具有市场前景不确定性的特点，一个创业创意与创业商机有很大的差距，创业者通常要花很多时间和精力在实验创意的可行性上。但是一个独树一帜的创业创意更难能可贵，其能占有市场的速度远比已在市场上发展成熟的创业项目更有优势。

（2）机会。

在很多情况下，我们会将机会与创意混淆，形象地说，机会其实是创意中的一小部分。机会与创意的最大不同点是：机会具有创意不一定具有的市场价值，即顾客需求。这一个区别点，使得创业机会从创业创意中脱颖而出，给创业者带来成功的可能性。

因此，创业者在创业前期要识别商业创意是否具有投资价值和市场发展空间的创业机会，这是创业者在创业前期实施创业战略的第一步，决定了创业者在创业中所创造的市场价值能否给创业者带来经济回报。

（3）商业模式。

商业机会经过创业者及其团队的上升和提炼后，进一步转化为适应市场的商业模式。商业机会不能独立存在而是要依靠一个完善的商业模式，富有市场潜在价值的商业机会要通过完善、成熟的商业模式展现自身的价值。缺少完善的商业模式可能会使商业机会不能充分地被利用和产生完全的价值。

那么，什么是完善的商业模式？创业者如何从不同的商业模式中选择适合自己的一种？良好的商业模式需要创业者解决的核心问题就是企业通过什么方式获取利益。没有清晰的方向或者选择了错误的商业模式会埋没一个商机，因此商业模式的构建和完善是决定创业者创立的企业能否持续成长、成功的决定性因素之一。创业者没有找到准确的商业模式很可能会带来创业后续的更多困难，也可能导致整个创业活动的失败，因此，创业者应该及时寻找到明确的方向，抓住市场需求点，重新调整商业模式和战略。

2. 阶段二：创业初探

在创业者选择了商业机会，也找到了适应商业机会的商业模式后，接下来就要考虑如何在现实的企业中利用商业机会。进入了这个阶段才是创业的真正开始。创业者将开始接触到新创立企业所要面临的各种问题，在这个过程中可能需要做很多战略上的调整、无数次烦琐的谈判、人员上的磨合，但是创业者需要的是一个能体现其商业机会、商业模式的市场价值的载体，以实现创业的目的和价值。通常，创立新的企业，要经历几个必要的基本步骤，只有掌握了每一个步骤的要领，熟悉每一个步骤的谈判技巧，才能打好创业的基础。

（1）组建创业团队。

组建一个优秀的创业团队也是创业活动必不可少的一个关键因素，"众人拾柴火焰高"，团队成员之间优势互补，能使决策更加优胜。另外，创业活动复杂烦琐，决定了创业的种种事务难以一个人全权包揽，需要通过组建团队，分工协作来完成。组建一个团队也需要用一个过程来衡量团队的成员，创业团队的优劣对于创业能否成功有极大的影响力，基本上决定了创业能否成功。因此，我们不可避免地要在组合团队前解决两个层面问题：一是团队成员在企业中是否能找到适当的角色定位，是否具有基本素质和专业技能；二是团队成员间能否团结在一起、通力协作、优势互补，这取决于成员之间是否有一个统一的核心价值观、责任感，能否做到合理分配利益。

（2）撰写创业计划。

成功的创业计划是创业良好开端的表现。因为创业计划的目的不只是说服自己，它更是说服投资人投资的重要文件。创业计划书涉及创业环境分析、营销、财务、生产、组织、运营等。在撰写创业计划书的过程中，创业者可以很客观，很理性地看到目标市场的各个影响因素，认识和评价创业项目，也能更全面地利用资源整合，使创业者有效把握创业过程，在市场机会的变化中有所警惕，从而降低进入新领域的各种风险，提高创业成功的可能性。一份有效的创业计划书可以对创业者的行动产生良好的指导作用，从而避免无谓的资源浪费和损失。

创业计划的一个重要的组成部分就是对企业的核心产品、服务或技术的详细阐述，对产品采用的盈利模式和市场前景的大致规划。商业计划书同时包含团队介绍和资源整合问题，这是为吸引外部资金的融资提供必要材料；另外一个重要的内容就是关于新创企业的发展战略和企业在未来发展中可能遇到的问题及应对方案。

（3）吸引融资。

资金是进行创业活动的首要问题。创业融资不同于其他一般项目的融资，其价值评估也不同于其他一般企业，因此要寻找一些独特的融资方式。

创业企业融资主要分为内部和外部融资两种，在不同阶段，创业企业的融资可以采取不同的方式，以达到稳求发展、减少风险的作用。一般在企业发展初期，创业者会倾向于选择创业团队内部融资，这种融资方式的优点在于渠道简单、成本低、易操控。缺点是融资数额有限，特别是发展规模大、技术要求高的这类需要大量资金支持的企业，内部融资可能无法满足企业发展的资金需要，导致企业资金流不畅、发展滞缓。外部融资可以大大拓宽企业融资的范围和数额，但是由于创业者必须与企业之外的投资进行谈判和磨合，其中的过程可能会遭遇一些困难，融资的成本也偏高，所以创业者可能需要放弃其中的某些权益。

3. 阶段三：初创管理

新创立的企业在经历众多困难后，初步建立了起来，但是这并不能够表示创业获得了成功。在创业企业的发展初期，新创企业会遇到市场的快速变化，财务和资源利用分配等种种问题。创业者在企业发展初期，通常要审慎把握企业的发展方向。要注意的是，新创立企业的成长管理不同于一般的企业管理，需要关注新创企业的独特问题和结合企业内部的特点。由于外部大环境的变化无常，创业者要以动态的观点来面对企业成长初期遇到的各项管理问题，并选择适宜的解决方案。

（1）创业前期准备。

等创业计划书撰写完成后，创业者和团队将进行创业前期的一系列准备，如营销策划、销售方式与销售渠道、运营模式、核心技术、经营地点的选择，原材料供应商的确定，设备的选购，公司的注册，人员的招募与培训等。这些创业前期的准备工作必不可少，而且也不容忽视，前期准备能让创业者对创业资源有所掌握，准备的水平也直接影响后期营业的水平，因此创业者在前期准备中要有耐心，不能急功近利，要脚踏实地地做。

（2）战略管理。

企业的行动纲领就是企业的战略，是企业发展的方向性定位。因此，对于新创企业来讲，战略显得尤为重要，也是企业管理的首要问题。战略有助于凝聚企业内部的士气、改善工作氛围，也有助于企业在发展中的目标定位，使得企业战略的选择变得很重要。

那么企业应选择开发新市场来争取市场份额，还是选择持续技术开发占据技术前沿，或选择较同行增加服务价值来赢取市场呢？这种选择本质上决定了企业发展的成与败。新创企业的战略管理重点在于制定适合自身企业的战略定位和获取战略资源，这对于企业的良性成长相当重要。新创企业想在市场的激烈竞争中分一杯羹，必须在市场上找到自己的差异性，抓住差异性来做文章，形成自己的独特竞争优势，并在后续发展成为企业的核心竞争力，为企业长足的发展奠定基础。

（3）危机管理。

商场上危机四伏，新创企业的管理者应具备危机意识。还处于发展状态的新创企业较一般的企业面临着更多的不确定性，管理者应时刻关注企业发展中出现的市场危机、财务危机、人力资源危机、技术危机等。危机是变幻莫测的，管理者应采用适当的措施，将危机转化成企业发展的机遇。因此，创业者要积极面对企业遇到的每一个危机。

与此同时，也要有危机防范的准备：管理者要时刻关注市场环境的变化，最好能在危机来临之前做好预防工作，减少损失，提高企业运转的效率。

　　4. 阶段四：企业成长阶段

　　从企业发展的四个生命周期来看，企业发展分为初创期、早期成长期、快速成长期和成熟期。在不同的阶段，企业的工作重心各不相同。因此，创业管理者需要根据企业成长期的不同阶段来采取不同的具体措施，管理和经营整个企业，使企业健康、持续地发展。这里讲的主要是企业发展生命周期后三个阶段的管理。

　　（1）专业化管理。

　　企业发展进入了正轨以后，企业管理者会意识到规范的经营管理制度的重要性，通常在这个时候，企业管理者会让各个部门的负责人将各个部门自己的工作程序编写出来，管理者再通过汇总和筛选，很容易分辨出哪些工序或程序是多余的，哪些是可以合并的，并通过专业的方法，将企业的管理变得更标准、简单、专业。专业化的管理不仅节约了资源，提高了企业的运营效率，还能为企业日后的发展壮大做基础。

　　（2）创建企业文化。

　　企业文化在当代企业的发展中越来越重要，企业文化不仅表示对消费者产生影响的一种无形力量，同时也指对企业内部员工工作态度的激励和鼓舞的一种无形力量。一般一个企业的企业文化可以反映出企业的品质、态度和高度，因此企业管理者要重视对企业文化的塑造。

　　（3）企业战略。

　　企业战略既包括竞争战略，也包括营销战略、发展战略、品牌战略、融资战略、技术开发战略、人才开发战略、资源开发战略等。企业战略是企业各种战略的统称。为什么我们在企业成长阶段强调企业战略？因为企业战略是企业前行的导航器，是关乎企业未来发展的一项重要的因素。企业管理者在应对与市场竞争者、模仿者的市场追逐赛中，能否再创新、再找企业发展突破口，这决定了企业持续发展和竞争优势的保持。

6.2.2　霍尔特创业过程四阶段

　　霍尔特（Holt，1992）从企业生命周期的角度出发，认为创业过程历经四个阶段，分别是创业前期阶段、创业阶段、早期成长阶段及晚期成长阶段，如图 6.2 所示。

　　（1）创业前期阶段。在创业前期阶段，企业应做好创业规划及初步工作，包括获取资源及组织企业。

　　（2）创业阶段。在创业初期，创业者需做好新企业在市场的定位，并能弹性应变以确保存活。

　　（3）早期成长阶段。在早期成长阶段，新企业可能会遇到市场、劳务或资源使用上的快速变化。

　　（4）晚期成长阶段。当企业形成规模时，将会在市场中遇到竞争对手，这时专业化管理成为胜负的关键因素。

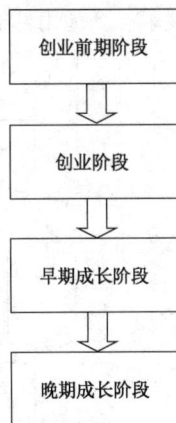

图 6.2　霍尔特创业过程四阶段

6.2.3　奥利夫创业过程八个关键步骤

　　奥利夫（Olive，2001）从创业者个人的事业发展角度出发，将创业流程分为八个步骤，并主张把创业流程管理的重点放在创立新企业的部分，只要创业取得一定成本投入的获利回收，就算完成预期目标，至于有关企业的持续发展经营，则不属于创业管理的范畴。

奥利夫创业过程的八个关键步骤如图 6.3 所示。

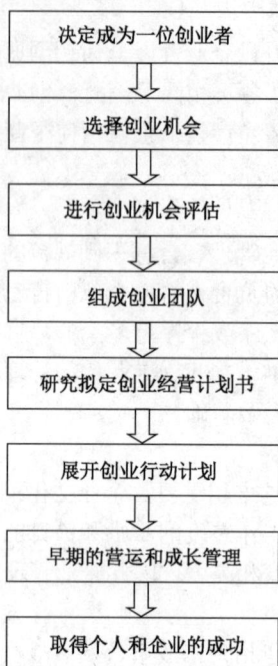

决定成为一位创业者

↓

选择创业机会

↓

进行创业机会评估

↓

组成创业团队

↓

研究拟定创业经营计划书

↓

展开创业行动计划

↓

早期的营运和成长管理

↓

取得个人和企业的成功

图 6.3　奥利夫创业过程的八个关键步骤

6.3　创业流程

6.3.1　制造业的创业流程

对创业四个阶段的描述并不能清晰地展示出创业过程的全貌，在这里，我们以制造业为例简略地展示一个通用性的创业过程模式，如图 6.4 所示。

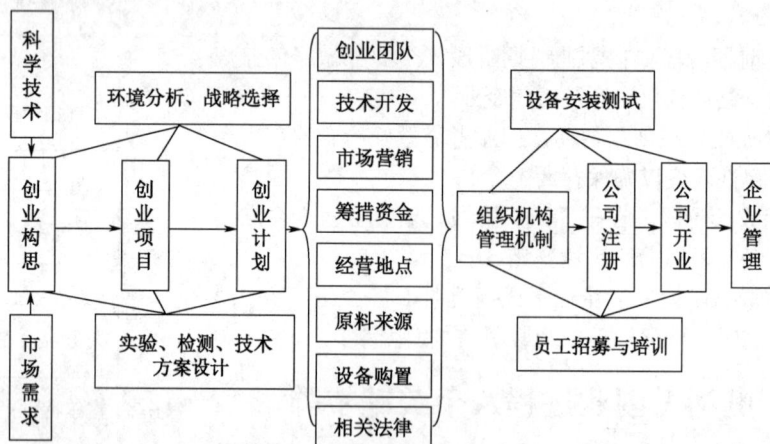

科学技术 → 创业构思 → 创业项目 → 创业计划

环境分析、战略选择

市场需求

实验、检测、技术方案设计

创业团队　技术开发　市场营销　筹措资金　经营地点　原料来源　设备购置　相关法律

设备安装测试

组织机构管理机制 → 公司注册 → 公司开业 → 企业管理

员工招募与培训

图 6.4　制造业的创业过程示意图

由此，制造业的创业过程的基本过程可以描述如下。

（1）由技术与市场两个主要因素来形成创业构思。一般来说，创业构思可能有几个，需要由企业管理者进行筛选和分析。

（2）确定了商业构思后，还需要对现有的市场环境进行分析，掌握市场竞争情况、进入壁垒、相关法规政策，并做出战略选择。同时，要对掌控的技术进行实验、研究、检测以及必要的修改，从而拟定最终工业化技术设计方案。

（3）技术方案完善后，创业企业的创业构思得到实践的可能性已经非常大，创业者这时需要组建创业团队，进行项目可行性的分析研究，完成创业计划书的撰写。创业者需要通过不同的方式去获取和整合一小笔创业启动资金或公司开办费用。企业可以将这些资金企业应用在技术的研究与开发、工艺和设备的设计、市场调查与预测、市场营销策划、可行性研究与测试、公共关系策划和广告策划等上。

（4）创业计划书撰写完善后，更利于企业扩大融资和商业谈判，创业中的企业也正式进入创业前的准备阶段了，此时企业的管理者要确定企业的公司形式、营销策划，选择供应商、经营场所、销售渠道、销售方式、核心技术、相关设备等，最为重要的是要尽快落实创业资本。

（5）创业准备完善后，需要开始注册公司、领取营业执照、办理税务登记、银行开户等。同时，企业要设立好内部的组织结构和管理机制，确定管理团队人员的分配。

（6）健全了企业的各种规章后，创业企业可以开始进行对外招募员工及员工培训。同时，进行设备的安装和调试。

（7）生产出样品作为检验品，送到各个经销商或客户的手中进行检测和确认，以便签订销售合同，购入原材料，进行计划生产。

（8）开业典礼。

（9）对创业企业的成长管理。

以上只是对一般企业创业过程的描述，顺序上并不要求为全部采取的串联方式，可以根据企业的需要，适当地在某一些环节上采取并联方式。

6.3.2 知识型企业的创业流程

网络科技迅速发展，在现在这个知识经济时代，越来越多的专业知识工作者投入创业的行列，譬如美国硅谷地区就是全球知识型创业活动最激烈的地方。

知识型创业的特征就是：创业者先系统性地寻找分析创业机会，然后再详细研究拟订创业计划，以此为目的筹措创业资金，最后将股票推上市场，并让所有参与创业活动的成员都能得到丰厚的回报。

知识型创业过程的 12 个流程步骤如下。

步骤一：寻找创意。

步骤二：形成创业的愿景。

步骤三：创业者充分投入有关创业规划。

步骤四：准备离职。

步骤五：撰写经营计划书。

步骤六：组建创业经营团队。

步骤七：募集经营资金。

步骤八：注册成立公司、正式开始运作。

步骤九：新产品上市、占领市场。

步骤十：募集第二轮资金、扩大经营规模。

步骤十一：准备挂牌上市。

步骤十二：上市公司的经营管理。

虽然明确的创业流程有助于提升创业管理的效率和指导创业者创业，但也有一些专家以为创业是没有特定的流程的，因为创业环境差异极大，而且创业过程中会遇到各类无法预知的风险事件和变故。因此，创业者必须经常随机应变。从理论上说，结构化的创业流程有助于创业者对创业管理活动的了解。但在实务上，创业则未必依循一致的流程，而且各项活动步骤也不需要有特定的先后顺序，创业者可视创业情况来决定各项工作的最佳时机。

案例分享

京东刘强东的草莽英雄创业路

"京东"为什么叫"京东"？因为刘强东初恋女朋友的名字中有个"京"字，他把"京"与自己名字中的"东"合在一起，就有了"京东"。

刘强东出身农民家庭，家境并不富裕，上大学时家人给他凑了 500 块钱上路。他决心自食其力，不给家里带来负担。大一的时候，他帮人手抄信封，3 分钱一张；大二的时候，他从批发市场以二五折购进精装书，去写字楼推销；同时，他也一直在给学校机房打工，顺便自学编程；大三的时候，刘强东每天骑自行车去北京门头沟一家单位实习，担任程序员，并由此掘到了第一桶金。他参与到了一些政府和农村的信息化建设项目中，依靠写程序的专长赚到了十几万元，成为当时最有钱的大学生之一。

拿着手里的十几万元，又从亲朋好友手里借到十几万元，刘强东盘下了中关村附近的一个饭馆。以前，饭馆里面的店员薪水很低，住地下室，平时只吃剩饭剩菜，老板亲自把控资金；刘强东接手后，涨了工资，改善了住宿环境，给店员吃香的喝辣的，采购和收银也放手让他们去做。他把信任和管理混为一谈，遭遇了事业上的第一次挫折。由于管理松散，员工总是变着法子侵吞店里的钱，因此没到一年，赔光了他的投入，刘强东由此得到的教训是："对员工一定要信任，但信任不等于没有管理。"

刘强东毕业后进了一家日资企业，业余时间继续干起老本行——编程。这家实行轮岗制的日资企业锻炼了刘强东，从电脑信息化到物流、采购，大部分岗位他都干过，了如指掌。但刘强东还完之前的债后并没有留恋这份工作，他辞了职，拿着手里的 1.2 万元积蓄赶赴中关村，租了一个小柜台，售卖刻录机。柜台名叫"京东多媒体"，这便是"京东商城"的前身。

京东的规模迅速壮大。2001 年，京东商城已成为当时中国最大的光磁产品代理商，并在全国各地开设了十多家分公司。刘强东的个人财富也首次突破了 1000 万元。从这时候起，他把京东商城定位为传统渠道商，打算复制国美、苏宁的商业模式经营 IT 连锁店。就在他准备扩张的时候，2003 年 SARS 来袭，这一场瘟疫遣散了中关村的喧闹和繁华，生意一落千丈。加上刘强东顾忌员工安全，就暂时关闭了所有门店。

没有生意做，就等于在亏钱，刘强东听说有人在互联网上卖东西，就四处打听，想要参与进来。当时的搜易得数码商城风头正劲，刘强东成为了搜易得商铺上的商家。后来，搜易得的一位老员工回忆起来，说："别的商家每次都要问你们的店租能不能降一降，但刘强东总是问，你们的程序是怎么编的、你们的流程是怎么控制的，他从来不关心价格，倒是对电子商务的后台技术很感兴趣。"

当时连 BBS 是什么意思都不懂的刘强东，为了推销自己的网上商铺，跑到一个论坛发了个"广告贴",论坛的创办人这样回复了他的帖子——"京东我知道,这是唯一一个我在中关村买了三年光盘没有买到假货的公司。"因为这句话,当天刘强东就成交了六笔生意。

尝到甜头以后,刘强东对网上销售产生了浓厚的兴趣。这个只玩过QQ和论坛,没上过当当,不知道卓越的年轻人,在查阅了无数电子商务的相关资料后,认定"电子商务就是未来!"京东转型的计划,便被提上了日程。

资料来源:http://www.cn08.net/html/cyegs/mingrenchuangyegushi/201306/30080.html

6.4 创业企业的时间周期

企业的生命周期理论认为新创企业作为一个有生命的有机体,都有一个从诞生、成长、成熟、衰退直到死亡的过程。人的寿命受到自然生理因素的制约,因此生命的时间过程是有限的,然而企业组织不受这些因素的影响,因而从理论上说企业的生命期限是可以无限延长的,但是历史上长寿的企业并不多见。世界上最长寿的企业大概是七百年,举一些品牌作为例子,瑞士的劳力士公司和美国的杜邦公司的年龄均超过两百岁,美国通用汽车和西方电子公司的年龄超过一百岁,然而更多的公司是很短命的。

因此,认识和把握企业的生命周期规律是非常重要的。

从创业者最初的创意诞生到企业最终死亡这一过程被称为创业企业的生命周期。若单指创业的生命周期,一般分为四个阶段:种子期、初创期、发展期和成熟期。下面通过比较和分析这四个阶段的创业发展特点来为创业者创业指明方向。

创业生命周期如图6.5所示。

1. 种子期

处于种子期的企业在这一时期并未将企业转换为现实,而是停留在创业的构思中,创业者在这个时期要进行商机评估,构建商业模式的雏形,创业团队的建设,以及获取足够的可利用资源。创业者及其团队在进行精准的市场定位和预测后,应对相关技术或产品进行研究开发,撰写商业计划书,寻找投

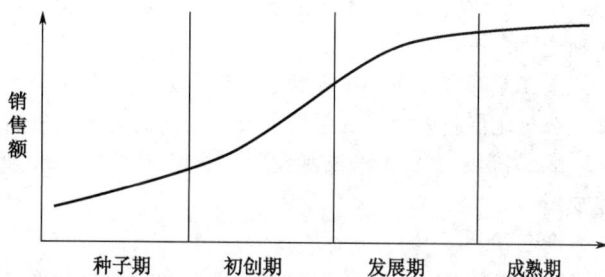

图6.5 创业生命周期

资者并进行洽谈,时机一旦成熟,创业者就可以注册公司,并进行下一步的新创企业管理与发展。

2. 初创期

初创企业一般生存能力比较差,应对危机也显得比较脆弱,他们面临市场占有率低、市场同质竞争、管理水平匮乏、市场地位不稳固、创意被剽窃等威胁。创业者要将这些危机处理好,并非简单的事情,需要进一步加深企业组织结构的建设。由于新创企业的运营机制没有得到完善和资金的匮乏,企业需要足够的顾客以获得企业生存的必需资金流。一旦企业资金匮乏,就将面临破产或出售。因此在这一阶段,企业要抓住顾客,顾客就是创造企业价值的基础。

3. 发展期

经过初创期的创业者可能感觉到稍的轻松一点。在这一阶段,企业初步摆脱了生存的困扰,开始考虑扩大盈利,由最初的小企业开始向中型或大型企业规模扩展。在这一时期的企业可以在比较短的时间内获得快速的成长,规模经济开始产生经济效益,譬如企业实力增强、市场占有率上升、抵抗市场风险能力也在上升等。

但是对于这一阶段的企业来说，很容易因为经营战略的失误而使企业再次进入危机，这种断送企业的例子屡见不鲜。因此，创业者不应掉以轻心，尤其要注意那些不被关注的细节问题，从顾客的角度出发去思考问题、不断改进。另外，要注意通过持续创新来应对竞争者，也要强化自己的核心竞争力，在必要之时还要采取相应的法律保护措施来对付那些技术、商标等无形资产的剽窃者。面对层出不穷的问题，创业者还要不断完善企业的管理制度来提高企业运转效率，提高扩张速度。

4. 成熟期

企业发展壮大之后，就会进入成长速度放缓，但利润率提高的成熟期。这时企业的核心产品已在市场上占有较大的份额。但现实中能进入成熟期的企业并不多，绝大多数企业在成长过程中就已衰退或遭遇市场淘汰了，因此，进入成熟期的企业规模一般都是大规模的企业。这种企业的市场占有率高、竞争能力强、设计了有利的技术门槛，其市场地位也很难被动摇，因而不需要再大量投入就可以获取较好的收益。

这一时期，企业往往会出现创新的惰性和障碍，创业者需要考虑如何开展新的业务或开发新的市场保持企业的竞争力。另外，成熟期的企业一般不仅要考虑多元化经营的问题，还要考虑如何有效地把成熟期带来的丰厚利润投入新的领域、新的技术研发或应用中去，使企业可持续发展。

案例分享

"生命周期"有尽头

北京正略钧策企业管理咨询有限公司归纳众多案例后，认为员工的岗位价值生命周期规律如下：一个新员工在一个企业里某一个岗位上的价值，可以以6个月为一阶段，4个阶段变一周期进行分析。

员工生命周期的第一阶段："学习投入阶段"（1～6个月）。基本上创造不出明显价值，相反，公司还要投入相应的管理人员花一定的时间和安排一定的费用来对他们进行培养。

第二阶段："价值形成阶段"（7～12个月）。在这期间，对员工最好的激励就是认可他的工作成绩。

第三阶段："能力发挥阶段"，一般从员工工作一年以后开始（13～18个月）。在这个阶段，企业应着重挖掘员工在管理能力、综合素质、分析问题和解决问题上的潜力。

第四阶段："价值提升阶段"（19～24个月）。在很多情况下，这一阶段是第三个阶段的延续和结果。在这个阶段，重要的是首先要评估这位员工是否具有进一步的管理潜能，其次是评估这位员工是否具备把想法变成现实的操作能力。

北京正略钧策企业管理咨询有限公司进一步研究指出，员工在某一岗位的价值是有生命周期的，走到"生命周期"的尽头要么换岗要么换人。而一个企业发展的不同阶段可分为创业期、成长期、成熟期、衰退期四个阶段，成长期是除了衰退期之外企业员工流失率最高的阶段。在企业成长阶段，公司的销售收入和利润快速增加，人员迅速膨胀，企业的经营思想、理念和企业文化开始形成，与创业初期的企业状况相比发生了巨大变化。

对于高成长型企业中发生的人力资源管理问题，其倒树型结构应该是在这里任何一个节点不产生分枝，就会影响向下扩张的速度和新鲜血液的补充。在这种企业文化下，无法带新部门的员工在该公司该岗位上已经走到尽头，即便该员工还是个好兵，但由于无法胜任更高职位，他可能挡住后来者的路和限制公司业务扩张，因而也只能有两种选择。一是以低工资一直从事该工作，二是离开。而据我所知，几乎不会有人选择前者。因而对于一个快速成长的企业来说，人力资源管理方面可以选择 "up or out" 的制度，如前所述换岗或者换人。其实这种制度一点也不新鲜，中国军队很久以来一直在实行的就是这一政策——职务升到一定级别年后，几年内如果没得到提升，就要转业或复员，以保证一个团队不断地上升和有生命力。

企业的启示是：健全制度体系，让员工提前知道各岗位大致的生命周期规律，同时在机制上保证为有成长潜力的员工提供一定的学习与成长机会，搭建延长员工在企业的生命周期的平台。

每个员工个体的启示是：职业发展有一半的动力来自自身，尽量通过轮职、学习等方式增加自己的价值水平，不断自主创造机会延长个体在企业的岗位价值生命周期。

案例来源：http://wenku.baidu.com/view/312221bec77da26925c5b0e2.html

6.5　创业中所需的资源

俗话说得好，"巧妇难为无米之炊"，因此想创业就必须要有一定的创业资源。为什么这么说呢？因为在创业的过程中，如果没有一定的创业资源，就算创业者拥有创业良机，也是很难把握这个创业机会的。但对于刚刚建立的企业来说，创业者并不需要拥有创业过程中的所有资源。创业者只需要拥有一部分的创业资源，就可以进行创业了。但是在创业的过程中，他们必须继续寻找、发现并整合这些资源，从而达到更优的资源配置。

而也有观点认为创业就是一直寻找那些机会，去找寻可以成功的因素。我们的目标不是非要准备好所有需要的资源才能去开始创业，而是在没有足够资源的情形之下，运用自己智慧的去找到机会，找到需要的资源。例如说，当金融危机来临时，资源是非常缺乏的，但很多人在危机中能发现了适合的机会。大学生虽正处于一个没有足够且成熟资源的环境之下，但他们有的是时间、精力与青春，这就是创业的好机会。大学生创业的目标应该放得长远，要多接触社会，积累资源。

对创业者来说，怎么利用好资源一直都是一件头痛的事情。需要什么样、什么类型的资源，何时何地需要资源，资源的量是多少，以及获取资源的方法等，这些都要清清楚楚。要用最少的资源获取最大的效益，从而更好地推动事业的成功。

下面我们将从创业资源的定义、分类及作用、创业资源的整合等方面来为大家阐述。

6.5.1　什么是创业资源

究竟什么是创业资源？从管理学的角度来说，资源就是企业在向社会提供产品或服务的过程中，所拥有的或能够掌控的能够实现公司战略的各种要素之间的组合。

在创业时，刚刚建立的企业需要必备的生产要素与条件。只有将这些要素和条件有效地整合优化，形成可贡献社会的产品或服务，它们才能创造出相应的价值。而创业资源的主要成分就是这些生产要素和必备的条件的组合。因此，无论在什么时候，创业者最为关心与重视的仍为创业资源的利用。

6.5.2　创业资源的分类及其作用

按照资源对公司发展的作用及影响，可将创业资源分为两大类：对于直接参与企业日常生产、经营活动的资源，称之为要素资源；没有直接参与公司生产的，但可提高公司运营的资源，则称为环境资源，如表 6.1 所示。

表 6.1　创业资源的分类

资源分类		具体内容
要素资源	人才	优秀的管理者、高水平专家、高级科级人才，合格的员工
	资金	风险投资与银行贷款，政策性的低息或无息，以及写字楼或孵化器所提供的便宜的租金
	管理	良好的制度与企业培训，公司目标制定与战略规划，营销策划
	科技	对口高校或研究所的支持，相关的专利发明，进行产品开发时需要的实验平台
	场地	内部基础设施建设，便捷的计算机系统，良好的物业管理和商务中心，以及周边方便的交通和生活配套设施等
	客户	优质的客户，足够的数量，良好的客户关系，提供给客户优质的产品或服务
环境资源	政策	大学生创业各项手续费全免，提供绿色通道等
	文化	人们创新意识的提升，相互合作与支持的文化氛围，追求卓越的品质
	品牌	大公司的品牌认可与推广，科技园或孵化器的品牌
	法律	健全的法律、法规体系，良好的市场准入机制，健全的保障体系
	信息	良好的销售渠道信息，及时的新产品上市的信息，畅通的市场信息

6.5.3　创业资源的整合

企业如果能够获取足够的资源当然是好事，可是很多时候我们不能够拥有充足的资源，因此对资源的整合就显得尤为重要。资源匮乏和市场风险往往是创业者要面对的。尤其需要突破自身拥有资源的限制，运用市场机遇、创意发明、聪明才智，以及创新商业模式来实现资源在更广阔领域的整合优化和价值创造。"一个巴掌拍不响"，任何资源单独地使用都不可能产生作用，只有把资源整合起来，形成有效组合，才能发挥资源的作用，产生 1+1>2 的效应，充分体现资源的价值。

创业活动虽然也关注技术及资源，但更加注重利用自身的资源来获取和掌控资源并整合资源。创业活动强调"能用就是好的"，强调对资源的优化整合，如社会资本、网络资源、人才信息等，借助一部分资源接触并利用更广阔的资源，就像是一个球体，当它外围越大时，它接触到的面积也就越大。

此外，创业活动还要将资源引导到市场需求上。只有把资源引向最具用途的地方才能算真正体现了资源的效用。而市场需求却是千变万化的，原来有很大用途的资源，在市场需求变化后，可能会变得没有用，而原来没有用途的资源，可能会变得非常有用。

但请记住的是：一个企业或个人在尝试得到更多的资源或追求更多的机遇之前，一定要打好自己已有的基础，不然可能会弄巧成拙。下面介绍资源整合的步骤与方法。

1. 正确评估所需资源

创业者面临的许多危机往往是因为资源投入不够或过多所致。为此，要准确地评估所需要的资源，这是下一个步骤进行的基础。

2. 有效地整合企业内外部资源。

企业资源内外不一，整合好外部资源，抓住企业发展的机遇是关键；整合好内部资源，就是要协调好企业内部的各种利益，推动企业发展。以人才整合为例，外部整合就是寻找合适的高素质人才，内部整合就是进行内部人力资源规划，建立企业的人才选拔标准，根据需求分析建立完善的人才储备系统模型、招聘模型和人才晋升体系结构模型等，使企业建立高水平的人力资源网络。

3. 把握好资源整合的时间和地点

正所谓天时、地利、人和，资源的投入时间和地点也是影响创业是否成功的因素。特别是对大学生而言，一次投入所有的资源是不现实的，逐步投入才是一种不错的选择。为此，要分批、分阶段地投入资源，并根据竞争者、市场和技术等环境的变化做出相应的调整，选出最好的时间与地点。

4. 通过资源整合实践积累经验

创业资源的整合能力不是天生就有的，每个人都要经历漫长的学习过程。很多人不止失败一次，但是失败乃成功之母，每次失败都是一次极好的学习经历，为以后的成功打下坚实的基础。创业者不能为了一时的成败而迷失了自己前进的道路，而是要从经验中积累别人没有的教训，而且这些经验无法通过传授获得，必须由自己慢慢地积累。有了经验，再进行资源的获取就会容易许多。

特别需要注意的是，经商的经验不是向别人直接拿过来用的，而是靠自己慢慢地在实践中摸索出来的。也许一些经验在别人身上很好用，但在你身上可能一点用都没有。因此，必须自己亲身体验，才能将经验转化为自己的能力。打工是一个非常好的学习经验的机会。但是在打工的过程中要学会转换思维，不能仅仅把自己看成是一个打工仔，那么我们会失去许多积累经验的宝贵机会。在打工的过程中可以向老板学习先进的管理理念与处世方式，并积累相应的人脉，这样当你以后准备创业时也就不会毫无资源可用了。经验不是从书本上学来的，而是实实在在一步一个脚印摸索出来的。

6.6　创业模型

创业模型是对创业活动及环境进行分析后概括出来的影响创业的相对重要的因素及其之间的逻辑关系。对创业模型的研究有利于对创业过程中的种种现象与情况做出解释，可以把握住创业过程的关键之处，把握住创业过程中需要注意的重要方面，从而有利于实践中的创业活动。

目前国内对创业模型的研究大都建立在国外对创业模型研究的基础上，创业模型的研究很大程度上依赖于欧美国家的理论成果，特别是美国。目前有代表性的创业模型主要有：克里斯蒂安（Christian）创业学模型、威克姆（Wickham）创业学模型、萨尔曼（Sahlman）创业学模型、蒂蒙斯（Timmons）创业学模型、加德纳（Gartner）创业学模型及佐拉（Zahra）和乔治亚（George）创业模型等，本书只对萨尔曼（Sahlman）创业学模型、蒂蒙斯（Timmons）创业学模型、加德纳（Gartner）创业学模型及佐拉（Zahra）和乔治亚（George）创业模型进行介绍。

6.6.1　萨尔曼（Sahlman）创业学模型

萨尔曼（Sahlman）认为，在创业活动中，为了更好地挖掘潜在的商业机会，促进企业成长，创业人员要特别关注四个关键要素：机会、外部环境、人及交易活动。萨尔曼（Sahlman）创业学模型的核心要素组合如图6.6所示。

（1）人：指那些为创业活动提供直接或间接帮助及资源的人，包括员工、政府人员、律师、投资人、供应商等。

（2）机会：指在创业中一切需要进行开发或寻找的活动，包括企业尚未开发的技术、市场、资源等，这些活动需要进行开发以便更好地为企业的发展推波助澜。

（3）外部环境：指不受企业所掌控，但其变化会影响企业的生存发展，影响企业的未来决策，影响企业的产出，诸如相关政策法规、宏观经济形势及行业内的竞争。

创业管理实务

（4）交易活动：指创业人员与资源供应商之间的关系与动态。

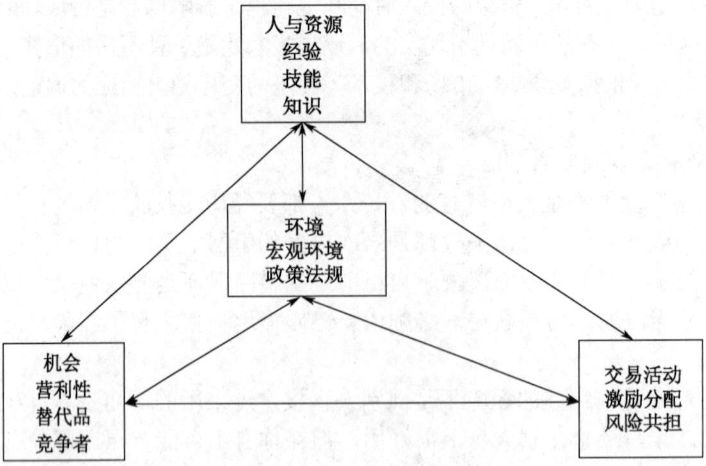

图 6.6　Sahlman 创业学模型的核心要素组合

资料来源：张彦福. 创业管理学 [M]. 北京：清华大学出版社，2005.

萨尔曼（Sahlman）分析模型的核心思想是要素之间的协调与配合，从而共同促进创业活动的成功。根据这一模型，一个优秀的创业团队需要具有良好的市场环境与商业模式，具有竞争力的产品，稳定的供应商，这些要素的组合使得刚刚建立的企业能够日益壮大，向着企业的目标与愿景前进。

6.6.2　蒂蒙斯（Timmons）创业学模型

蒂蒙斯（Timmons）创业学模型是蒂蒙斯在 1999 年提出的一个创业管理模式，即蒂蒙斯创业过程模型。

他认为，只有将机会、资源和创业团队三者做出最适当的搭配，并且能随着企业未来的发展做出适应性的改变，这样的创业活动才可能成功。三个要素的存在与成长，决定了创业活动发展的方向。

第一，创业活动最根本的动力是机会，创业活动的主导者是创始人或创业团队，而创业成功的保证是资源。在创业活动的开展过程中，这三个要素的平衡与配合关系到所创事业的质量及其未来的发展。在创业过程中，资源与机会要经历从配合到不配合再到配合的这么一个动态过程，而这之间的种种不配合情形就要看创业者们如何去发现、平衡。

第二，无论在哪个阶段，创业活动都是创业人员、资源与机会的平衡与配合。而创业者是处于最底层的推动者，使整个创业活动结合着资源与机遇不断前进。创业者必须做的是对资源的合理利用与配置，提高对机会的把握能力，以及对团队的认识与凝聚。

第三，这三个要素的完全平衡是不存在的，企业要在不确定性的环境中追求动态的平衡，不断降低企业面临风险的可能性，尽可能地排除企业可能面临的风险。创业者必须思考目前的团队适应情况是否能满足公司未来的成长，以及现有的资源数量与质量能否促进企业的快速发展，有没有瓶颈？这些问题在不同的阶段以不同的情形出现，关系企业能否持久发展。

蒂蒙斯（Timmons）创业学模型如图 6.7 所示，是一个倒立的三角形，创业团队位于最底端。创业者需要不断地探索更大的机会，并配合资源进行合理运作，使企业稳定地发展。在创业活动的过程中，这三个要素不断变化、调整，最终实现了动态平衡。

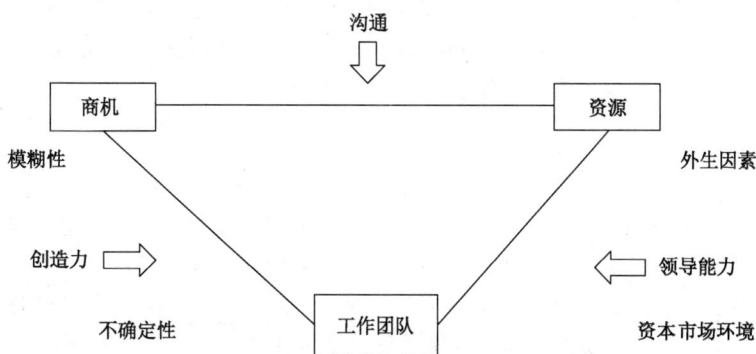

图 6.7　Timmons 创业学模型

资料来源：葛宝山，董保宝. 2010-10-05. 创业模型比较研究.http://wenku.baidu.com/ view/53cb2cebe009581b6bd9eb8b.html

6.6.3　加德纳（Gartner）创业学模型

加德纳（Gartner）于 1985 年提出了新企业创建的概念性框架，进而提出了一种新的创业模型，如图 6.8 所示。

加德纳认为建立一个新企业就是建立一个新组织，就是要把这四个相互独立的要素组成合理的序列，从而可以产生有利的结果。任何新企业的创立都是这四个要素互相配合的结果。其中创业环境包括政策法规、市场准入机制、技术、地理位置、商圈等因素，组织包括

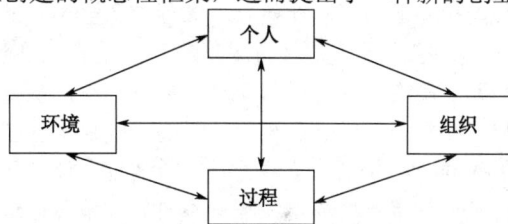

图 6.8　加德纳创业学模型

组织结构、组织文化、组织制度等。个人指创业者自身的素质、理念、激情、敢于冒险等特质。过程包括发现商机、组织人手、利用资源、商业计划、产品开发、生产、销售等环节。对于上述四个变量，只有不断深入研究各个变量的内涵与其他各个变量的相关性，才能更好地了解创业活动的方方面面。

加德纳的模型提供了一种新企业创立可以选择的一种发展模型，因此这个模型也是动态的。

资料来源：葛宝山，董保宝. 2010-10-05. 创业模型比较研究.http://wenku.baidu.com/ view/53cb2cebe009581b6bd9eb8b.html

本 章 小 结

创业的一般过程指的是创业者发现和评估创业商机，将创业商机转化为有效商业模式，并且付诸实践，对新创企业的管理运营及之后的成长进行管理的一个循序渐进的过程。

创业企业的生命周期一般分为四个阶段：种子期、初创期、发展期和成熟期。

从管理学的角度说，资源就是企业向社会提供产品或服务的过程中，所拥有的或掌控的能够实现公司战略的各种要素与要素组合。在创业时，各种生产要素与必备的条件是刚刚建立的企业所需要的，只有将这些要素和条件有效地整合优化，形成可贡献社会的产品或服务，才能

创造出相应的价值。

创业模型是对创业活动及环境进行分析后概括出来的影响创业的相对重要的因素及其之间的逻辑关系。本书选取了萨尔曼（Sahlman）创业学模型、蒂蒙斯（Timmons）创业学模型、加德纳（Gartner）创业学模型进行介绍。

案例研读

1995 年，山东某市的姜贵琴到城里的亲戚家小住几日，看到副食店中卖酱鸭翅的柜台前竟然排着长长的队伍。亲戚解释说，这个副食店中的酱鸭翅就是姜贵琴所在的郊区县里一个小工厂生产的，因为酱烧得十分入味，所以在城里特别受欢迎。一连几天，姜贵琴每每路过这家副食店，就会看到那条排队的长龙，而且经常是晚到的人买不到。

姜贵琴看着别人像开着印钞机一样赚钱，很羡慕。她也想照着做。但是她很清楚虽然自己能吃苦、肯学习，可最大的弱点是对市场一窍不通，而且市场敏感度差，又没有过一丁点经营管理的体验。这些都是做生意忌讳的事。该怎么做呢？她希望在动手之前先搞明白，怎么做才能让自己获取利润。

于是，她就找到了这个小厂子，软磨硬泡、托人送礼进了厂子，当了一个车间工人。姜贵琴一共工作了 2 个月，白天将小厂的货源、制作工艺、酱料的调配、送货渠道摸了一清二楚后，晚上再回家偷偷试着制作。终于等她将自己的酱鸭翅调弄得差不多了，请来品尝的人都说好后，她马上辞职回家，开始着手准备自己生产。

这家厂子不是做得很好吗？不是已经在城里打出了名气吗？不是已经有了现成的模式了吗？干脆在创业时全部向小厂看齐。小厂从哪里进鸭翅，她就去哪里进，这样可以保证原料品质与小厂一致；小厂生产的酱鸭翅味道是什么样的，她也向着靠拢，这样可以缩短消费者认知的过程；小厂在城里的哪个街道铺货，她就尽量选同一街道的另一家副食店，这样可以省下了自己开拓市场的成本；唯一不同的是她总比这个小厂晚一个小时送货，这么做的目的，是为了告诉这个小厂，自己仅仅是一个无关紧要的尾随者，不会因此而对她加以防范，甚至采取破坏性举动。跟进的结果使她的创业过程特别省心、顺利。由于那家小厂的酱鸭翅在城里早就出了名，每天很多人想买而买不到，所以姜贵琴这种跟着铺货的方式正好让她捡了一个漏，省下了她开拓市场的成本。最关键的是，那家小厂的厂长知道后，根本没放到心上，还和姜贵琴开玩笑说："您就跟着吧，我们吃肉，当然也不能拦着你喝碗汤呀。"

看到对方根本没把自己的小作坊放在眼里，姜贵琴心里踏实了。开始时，她每天只送一家，后来慢慢发展到 5 家、10 家，不到 1 年的时间，只要是这个小厂在城里选的销售点，走不出二三百米就一定可以找到姜贵琴的酱翅售卖点。仅仅 1 年时间，姜贵琴靠跟在人家后面卖酱鸭翅赚了 17 万元。

后来，那家小厂又开始增加一些类似酱烧鸭掌、酱烧鸭头等其他产品。姜贵琴并没有马上跟进。她知道跟在后面的人的最大优势就是在后面能清楚看到前面所发生的事情，以及这些事情所带来的后果。而且既然是跟，那就不能心急，等等看，人家什么好卖，再决定跟什么。因此，她交代送货的伙计，让他们每天送完货后不要马上返回，一定要等到小厂的售卖点商品卖完后才许回来，晚上再统一向她汇报"侦察"的结果。例如，哪些售卖点是最先上新产品的、哪些新产品畅销、哪些新产品不太受欢迎。姜贵琴将伙计们的反馈一一记在小本子上。等到小厂的新产品销售半个月之后，姜贵琴才考虑是否要增加新品种，先增加哪些品种，增加的品种先送到哪个售卖点。就这样，不紧不慢地跟在小厂的后面，姜贵琴轻轻松松地发着自己的财。

到 1997 年时，姜贵琴最初依靠一口锅开出的酱食小作坊规模已经发展得与那家小厂不相上下。她开始小规模地着手拓展那家小厂以前没有铺货的街道和社区。此时她也已经琢磨出了一种新的酱料，生产的鸭翅味道更香浓。但是，她并不急于将这种鸭翅推向市场。她一边等待时机，一边继续研制着新品种。

1998年春节前，姜贵琴的资金积累已经达到了将近50万元，新厂房也已经竣工，而姜贵琴对市场销售渠道、销售环境等更是烂熟于心。她准备发力，一举超过那家小厂。

农村很多小厂在春节期间都给工人放假，停止生产。姜贵琴则将厂里的工人组织到一起让他们加班，每天多付3倍的工资，当天的加班费当天就结清，年三十加班每人再另发500元奖金。同时，姜贵琴又将那家小厂放假回家的工人招来了15个，承诺在放假的这段时间里，每天的工资是那家小厂的2倍。从阴历腊月二十到正月十八，姜贵琴将产量提高到平日的5倍，产品品种由5种增加到了11种，其中不但有老品种，还新增了她自己研制的新品种。她同时对送货的时间进行了调整，不但每天下午的送货时间提前了整整2个小时，而且还专门增加了一次上午的送货。

春节期间是副食消费的旺季，大家无事在家，亲朋好友相聚总难免要喝点酒助兴，而姜贵琴生产的酱货成了最好的下酒菜。春节前后短短一个月，姜贵琴工厂的利润相当于平时的6倍还多。

春节过后，市场依然红火。姜贵琴工厂每天保持的送货品种至少在11种以上，并且不断有新的品种推出。每天上、下午各送一次货的制度也得以保留，从此，消费者随时都可以享受到姜贵琴厂生产的新鲜食品。那家小厂等春节后再恢复生产时，发现顾客都跑到姜贵琴那边去了。

如今，姜贵琴当初紧跟的那家小厂，早已不是姜贵琴的对手。现在姜贵琴盯上了城里的一家酱食连锁店。她悄悄地跟到后面，慢慢地积蓄力量，等待时机成熟时一举超越。

资料来源：郎宏文，郝婷，高晶主编. 创业管理. 北京：科学出版社，2011.

思考与练习

1. 如何理解创业过程？
2. 姜贵琴的创业过程是如何发展的？对我们有什么启示？
3. 姜贵琴利用了哪些资源？这些资源对她的创业之路起到了什么样的作用？
4. 在创业过程中，创业者最重要的资源是什么？
5. 在大学生创业中，他们的优势与劣势分别是哪些？有哪些解决劣势的方法？
6. 设想自己将来就是一位创业者，列出可能遇到的机遇与挑战，并在课堂上讨论。
7. 选择一个自己感兴趣的行业，了解这个行业创业过程中所需要的资源。
8. 采访一位创业者，了解其创业经历。

第7章 创业企业的经营管理

1. 了解创业企业吸引人才的条件及途径
2. 学习创业企业的营销方式
3. 了解创业企业日常涉及的财务问题
4. 学习并掌握如何融资
5. 学习如何有效维持客户关系

> 自始至终把人放在第一位，尊重员工是成功的关键。
>
> ——IBM 创始人托马斯·沃森

案例引入

只有想不到，没有做不到

2004 年 2 月，马云再一次站在了聚光灯下，宣布第四轮融资到位，金额为 8200 万美元——这是当时国内互联网最大的一笔私募。

8200 万美元的投资来自于四家风险投资公司，其中包括日本软银、富达创业投资部、Granite Global Ventures 和 TDF 风险投资有限公司。除了总部位于美国硅谷，以创新投资为导向的风险投资基金 Granite 公司是新加入的投资人外，其他三家均是阿里巴巴第二轮私募中入股进来的老股东。与第二次融资一样，这一次的牵头人还是软银——当时阿里巴巴除管理层和员工股之外的第二大股东。

软银是因何向当时初创的阿里巴巴抛出橄榄枝的呢？

创业初期，马云与合作伙伴用各自的钱，凑了 50 万元启动资金，开始创办阿里巴巴。在想要增加客户数量的动力驱使下，马云 1999 年至 2000 年往返于全球各个角落，参加世界各地尤其是发达国家的商业论坛，到处发表演讲，宣传阿里巴巴首创的 B2B 思想。他曾经在 BBC 做过现场直播，在哈佛大学、麻省理工学院、沃顿商学院做过演讲，在亚洲商业协会演讲。这个瘦弱的男人充满信心地告诉台下的听众："B2B 模式最终将改变全球几千万商人的生意方式，从而改变全球几十亿人的生活！"当马云在海外马不停蹄地四处演讲时，他的创业合作伙伴也没闲着，每天工作 16～18 小时，加班加点地设计网页，讨论创意和构思。

终于，马云和阿里巴巴被《福布斯》和《财富》杂志关注，点击率与注册会员与日俱增。在 2000 年，软银老总孙正义在与马云见面 6 分钟后向阿里巴巴投资 2000 万美元。

随着企业的不断扩大，企业内部管理的问题随之出现。阿里巴巴曾经发生过这样一件事，公司听到有人反映一名员工在和客户接触时，向客户承诺回扣。这让主管们大吃一惊：阿里巴巴是绝对不允许这类事情存在的！经过调查，真相浮出水面：一名业绩一向优秀的营业员，为了这个季度自己的业绩能够继续达到"优秀"的标准而想出这么一个"歪招"。

在处理此事时，主管有点伤脑筋，因为这位业务员一直表现都很优秀，平时也很遵守阿里巴巴的各项规章制度，而且还在上个月被评为"销售之星"。他的这个月的业绩即将达到"销售之星"的标准，他在急功近利的情况下做了蠢事。主管拿不定主意：是否因为这一次的错误就要开除这个员工。

马云的决定没有讨价还价的余地，在这位员工"东窗事发"的当天，马云就为他办好了离职手续。阿里巴巴对于违反公司规定的事绝对没有讨价还价的余地，用马云的话说，"道德是阿里巴巴的天条，永远都不能够被侵犯。"

早在运营初期，阿里巴巴就给自己制定了两个铁的规定：第一，永远不给客户回扣，谁给回扣一经查出立即开除，否则客户会对阿里巴巴失去信任；第二，永远不说竞争对手的坏话，这涉及一个公司的商业道德。马云坚持所有在阿里巴巴上网的商业信息都必须经过信息编辑的人工筛选。这个要求从阿里巴巴创业时的 18 个人开始，一直发展到现在。马云说："我们会删去一切看上去不那么真实的信息，然后给会员发一个电子邮件，告诉他们没有发布这条信息的理由。"

客户和会员是阿里巴巴的衣食父母，如何让客户真正从电子商务中赚钱，是阿里巴巴的盈利之本。在马云眼中，互联网商务世界与现实的商务世界除了工具之外并无不同，而商务交易必须可信。经过一次次调查，马云发现，企业最担心的问题是诚信。企业每天从网上数不清的滚动信息中找到合适的信息不是问题，而如何判别"可疑的家伙"和"可信的家伙"则成了一道难题。为此，马云提出了在电子商务构建诚信体系的设想，2002 年 3 月，"诚信通"在阿里巴巴企业电子商务平台全面推行。目前，全球已有几十万客户加入了"诚信通"，会员的成交率和反馈率是免费会员的四五倍。

作为 B2B 领域的创始者，阿里巴巴在 2003 年遇到了来自竞争者的强大危机。2003 年，eBay 收购易趣后进入中国电子商务 C2C 领域，一举成为中国市场上 C2C 领域的龙头老大，同时 eBay 还虎视眈眈地盯着 B2B 领域的阿里巴巴。马云如坐针毡，他的信条是"最好的防守就是进攻"，因此，他决定进军 C2C 领域。

2003 年 5 月 10 日，阿里巴巴宣布成立淘宝网，正式进军 C2C 市场。C2C 市场首要关心的是是否有足够多的个人到网上进行交易，如何扩大网站的知名度对于作为市场新进者的淘宝显得尤为关键。而在 eBay 易趣强大的市场压力下，在国内主流门户网站上投放广告的可能性微乎其微，淘宝开始剑走偏锋的"娱乐营销"。例如，《头文字 D》中的"淘宝网杯"，《天下无贼》中傻根系列广告为支付宝宣传等。淘宝网兵不血刃击败易趣取得中国 C2C 领域第一的位置。马云承接"诚信通"思想建立起具有创造性的诚信体系——支付宝。"支付宝"一经推出，即引起业界的高度关注，被誉为"电子商务发展的一个里程碑"，突破了长期困扰中国电子商务发展的诚信、支付、物流三大瓶颈。最具有说服力的数据是，2005 年淘宝网上销售额为 81 亿元，平均每天成交 10 多万笔交易，其中发生的欺诈不到一笔。

资料链接：蒋云清，《与明天竞争——马云商业智慧》. 安徽：安徽人民出版社，时代出版传媒股份有限公司，2012 年 9 月第 1 版

从马云的案例中可以看出，阿里巴巴做大做强离不开初期的融资，步入正轨后的员工管理和贯彻始终的企业文化与企业制度，下面让我们一起来学习一下创业企业在人力、营销、财务、客户四方面是如何进行管理的。

7.1　人的管理

在社会生活中，人与人之间的交往密不可分，工作、学习、家庭生活都离不开人际关系。

对于创业初期的企业而言，在资金匮乏、技术与设备简陋的双重束缚下，领导者要保持与员工的良好关系，提升员工忠诚度，并尽可能地发掘员工的潜质。

7.1.1　创业企业招聘人才应具备的条件

管理大师彼得·德鲁克（Peter Drucker）在其名著《管理实践》（The Practice of Management）中指出人力资源，即企业所雇用的整个人是所有资源中最富有生产力、最具有多种才能，同时也是最丰富的资源。

根据这个定义，结合创业企业的特殊性，我们归纳出创业企业雇佣人才应具备以下几个条件。

（1）拥有智谋与胆略。有智无勇与有勇无谋都是不可取的，前者前思后想，顾虑太多，遇到小风险就容易退缩；后者只凭满腔热情敢闯敢干，没有经过深思熟虑与调研，往往会落得血本无归。

（2）敢于创新。企业发展的根基在于创新，创业企业对于创新的特质尤为看重，而创新的根本在于人。因此，创业企业内部极为需要敢于提出自己新颖想法、勇于创新与探索的人才。

（3）灵活多变。创业企业往往会面临各种问题，因此需要思维灵活的人才根据企业实际情况解决问题，尽最大可能保证企业的利益和声誉。切忌墨守成规。

（4）顽强拼搏。创业者在通往成功道路的同时伴随着巨大的风险，因此不怕挫折、越战越勇、对困难与失败有良好接受能力的人更能在创业的道路上越走越远。

（5）有大局观念。应明白自己在企业中所处的位置，明确自己的目标和意愿，有强烈的主体意识，能够独当一面，并且对企业全局有基本的概念与设想。

7.1.2　创业企业的招聘渠道

对于创业企业，要吸收到有用的人才可以从以下几个方面着手。

1. 内部招聘

（1）员工推荐：企业内的员工根据企业需求向企业推荐专业人才，这种方式成本小、可靠性高、离职率低，但容易形成企业小团体或被推荐应聘的人员较少，没有选择空间。

（2）内部选拔：适用于企业内部的部门经理选拔，一般面向企业内部业务熟练并且熟悉员工的业务突出者，利用内部选拔方式有利于提高员工工作的积极性。

通过内部选拔，不仅可以选拔任用优秀员工，更重要的是可以对企业现状进行了全面盘点和认真梳理，可以发现并储备一大批优秀人才以备企业扩张和业务拓展的需要。

2. 外部招聘

（1）校园招聘：学校是企业招聘初级岗位员工的重要来源，在中学和职业学校可以招聘到初级操作性员工或办事员，在大学里可以招聘潜在的专业人员、管理人员、技术人员。

（2）竞争者和其他企业：对于要求具有工作经验的岗位，如优秀的销售员和市场营销人员，需要到竞争者或同行业的其他企业中进行寻觅与挖掘。

（3）人才交流中心：国家各大城市都建立了人才交流服务中心，这些机构常年服务于各个用人单位。在招聘会上，用人单位可以直接与应聘者进行交流，节约企业的时间，增加选择范围。

（4）传统媒体：在传统媒体刊登广告，既能招聘人才，又能扩大企业的影响力，但是费用高、时效短，创业企业往往没有足够的财力支付。

（5）网络媒体：现代社会较为流行的一种招聘方式，费用低、覆盖面广、时间周期长、联系方便等优点。创业企业可根据实际情况选择使用。

（6）人才猎取：对于高精尖人才，需要付出较高的代价托猎头公司代为收集人才信息。创业企业不建议选择此种方式。

内部招聘与外部招聘各有优劣，如表 7.1 所示。

表 7.1　两种招聘渠道的利弊分析

招聘渠道	优　势	劣　势
内部招聘	（1）有利于提高员工的士气和发展期望 （2）对组织工作的程序、企业文化、领导方式比较熟悉，能够迅速地展开工作。 （3）对企业目标认同感强，辞职可能性小，有利于个人和企业的长期发展 （4）风险小，对员工的工作绩效、能力和人品有基本了解，可靠性高 （5）节约时间和费用	（1）容易引起同时间的过度竞争，发生内耗。 （2）竞争失利者感到心理不平衡，难以安抚，容易降低士气。 （3）新上任者面对旧同事，难以建立起领导声望 （4）容易出现亲情繁殖问题，思想、观念因循守旧，思考范围狭窄，缺乏创新与活力
外部招聘	（1）为企业注入新鲜"血液"，能够给企业带来活力 （2）避免企业内部相互竞争所造成的紧张气氛 （3）给企业内部人员以压力，激发他们的工作动力 （4）选择范围比较广，可以招聘到优秀的人才。	（1）对内部人员是一个打击，感到晋升无望，会影响工作热情 （2）外部人员对企业情况不了解，需要较长时间来适应 （3）对外部人员不是很了解，不容易做出客观评价，可靠性比较差 （4）外部人员不一定认同企业的价值观和企业文化，会给企业的稳定造成影响

资料链接：董克用．人力资源管理概论（第三版）．北京：中国人民大学出版社，2012 年 11 月第五次印刷。

案例分享

腾讯 2013 年校园招聘超千人

腾讯 2013 年的校园招聘规模仍然维持在 1000 人以上，已派出百人团队分赴北京、上海、广州、西安、成都、武汉、香港等城市。随着微信等产品开始走向海外，腾讯在校园招聘中逐渐加大国际部分的比例。

"腾讯员工一半以上来自校园招聘"，腾讯招聘负责人介绍，公司花在校招员工身上的薪酬、福利、培训等资源，保守估计 3 年就超过 10 亿元，并且还在不断增加。

2013 年，互联网企业的薪酬水平普遍比上一年度有较大提高。资深人力资源专家唐斌地介绍，以 2010 年入职腾讯技术岗位的毕业生为例，优秀者入职时年薪至少有 13 万元至 14 万元。优秀的校招员工三年后通常可以成为骨干。如果在公司核心产品担任模块负责人，薪酬可轻易翻三四倍，再加上腾讯每年都会根据通货膨胀等因素进行全公司调薪，3 年后年薪可达 40 万至 50 万元，其中包含期权股票。腾讯业务近年来稳定增长，10 年间股价翻了 100 倍以上，近 5 年也翻了七八倍，近期市值更突破 7000 亿港元，长期激励价值不菲。再算上为员工提供的 30 万元上限的无息购房借款，腾讯员工在发展进入正轨后能得到的回报远远高于入职时的薪酬数字。

腾讯 2013 年针对最优秀的互联网产品经理苗子推出了"启航计划"。"启航计划"又称"产品培训生"项目，是指甄选优秀毕业生进行定制化培养，建立产品经理资源池。腾讯 2013 年还将从全球招聘的校招员工中遴选出 30 名优秀者组成实验班，进行为期 2 年的轮岗训练。

资料来源：http://epaper.nfdaily.cn/html/2013-09/12/content_7225387.htm 摘自南方日报

7.1.3　创业企业的薪酬设计

一个运营良好的企业必定会有合理的人才激励制度，其基础便是员工的薪酬设计。创业之前，创业者应当了解同行业其他企业的薪酬制度，以确保本企业的薪酬水平不低于其他企业，并且将本企业的薪酬制度通过书面形式严谨地呈现出来。

1. 薪酬内容

薪酬是指企业为认可员工的工作与服务而支付给员工的经济收入，包括直接收入和间接收入。在一般企业中员工的薪酬应与以下几个方面相关。

（1）职位价值。职位价值即员工所处职位应得的基本工资，是其所在职位的价值表现。该职位可能会要求教育程度、语言水平、工作经验等附加价值增加其价值表现。

（2）划定工资级别体系。在进行职位价值评估后，管理者应将类似的职位归入同一工资等级。除国家规定的职业级别，各个企业应自行规定职位级别及工资级别。

（3）确定等级额度。同一级别中的职位工资也是有一定区别的，一般情况下，本级别中最低职位工资不得低于下一级别中最高职位的工资。

（4）调整极差。管理者可根据劳动力市场的具体情况，或根据企业的自身情况，调整某些职位的薪酬。以确保人才的选择。例如技术型产业对于技术型员工的需求量较高，因此可适当提高技术型员工的工资。

（5）经济性报酬。经济性报酬包括基本工资、绩效工资、加班费；奖金、业务收入提成；现金补贴（交通费、通讯费等）；福利（五险一金）。

知识拓展

五险一金

按照国家法律规定，企业应该为员工交纳"五险一金"，五险即养老保险、医疗保险、失业保险、生育保险和工伤保险；一金即住房公积金。"五险"指的是五种保险，包括养老保险、医疗保险、失业保险、工伤保险和生育保险；"一金"指的是住房公积金。其中养老保险、医疗保险和失业保险，这三种险是由企业和个人共同缴纳的保费，工伤保险和生育保险完全是由企业承担的。个人不需要缴纳。这里要注意的是"五险"和"一金"都是法定的。

各地缴纳比例不一样，以下仅作参考。

养老保险缴费比例：单位22%（全部划入统筹基金），个人8%（全部划入个人账户）。

医疗保险缴费比例：单位12%，个人2%；

失业保险缴费比例：单位2%，个人1%；

工伤保险缴费比例：单位每个月缴纳0.5%，个人不缴纳；

生育保险缴费比例：单位每个月缴纳0.8%，个人不缴纳；

公积金缴费比例：根据企业的实际情况，选择住房公积金缴费比例。企业和个人的缴费比例在5%～20%之间都是合法的。

资料链接：http://baike.baidu.com/link?url=wB_UsqiaWGXAXNsBUp-dhX4sg8ICxQacw33fVOj9ZIJLQePtem CLsLuQJXF-ihkl 摘自百度百科

（6）非经济报酬。非经济报酬包括工作环境和工作特征。工作环境包括软硬件设施、人际关系、工作场所的便利性、企业的制度等。工作特征包括工作的重要性、学习性、趣味性、晋升机会、发展潜力等。

2. 薪酬设计考虑因素

创业企业的薪酬设计应遵循高工资、低福利,简明实用的原则。

企业内部可以分为技术型部门、服务型部门,不同类型的部门工薪制度应该有所区别。

（1）技术型部门。企业对于高技术人才具有较强的依赖性,在薪酬设计上,必须考虑企业的长远发展和相对稳定性。因此可在基本工资的基础上分给高技术人才少量股份,按年给予分红或采取高薪加高福利的政策。管理型人才也是如此。例如：美国石油巨子保罗·盖帝聘用乔治·米勒管理一些油田,米勒是优秀的管理人才,但由于米勒缺乏切身感,导致油田费用上升,利润减少。后来,盖帝把那片油田交给米勒,不再付薪水,改用油田利润百分比支付报酬。两个月后,油田的费用减少,产量与利润大增。经营企业的诀窍,无非就是把员工脑袋里"你们"的观念,有效地转变为"我们"。

（2）服务型部门。因为服务型人才的人才市场比较大,因此服务型部门应采用等级工薪制度。企业应将岗位与薪水联系在一起,让员工为了能够升职加薪而努力工作。

3. 薪酬设计的注意事项

（1）可适当增加优秀员工与普遍员工之间的薪酬差异,这样有助于稳定优秀员工继续努力工作,差异较小易引起优秀员工的不满。同等级工作的员工之间的薪酬差异应尽量缩小,这样才不会造成员工的不满。

（2）企业应避免将工薪制度与激励制度混淆,对于创业企业,更要注意此问题,否则会导致基本工薪制度与激励制度的混乱,打击员工的工作热情。

（3）薪酬的内容多种多样,但企业中身处不同位置的员工对薪酬内容的关注方向并不相同,因此在设计薪酬制度时应充分考虑这一点,表 7.2 体现了企业员工关注薪酬问题的差异。

表 7.2　企业各类人员关注的问题

排　序	管　理　者	专业人员	事务人员	钟　点　工
1	报酬	晋升	报酬	报酬
2	晋升	报酬	晋升	稳定
3	权威	挑战性	管理	尊重
4	成就	新技能	尊重	管理
5	挑战性	管理	稳定	晋升

资料链接：[美]迈克尔·比尔等：《管理人力资本》,143 页,北京,华夏出版社,1999.

从表 7.2 中可以看出,所有的员工都很注重经济性报酬,因此在设计时企业应尤其注意与同行业水准保持水平或以上;固定员工也比较注重晋升,因此要保证有较好的升职空间。管理者还侧重于权威、成就、挑战性等工作特征;专业人员侧重挑战性、能否获取新技能等工作特征;普通事务人员和钟点工注重工作环境及他人尊重。

资料来源：http://www.iceo.com.cn/renwu2013/2013/0607/267701.shtml 摘自中国企业家网

7.1.4　创业企业的人员架构

企业在创业之初可能只有两个或三个合伙人。他们之间的关系非常亲密且非正式,互相之间没有严格要求。但随着企业的逐渐发展,初创公司的总人数在不断增加,就需要改变小作坊式的管理方式,转变为专业的管理团队。要从小作坊转变为正规的企业,选择管理班底并不是一件简单的事,必须不断地挖掘,把真才实学的人选进公司并且留住。许多公司在向专业化管理转变的过程中消亡了，原因在于没有建立起一个专业、高效的管理班底。搭建这个班底需要遵循以下几个原则：

① 聘请有经验的人员。

② 选择素质较高的人员。

③ 尽量寻找共同共事过的朋友。

④ 选择认同本公司文化的人员。

⑤ 管理层的人数要尽量少。

⑥ 树立共同的目标。

管理班底搭建的过程会非常艰辛，创业企业在从为生存而努力挣扎的小作坊组织发展成更为成熟的企业时，不可避免地要同一群不认识、不了解、难以信任的人相处，这些人会经常更换，直到形成最满意的群体。创业企业可以采用"顾问"体系来形成管理班子，即聘请一些企业退休或在业务关系中有经验的人，担当年轻管理人员的顾问，指导工作。长此以往，公司的管理班底会随着业务的增长而逐渐成熟。

案例分享

马云首度披露阿里合伙人制度：已有 28 位合伙人

对于备受关注的阿里巴巴合伙人制度，2013 年 9 月 10 日正值阿里巴巴的 14 年周年庆，阿里巴巴集团董事局主席马云以内部邮件形式首度向外界披露。

在邮件中，马云表示，从 2010 年开始，集团开始在管理团队内部试运行合伙人制度，每一年选拔新合伙人加入。经过三年的试运营，阿里已经产生了 28 位合伙人。"在 3 年试运行基础上，我们相信阿里巴巴合伙人制度可以正式宣布建立了！"

邮件指出，成为阿里巴巴合伙人的基本条件包括——"在阿里巴巴工作五年以上，具备优秀的领导能力，高度认同公司文化，并且对公司发展有积极性贡献，愿意为公司文化和使命传承竭尽全力"。

"有别于绝大部分现行的合伙人制度，我们建立的不是一个利益集团，更不是为了更好控制这家公司的权力机构，而是企业内在动力机制。"马云指出，这个机制将传承我们的使命、愿景和价值观，确保阿里创新不断，组织更加完善，在未来的市场中更加灵活，更有竞争力。

对于近期阿里巴巴与香港证监会在合伙人制度上的分歧，马云称，我们也希望阿里巴巴合伙人制度能在公开透明的基础上，弥补目前资本市场短期逐利趋势对企业长远发展的干扰，给所有股东更好地长期回报。

最后，马云在公开信中还对阿里巴巴上市问题作出回应："我们不在乎在哪里上市，但我们在乎我们上市的地方，必须支持这种开放、创新、承担责任和推崇长期发展的文化。"

资料来源：摘自 http://www.iceo.com.cn/renwu2013/133/2013/0910/270801.shtml 中国企业家网

7.1.5　创业企业的人员管理制度设计

创业企业的管理工作主要是抓好人事和财务两个方面的管理工作。人事方面主要体现在管理制度设计，应注意把握以下几个方面：

（1）制定规章制度。制定并遵守既定的规章制度。制度一旦制定，就需要人人遵守，不允许出现特权，而且一旦制定，不能随便更改。

（2）股东之间的信任度。由于创业企业规模小，许多问题都可以直接沟通，此时，应该采用实事求是的处事风格，减少企业内部人心不团结的情况，把许多优秀的人才凝聚在一起，向着同一个目标去努力。

（3）明确分工职责。企业管理制度的制定应明确每个人的责任分工和上下级关系，减少出现问题相互推诿的现象和员工工作定位混乱的问题，否则将严重阻碍企业发展。

（4）明确战略核心。企业每一阶段都有不同的战略核心，作为创业企业应先将战略核心定位于业务上，明确客户需求，积极开拓市场，扩大市场占有率，这是提高企业管理的有效途径。

（5）权力下放。对于创业企业的管理者，要学会将自己手中的权力下放，考虑身处位置应该考虑的问题，尽量避免在一些无关紧要的事务上耗费精力，下属能决定的事情尽量由下属决定。但权力下放并不意味着放任不管，而是在必须加以控制的方面与员工发挥自主性之间找到一个平衡点，当下属犹豫不决或出现重大问题需要决策的时候，管理者要及时作出决定。权力下放有利于提高下属的积极性，并且可以培养得力助手。

案例分享

2011 年 4 月 18 日，《21 世纪经济报道》采访了希尔顿 CEO 克里斯多弗·纳塞塔，从一家专注于美国本土市场、国际业务比重小、家族型领导的松散企业，蜕变为今日新兴市场驱动、拥有 90%的空降高级职业经理人团队的全新公司，纳塞塔推动了彻底的变革，其变革动力是什么呢？

纳塞塔个人认为形成战略共识（Alignment）与权力下放（Empowerment）是希尔顿公司由家族决策、摒弃国际风险转变为由新兴市场驱动、拥有大量空降高级职业经理人团队的全新公司的关键性要求。

全球各地的公司雇员都必须围绕公司的愿景而存在，对公司的战略优先点要有清晰的认可，而其中一个战略优先点就是国际增长。希尔顿存在了近百年，但在最近的 50—60 年间处于分裂又重新联合的波折状态，本土与国际业务的企业文化存在很大差异，致使全球各地对希尔顿公司的愿景和使命、战略优先点存在各种不同的认识。纳塞塔考虑到希尔顿公司规模的庞大以及在 84 个市场运作的现实，统一公司的愿景和使命、价值观、战略优先点成了他的头号任务。尽管这涉及 600 000 人的沟通和信息的传达。纳塞塔还是花了大量时间取得了一致的共识。

第二点就是权力下放，创造负责与问责文化。纳塞塔坦言："无论我有多么勤奋，我能一年到访多少次中国、印度、东欧、中东、拉美和美国全境各地？我只是一个人，高级管理层的人数也寥寥可数。我们必须动员公司上下，明确我们要走的方向，再让他们拥有实现这一路径的工具。"

资料来源：**http://www.21cbh.com/HTML/2011-4-25/4NMDAwMDIzNTI4NA.html** 摘自 21 世纪经济报道

（6）避免社会关系对工作关系的干扰。创业企业的员工多半与创业者有学业、亲属或地域之间的关系。这些关系会在一定程度上影响企业内部正常的工作关系，导致管理者不容易按规范行使企业管理权。因此，在企业创立之初就应当明确一条：坚持制度管理，绝不感情用事。

7.2 营销管理

创业企业必须在自有产品出现之前构思出整套营销体系，加之以丰富的创造力和想象力，在激烈的市场环境中得到最大范围的瞩目，同时迸发出顽强的生命力稳占市场先机，这正是许多成功的创业者所依靠的有效营销策略。

创业企业的营销从各方面来说有别于既有企业的营销，主要有以下几点原因。

1. 创业企业的资金有限

低成本的营销活动在初创企业的经营管理中占有一个至关重要的地位，一系列的企业运营活动消耗大部分的企业资金，此时，创业者不得不追求低成本、高效率、传播范围大的营销策略，这无疑增加了营销活动的难度。

2. 拥有的市场资源有限

大多数新企业市场份额很少或者基本没有任何市场份额，加之有限的市场地域分布，很大程度上缩小了企业发展的宽度，使之难以形成任何规模的经济效益。

3. 信息资源的局限

面对严峻的市场挑战，没有及时而可靠的信息源，如同在黑夜中航行，摸不着边际的同时，急于求成的决策往往被强硬的个人主义和偏见所影响。

在透彻地了解自身有限的资源条件的前提下，我们关注到新进企业面临的迫切需要解决的营销问题，首要的是探讨如何进行市场定位（STP 营销），确立方向后，再对如何开展 4P 营销活动进行分析。

7.2.1 市场定位

在当今信息化飞速发展、产品日新月异的市场中，来自各层面的信息涌现在广大消费者眼前，同质化的产品更是铺天盖地而来。如何令自己的产品从巨大的信息量中脱颖而出，市场定位是一个不可忽视的关键性因素。如何准确地掌握市场定位的主动权，创业者要遵循三个步骤：市场细分（Segmenting）、选择目标市场（Targeting）、创新性的产品定位（Positioning），简称"STP 营销"。

1. 市场细分

市场细分，作为整套营销体系中的奠基之石，却经常被创业者所忽视。这就导致了企业在初创道路上走了不少弯路，甚至是下坡路，错失把握新产品或服务的潜在市场机会，在此后的经营过程中想要收复失地就更是难上加难了。例如：华纳公司曾向潜在客户发出介绍一部新片的 Rich 电子邮件（属于宽带广告的一种，除了提供在线视频的即时播放之外，内容本身还包括图片、网页、超链接等资源，与影音作同步的播出），跟踪结果表明，邮件的点击率为 40%，成交率达到 12%，当然，取得较好效果的前提俨然是对潜在客户的准确细分，反之，盲目地发送邮件，再好的广告技术、营销手段都是徒劳。

市场细分的基础是客观存在的需求的差异性，具体产品具体识别细分标准、细分的重要特征，然后逐步描绘出细分市场的外形，最后结合使用人群的特征及其独特消费模式完善细分市场的定义。

我们可以选择更全面的角度来分析市场细分的适用问题。希望"物极而必反"这一词能敲醒那些一味服务于细分客户的创业者，市场细分并非灵丹妙药，不是对所有企业都能奏效。根据各种行业特点的不同，只有在必要的情况下才进行市场细分，而不是盲目地划分出更加细小的市场，为自己堵住了出路。同时要避免大家共同争夺同一个顾客群的情况，单纯着眼于易进入和容量最大的市场，意味着资源的浪费和无休止地挣扎求存。适当实施"反细分策略"，通过省略或整合某些细分市场以减少其数目，能扩大产品的适销范围，增加销售量。

2. 选择目标市场

选择目标市场是在比较不同细分市场的吸引力的基础上，结合自身的目标、资源与该细分市场的情况一起考虑，最后选择具有一定规模和发展前景的细分市场作为目标市场。创业者通常会遇到以下四种情况：

（1）吸引力较大，但不符合创业者长远目标的细分市场，因而不得不放弃。

（2）不明确自己是否完全具备在该细分市场稳操胜券的技术和资源，贸然地选择，如同在创业道路盖上一层薄雾，即看不清前方的路，更缩小了视线范围，忽视了四面八方而来的竞争者。

（3）具有潜在的发展空间，但不能推动创业者完成自身目标的细分市场，有可能导致企业的精力分散，使其创业道路愈加漫长而艰辛。

（4）吸引力大而前景辽阔的细分市场，是众多创业者梦境般的"陷阱"。如果在某个细分市场的某方面缺乏必要的能力，并且无法获取该能力时，那么创业者也必须放弃这个细分市场，"量力而行"适用于每一位消费市场的参与者。

"选择"方面，创业者应周全探讨细分市场的特征，同时衡量自身是否具备在该领域建立优势的能力，得以压倒竞争对手。如果不具备占据优势的能力，创业者就不应贸然地加入到该竞争中。在参考自身优势与资源的前提下，我们可以选择目标市场的五种模式：产品市场集中化、产品专业化、市场专业化、选择性专业化和整体市场。

两大注意事项始终贯穿整个选择目标市场的过程。第一，企业要持续地检测目标市场的吸引力，以适时地调整自身可提供的产品或服务，迎合该市场的需求，为企业时刻注入活力。第二，关注社会偏好的变化，因为目标市场的吸引力有可能随着社会的偏好而增加或减少，甚至完全流失掉。尽管企业做好了一切工作，也可能在此前功尽弃。

3. 创新性的产品定位

市场定位并不是纯粹地对一件产品的创新性设计或者改造，更多的是在客户心目中的形象塑造与产品功能的导入。总结一下市场定位的必要性，主要是创造差异、有助于形成竞争优势、为制定各种营销策略提供前提和依据等。而这些必要性的体现都来源于产品，使本企业的产品与其他产品区分开来，创新性的产品定位能迅速地在顾客心目中留下明显的差别化印象，从而占据到特殊的位置。例如：美汁源的广告语"你给我阳光，两百天阳光，两百天阳光和健康都给你"这么一句朗朗上口的歌词，就显而易见地把美汁源的果汁与其他同类产品区分开来，暗示它并非浓缩果汁勾兑而成，而是实实在在的水果精华。

在创新性的产品定位中不得不提到的一个定位工具——价值曲线。这个概念是指企业把主要精力投放在创造顾客与自身价值的提升上，以此创造出完全属于自己的一片无人之"竞"，用产品实力摆脱竞争对手。

7.2.2　创业企业的 4P实用

经过谨慎而灵活的市场定位后，一系列的营销组合的计划工作紧接而来。企业一旦确立了市场的定位，必须借助一组可控的战术性的营销工具来夯实企业在目标市场上的基础，并达到预期的市场反馈，我们称该工具为——营销组合，其主要分为四类：产品（Product）、价格（Price）、促销（Promotion）和渠道（Place，或分销，Distribution），即 4P。结合初创企业的情况，4P 的运用与特征如下。

1. 产品

产品，大至一辆汽车，小至一根线，人们需要这些产品无非是因为它们能帮助自己增加价值，正是产品的该特性，抓住了目标客户的心。因此，创业企业除了致力于满足顾客的价值主张，还必须提供明显性相对较强的差异化产品。

创业企业由于经验不足，在很多方面都是依靠学习既有企业的经营模式，从而一步一步地探究自己的生存之道的，万变不离其宗关键在于——新产品。许多企业的成功建立和发展都是基于新产品的创建，可见实现顾客未得到满足的需求，带动的不单单是消费，而是整个企业的腾飞，这不正是每个创业者乃至守业者所奋力追求的吗？随着全球化和信息化的发展，产品更新换代的速度将不断加快，市场竞争态势越演越烈，企业所要承受的压力越来越大，不管是创业还是守业，想要维持获利的市场地位，必须依靠持续不断的新产品开发。

新产品的设计完成后，首次的推广对该产品的销售同样起着关键的作用。推广方案的设计中必须考虑到其潜在的传播范围，正确地选择参考客户和产品展示方式至关重要。其一，参考客户是企业产品的早期使用者，他们有意愿向身边的人传播自己使用产品的体验感受，同时传递产品信息，促进产品的推广。在该类人群的选择上，除了依据新产品面向的目标客户之外，建议可尝试与目标客户相关的人群，例如男士的保暖用品，可选择30岁以上女性作参考客户。其二，为吸引参考客户并换取他们试用产品的反馈感受，新企业必须经常向最初的尝试者提供低价或免费的产品服务等，值得注意的是该活动必须在公正公开的平台上进行，并承诺不收取任何间接费用。一些消费者不太愿意尝试新产品，在此企业采用鼓励性和推动性的展示方式，加之以低价的诱惑，很大程度上的排除顾客心中的忧虑，从而决定尝试新事物。

2. 价格

产品的价值是产品定价的基础。合理的定价，有利于新企业形象的提升。过高的定价，加上产品是新品牌，容易让价格敏感性较强的顾客产生抵触心理，进一步降低了顾客的尝试意愿；过低的定价，受到消费者长期形成"便宜没好货"的观点所影响，在顾客心目中形成低劣的企业形象，在日后的企业发展中是难以改变的。许多商家经过实战后，明白的一个道理是"降价容易，升价难"，再次强调了新企业初次定价的重要性。

根据企业不同时期的需要，灵活地对产品实施价格调整，以下四种定价方法可供企业管理者选择：成本导向定价法、需求导向定价法、竞争导向定价法和认知价值定价法。大部分创业者选择成本导向定价法和竞争导向定价法，而事实上这两种方法较为适合既有企业的定价。既有企业的经营状况较稳定故选择成本导向定价法，而新企业在一开始的产品成本投入方面可能会出现过高的现象，从而一步步影响定价，相反既有企业在成本控制方面较成熟，定价也趋向正常。竞争导向定价法，最容易让新企业陷入"严重财政赤字"的困境。首先，创业者一定要抵制住用降低价格来提高市场占有率的诱惑，然后再去考虑其他力争上游的办法。

到底哪种才是新企业最优的定价法呢？大部分专家推荐认知价值定价法，是根据消费者对产品价值的认识程度来确定产品价格的一种定价方法，随着市场形势的瞬息万变，新企业在考虑自身的成本的同时，还必须注重顾客对所需产品的价值认知程度。

3. 促销

促销实质上是一种信息沟通，企业作为信息发送者，推送具有一定吸引能力的产品或服务，加之以相关信息，通过多种多样的途径到达目标客户从而对其购买意愿与行为进行影响。我们可以参考相关市场营销教材知识，选择以下三种促销策略：推式策略、拉式策略和组合策略，即通过推销人员把产品推向市场、利用各种形式宣传产品以拉拢客人和以上两种方式的组合等三和促销策略的运用进行的强力促销。

对于新企业，有效的促销能大力地拉快企业发展的进程，带动企业市场份额的瞬间扩大，但从长远来看，想要达到良好而长效的促销效果必须依靠一系列创新性强、充满生机活力的营销策略。以下引入的"病毒式营销"和"游击营销"是近年来大多数成功例子引证而来的创新性营销策略，两者相互联系、促进，因而被各行业的创业者所争相学习和追捧。

📖 **知识拓展**

游击营销

　　游击营销，作为反传统营销方式的一种，同样非常迎合新企业低成本营销的需求。此理念由美国资深营销专家杰伊·莱文森首创，与传统营销方式的区别在于公关活动与传播媒介的选择，不依靠传统的大型活动等形式进行产品宣传，注重创意活动来吸引顾客。基本不考虑大众媒体，而主要倾向于自己独特的传播途径。由此，创造力成为游击营销的关键要素。

　　之前，在充满争议的美国中期选举中，奥巴马总统指责共和党的不作为时说，美国经济像是开进沟的车，当民主党辛勤流汗、努力想把车拖出来时，"共和党人却在冷眼旁观，喝思乐冰"。选举结束后，心情稍微好转的奥巴马开玩笑说，将在白宫为即将到来的共和党发言人约翰·博纳（John Boehner）举行"思乐冰峰会"。7-11便利店抓住这个机会，动用他们所有的市场营销力量，巧妙地把奥巴马变成了他们最有名的产品代言人。这个便利店企业与广告代理商 FreshWorks 合作，一起创造了"思乐冰统一之旅（Slurpee Unity Tour）"。他们设计了一个广告牌如图7.1所示，上面画着一头代表民主党的大象和一头代表共和党的驴子，大象和驴子共同分享一杯思乐冰（象征两党和解）。他们将广告牌放在一辆卡车上，并让这辆卡车走遍全美，进行宣传，并为人们提供试饮。

图 7.1　"思乐冰统一之旅"广告牌

资料来源：Jennifer Wang，2012 年 03 月 24 日《十大成功病毒营销案例解析》

4. 渠道

　　营销渠道的建立，就是思考：生产出来的产品往哪里卖；比较直接销售和间接销售的方式，哪个有助于企业达到预期目标。对于直接销售与间接销售优缺点的分析如表7.3所示。

表 7.3　直接销售与间接销售的优缺点

销 售 形 式	直 接 销 售	间 接 销 售
优势	产品从企业到最终客户的整个转移过程受到企业的全方位控制，不需要依赖第三方。 信息化的发展，随着网购的兴起，为直接销售创造了新方向，依靠网络平台能节省庞大的渠道建立支出。 减少流通环节，降低业务费用和分销成本，体现直接销售的快捷性。 企业拥有一套完整直接销售体系是企业实力的表现，有利于树立和维护企业的良好形象	拓展市场，扩大销售渠道，对企业市场占有率的提高起到显著的作用。 有利于企业进行专业化的生产。企业可以专心致力于改进生产，强化技术实力，提高经营效率。 有利于企业的风险分散，为新企业成长创造一个平稳的销售环境

续表

销售形式	直接销售	间接销售
劣势	由于企业自身销售能力有限，单纯地采用直接销售不利于销售市场的扩大。 直接销售体系的建立必然扩大企业机构人数和资金的投入，一系列成本开支，加重了新企业的财务负担。 企业独自承担全部风险，如销售困难，利润降低等，不利于风险转移	采用传统而缓慢的间接销售方式，有可能存在一段较长的滞留时间，不利于新企业资金的回收和对市场需求作出快速的反应。 不便于直接沟通信息。产品信息容易被拦截或误解。 增加了销售环节，加重消费者负担

资料来源：百度文库/百度百科——直接销售与间接销售的优缺点分析

选择直接销售方式的新企业，关键是要在处理好企业财政管理的基础上积极地寻找顾客，同时也可尝试网络销售的方式，进一步扩张企业销售体系。而选择间接销售的新企业，关键在于尽可能地减少销售环节，找到合适的中间商并对其进行定期的管理，时刻关注对产品的控制。创业者不仅要仔细衡量两种销售方式的利弊，还必须认真地了解渠道，增加对行业内的渠道行为的认识，以制定适合而高效率的渠道战略。

7.3 财务管理

创立任何一个新企业、新公司首先需要创业资本。创业资本是创业者所拥有或能够使用的一切资源，包括自己拥有的资金以及各种实物，也包括从他人那里借来的钱财、物品。当创业资本不足时，企业需要通过融资来获取足够的资金。

7.3.1 创业企业的融资管理

创业企业不同时期的融资管理如下。

1. 种子期的融资管理

种子期是指技术的酝酿与发明阶段，这一时期的资金需求量很少，创业者个人的积蓄、家庭财产、朋友借款、申请国家创业基金等都是可以满足种子期的基本需要，但也可以寻求专业的创业资本家或创业投资者。

要获得创业投资者的支持，相对于获得亲友资助会困难很多，创业者需要站在投资者的立场思考需要准备哪些材料才能说服投资者进行投资。投资者的最终目的是盈利，因此，创业者必须对产品的市场销售情况和利润情况进行详细的调查、科学的分析预测，形成一份可行的策划书，提供给创业投资者。若投资者考察合格，创业者将会获得资金、固定资产或产品订单等支持。对于创业投资家而言，创业企业收益具有不确定性且不易评测，企业投资回报期越长，创业投资者所要求的投资回报率就越高，因此在制定融资策划书时，创业者必须考虑到投资者投资的回报期、投资回报率等关键性因素。

2. 导入期的融资管理

导入期是指技术创新和产品试销阶段，这一阶段的经费投入明显增加。这一阶段的企业要减少产品制造，因为产品创新需要测试使用，以便排除使用风险，同时在市场投入少量产品进行试销，根据市场反应决定产品下一步的制造数量。

这个阶段主要资金来源是创业投资者增加的资本投入，又称导入资本。创业者可以将创新产品提供给创业投资者试用，并且提供营销策划书。

3. 成长期的融资管理

成长期对应于企业发展中的成长阶段和扩张阶段，也即技术发展和生产扩大阶段。成长期是创业企业的主要阶段，此阶段面临的主要风险是市场风险和管理风险，技术风险已经在前两个阶段奠定了基础。当新技术已趋于成熟，市场反应不错的时候，竞争者也会纷纷效仿，因此如何保持技术先进又能争取市场份额成为企业的重要任务。同时，企业规模的扩大会带来新的管理问题：原先少数人的管理模式是否适宜现在的企业发展。

这一阶段的资金被称为成长资本或扩展资本。由于创业企业的特殊性，企业资金的主要来源是原有创业投资者的追加投入和新的创业资本的投入。

4. 成熟期的融资管理

成熟期是指技术成熟和产品进入规模化大生产阶段。该阶段企业的资金需求量大，但是由于在这一阶段的企业的市场占有率已趋于稳定，企业产品的销售可以带来大量的现金以便保证企业运转，企业利润已接近行业平均利润率，因此不再需要创业资本的投入。

这一阶段的资金被称为成熟资本。

资料链接

创业企业的一般融资途径

信用担保融资

信用担保是介于商业银行与企业之间的一种结合信誉证明和资产责任保证的中介服务活动。担保人是被担保人潜在的债权人和资产所有者，因此担保人也有权对被担保人的生产经营活动进行监督，甚至参与经营管理活动。

特点：担保的实质是风险防范和分散而非风险的转移。担保的介入分散了商业银行对于企业贷款的风险，因此随着中小企业信用担保体系的日趋成熟，越来越多的中小企业开始申请机构担保，但中小企业应选择可信赖的信用担保机构。

银行贷款融资

银行贷款是指银行以一定的利率将资金贷款发放给资金需要者，并在约定期限归还的一种经济行为。银行贷款风险小、成本低，合理利用银行贷款，是中小企业解决资金困难，取得经营成功的重要手段。

特点：

手续较为简单，融资速度快。

借贷双方可以灵活协商处理条款问题。

借贷利率较低

银行贷款利息可以进入成本，取得所得税前抵减效应，从而相对减轻企业税负。

民间借贷融资

民间借贷融资是指自然人与法人、其他组织之间的借贷关系。

特点：

借贷主体主要是私人个体，包括：企业、行政事业单位、村委、私营企业主、个体户等。

资金来源于以下几个方面：① 商人在生产经营中的积累；② 城乡居民的劳动收入和历年积蓄；③ 向银行和亲戚朋友借入资金。自有资金占绝对比重，借入资金的比重很小。

民间借贷以官方利率为基准，风险实行和交易费用加成定价法制定利息。

资料链接：《创业综合模拟实训教程》，张志勇、罗勇编著，西南财经大学出版社，**2012**年**2**月

7.3.2 现金流管理

"现金为王"的理财观念，已经渗透到企业运营的每一个环节，可见现金流量成为了影响企业价值的直接因素。不想在起步期就被财务问题所绊倒，就必须及早关注企业内现金的流动情况。利润良好但没有或呈负现金流的企业，有可能陷入无法支付的危机；而现金流呈正向且良好的企业，即使利润情况不理想，却无生存之虞。美国最大破产案——安然公司的倒闭证明了这一点。

1. 现金流的类型

现金流有三种不同的类型，即运营现金流、投资现金流和筹资现金流。

（1）运营现金流。按照现金流定义，运营现金流等于运营现金收入减去运营现金支出。在企业初创期通常会大量地消耗资金，即运营现金的大量支出，企业通常在这段时期几乎没有运营现金收入，这就导致了很多新企业在最初的几年里相继倒闭。

（2）投资现金流。根据投资的方面，投资现金流可分为企业内部投资现金流和企业外部投资现金流，而一般新企业在起步阶段并不考虑对外较大的投资，所以本小节主要讨论新企业的内部投资现金流部分，包括初始现金投资在固定资产上的、垫支的流动资金如材料存货、其他投资费用等。因为初始现金流量有限，新企业对投资现金的分配上必须更加细致谨慎。

（3）筹资现金流。筹资现金流是指企业从外部筹集现金的净值，包括初始现金收入、新债、还旧债、支付股东红利等活动。很多新企业容易把流动负债中的短期借款和负债利息计入筹资现金流中，按我国财政部规定，其实应当计入运营现金流。

2. 现金流风险分析

创业企业往往侧重于市场的开拓和企业的成长，而忽视了财务管理的重要性，累积了大量的财务风险。因此，一套适合自身企业的财务危机预警系统，有利于企业及早发现风险并加以防范。通过对企业的现金偿还债务能力、获取现金能力和收益质量进行分析并设计预警指标，从而得到企业现金流风险的预测结果。

现金偿还债务分析依据是现金流量与当期债务比（经营活动现金净流量/流动负债）、现金债务保障率（经营现金净流量/债务总额）。新企业要在适度衡量两大比率后再作借贷或再投资计划。

获取现金能力分析依据是每元销售现金净流入（经营现金净流量/销售收入净额）、每股经营现金流量（经营活动现金净流量—优先股股利/发行在外的普通股股数）、全部资产现金回收率（经营活动现金净流量/全部资产）。

收益质量分析依据是现金营运指数（经营活动现金净流量/（经营净收益+经营非付现费用）。

3. 现金流的规划与优化

预计现金流量表是现金流量规划的基础性工具，能帮助企业了解计划期内企业的资金流转状况和提高企业经营能力，使企业有效调度资金，保证现金流量的正常循环。

现金流量优化就是使企业的现金流转顺畅，在满足企业需要的同时，实现效益最大化。通过对经营、投资与筹资活动的现金流量优化来平衡资金收支、加快资金周转及提高资金使用效率。

在经营活动中，新企业可以选择提高产品销量和控制成本开支，以实现现金流量的优化作用。有的企业则选择通过高售低进而实现产品利润率的提高，事实上这种方法适用于个别实力雄厚的企业，不宜成为新企业优化现金流量的手段。

在投资活动中，确定合理的投资数量对于新企业尤为重要。这里的"投资"是指创业企业的内部投资。随着企业的稳步成长发展，选择适当的对外投资方式，进行合理投资，同样有助于企业现金流量的增加。

在筹资活动中，新企业选择合理的筹资方式。新企业在初创阶段的财务风险承受能力较低甚至近乎零，在追求效益和效率的同时，必须坚持适度风险原则，进行筹资方式和筹资数量的选择。

7.3.3 创业企业财务预算

财务预算是一系列专门反映企业未来一定预算期内财务状况和经营成果，以及现金收支等各种价值指标的预算总称，具体包括现金预算、财务费用预算、预计利润表和预计资产负债表等内容。由于初始投资金额有限，创业企业的投资项目类别需要根据企业定位而慎重选择，本节重点介绍融资需求预测、销售预算、成本预算以及预算利润表和预计资产负债表。

1. 融资需求预测

融资需求预测是指估计企业未来的融资需求量。融资需求预测虽然不能准确地预测出融资所需的资金量，但是它会给人们展现未来的各种可能的前景，促使创业者对未来进行认知和思考，制定出应急计划，提高企业对不确定事件的反应能力，从而趋利避害。对于创业企业，融资大多指从外部筹集的资金，因为创业企业最初没有利润，无法利用利润进行再生产或支持研发，因此，针对创业企业，我们主要介绍外部融资的预测。

外部融资需求主要采用销售百分比法，即根据能够反映企业生产经营规模的销售因素与能够反映企业资金占用的资产因素之间的数量比例关系来预计企业融资需求量的融资需求预测方法。需要假设资产、负债、收入、成本与销售额构成成正比，但往往与现实实际情况相悖。百分比法的优点是：使用成本低，便于了解主要变量之间的关系。

外部融资需求量＝经营资产销售百分比×销售变动额－经营负债销售百分比×销售变动额－销售净利率×计划销售额×留存收益比率

经营资产销售百分比＝随销售变化的资产/基期销售额

经营负债销售百分比＝随销售变化的负债/基期销售额

留存收益比率＝留存收益/净利润

*该公式的假设条件：可以动用的金融资产为0。

例 7-1：宏途公司 2012 年销售收入为 10 000 万元，现在还有剩余生产能力，并且不需要进行固定资产方面的投资。假定销售净利率为 10%，如果 2013 年的销售收入提高到 12 000 万元，那么需要从外界融通多少资金？参考宏途公司 2012 年 12 月 31 日的简要资产负债表（表 7.4）和宏途公司销售的百分率表（表 7.5）。

表 7.4 宏途公司简要资产负债表

2012 年 12 月 31 日 单位：万元

资　产		负债与所有者权益	
现金	500	应付账款	1000
应收账款	1500	应付费用	500
存货	3000	短期借款	2500
固定资产净值		公司债券	1000
		实收资本	2000
		留存收益	1000
资产合计	8000	负债与所有者权益	8000

资产一方除固定资产净值外都随着销售量增加而增加，负债与所有者权益一方，应付账款和应付费用也会随销售的增加而自动增加。

表 7.5 宏途公司销售百分率表

资　产	占销售收入%	负债与所有者权益	占销售收入%
现金	5	应付账款	10
应收账款	15	应付费用	5
存货	30	短期借款	不变
固定资产净值	不变	公司债券	不变
		实收资本	不变
		留存收益	不变
合计	50	负债与所有者权益	15

以应收账款为例：1500/10 000 = 15%

外部融资需求量=50%×（12 000 −10 000）−15%×（12 000-10 000）−10%×12 000×40%

=220（万元）

2. 销售预算

销售预算是指为规划一定预算期内因组织销售活动而引起的销售收入而编制的一种日常业务预算。销售预算计算程序如下：

（1）计算各种产品的预计销售收入。

某种产品预计销售收入=该种产品预计单价×该产品预计销售量

（2）预计销售收入总额。

预计销售收入总额=Σ某种产品预计销售收入

（3）预计在预算期发生的与销售收入相关的增值税销项税。

某期增值税销项税额=该项预计销售收入总额×该期适用的增值税率

（4）预计预算期含税销售收入。

某期含税销售收入=该期预计销售收入+该期预计销项税额

（5）本期实际收到的销售收入与收回前期的应收账款。

某期经营现金收入=当期含税销售收入×当期预计现销率+上期未收到的款项

例 7-2：宏通公司编制的 2011 年份季度销售预算如表 7.6 所示。

表 7.6　销售预算

单位：元

季　度		一	二	三	四	全　年
销售数量（件）	①	100	150	200	180	630
销售单价（元/件）	②	200	200	200	200	200
销售收入（元）	20×②	20 000	30 000	40 000	36 000	126 000

表 7.7　预计现金流入

单位：元

上年应收账款	6200				6 200
第一季度	12000	8000			20000
第二季度		18000	12000		30000
第三季度			24000	16000	40000
第四季度				21600	21600
现金流入合计	18200	26000	36000	37600	117000

3. 销售及管理费用预算

销售费用预算是指为规划一定预算期内企业在销售阶段组织产品销售发生各项费用水平而编制的一种日常业务预算。以销售预算为基础，要分析销售收入、销售利润以及销售利润和销售费用的关系，实现销售费用的最大利用率。

例 7-3：宏通公司编制 2011 年销售费用预算和管理费用预算如表 7.8 所示。

表 7.8　销售费用和管理费用预算

单位：元

项　目	金　额
销售费用	
销售人员工资	2 000
广告费	5 500
包装、运输费	3 000
保管费用	2 700
管理费用	
管理人员薪酬	4 000
福利费	800
保险费	600
办公费	1 400
合计	20 000
每季度支付现金（20 000/4）	5 000

4. 预计财务报表的编制

预计资产负债表编制是用于总括反映企业预算期末财务状况的一种财务预算。

例 7-4：华锋公司 2012 年简化的资产负债表预算如表 7.9 示。

表 7.9　资产负债表预算

单位：元

流 动 资 产		流 动 负 债	
库存现金	45 000	应付账款	6 000
应收账款	18 000	长期负债	
存货	11 520	负债合计	6 000
合计	74 520		
固定资产		所有者权益	
土地	60 000	实收资本	20 000
房屋及设备	240 000	盈余公积	128 520
减：折旧	400 000	所有者权益合计	328 520
合计	260 000		
资产总计	334 520	负债及所有者权益合计	334 520

预计利润表是指以货币形式综合反映预算期内企业经营活动成果计划水平内的一种财务预算。

例 7-5：华峰公司编制的 2012 年简化的利润预算如表 7.10 所示。

表7.10 利润预算

单位：元

销售收入	126 000
减：销货成本	56 700
销售毛利	69 300
减：销售及管理费用	20 000
营业净利润	49 300
减：利息费用	4 000
税前利润	45 300
减：所得税	11 325
净利润	33 975

7.3.4 财务分析

一般财务管理教材对财务分析作如下解释，是以企业的财务报告等会计资料为基础，对企业的财务状况、经营成果和现金流量进行分析和评价的一种方法。

1. 财务分析目的

不同的主体对财务分析信息有着各自不同的要求，例如股权投资者更看重的是企业利润表的数据，这是基于不同的利益考虑所决定的。企业债权人出于对其贷款的安全性考虑，而进行财务分析。企业股权投资者为进行有效的投资决策，必须对企业的盈利能力和风险状况进行财务分析，以便对企业价值或股票价值作评估。企业所有者是企业的另一个"分身"，与企业利益与共，故他们主要关心企业的投资风险、资本营利能力和企业经营前景。企业管理者通过财务分析所提供的信息来监控企业的经营活动和财务状况的变化，以便尽早发现问题并提前采取应对措施。

2. 财务分析内容

（1）偿债能力分析。偿债能力分析是指对企业短期和长期偿债能力的分析。其中短期偿债能力的指标包括流动比率、速动比率、现金比率、现金流量比率等。而长期偿债能力指标包括：资产负债率、股东权益比率、有形净值债务比率、已获利息倍数、到期债务本息偿还比率等。

（2）营运能力分析。该类别指标用于衡量企业组织、管理和营运特定资产的能力和效率。其中包括：应收账款周转率、存货周转率、流动资产周转率、固定资产周转率、总资产周转率。

（3）盈利能力分析。获取利润是企业的主要经营目标之一，它反映了企业的综合素质。其中获利能力强可以提高企业偿还债务能力，提升企业信誉。对于新企业来说，良好的盈利能力为企业的生存提供了保障。评价企业盈利能力的财务指标有：营业利润率、成本费用利润率、总资产报酬率、净资产收益率、每股收益、每股股利、市盈率、每股净资产。

（4）发展能力分析。企业发展能力是一个关系到企业管理者、投资者、债权人切身利益的能力，故涉及发展能力的各样指标同样得到极度的关注。其中包括：营业收入增长率、资本积累率、总资产增长率、营业收入三年平均增长率、资本三年平均增长率。对于新企业者来说，第四、五项的指标最值得注意，因为一般新企业在起步之初的3～5年里均会出现不同程度的亏损，亏损情况有可能越来越严重，呈现负增长属正常状态。此时，企业所有者对企业的去留应该结合多方面的因素和指标进行考虑，从而作出合理的判断。

（5）财务趋势分析。该项分析是指通过比较资产负债表、比较利润表、比较百分比财务报表、比较财务比率或利用图解法等，分析企业财务状况变化的趋势，预测企业未来的财务状况和发展前景。

（6）财务综合分析。综合企业风险、收益、成本和现金流量等各方面的财务状况进行分析、判断以及评价，进而提高企业财务管理水平。

以上六种能力的分析，均可选用比率分析法和比较分析法。

3．财务分析程序

新企业应遵循科学的财务分析程序对企业的各方面财务指标进行判断与评估，避免在财务分析过程中造成混乱而降低分析的效益和效率。财务分析的程序如下四步：

（1）确定财务分析范围，搜集有关的经济资料。

（2）选择适当的分析方法，确定分析指标。

（3）进行因素分析，抓住主要矛盾。

（4）为作出经济决策提供各种建议。

7.3.5 税务管理

依法履行纳税义务是每一个合法公民的光荣任务。作为市场的新进入者，更必须关注我国税法的变化，了解企业相关税务的缴纳事项，避免法律纠纷等问题阻碍新企业的成长与发展。

1．相关税种的了解

企业的相关税种主要包括企业所得税、个人所得税、营业税和增值税。此外，如果企业建立的区域是城市，还需要缴纳教育费附加和城市维护建设税，从事或涉及进出口业务的企业还必须缴纳关税。

（1）企业所得税：是对我国内资企业和经营单位的生产经营所得和其他所得征收的一种税，其中的企业是指按国家规定注册、登记的企业，这是每一个新企业首要遵循的法律程序。1994年工商税制的改革，实现了税制的简化和高效，并为进一步统一内外资企业所得税打下了良好的基础。如果创业者所创办的企业为个人独资企业或合伙企业就不使用本法，这两类企业征收个人所得税即可。其中"生产经营所得和其他所得"这方面，因为绝大多数创业企业在一般情况下"纯利润"的未实现，所以企业没有缴纳这项税收的义务。

（2）个人所得税：是以自然人取得的各类应税所得为征税对象而征收的一种所得税，在企业所得税中说道，个体工商户的纯利收入不需缴纳企业所得税，仍必须缴纳个人所得税。

（3）营业税：营业税属于流转税制中的一个主要税种，是对在我国境内提供应税劳务、转让无形资产或销售不动产的单位和个人，就其所取得的营业额征收的一种税。具有征税范围广、税源普遍的特点，但各行业在营业税的缴纳上有所不同，新企业必须了解清楚自己所在行业是否被纳入该税务的缴纳范围内。该税务征收的对象（税率）包括交通运输业（3%）、建筑业（3%）、金融保险业（5%）、邮电通信业（3%）、文化体育业（3%）、娱乐业（5%～20%）、服务业（5%）、不动产销售业（5%）等。

（4）增值税：是以生产经营者销售货物、提供应税劳务和进口货物的增值额为对象所征收的一种流转税。"增值额"=销售额-外购商品或劳务的金额，而"应纳增值税额"=增值额×税率=（销售额-外购价）×税率。而增值税的特点是按经营规模大小及会计核算健全与否划分：一般纳税人和小规模纳税人。多数新企业在初创阶段都属于小规模纳税人，即年销售额在规定标准以下，会计核算不健全的企业。其中增值征收率由过去的4%～6%，如今下调至3%，一定程度上改善了我国创业环境。此外，如果新企业日渐成熟，能够准确核算销项、进项税额，可办理一般纳税人认定手续。

明确企业自身所适用的税种和税率，响应国家征税义务，避免不必要的错漏与违法行为的发生。了解税务的征收范围与办法，从而对企业作出相应的税费计算和充分的缴纳准备，有助于企业经营中财务的管理。

2. 创业企业的税务设计

与征税义务相对应的是企业的一项基本权利——税收筹划。与其说是一项权利，倒不如说是一门艺术，纳税人在法律允许的范围内安排其自身经营活动，将其纳税义务筹划在适当的时间和地点，并以适当的形式发生，从而减轻税负，增加税后收益，这已成为企业经营战略的重要组成部分。多数新企业在税务筹划设计上存在的误区：把从事经济活动的最终目的仅定位在纳税额的最小化上，错误地忽略了追求利润最大化这一真正的筹划目标。

（1）创业企业适用的四大税收筹划武器。

① 关联交易：考虑在高税区企业向低税区企业转移利润或在低税区设立关联公司，或充分考虑价格的高低，避免成为纳税调整对象。绝大多数创业企业属于低税区企业，所以在筹划设计上应更重视定价方面的技巧。

② 改变交易性质：通过适当转变自身涉税事项，改变企业涉税事项的应税税种或税目，进而选用对自身最有利的税收政策，以达到降低税收成本的目的。

③ 会计处理：在没有触犯法律的前提下，企业资产通过折旧、摊销、销售等方式转化为期间费用，最终成为企业资产价值的来源和依据，这就要依赖会计人员在各环节的账务处理中结合科学知识，以拓宽企业纳税的选择空间。

④ 分立：分立的作用是为企业避开负重较大的税种，以达到减轻纳税成本的目的，主要是对增值税和营业税的税费成本的衡量。该武器适用于兼营或混营企业，对一般创业企业的起始阶段没有太大的实用性，却可以为企业日后的成长提供理论依据。

（2）额外税收负担筹划。

额外税收负担即按照税法规定应当予以征税，但却完全可以避免的税收负担。以上在"分立"中提到的兼营企业的增值税或营业税在计费上适用不同的税率，应单独核算，若忽略了这一点，统一从高适用税率进行计算。同样，企业兼营的减税、免税项目，也必须进行单独核算其销售额，如果企业没有完成该步骤，将不得减税、免税。最后一项的额外税收负担是来自企业本身的账务管理，税务机关遇到难以查账的情况时，如成本资料、费用凭证等各科目凭证的残缺不全或账目混乱，有权核定企业应缴税款。所以纳税人必须谨慎做好纳税调整方案，严格按照规定履行企业代收代缴、代扣代缴义务和遵循各项报批程序，进而加强财务核算，发挥财务杠杆优势。

3. 报税以及缴税程序

（1）报税，作为每个企业的法定义务，主要包括两项申报内容，其一，纳税申报表，或代扣代缴、代收代缴报告表；其二，与纳税申报有关的资料或证件按照国家规定，按期安排财务人员向国家税务机关报税。

（2）缴税，企业必须在税务机关规定的期限内缴纳流转税。

企业可以聘请会计公司会计完成报税或缴税的具体工作，新企业也可委托会计公司完成做这项工作。

7.4 客户管理

客户支持和客户数量是企业的存亡的关键，本小节主要介绍如何进行客户开发，如何向客户进行促销，如何进行客户管理，如何处理客户投诉等。

7.4.1　客户开发管理

1．如何进行客户访问

客户访问一般步骤如下。

（1）确定客户访问目的。企业根据自身需要来确定访问目的，包括客户意见的收集、通过访问联络感情、判断客户的信用状况、考察客户个人品质和经营风格、传达样品资料等信息。

（2）订立客户访问要点。确定对不同客户的访问计划并编制预定访问表。

（3）拟定具体计划。确定销售重点，合理分配时间，增加实际洽谈时间，从而提高访问效率。

（4）接近客户。消除客户的抵触情绪与戒备心理，让客户感受到企业的真诚，进而逐步接近客户。

（5）业务洽谈。新企业在业务洽谈上，"单刀直入"式的开篇不仅显示出洽谈人员欠缺商谈经验、鲁莽行事的缺点，同时暴露企业不成熟的一面。相反在谈话的开篇阶段，先主动向客户问好并寒暄几句，然后进行自我介绍，建立企业的友好形象后，在通过闲聊，相互了解，以寻找合作的契机，以此顺理成章地转入业务洽谈，最后并向客户表达下次合作的意愿，以结束本次洽谈。

在进行以上五大步骤期间，新企业还必须注意客户开发人员的行为活动细则，包括大方得体的仪表、诚恳的言辞和稳重端庄的动作。

2．相关合作客户的管理

（1）经销商管理。采用间接销售或复合销售的企业，必须做好经销商的管理工作以克服其销售模式的劣势。制定拜访计划——确定拜访目的（新产品的介绍或试销、推行促销方案、了解产品销售情况等）——接近经销商——查看库存并规范产品陈列——听取客户和经销商的异议反馈——表明本次拜访目的——提出企业建议——约定下次拜访——回公司后缴款、填写订单、通知发货。

（2）直销管理。直销管理程序大致与经销商管理相同，但必须更加注重对销售异议的及时处理。

3．客户代表要求规定

客户代表应具有优秀的素质、高效的业务处理能力，客户代表，是客户管理体系中乃至整个企业成功的关键要素。

（1）素质要求：勤奋、有勇气和进取心、具有创造力、真诚守信、对企业忠实、机敏、充满工作热情等。

（2）业务处理要求：对订货和货款的处理必须谨慎而及时。关注客户信用状况的变化、竞争对手的动态、市场供求走势、价格变动状况等，并及时向上级有关部门进行汇报。合理安排外勤和内勤时间，实现制定访问路线及次序，提高访问效率。访谈内容在事先的准备必须充足，并进行二次检查，避免因为内容的遗漏而增加工作量和降低访问效率。

（3）能力要求：在符合以上要求的前提下，企业应坚持鼓励性原则，根据客户代表的优良绩效作出奖励。此外向客户代表推荐或提供一些相应的培训课程，有助于其职业技能的提升。例如：提高他们发现潜在客户的能力，交换不同行业的客户名单、直接访问、老客户的介绍等，为企业发掘新客户；推销自己的能力，学习和利用微笑、细心、热诚、保持信用等"魅力"吸引客户，建立友好的客户关系，为产品的成功推销打下基础；增强客户代表的销售竞争力，利用自身优势，为客户提供更多的服务，以帮助企业扩大产品的市场占有率。

7.4.2 客户促销管理

1. 客户促销计划管理

结合创业企业所处的经营阶段特点进行分析，并制定以下促销计划管理办法。

（1）选择适用的促销手段。对于大多数新企业来说，在并没有太多的促销预算的情况下，可运用病毒式营销和游击试营销知识，制定有效的促销计划。

（2）关注产品销路，相应进行销售督促。每月月底举行整体的销售会议，利用此会检查上个月的计划与实际情况，对下一个月的销售额及收款作预估，并督促鼓励各销售负责部门努力完成销售目标。

（3）对交易客户设立交易奖励制度，以此促进购买。根据客户价值制定相应的奖励办法，实施时，先以特定地点为主，接着再依顺序逐渐对外扩大。

（4）对于优秀业务人员，应依据新市场开拓和销售额提高幅度等绩效加以区分，并给予不同程度的奖励，以示鼓励。

（5）提供促销培训。制定对外销售的各种处理标准，依据此标准指导各相关销售人员，进行演练培训。必要时可以聘请专业销售技术人员对员工进行指导。

（6）商品计划。重点推广企业生产独特、优良的新产品，塑造良好的企业形象，为企业日后的产品促销工作铺平道路。

（7）对抗竞争者的策略。作为市场的新进入者，因首先避免降低价格以博取市场份额的诱惑，理性地分析自身优势和对手的实力，制定对抗策略。

2. 客户促销实施管理

创业企业不应仅依靠精妙的促销计划，始终停留在"纸上谈兵"的层面，而应将计划进一步地落实到销售市场上，这时就必须结合高效的实施管理，并与之相得益彰。接下来，介绍企业如何对广告和对外宣传的实施进行管理。

广告宣传管理

企业在初创阶段的工作重点：招揽投资者的同时进行产品形象宣传。从而制定推广战略，传播理念。虽说低成本的广告更适合新企业者，但只要在选择广告的手段与内容上，做到灵活而富有创意，低成本广告也有着与高投资广告相同的成效。首先，为控制成本，必须事先对广告宣传的各项可能的开支进行预算，再根据企业广告预算考虑所要采用的广告媒体和方式。然而，广告宣传必须有计划地进行，要将定期广告和临时广告结合进行。定期广告有利于加深客户对企业的认知和拓宽客户群，临时广告则需要根据销售情况而具体确定。销售收入和定期的市场调查结果在一定程度上反映了广告的成效，但最终的成效还必须经过多方面测评而得出。

对外宣传管理

企业对外宣传实质是一种公关行为，也即广义的广告，其目的是为了促销。不同的是，企业对外广为宣传其生产经营情况，借以得到更多方面客户群的了解、注意和理解。由于新企业的生产经营情况并未达到成熟，在对外宣传素材的选择上，应着重体现企业的发展前景、生产经营的日趋成熟，结合企业产品特性对外宣传也可表现其公益性、环保性等特点，以增加客户对其产品乃至企业整体的信心。在宣传活动中应注重实事求是、符合社会的价值判断和讲求实效。

7.4.3 客户关系管理

客户关系管理（Customer Relationship Management，CRM），是一个不断加强与顾客交流，不断了解顾客需求，利用信息技术和互联网技术对客户实现整合营销，并不断对产品及服务进行改进和提高以满足顾客的需求的连续的过程。企业的生存发展需要客户的支持，因此，客户管理注重的是与客户的交流，现代企业的经营理念是以客户为中心，而不是传统的以产品或以市场为中心。为方便与客户的沟通，客户管理可以为客户提供多种交流的渠道。

1. 日常关系管理

在日常交往中，从事销售工作的人员最直接接触客户，因此，销售人员应当在主管的监督指导下，与同事相互协作，维持工作部门的秩序，维护企业形象。

在达成交易前，应当了解对方的经营状况、付款能力，并衡量本企业的生产能力是否满足对方生产需求，再决定是否受理订货，否则出现纰漏，轻则产品无销路，重则影响企业声誉。在受理订货时，除了应遵循企业规定的售价及交货期间外，还需注意以下五项规定：

（1）品名、数量、规格及合同金额；

（2）具体的付款条件，如付款日期、付款地点、收款方式等；

（3）交货地点、运送方式等交货条件；

（4）安装及修理等所需的技术派遣费及保修时限；

（5）另立规定责任归属条款，一旦发生问题，明确责任方及应对措施。

在签订订单时，应有销售主管在场或得到销售主管认同方可签订，订货受理报告书连同订购单及契约书等证明订货事实的资料需交给主管保管。并且在订货受理报告书中标注是否为老客户，若是老客户是否存在未付款项的事实。管理部门应针对订货受理及交货等状况加以分析、调查，并负责督促交货事宜。

当发生订单取消及退货时，应将对方的凭证资料提交给主管，待管理部门做出决策通知后，才能更改订单或按通知要求处理退货事件。因不得已的理由而必须接受退货时，如果事情的责任归属该负责人，则需从该负责人的薪金中扣除必要的费用，作为对公司损失的赔偿。

受理订货者要对货款回收事宜负责，因为受理订货者对订单内容了解详细，并且与对方已经有过接触，相较于其他人员会令订货方有一定熟悉感和好感。交货完毕应立即开出清款单，在付款日亲自前往收款，或寄出缴费委托函给对方，在此之前应该经常与订货者保持密切联系，设法使对方如期付款。一旦出现货款拖欠现象，并且货款无收款可能时，负责人员需从薪金中扣除相当于此货款20%的金额，作为赔偿罚款。若交货半年后对方仍赊欠货款，则视为不良账款，需从负责货款回收人员的薪金中扣除相当于该项金额的10%给企业。若在两个月之内货款总额已回收，则退还负责人员50%的赔偿罚款。

2. 客户关系维护

（1）售后服务。

产品销售后，企业应与客户保持密切联系，进行客户关系维护，以便下一次合同的达成。对于售后服务，企业应分为以下四项：

① 有偿服务：买卖合同规定的保修期外的保养或修护。

② 免费服务：买卖合同规定的保修期内的保养或修护。

③ 合同服务：另有合同规定的商品保养合同书，向顾客收取服务费用。

一般行政工作：凡与服务有关内部行政工作，如工作检查、零件管理、设备工具维护、短期在职训练等。

接到客户报修电话或函件时，服务中心人员应将客户姓名、地址、电话、商品型号登记到"报修登记簿"上，并在该客户的资料袋内，将商品型号的"服务凭证"抽出交至技术部门。技术人员持"服务凭证"前往客户处服务，凡可当场修理的，修理完毕后请客户于"服务凭证"上签字，技术人员返回公司后凭借"服务凭证"注销客户的服务请求，并将"服务凭证"归档。

如果在当时无法妥善处理的，应由技术人员将商品携回维修，由技术员向客户发放 "客户商品领取收据"，方便顾客领取维修商品。商品带回后应交予业务员，登录在 "客户商品进出的登记簿" 上，并填写 "修护卡"，凭卡片进行维修。当顾客来取货物时，请顾客在 "服务凭证" 上签字并收回 "客户商品领取收据。"

以上所有服务，如果涉及收费项目，技术人员应当在事前向顾客予以说明，得到允许后再进行维修，并开具发票，方便顾客对自己消费的了解。客户报修完成修理后，定期做回访，了解客户的意见，加以重视，精益求精。

买卖合同中的保修期或另立的保养合同期满前 1 个月，服务中心应当通过电话或信函的方式通知客户，并争取续约。

（2）客户拜访。

企业人员在外出拜访的过程中，应当注意仪容仪表，按照企业规定着装，做到干净、整洁、健康、稳重和精干，以维护公司形象。业务经理承担终端客户的寻访维护工作，应按公司目标和客户等级，制定具体拜访时间、客户巡访路线、频率、工作目标和解决问题的方案。客户维护应遵循以下内容：

① 业务经理应对经销商的经营情况进行了解，检查其是否执行最低零售限价；对各市场情况进行调查，监督是否有窜货现象的发生。

② 要加强与经销商的感情沟通，及时传达企业的政策信息和经营策略，帮助经销商提出改进建议，解决销路不畅等实际困难。

③ 关心经销商的产品销售情况，帮助其看清形势与市场，帮助制定销售目标，包括长中短期目标，了解消费者需求和意见，协助促销方案策划，组织促销实施及信息反馈。为经销商提供经营建议，改善样品展示效果，提高店内营业员的导购能力与技巧。

④ 建立安全库存，降低资金占用，加速资金周转。

⑤ 加强对工程客户的支持力度，必要时协助经销商与买方沟通，对于重大客户，企业可直接派出专业人员进行产品介绍和接洽安排。

⑥ 在维护企业根本利益的前提下，帮助经销商处理非常事件，并及时向企业请示汇报。

3. 服务管理

客户投诉是企业运行过程中不可避免会的问题，企业应当如何应对？

为保证企业对投诉案件有统一的处理办法，企业应在创立之初拟定应对措施并形成标准。公司各类人员在面对投诉案件的时候，应当以礼貌恭敬、迅速周到的原则处理。

当本企业产品在质量上有缺陷，产品规格、等级、数量等与合同规定或与货物清单不符，产品技术误差大，因包装问题引起的变质、损坏，产品在运输途中受到损坏等，应当按照合同进行赔偿或撤销合同给予顾客补偿。

对于己方责任的投诉，应当记录在案，负有责任的部门应受到处分并加以改进。对于大客户的投诉，企业应以书面形式答复客户，内容应包括事故原因和解决方案，防止因为一次失误失去一个大客户。企业应每月对投诉资料进行整合与研究，用于提升企业自身的服务水平与市场竞争力。

本 章 小 结

吸引员工的渠道有员工推荐、内部选拔、校园招聘、从其他企业挖掘优秀人才、传统人才交流中心、传统媒体、网络媒体和人才猎取等方法。

招聘员工前应当制定合理的人才激励制度，其基础是员工的薪酬设计。薪酬设计应遵循高工资、低福利，简明实用的工作原则。管理制度方面应当制定规章制度、增强股东之间的信任度、明确每个人的分工职责、明确战略核心，适时做到权力下放。

企业在产品研发前，首先应确定市场定位，选择目标市场之后，根据 4p 理论即产品、价格、促销和渠道四个方面进行营销组合，以达到市场预期。

财务方面，企业不同时期需要不同的融资方式，通过财务分析和融资需求预测给予风险投资人一个相对完整的企业财务状况和未来企业融资需求量。获得融资后，需要管理好现金流，保持现金流呈正向良好状态，即使利润情况不理想，企业也无生存之虞。

客户方面，应当积极开发新客户，维系老客户之间的关系。不能仅将目光局限于最终消费者，还应当与供货商、经销商进行更多的沟通联络。

案例思考

毕业生开馒头连锁店 2 年赚百万

微黑的面庞，米黄色夹克，今年 27 岁的宋程鹏很难让人把他和一家注册资本 100 万，员工 140 多人的食品公司联系起来。他赖以起家的法宝，竟然是一个个毫不起眼的馒头。谈及自己的创业经验，宋程鹏的体会是：认清自己，不好高骛远，越低端的行业越有市场。

西华大学广告专业的宋程鹏，2005 年毕业后就一直在找创业项目，当时也没想好做什么，卖过药，养过狗，大三的时候还"倒卖"过女士内衣。宋程鹏说起自己的经历一点也不避讳，"因为我本身是学广告设计的，所以对店面设计也很讲究，在内衣款式选择上也有独到的眼光。内衣卖了一年，因为口碑好，宋程鹏内衣店生意一直很好，也挣到了自己的第一桶金——20 万元。"但毕业后，他放弃了这在常人看来很不错的门路。宋程鹏当时想的是：贸易不是我的强项，于是花了两年时间在找创业项目，最终锁定在了馒头上。选择馒头的理由，宋程鹏说看上的就是这个行业很低端，没有一个标杆企业。他给自己的馒头店起了个名字："公馆馒头"。

要卖馒头，靠自己肯定不行，需要的是面点师傅。家乐福卖的花式多样的馒头进入了宋程鹏的视野。接连几天，他都到家乐福双桥店，看到做得好的馒头就问是哪个师傅做的，然后就和这个师傅谈，询问了他现在的工资和福利待遇，最后以高过这个水平的待遇把人挖走。宋说，他现在公司里，从家乐福挖来的面点师傅就有七八个。

但是，毕竟自己还是小打小闹，要让别人放弃稳定的大轮船，投奔到这个前景不明朗的小舢板上，靠的还是人性化管理，对员工不能命令。磨豆浆的师傅说机器不好用，磨不出好豆浆，他就每天 3 点起来自己磨，给大家示范；阴沟堵了，工人嫌脏捞不干净，他就用手一把一把地掏。

两年的时间，从当初的一家店，发展到后来的 5 家店，品种也从单一的包子馒头发展到玛瑙馒头、饭团糕等 40 多个品种。2012 年 1 月，宋程鹏注册了一家食品公司，注册资本为 100 万，除父母支持外，大部分都是自己 2 年来的积蓄。宋程鹏的规划是：今年内连锁店开到 15 家，明年准备寻找合作伙伴到香港开店。

资料链接：http://www.xiaogushi.com/diy/daxueshengchuangye/201210237878.html 小故事网

思考题：

1．结合案例材料，谈谈宋程鹏是如何识别和把握创业机会的。
2．你认为"公馆馒头"目前面对的主要问题是什么？有什么建议和对策？
3．你对"公馆馒头"的未来之路有什么评价和构想？

思考与练习

1. 创业企业招聘人员前应考虑哪些要素，如何说服优秀人才加入企业？
2. 创业企业如何从小作坊式管理转变为专业的管理班底？
3. 对于创业企业，哪一种融资途径更加适合？
4. 签订新的合同时有哪些注意事项？
5. 产品的创新、销售方式的创新在营销各环节中的重要性是什么？
6. 市场细分不适应于哪些行业？
7. 忽视现金流量的控制，将导致企业的哪些危机的出现？
8. 哪项企业财务分析指标对企业的能力评估最为重要？
9. 实地考察：以小组为单位，查找学校所在城市对大学生创业扶植的相关政策及银行贷款利率的相关数据，并选择另一城市进行对比。

第8章 新创企业的危机管理

学习目标

1. 掌握危机管理的基本知识
2. 了解新创企业发展规律
3. 理解并掌握不同创业阶段的危机管理

> 危机不仅带来麻烦，也蕴藏着无限商机。
>
> ——美国大陆航空公司总裁格雷格·布伦尼曼

案例引入

从315麦当劳危机公关看企业形象的维护

2012年央视"3·15"晚会上，麦当劳北京三里屯店销售已过保质期的食品、随意更改食品保质期等行为被曝光。当晚8点，记者随同由央视财经频道和十余家媒体组成的联合采访团进入麦当劳三里屯店，该店仍在照常经营。值班经理王倩介绍，她并没有看到相关报道，对报道中所提出的问题不太清楚。她说，麦当劳对食品质量和安全有相关的管理规定，所有的食品都是现做现卖的，央视的报道可能只是一个误会。另一经理高女士则称，该店店员会对店内的食品进行计时，过期的都会扔掉，进行相关处理。各大媒体公开及时地报道，回访那家店的顾客。听说央视的报道内容后，顾客普遍表示惊讶。一名外国顾客当即表示，如果报道属实，将不再到麦当劳店内消费。顾客们纷纷表示在麦当劳没有作出正式回应之前，他们将不会再消费，网友们的质疑声甚嚣尘上，越来越激烈。

麦当劳在央视曝光后的1个小时，即用微博形式发出第一条官方声明："3·15晚会所报道的北京三里屯餐厅违规操作的情况，麦当劳中国对此非常重视。我们将就这一个别事件立即进行调查，坚决严肃处理，以实际行动向消费者表示歉意。我们将由此事深化管理，确保营运标准切实执行，为消费者提供安全、卫生的美食。欢迎和感谢政府相关部门、媒体及消费者对我们的监督"。对曝光事件进行正面对待，并阐明了自己观点。当天晚上北京三里屯麦当劳店提前停止营业，3月16日上午，麦当劳被"3·15晚会"曝光的北京三里屯餐厅门前已贴上"暂停营业"的告示。麦当劳中国副总裁、新闻发言人栾江红坐最早一班飞机从上海总部赶往北京，接受国家食品药品监督局约谈。栾江红接受采访时表示，被曝出这样的错误感到很痛心，麦当劳（中国）已连夜召开了管理层电话会议，对被发现问题的店进行停业整顿，并会对全国1400多家店进行彻底自查。麦当劳三里屯餐厅已经停业整顿，公司将对有问题的员工进行处理，关于整个事件的相应结论和报道将很快公布（华西商报 3月17号版）。

资料来源：http://wenku.baidu.com/view/6efa906caf1ffc4ffe47accf.html

8.1　危机管理概述

8.1.1　危机的定义

什么是危机？顾名思义，危机就是"危险与机遇"。

许多学者从不同的角度对危机进行了定义，例如：

赫尔曼（Hermann）：危机是指一种情境状态，在这种形势中，其决策主体的根本目标受到威胁且作出决策的反应时间很有限，其发生也出乎决策主体的意料。

福斯特（Forster）：危机具有四个显著特征：即急需快速作出决策、严重缺乏必要的训练有素的员工、相关物资资料紧缺、处理时间有限。

罗森塔尔和皮恩伯格（1991，Rosterhal and Pijnenburg）：危机，指对一个社会系统的基本价值和行为架构产生严重威胁，并且在时间性和不确定性很强的情况下必须对其作出关键性决策的事件。

本书采用中国著名危机公关专家游昌桥对危机的定义：一种使企业遭受严重损失或面临严重损失威胁的突发事件。这种突发事件在很短时间内波及很广的社会层面，对企业或品牌会产生恶劣影响。而且这种突发的紧急事件由于其不确定的前景造成高度的紧张和压力，为使企业在危机中生存，并将危机所造成的损害降至最低限度，决策者必须在有限的时间限制下，做出关键性决策和具体的危机应对措施。

8.1.2　危机管理的定义

什么是危机管理？危机管理是指企业通过危机监测、危机预警、危机决策和危机处理，达到避免、减少危机产生的危害，总结危机发生、发展的规律，对危机进行科学化、系统化处理的一种新型管理体系。

危机管理的要素如下。

1. 危机监测

危机管理首先要对危机进行监测，在企业顺利发展时期，企业就应该居安思危，有强烈的危机意识和危机应变的心理准备，建立危机监测机制，对危机进行监测。黎明之前最黑暗，所以越是风平浪静的时刻企业越应该重视危机监测。

2. 危机预警

危机在爆发之前通常都会出现一些征兆，企业可以建立预警系统对这些征兆进行分析，从而达到降低风险的目的。

3. 危机决策

企业在制定正确的危机决策之前进行调查是必不可少的。根据分析危机产生的原因，对几种可行方案进行优缺点比较后，选择出最佳方案，作出决策。方案定位要准、推行要迅速。

4. 危机处理

企业首先要确认危机。确认危机就是要将危机归类、收集，根据危机相关信息确认危机程度并找出危机产生的原因，辨认危机影响的范围和影响的程度及后果。第二，控制危机。控制危机需要根据确认某种危机后，遏止危机的扩散使其不影响其他事物，紧急控制如同救火刻不容缓。第三，处理危机。在处理危机时，关键是速度。企业能够及时、有效地将解决危机策略运用到实际中化解危机，以避免危机给企业造成的损失。

案例分享

2013 年我国农夫山泉标准门事件阐述

农夫山泉"标准门"事件因危机公关不当不断发酵，并在农夫山泉饮用天然水标准新闻发布会上达到新的高潮，在农夫山泉和京华时报相互质疑中形象双双折损，成为企业界与媒体界关系进入新低点的标志性事件。

实际上，农夫山泉在标准标识上并无法律上的瑕疵，其错误在于未能对危机予以及时有效地应对，未能以开放、透明和包容的心态来消除社会公众的担心。近年来频频发生的食品安全事件让公众犹如惊弓之鸟，这正是传统媒体和网络媒体报道倾向几乎呈现一边倒的社会心理基础。如此一来，农夫山泉品牌、营收和市场遭受巨额损失也就不足为奇了。

不过，舆论界需要反思的是，为什么企业界与媒体的心理距离在不断地增加，由敬而远之进一步恶化到拒绝沟通呢?本来，在营销时代，企业界与舆论界更需要在品牌塑造和传播上相互传递正能量，相互促进，取长补短。对于企业也是如此，当今社会不是自媒体时代，而是全媒体时代，只依靠自己的公关团队将走向系统封闭的误区，这也是全产业链技术均为一流的日本电子工业依然日薄西山的原因。

面对媒体的质疑，农夫山泉的危机公关策略应对不仅不及时，直至今天仍然一错再错，其根源都在于没有抓住问题的本质，甚至对媒体抱有敌意乃至误以为它们欲置自己于死地。

实际上，内因才是决定性的。农夫山泉尽管对食品安全的社会脆弱心理有着一定的认识，但显然洞见不足：舆论关注的核心并非标准，也不全是质量，其核心在于品质，也即农夫山泉饮用天然水的质量及其可持续性的保证，以及对消费者的责任。

这种可持续性的品质保证源于透明度和公信力。而这正是农夫山泉迄今为止做得最不得力的地方，更是危机继续放大的原因。

尽管农夫山泉已经公布了国内外机构的众多检测结果而且指标都相当不错，尽管农夫山泉在众多媒体上大量发布广告，但公众对农夫山泉依然没有释疑，因为你的单方面的做法依然没有解决透明度和公信力问题，而赌气退出北京市场置 10 万消费者的感受于不顾，更是缺乏对消费者负责任的表现。

如此断臂求生法不如自杀，因为你的损失将不可能就此止步。与消费者的利益相比，即使再过分偏激的舆论监督、竞争对手等的压力都是渺小而不足为惧的。

重建并改善农夫山泉的品牌形象，需要对上述问题作出正面的解读并诉之切实有效的行动。一个正确的做法是，组织一支有代表性的主流媒体乃至律师参与的调研团对农夫山泉的产业链进行调研，包括对第三方检测机构提供的持续检测报告进行复核，由主流媒体来全面客观系统地披露调研报告，这是对于公众释疑的最好方式，也是中国社会从当下的"共识断裂"阶段走向和解共生的有效手段。

资料来源：**2013** 年 **5** 月 **9** 日 中国行业研究网 http://www.chinairn.com

案例启示

1. 危机出现后要首先抓住问题的本质，寻找危机产生的内因，而不是一味地掩饰与推脱责任。
2. 选择有威信的机构为自己的公信力作证。
3. 组建危机管理团队，加强与主流媒体的合作。

8.2 新创企业成长规律

1. 新创企业成长阶段

企业就像一个生命一样，从产生到终结会经历不同的发展阶段。美国学者伊查克·爱迪思在 1988 年出版的《企业管理周期》中指出"由于企业生命周期各阶段的循环往复是可以预测的，所以只要弄清企业所处于生命周期的哪一阶段，管理人员就能对未来的问题及早采取积极的预防性措施，甚至能够完全避免这些问题。"企业生命周期的发展过程就是解决问题—出现问题—解决问题的不断循环的过程。

企业的生命周期会经历初创—发展—成熟—转型期（再生和衰退）四个阶段，如图 8.1 所示。评判这四个阶段的两个维度是企业的灵活度和控制力，随着企业不断成熟，企业灵活度会下降，而控制力先是随着企业管理完善上升，但是当出现创新意识下降，组织开始僵硬时，可控性也就随着下降。只有当两者交汇时，企业才会处于最优发展阶段。在转型期，有的企业居安思危，转型成功，实现了管理的螺旋式上升，使得企业蜕变后再发展，有的企业则因为固步自封最终走向了破产的边缘。

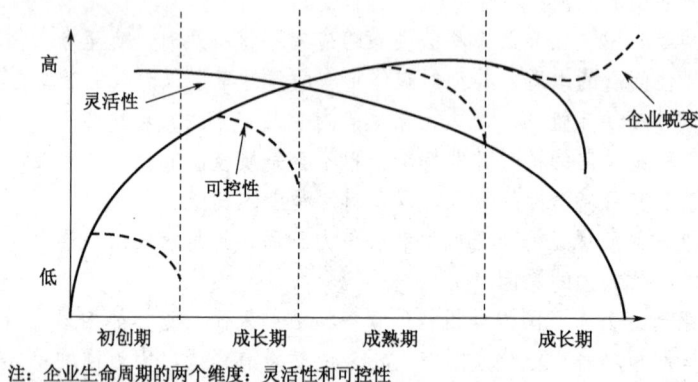

注：企业生命周期的两个维度：灵活性和可控性

图 8.1 企业生命周期图

资料来源：http://www.emkt.com.cn/article/311/31124.html

新创企业自成立开始，能够用产品或者服务来满足消费者的需求，业务初步发展。进入成长期，企业度过"危险期"开始考虑如何盈利，利用各种资源实现企业的快速发展。发展到一定程度后进入成熟期，此时，企业不再单纯依靠增加人力、物力、财力来应对发展的需求，而是开展各种形式的组织建设工作，从而使新创企业能够更好地应对环境的变化，实现更好地发展。随着市场的变化，企业原有的产品可能会失去核心竞争力，此时便可能进入衰退期。

2. 新创企业不同成长阶段的特征

新创企业不同成长阶段的特征如表 8.1 所示。

表 8.1 萌芽期、成长期、成熟期、稳定期的主要特征

区别要素	萌芽期	成长期	成熟期	衰退期
利润	次要	积极追求利润，但利润仍不是主要目标	以利润为主要目标	以利润为目标，同时注重企业的长远发展
计划	不规范	开始重视计划，逐步规范	规范、系统地计划	清算或转型
组织	职位混乱、责任不明	组织分工逐渐明确、专业	职位规范、明确、专业	组织老化、进行改革

续表

区别要素	萌 芽 期	成 长 期	成 熟 期	衰 退 期
控制	局部非正式的控制，很少使用规范的评估	开始关注对业务单元整体绩效的评估和控制	有计划地组织控制系统，包括明确的目标、目的、措施、评估和奖励	控制系统控制力强，但企业投入对体制和产品改革可能会分散控制力度
培训	非正式的培训，主要是在岗培训	开展多种培训，以应对企业的发展	有计划地培训，建立完善的培训体系	多元化培训，形式内容更加丰富多样

8.3 萌芽期的危机管理：调查市场危机

8.3.1 市场危机的类型

市场危机是创业者在萌芽期遇到的最大危机。市场现状如何？发展前景如何？还有什么市场空隙？如何进行市场定位？选择什么商业模式？这些都是创业者需要了解的。但是很多创业者并没有认真"预习功课"，这样就为今后的创业埋下了危机。

常见的危机有：

1. "管中窥豹"

只看到市场现状，或是对市场前景做简单的估算，没有发展的眼光和长远的眼光。只重视眼前利益，忽视长远利益。

2. "浑水摸鱼"

没有明确的市场目标，不细分市场，想要"放之四海而皆准"，这无疑就如浑水摸鱼，成功的可能性微乎其微。

3. "始终如一"

惠普公司首席执行官卢·普拉特说过："经营中的一个最大问题是，保持你从前的成功的企业模式不变……一年已经太长了。"市场是不断发展变化的，有些企业一开始取得了一些成就就妄图一直采用这种模式，一成不变、一劳永逸的结果就是短命。

4. "昙花一现"

从惊艳出现到落寞退场都是那么始料未及。广告铺天盖地，各种媒体大力宣传，风风火火闯入消费者的视野，却如流星般迅速陨落。

当今中国的很多企业仍在追求市场份额和数量增长，这就使得中国很难出现可口可乐这样的百年大企业。富士康是典型以量获利的企业，但是这样的企业还能生存多久？随着中国劳动力成本的不断上升，以廉价劳动力作为优势的企业必将面临很多危机。

品牌的建设是至关重要的，这应该作为创业者的立业之本，不是"管中窥豹"，不要"昙花一现"，而要抱着创百年老店的心态去经营自己的事业。

8.3.2 影响市场危机的因素

影响市场危机的因素既包含了宏观环境的内容，如宏观经济环境、政治环境，也包含了微观环境的内容，如消费者需求特点、细分市场状况、竞争状况、供应商等。

1. 宏观环境

经济环境是影响市场危机的主要环境因素，它包括收入因素、消费支出、产业结构、经济增长率、货币供应量、银行利率、政府支出等因素，其中收入因素、消费结构对企业活动影响较大。

法律政治环境是影响市场危机的重要宏观环境因素，包括政治环境和法律环境。政治与法律相互联系，共同对市场产生影响和发挥作用。

社会文化环境是指在一种社会形态下已经形成的价值观念、宗教信仰、风俗习惯、道德规范等的总和。任何企业都处于一定的社会文化环境中，必然受到所在社会文化环境的影响和制约。

自然环境是指自然界提供给人类各种形式的物质资料，如阳光、空气、水、森林、土地等。工业化的发展一方面创造了丰富的物质财富，满足了人们日益增长的需求，另一方面，则造成了资源短缺、环境污染等问题。从 60 年代起，世界各国开始关注经济发展对自然环境的影响，成立了许多环境保护组织，促使国家政府加强环境保护的立法。这些问题引发了新的市场危机，企业不得不增加成本来降低环境污染。对企业来说，应该关注自然环境变化的趋势，并从中分析企业的机会和威胁，制定相应的对策。

2. 微观环境

五力分析模型是迈克尔·波特（Michael Porter）于 80 年代初提出，对企业战略制定产生全球性的深远影响。用于竞争战略的分析，可以有效地分析客户的竞争环境。五力分别是：供应商的讨价还价能力、购买者的讨价还价能力、潜在竞争者进入的能力、替代品的替代能力、行业内竞争者现在的竞争能力。

（1）供应商议价能力（Suppliers Bargaining Power）。

供方主要通过其提高投入要素价格与降低单位价值质量的能力，来影响行业中现有企业的盈利能力与产品竞争力。供方力量的强弱主要取决于他们所提供给买主的是什么投入要素，当供方所提供的投入要素其价值构成了买主产品总成本的较大比例、对买主产品生产过程非常重要、或者严重影响买主产品的质量时，供方对于买主的潜在讨价还价能力就大大增强。一般来说，满足如下条件的供方集团会具有比较强大的讨价还价能力。

① 供方行业为一些市场地位比较稳固而不受激烈竞争困扰的企业所控制，其产品的买主很多，以致于每一单个买主都不可能成为供方的重要客户。

② 供方各企业的产品各具有一定特色，以致于买主难以转换或转换成本太高，或者很难找到可与供方企业产品相竞争的替代品。

③ 供方能够方便地实行前向联合或一体化，而买主难以进行后向联合或一体化。

（2）购买者议价能力（Buyer Bargaining Power）。

购买者主要通过其压价与要求提供较高的产品或服务质量的能力，来影响行业中现有企业的盈利能力。一般来说，满足如下条件的购买者可能具有较强的讨价还价能力：

① 购买者的总数较少，而每个购买者的购买量较大，占了卖方销售量的很大比例。

② 卖方行业由大量相对来说规模较小的企业所组成。

③ 购买者所购买的基本上是一种标准化产品，同时向多个卖主购买产品在经济上也是完全可行的。

④ 购买者有能力实现后向一体化，而卖主不可能前向一体化。

（3）新进入者威胁（Potential New Entrants）。

新进入者在给行业带来新生产能力、新资源的同时，将希望在已被现有企业瓜分完毕的市场中赢得一席之地，这就有可能会与现有企业发生原材料与市场份额的竞争，最终导致行业中现有企业盈利水平降低，严重的话还有可能危及这些企业的生存。竞争性进入威胁的严重程度取决于两方面的因素，这就是进入新领域的障碍大小与预期现有企业对于进入者的反应情况。

进入障碍主要包括规模经济、产品差异、资本需要、转换成本、销售渠道开拓、政府行为与政策（如国家综合平衡统一建设的石化企业）、不受规模支配的成本劣势（如商业秘密、产供销关系、学习与经验、曲线效应等）、自然资源（如冶金业对矿产的拥有）、地理环境（如造船厂只能建在海滨城市）等方面，其中有些障碍是很难借助复制或仿造的方式来突破的。现有企业对进入者的反应情况，主要是采取报复行动的可能性大小，主要取决于有关厂商的财力情况、报表记录、固定资产规模、行业增长速度等。总之，新企业进入一个行业的可能性大小，取决于进入者主观估计进入所能带来的潜在利益、所需花费的代价与所要承担的风险这三者的相对大小情况。

规模经济形成的进入障碍：

① 表现于企业的某项或几项职能上，如在生产、研究与开发、采购、市场营销等职能上的规模经济，都可能是进入的主要障碍。

② 表现为某种或几种经营业务和活动上。如钢铁联合生产中高炉炼铁和炼钢生产中较大的规模经济。

③ 表现为联合成本，即企业在生产主导产品的同时并能生产副产品，使主导产品成本降低，这就迫使新加入者也必须能生产副产品，不然就会处于不利地位。如钢铁联合生产中，炼焦可产生可利用的煤气，高炉产生的高炉煤气以及炉渣都可以利用。

④ 表现为纵向联合经营如从矿山开采、烧结直至轧制成各种钢的纵向一体化钢铁生产。这就迫使加入者必须联合进入（这有时是难以做到的）。若不联合进入，势必在价格上难以承受。

（4）行业竞争者的竞争（The Rivalry Among Competing Sellers）。

大部分行业中的企业，相互之间的利益都是紧密联系在一起的，作为企业整体战略一部分的各企业竞争战略，其目标都在于使得自己的企业获得相对于竞争对手的优势，所以，在实施中就必然会产生冲突与对抗现象，这些冲突与对抗就构成了现有企业之间的竞争。现有企业之间的竞争常常表现在价格、广告、产品介绍、售后服务等方面，其竞争强度与许多因素有关。

一般来说，出现下述情况将意味着行业中现有企业之间竞争的加剧，这就是说：行业进入障碍较低，势均力敌竞争对手较多，竞争参与者范围广泛；市场趋于成熟，产品需求增长缓慢；竞争者企图采用降价等手段促销；竞争者提供几乎相同的产品或服务，用户转换成本很低；一个战略行动如果取得成功，其收入相当可观；行业外部实力强大的公司在接收了行业中实力薄弱的企业后，发起进攻性行动，结果使得刚被接收的企业成为市场的主要竞争者；退出障碍较高，即退出竞争要比继续参与竞争代价更高。在这里，退出障碍主要受经济、战略、感情以及社会政治关系等方面考虑的影响，具体包括：资产的专用性、退出的固定费用、战略上的相互牵制、情绪上的难以接受、政府和社会的各种限制等。

行业中的每一个企业或多或少都必须应付以上各种力量构成的威胁，而且客户必须面对行业中的每一个竞争者的举动。除非认为正面交锋有必要而且有益处，例如要求得到很大的市场份额，否则客户可以通过设置进入壁垒，包括差异化和转换成本来保护自己。当一个客户确定了其优势和劣势时（参见 SWOT 分析），客户必须进行定位，以便因势利导，而不是被预料到的环境因素变化所损害，如产品生命周期、行业增长速度等，然后保护自己并做好准备，以有效地对其他企业的举动做出反应。

（5）替代品的威胁（Threat of Substitute Product）。

两个处于不同行业中的企业，可能会由于所生产的产品可互为替代，从而在它们之间产生相互竞争行为，这种源自于替代品的竞争会以各种形式影响行业中现有企业的竞争战略。首先，现有企业产品售价以及获利潜力的提高，将由于存在着能被用户方便接受的替代品而受到限制；

第二，由于替代品生产者的侵入，使得现有企业必须提高产品质量、或者通过降低成本来降低售价、或者使其产品具有特色，否则其销量与利润增长的目标就有可能受挫；第三，源自替代品生产者的竞争强度，受产品买主转换成本高低的影响。总之，替代品价格越低、质量越好、用户转换成本越低，其所能产生的竞争压力就强；而这种来自替代品生产者的竞争压力的强度，可以具体通过考察替代品销售增长率、替代品厂家生产能力与盈利扩张情况来加以描述。

资料来源：迈克尔·波特. 竞争战略[M]. 陈小悦，译. 华夏出版社，2012-5.资料来源 http://baike.so.com/doc/5393979.html

8.3.3　市场危机的解决办法

1. 市场调查与预测

市场调查与预测是以市场为调查对象，以科学的方法来收集相关资料和数据，对市场的发展趋势等作出判断的活动。下面我们简单介绍一下常用的几种方法。

（1）市场调查方法。

① 收集二手数据。收集二手数据既方便又省时省力，一般只要二手数据可以解决的问题就不用再收集原始数据，所以这种方法在市场调查中得到广泛应用。

② 问卷调查法。问卷法应用最为广泛，但是问卷一定要设计得科学，在此我们不做详细讲解。

③ 实验调查法。实验调查法是通过实验收集数据的方法，通过变量和实验程序的控制，实验者可以更有把握地进行变量之间因果关系的判断。

（2）市场预测方法。定性预测法就是预测者凭借自己的知识经验，运用自己的逻辑能力、推理能力和判断能力等，对事物的运动变化和发展趋势做出预测。

定量预测是根据调查数据或者历史数据，运用数学方法、工具和统计工具。对事物的发展变化进行量化推断的预测方法。

2. 细分目标市场

市场细分是基于市场上消费者对商品或服务的需求与欲望的不同，以及消费者的购买习惯与购买行为的不同，对整体市场需求差异进行识别。所谓"对症下药"市场细分得越好，发展前景也就越好。

3. 准确进行市场定位

科特勒对定位是这样理解的：定位是指公司设计出自己的产品和形象，从而在目标顾客心中确定与众不同的有价值的定位，定位要求公司能确定目标顾客推销的差别数目及具体差别。

市场定位的核心是与众不同，即差异化，所以市场定位战略可以理解为差异化战略，差异化可表现为许多方面。

（1）产品差别化。

① 价格差别化。与竞争对手保持不一样的价格。可能走高价、中价、低价的路子。名牌产品一般走高价路子，也有走中价或低价路子的。

② 质量差别化。企业生产高品质的产品，如奔驰车、金利来产品、雅戈尔西服、意大利老人头皮鞋、海尔电器等，产品的品质比同类产品质量普遍要好。

③ 款式差别化。采用独具特色的款式：服装、家具、手机等产品，很注重款式的差别。

④ 功能差别化。与竞争对手保持不同的产品功能，或者功能更为优化。一些技术含量高、发展快的产品，很注重功能差别化。

⑤ 顾客群体差别化。如劳力士手表定位于事业有成的高薪人士；法国名牌香水定位于豪

华贵妇、时髦女郎、影视明星、青春少女等。

⑥ 使用场合差别化。某些产品特别强调在某种特殊场合下使用。如：喜临门酒、双喜牌香烟，在吉利日子好卖。

⑦ 分销渠道差别化。建立本企业独特的分销渠道体系，比如我国生产空调的企业，如海尔、春兰、格力、奥克斯、志高等品牌，分销渠道有很大的不同。

⑧ 广告等促销方式的差别化。同类产品，采用与众不同、独具特色的广告形式和其他促销方式。

（2）服务差别化。服务差别化是本企业向目标市场提供与竞争对手不同的优质服务。现代企业的竞争，既是产品的竞争，同时又是服务的竞争。特别是技术复杂的产品，很强调服务。以家庭用品来说，电冰箱、电视机、音响、空调、手机、微波炉等产品，很强调服务。消费者特别重视厂家及商家提供的相应服务。从另一个角度来讲，当今市场，各个企业生产的产品，尤其是同价格水平的产品，其质量并无多大区别，比的是产品服务水平。如果一个企业提供的服务不理想，很可能影响消费者的再一次购买，而且同一消费者就会将这种不满意传播给其他的消费者，也会影响到其他顾客的购买。

企业打造服务差异化，可以从及时准确地传递产品各方面信息、订货的方便性、交货及时性与方便性，以及帮助顾客安装调试、为客户提供培训、客户咨询、维修等方面着手。

（3）企业形象差别化。企业形象是一个十分广泛的概念，泛指企业的厂容厂貌、建筑、设备、产品、员工、经营理念、价值观念、广告等。企业的形象在消费者的心目中是一个总体的印象，消费者购买了企业形象好的产品，买后感到放心。企业要树立良好的企业形象和形成良好的企业文化。

4. 勇于改革创新

创新是企业的灵魂，作为新时代的创业者要勇于开拓创新，随着时代的发展不断调整企业的发展目标。

8.4 成长期的危机管理：现金流向危机

8.4.1 成长期易犯的错误

1. 短期融资多，缺乏长期融资

一般来说，企业会按照商业计划进行短期融资，融资成功后就会投入资金、人员等进行市场开发。但是，如果没有组织人员对市场环境进行跟进研究的话，研发过程结束后，市场开发得可能并不像预期想象的那么理想。如果投资得不到回报，企业就可能失去最初的融资来源，这样就很容易引起资金链的断裂。

有的企业在第一轮融资中，仅仅考虑一定时期的需要来筹集资金，没有考虑到长远的融资需求，这样会影响企业的健康发展。

2. 现金支出监管不严

每年春晚招标都商家云集，一个个新标王的出现让众人惊叹媒体广告的力量。动辄几亿元的广告费对企业的发展来说并非是一件好事。

3. 盲目投资

盲目投资，在资金不充足、融资不到位的情况下盲目扩张，最终导致无力支撑的例子还有很多，企业务必要制定周密的发展战略，切忌急功近利。

8.4.2　现金流向危机的解决办法

1．依法做好会计工作

近年来假账现象层出不穷，会计工作做得好不好对企业有很大的影响。企业要任用具有从业资格的会计人员，依法做好会计凭证、财务报表等的填制工作，并依法接受有关部门的审计。企业管理者要时常查看财务报表、现金流量表等报表，了解企业的资金动向，从而更好地作出决策。

2．谨慎投资

企业投资要充分考量投资回报率和投资回收期，根据企业自身的情况决定是否投资，切记对自己的实力要实事求是，不要盲目自信。成长期的经营战略至关重要，无论是要保持原来的发展方向还是开展多元化经营，不同的企业往往会作出不同的选择。有很多成功的案例，当然失败者也不在少数，这与很多不确定因素有关，所以企业投资一定要谨慎，综合各方面因素、各种指标来考虑，从而尽可能降低风险。

3．对现金流向进行定期监管

每一笔支出企业都需要对其进行监管。付出就要有回报，支出的资金就应该收获相应的利益，这才是企业运营的目的。

4．拓宽融资渠道

企业可以选择与其他企业合作，强强联合，也可以争取风险投资公司的投资，或者可以申请政府的支持。随着经济的发展，资金流通会更加便捷，融资途径也会越来越多，但是一定要遵守法律法规，杜绝非法借贷。

5．优化内部结构，增加利润区

资金是有限的，内部支出所占比重多，那外部支出势必就会减少。企业应该优化内部结构，给企业来个"健康瘦身"，尽可能降低管理成本，从而增加主营业务的投入，将更多的资金投入到运营中，那么企业会发展得更好。

8.5　成熟期的危机管理：阶层与人才危机

8.5.1　成熟期的阶层构建特点

度过了成长期后，企业就到了成熟期。在这段时期，企业的组织结构、规章制度、经营模式、盈利模式、经营活动和在行业中的地位相对稳定。成熟期的企业具有较大的规模，内部人员众多，而且具有相当复杂的组织结构、部门关系、岗位关系。然而，臃肿的阶层和组织机构及管理中的各种书面文件会在企业发展中不知不觉地形成。企业中的员工越来越多，企业内部沟通时间的花费也越来越多，但效果往往并不那么理想。沟通问题已然成为组织内部发展的障碍。在创业的初期，领导者对寥寥无几的员工都能够认识甚至深入了解员工的长处和爱好，彼此接触的相关事务和时间较多，信息也在这种频繁的交往中得到快速准确及时的传递。进入规范期后，交流被无穷无尽的会议所取代。这种会议是有阶层性的，下级发现并反馈问题时要一级级向上传递，才到达决策层。而上层的决策也要经历相当长的时间才能反馈给下层执行者去执行。如此不仅使效率低下而且效果会大打折扣。

可以说，没有沟通，企业管理者的领导就难以发挥积极作用；没有顺畅的沟通，企业就谈不上机敏的应变。在这个以客户为服务中心的时代，这种开会模式，会使处在金字塔顶端的决策者与直接接触消费者的员工相距甚远，而这些员工恰恰是最了解消费者的。如此，便使创业者错失了更好地了解消费者的机会。

企业的各个部门应该形成有机的相互紧密配合的共同体。但再怎么紧密合作，各个部门的职能也应该进行明确划分。否则，部门职能重叠，会使职权、责任划分不明确，使一个项目活动很难顺利地、有保证地、有效率地执行下去。而当企业某个项目出现问题时，又会出现部门间相互推脱的现象。

总体来说，处于成熟期的企业有以下的特点：

（1）处于成熟期的企业发展速度缓慢，到成熟期后期甚至会出现滑坡趋势。因为在企业固有的资源下，经过不断地发展已经达到资源利用最大化。企业的经营活动相对稳定，除了诸如并购等重大决策的影响外，企业各期间的净收益变化不是很明显，战略目标及竞争优势已显现出来，在行业中的地位也基本稳定。若不再进行企业扩张，凭借当前的资源，企业也只能保持在目前最高的利润点。但企业在进行多元化扩张时，往往容易忘记企业目标。

（2）组织结构为集权和分权相互结合，经验战略和重大的财务、认识决策以及某些重大的突发事件就有高层管理负责。而下层管理人员则行驶日常的经营权。

（3）进一步并严格执行企业规章制度。实行更为严密的企业管理和更具专业化、制度化和规范化的组织结构。专业化具有市场独占性、反应快速、竞争优势明显、利润最大化的商业运作模式。制度化管理使其对企业经营管理从根系原理、企业生命力和企业发展三个角度来说具有重大作用和意义。规范化管理所寻求的达到"八零"境界——决策制定零失误、产品质量零次品、产品客户零遗憾、经营管理零库存、资源管理零浪费、组织结构零中间层、商务合作伙伴零抱怨、竞争对手零指责的效果标准。

（4）由于组织结构日益复杂化，而使企业出现部门职能交叉、重叠现象。不仅需要花费不必要的企业资源，还使其效率低下，会严重阻碍企业的发展。

（5）在成熟阶段，企业产生现金的能力较强，但对现金的需求相对较弱，企业有支付现金薪酬的能力。

（6）拥有竞争力很强的产品群和企业核心竞争力。经过成长期的研究开发与成熟期的发展，那些技术成果已经转化为企业的产品优势。此时，企业产品的市场占有率很大但增长缓慢，已经达到了发展的高峰。

（7）企业的股价与管理者的努力程度间的相关性越来越弱。因为到成熟期，企业的组织结构经营模式已经相当完善，管理者对企业所做出的贡献与"一穷二白"的企业初创期相比效果便显得没有那么明显。

8.5.2 如何解决成熟期阶层构建危机

案例分享

沃尔玛公司总部设在美国阿肯色州本顿维尔市，公司的行政管理人员每周花费大部分时间飞往各地的商店，通报公司所有业务情况，让所有员工共同掌握沃尔玛公司的业务指标。在任何一个沃尔玛商店里，都定时公布该店的利润、进货、销售和减价的情况，并且不只是向经理及其助理们公布，也向每个员工、计时工和兼职雇员公布各种信息，鼓励他们争取更好的成绩。沃尔玛公司的股东大会是全美最大的股东大会，每次大会，公司都尽可能地让更多的商店经理和员工参加，让他们看到公司全貌，做到心中有数。萨姆·沃尔顿在每次股东大会结束后，都和妻子邀请所有出席会议的员工约2500人到自己的家里举办野餐会，在野餐会上与众多员工聊天，大家一起畅所欲言，讨论公司的现在和未来。为保持整个组织信息渠道的通畅，他们还与各工作团队成员全面注重收集员工的想法和意见，通常还带领所有人参加"沃尔玛公司联欢会"等。萨姆·沃尔顿认为让员工们了解公司业务进展情况，与员工共享信息，是让员工最大限度地干好其本职工作的重要途径，是与员工沟通和联络感情的核心。而沃尔玛也正是借用共享信息和分担责任，适应了员工的沟通与交流需求，达到了自己的目的：使员工产生责任感和参与感，意识到自己的工作在公司的重要性，感觉自己得到了公司的尊重和信任，积极主动地努力争取更好的成绩。沟通的管理意义是显而易见的。如同激励员工的每一个因素都必须与沟通结合起来一样，企业发展的整个过程也必须依靠沟通。

资料来源：http://zhidao.baidu.com/question/52557673.html

解决组织阶层的危机可从以下几方面入手：

（1）形成双向有效地沟通，争取做到信息传递畅通无阻。一方面，可以如沃尔玛公司的开会模式，每次大会，公司都尽可能让更多的商店经理和员工参加，增强各阶层的信息沟通。另一方面，企业可以采取现代化的信息管理模式，以效率为中心的组织结构，采用强有力的控制手段，部门之间的相互协调以及管理层之间的指令传递需要一个正式的控制系统来保障。整个组织都是在各个系统里按照已有的规章来运行。信息系统是计划和执行最强有力的控制工具，通过鉴别实际绩效与既定标准和目标的偏差来帮助计划执行。

（2）精简企业的组织层次与结构，采取有效、灵活、实用、权责分明的阶层构架。如调整企业内部的权力制衡关系，在企业内部设立监事会；调整董事会与 CEO 或总经理的决策权力分配；变革 CEO 的提名程序与任命的权限等。

（3）树立各阶层各部门相互团结、相互协作的积极观念。坚决杜绝部门间相互推脱，应形成良好的相互沟通协作关系，互相配合理解、信任地完成共同的目标。

（4）企业应该使用有效的激励制度，用各种有效的方法去调动员工的积极性和创造性，使员工努力去完成组织的任务，实现组织的目标。

8.5.3 成熟期企业人才流失

案例分享

巴恩斯医院一个员工辞职的故事。

戴安娜给院长戴维斯打来电话，要求和他见面。从戴安娜急促的声音中，院长感觉到发生了什么事情。他要戴安娜马上到他的办公室来。大约 5 分钟后，戴安娜来到了他的办公室，递给他一封辞职信。"院长先生，我再也干不下去了"，戴安娜开始陈述，"我在产科当护士长已经四个月了，我简直没法干，我有两个上司，每个人都有不同的要求，都要求优先处理。让我举个例子吧，这是一件平常的事，但这样的事每天都在发生。昨天早晨 7:45 分，我来到办公室，发现桌上有主任护士杰克逊的一张纸条，她告诉我，上午 10:00 需要一份床位利用情况的报告，以便下午向董事会汇报时使用。这份报告至少需一个半小时才能写出来。30 分钟后，基层护士监督员乔伊斯——我的直接主管，走进来问我为什么有两位护士不在班上。我告诉她，外科主任雷诺兹医生要走了她们，说外科急症手术正缺人手借用一下。我不同意，但雷诺兹医生说只能这样办。您猜，乔伊斯说什么？"立即让这些护士回产科部！一小时后我回来检查你是否把事情办好了"。院长，类似的事情每天发生好多次。医院只能这样运作吗？"

资料来源：http://www.docin.com/p-325669325.html

你觉得该医院的阶层架构出现了什么问题？什么原因迫使员工非辞职不可呢？其实企业进入成熟期，造成人才流失的原因很多。可以从企业和员工个人角度来分析。

1. 就领导职能而言造成人才流失的其中一个原因是领导者能力不足或者是受企业环节限制而无法真正施展才能。主要表现为控制能力、计划能力、协调能力、沟通能力、创新能力不足，也可能是领导者风格、个性原因导致，主要表现为任人唯亲、墨守成规、集权控制等。例如任人唯亲，会使员工感到不公平，打击员工信心，影响工作积极性。

2. 就计划职能而言造成人才流失的原因可能是目标设定不当、目标管理失效、工作与人员不匹配等。有能力、有思想的员工，往往很看重企业的目标。他们能在完成企业的目标的过程中找到成就感和荣誉感。

3. 就协调、控制职能而言造成人才流失的原因可能是权责不清、沟通不足、奖惩失当等。尤其值得一提的是人力资源开发与管理问题突出，主要表现为用人机制僵化、招聘人才不当、员工培训不足、激励制度缺乏力度、薪酬不合理、考核不力、人际关系失调等。

4. 就员工个人而言，造成人才流失的主要原因可能是个人目标不同、职业生涯阶段不同、主导需求差异、个性及价值观差异、晋升渠道限制等。

人才流失是一种不合理的流动，例如：对国家而言，掌握国防关键技术的人才，在影响国际竞争力和国家安全方面都具有战略意义，人才安全的问题等同于国家安全问题。对企业而言，核心管理人才和技术人才的流失往往不仅仅是个人行为，其涟漪效应非常明显，更不用提他们的流失给企业的技术含量、管理质量、人才培育成本、生产率和对企业持续发展带来的恶性影响。由于危机的威胁性、不确定性和紧迫性，对于开展基于企业人才流失的危机预测预警管理的必要性毋庸置疑。企业在成熟期的发展中，个人在企业中的作用没有在企业萌芽期和成长期那么大，原因是此时企业发展大部分依靠规范化机制和企业的整体实力。如此，会引起员工惰性增加，对工作缺乏激情与动力，同时对于企业创新也极为不利。企业需要采取措施，进行激励。但是，事实往往是，激励的成本越来越高，而员工的工作热情日益降低。许多企业最大的感触就是企业成长到成熟期后，员工的积极性明显下降，就算是元老级别的人物也少了刚创业时的干劲了。许多企业想尽一切办法也是一副"无力回天"的情景。企业的岗位基本都已满，员工的上升空间是少之又少，对外界人才的吸引力会变小甚至引起人才的流失。

8.5.4 如何应对人才危机

为解决人才流失的危机，企业应做到以下几点：

1. 创造一个良好的企业文化是极为重要的

一个企业要有自己的愿景、使命、核心价值观，才能为企业的行为提供导向作用。如此，才能使员工具有使命感和归属感，使员工对企业付出真情，工作时才具有责任感，并且在完成工作时具有荣誉感和成就感。

2. 进行完整的人力资源规划和严格的人才筛选

在企业进行人才招募之前，企业应该做好人力资源需求预测。具体到要找哪些岗位上的人才，这些人才需要具备什么样的素质。如此才能目标明确地进行招募。对于应聘人员，则要认真仔细地了解核实个人情况、录用资料、教育资料、工资资料、工作执行评价、工作经历、服务与离职资料、工作态度、工作或职务的历史资料等。

3. 完善各项规章管理制度，并严格执行制度

企业应该一改以往的经营管理。对于内部的各项执行规定、人员晋升规定应该科学、规范，并以明文做具体的落实，即不再以主观意向判定员工的绩效，而是以科学的绩效考核制度来衡

量员工的努力成果，从而达到有劳有所得的效果。另一方面，企业明文规定的制度，一旦有员工触犯，一定要按照惩罚机制严厉地执行。否则，就如狼来了的故事一样，一个孩子愚弄农民两次，到第三次狼真的来了，农民却对小孩的呼救置之不理了。同理，若是规定了的制度不严格执行的话，会在员工心目中形成规定是可有可无的印象。如此，对遵守制度的员工来说是极为不公平的，渐渐使大部分员工纪律散漫下来，工作氛围糟糕，工作效率低下，带来的后果是可怕的。因此，完善各项规章管理制度，并严格执行制度既可以避免因"关系"而带来的不公平，又可有效地激励员工不断努力创新，留住有用人才。同时，可以使企业管理更加井然有序、有条不紊、规范地进行。

4. 为员工设定职业生涯规划

企业根据员工个人的兴趣、特点，将员工放在一个最能发挥其长处的位置，按照员工意愿的方向，为员工设定一个长远的愿景。员工会为了目标努力奋斗，扬长避短，不断改正自己的不足，学习更符合目标所需具备的素质。现在许多人找工作，看的不仅仅是工作薪酬，更是看发展空间。有了职业生涯规划，能够更好地吸引人才和留住人才，保持积极向上的态度为企业谋利益。

5. 中高层管理员为企业的支柱力量，企业应想方设法留住中高层管理者

高层管理者注重的是工作自主性、业务成就感、薪酬福利和个人成长性。而中层管理者则非常看重薪酬福利、上级领导认可和工作环境。企业应该有针对性，对症下药，善用目标激励，让管理者自助选择多元化报酬，改变思想，塑造期望来留住中高层管理者。例如说起谷歌，让大家印象深刻的不仅是它被广为使用的浏览器，还让人想起它人性化的良好工作环境。如谷歌的办公室，可以根据员工喜欢的方式进行设计，员工还可以带上小狗去上班。创造的是一个轻松舒适的工作环境。在有选择的条件下，领导者更愿意待在舒服的环境上班。

8.6 衰退期的危机管理：创新危机

8.6.1 衰退期企业的"内忧外患"

企业经过成熟期，各部分阶层结构和人力资源管理完善后，企业资金、人员、设备配置等基本已经达到利用最大化。然而，一方面企业得面对来自企业外部的问题。企业对外，要面对的是宏观环境中所处的政治、经济、文化等问题以及企业所在行业的法律法规的变化，整个行业的发展方向以及竞争者的动向。企业在行业中的地位，如逆水行舟，不进则退。在激烈竞争的市场中，企业每分每秒都要面临被淘汰的危险。此时企业便处于衰退期。想要维持企业稳定的发展，经营者必须考虑企业未来的发展方向。但是，无论企业未来发展如何，想要掌握核心竞争力，必须要有技术上的创新意识。只有不断地适应市场，推陈出新，企业才能立于不败之地。

另一方面，对于企业的内部来说，从企业的萌芽期、成长期到成熟期再到衰退期，已经经历了相对长的一段时间，此段时间企业在遇到问题的处理上，会秉承一贯作风，形成了成熟的管理系统。这样一来，效率固然会高。但是一不小心，企业就会陷入惯性思维的桎梏中，不能最好地解决问题。这就要求企业要意识到自己的不足之处，打破传统思维，对内部管理模式不断进行创新才能使企业内部更好地运转。

8.6.2 技术创新危机特点

1. 不确定性

由于企业内外部关系的影响，专利侵权、贸易摩擦、专业技术人员流失等技术壁垒的问题普遍存在。另一方面，许多东西都如双刃剑，有利弊两面。我们要扬长避短，但是某些情况下，由于人类的知识和认知的局限性，并不能控制其在消极方面的影响。例如塑料袋的发明，大量的塑料垃圾让人不得不担心环境问题。又如转基因食品，虽然它解决了产量的问题，但却有不少关于转基因食品对人体有害的报道。

2. 相对性

一项新技术的开发，开发所可能发生的风险会存在差异，其原因是不同企业间存在差异的技术组织条件不同。从技术本身来分析，某些技术对于不同企业的影响也会有所不同，这是因为对于那些掌握新技术的企业，新技术给企业带来的是机遇；相反的，没有掌握新技术的企业，现有技术就会因为缺乏竞争力而面临着被替代的危机。

3. 破坏性

从企业的发展上讲，一种技术被研发出来，则意味着另一种技术被替代，面临被淘汰的危险。这样一来，便破坏了原有技术的市场存在价值。另一方面，从社会上的角度出发，一种新技术，不一定会造福人类，不恰当的使用反而会破坏人类的生活。例如手机的发明，在人们昼夜不分地使用手机的同时，它的辐射给人类的身体产生了巨大的影响。

4. 隐蔽性

企业在进行技术研发阶段都是秘密进行的，为的是形成技术壁垒，垄断该领域市场获得高额利润。例如可口可乐的配方被列为美国国家机密，这个机密始终具有隐蔽性。

5. 渐进性

企业技术的发展从整个时期来看，并不是一蹴而就的，而是从无到有，从简单到复杂的一个循序渐进的过程。而从单个技术来看，也不是一下子就进入市场替代过去的技术的。一个新兴技术要想取代原有技术，是要逐渐对市场进行渗透的，不可能在一夜之间就全部换成新技术的。所以说技术创新具有渐进性。图 8.2 是技术生命周期图，我们可以参照这个图对整个技术危机的产生过程进行理解。

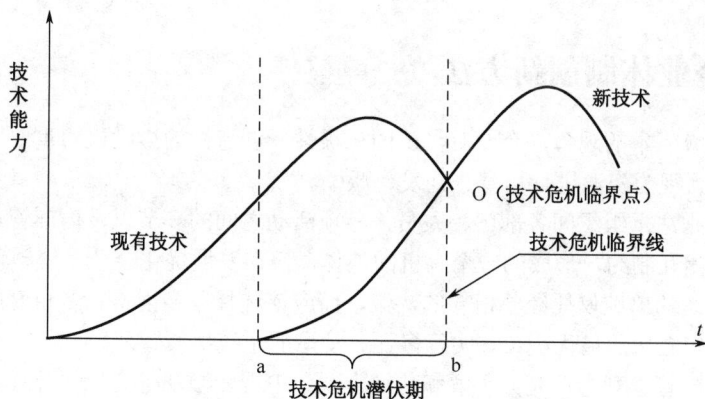

图 8.2 由技术生命周期分析技术危机产生过程图

资料来源：张凌，李锦慧. 基于技术危机的企业技术危机管理系统初探[J]. 兰州：科学经济社会，2007.

8.6.3 如何解决技术创新危机

1. 增强企业的创新危机意识

企业管理者要为企业员工树立居安思危、推陈出新的创新意识，随时为创新危机这场没有硝烟的"战争"做好准备。形成一种积极向上，不断奋斗，活力四射的企业文化。这个方法的核心在于企业领导者的重视程度，只有让员工看到领导对技术创新的重视，才能激励起员工的斗志。众所周知，现阶段中国的手机市场，三星和苹果两大队伍在争妍斗艳。自苹果手机以其独有的"个性"为标签进驻中国市场后，使得其他手机品牌纷纷败下阵来，只有三星手机屹立不倒，与之抗衡。其中，三星靠的就是它技术上的支持以及推出新款手机的频率之快而达到的。这些都得益于三星整个企业上下一致的创新意识。

2. 关注政府出台的政策，行业发展动态，收集关于创新导向性的信息

在决策一个项目是否发展之前，应该权衡利弊，分析宏观上的政治、经济、文化导向以及整个行业的发展导向、竞争者、供应商、替代者、潜在竞争者、顾客的需求关系等。从总体分析创新项目的可行性再决定是否开展接下来的工作。

3. 创新资金款项使用应合理

既要避免企业某一产品投入的资金过多所引起企业的流动资金危机影响到其他产品的经营活动的开展，也不能投入创新资金过少而导致创新项目的活动无法顺利进行。应该开源节流，拿捏有度。在资金方面，企业应该多方面拓宽融资渠道，例如可以做好宣传工作，树立企业良好的合作形象和信用，吸引更多的投资者进行投资；也可以与政府和金融机构进行合作。在使用创新资金时，企业要建立起有力的监督制度，让每一笔资金师出有名，达到创新资金的有效合理使用，使创新项目的进行无后顾之忧。

4. 壮大创新人才的队伍

创新人才有如企业的新鲜血液，为企业活力做出了巨大贡献。企业应该从企业文化、薪酬福利、职业生涯规划等各个方面吸引创新型人才。再以工作与科研环境、学习深造与晋升机会等各种方法留住人才，才能提高创新人才的整体素质和工作积极性，为创新项目的开展打下坚实基础。

资料来源：彭尔霞，王为，路军. 企业创新环境危机的原因分析与对策[J]. 哈尔滨：科技与管理周刊，2008.

8.6.4　企业体制创新方法

（1）树立以人为本的观念，企业对员工的积极性、创造性的激励极为重要。从人类自身发展为出发点，将人视为资源进行培育、开发、激励。

（2）企业非常注重组织间各部门、人员，各项活动之间的环节以及内部管理层次之间的相互联系、合作与相互制约，形成的一个有机的整体，旨在发展优化企业系统整体功能。

（3）放弃传统的单纯仅凭经验指导的决策，而应该选择以多因素、多角度的统筹兼顾，各类方案的多番比较之后的最优决策。实行多元、动态的系统决策管理。

（4）树立战略管理观念，充分了解和协调宏观、中观、微观等企业内外环境，决策者以企业的可持续发展为出发点，采取对企业的发展方向具有前瞻性的管理措施以及管理方法。

（5）融入权变观念。企业的管理制度并不一定适合所有的阶段和地域，企业应该协调好各方面的人、时间、事件、地域等不断变化的机制，进行灵活的适应性管理。

资料来源：叶国灿. 从管理理论演进看企业管理模式创新趋势[J]. 北京：中国人民大学学报，2004

（6）建立创新环境危机预警监测系统。企业应针对各项创新环境影响因素对评价标准和警戒值进行设定，对企业创新环境的总体进行监督和重点分析，采取相应策略，定期考核，及时发现潜在隐患继而防患于未然，积极采取预防措施，使企业损失降到最小。

本 章 小 结

本章简单阐述了危机与危机管理的定义，重点介绍了危机管理四要素，包括危机监测、危机预警、危机决策、危机处理。

针对新创企业将生命周期划分为四个阶段，包括萌芽期、成长期、成熟期和衰退期。讲述了新创企业的成长规律和不同成长阶段的特征，应做了解和掌握。

萌芽期重点要解决的就是市场调查危机，成长期重点要解决的就是现金流向危机，成熟期应注意的是阶层、人才危机和企业衰退期体制和技术的创新危机。

在各个小节中分别讲述了各个阶段的危机所面临的特点以及提出以上危机的解决方法。

案例研读

施乐创业危机

债台高筑，清盘中国！

施乐创建于 1906 年，总部位于美国康涅狄格州斯坦福市。施乐公司是世界复印机业的先驱，以复印机而闻名，曾经很长时间在世界复印机市场保持垄断地位。施乐公司和旗下的帕罗奥多研究中心在历史上曾为计算机行业的发展作出过巨大贡献。作为世界上最大的现代化办公设备制造商、复印机的发明者，施乐的辉煌几乎家喻户晓。1982 年，施乐曾陷入佳能、理光、美能达的重重围困中，当时，有观察家甚至怀疑，施乐还能活下去吗？David 工 T.Kearns，当时施乐的 CEO，对此进行反击，把业务集中于提高产品的质量、技术和售后服务，艰苦的 6 年过去，施乐又恢复了昔日的辉煌，并成为第一个能够从日本人手中夺取市场的美国集团。转眼到了 2000 年，无情的市场向施乐提出了更高的疑问，"施乐还有生存的能力吗？"因为，这次施乐面对的已不仅仅是竞争对手的围攻。

2000 年，世界上最大的现代化办公设备制造商、复印机的发明者——施乐，日子却显得并不那么好过。巴西经济衰退、墨西哥债务危机、公司内部大量优秀财务人员流失、市场份额的减少、竞争的加剧、高层管理人员的变动、180 亿美元的巨额债务和股价的跌跌不休，都在昭示着这个巨人的危机。为了摆脱困境，施乐计划缩减开支 10 亿美元，出售总价值约 40 亿美元的资产。而施乐（中国）却赫然排在了黑名单的第一位。10 月 24 日，美国施乐宣布全面撤出施乐在中国的全部业务，其中包括施乐（中国）的业务、富士和施乐合资企业的部分所有权和施乐工程系统。

割肉"瘦身"！

10 月 24 日，施乐宣布，该公司第三季度营收由 46 亿美元降至 45 亿美元。去除特殊项目，其第三季度亏损额为 1.28 亿美元。目前，施乐市值已由原来的 460 亿美元骤跌至 80 亿美元，股价由 60 多美元暴跌至 7 美元。资产的大幅度缩水，再加上要命的 180 亿美元债务和风声四起的施乐要"申请破产保护"的流言，紧紧勒住了施乐的喉咙。施乐要复兴！缩减开支，出售资产。按照复兴计划，施乐拟缩减开支 10 亿美元，出售总价值约 40 亿美元的资产，以减少债务，改善收支状况并扭转亏损的不利局面。为此，施乐将剔除在某些发展中国家重复性的工业、产品机构转向产品分销模式。削减至少 2 亿美金在制造业和供应链上发生的成本。着手解决服务成本，将由第三方提供的服务转移到自身业务公司，并剔除全球性服务组织。大量裁员，预计达 5000 人以上。同时，考虑放弃价值 25 亿美元的出租子公司，放弃与富士公司建立的计算机合资企业的股份，可筹集 40 亿美元。通过这一系列行动，施乐将实现其"瘦身"目标。

资产重组，加强核心业务。"瘦身"只能暂时解决债务和现金流问题，要复兴，关键还得"强身"，让肌肉结实。施乐拟以复印机为主，放弃低端市场，加强高端产品及网络数字产品的业务开发，重建庞大的分销系统。同时，策划一些"大胆的"、"戏剧性的"变化来改变公司的业务模式，并希望借此使其作为一个独立实体继续生存下去。不过，最近几年，施乐已经进行了数次代价高昂的重组，这次重组能否奏效呢？在危难之际，阿莱尔，这位前任明星管理人，能力挽狂澜吗？有分析师认为，如果阿莱尔不对施乐公司动关键性的大手术，施乐公司仍有可能成为被收购对象，或者被金融买家分割。

前狼后虎，熊将安在？

日本佳能虎视眈眈于施乐的传统阵地，惠普又狼牙森森，毫不松口。前有狼，后有虎，熊将安在？据《商业周刊》一篇不署名的报道称，施乐已经成为佳能、惠普等对手的收购目标。而它致命的敌人佳能，经过无数次的走访，找到施乐产品机型大、价格高的弱点后，联合十几家日本企业，成功推出了小型复印机，从而一举打破了施乐对复印机市场的垄断。复印机市场格局也由一极化向多极化发展，随着竞争的激烈，行业利润也越来越小，而一直习惯于高额利润空间的施乐，对此显然很不适应。很快，日本佳能在低端市场就取得了绝对份额，并曾一度威胁到施乐的生存。

船，何处漏水？

曾在 99 财富论坛风风光光的施乐，当年营业额为 192 亿美元，净收入 14 亿美元，为何落得今天这样卖儿卖女的地步呢？除了巴西经济衰退、墨西哥财务危机、弱欧元问题以及竞争的加剧和市场份额的减少外，问题的根源还在于施乐自身的痼疾已达到积重难返的程度。

摊子大，资金周转不灵。每个企业的资源都是有限的，只有集中所有的资源去占有某一个领域内的份额，企业才有竞争力。施乐作为一个有着几十年历史的常春藤企业，漫长的商业道路，使它在发展复印及打印的主力业务之外，又涉足了一些其他的行业，如保险、金融、出租等，挤占了公司资金，严重影响了主力业务的开发和持续发展。正如，施乐前任明星管理人保罗·阿莱尔所说："我们所关注的领域太多。"

机构庞大，财务松弛。一个具有悠久历史的跨国企业，经常会给人恐龙的感觉。这除了与它的巨额财富有关之外，也与它庞大的跨国机构、跨行业机构与庞大的人力有关。如果内部财务松弛，其资金的滥用与浪费将是巨大的。拿施乐来说，它分布在全球 70 多个国家，拥有 130 多个销售处，员工近十万人，日常管理开支达到利润的 27%，而惠普公司只有 15%。更严重的是，其内部优秀财务人员还在不断流失。此外，也正是由于财务的混乱才最终导致墨西哥财务危机的爆发。

市场敏感差，反应迟钝。专利铸就的安乐窝消磨了施乐的进取与市场敏感。你也许不会想到电脑中的图标、下拉式菜单、鼠标等都是施乐的发明，激光打印技术、触摸屏幕等也是施乐的贡献，然而当时，施乐却没有意识让这些发明商业化，而错失在个人电脑获取价值的机会。1979 年，苹果电脑创始人之一的史蒂夫·乔布斯，带着他的工程师参观施乐的 PARC 试验室，当他看见施乐研究员发明的可移动重叠视窗和弹出菜单时，他惊呼，"你们怎么不用它做点什么？"后来，这些都成为苹果推出的麦金托什电脑的一部分，如今，已成了微软视窗的软件。

销售系统及付款程序混乱。在托曼的领导下，施乐对公司的销售系统及付款程序按照工业线而不是地理位置，进行了重组，这就造成了每一个销售员都可以把施乐所有的产品和服务卖给同一个顾客，从而严重损坏了施乐的客户关系。使施乐面临销售分裂的局面。同时，新的账单系统也不能支持销售系统的重组，反而搞乱了账单程序，以致客户停止付款，现金流问题出现了。当施乐疲惫地应对着这些问题的时候，他的销售人员也开始流失，同时，在低端市场的佳能、理光，在高端市场的 Heidelberger Druckmaschinen（德国公司）却接管了从施乐流失的客户。这些都对施乐产生的致命的杀伤。

管理模式僵化，缺乏新鲜活力注入。长期以来，施乐的高级管理人员大多是公司的元老。如任职 9 年首席执行官的保罗·阿莱尔，1966 年就开始在施乐服役。继阿莱尔之后，由曾任国际商用机器公司管理人员的瑞克·托曼任首席执行官，却因管理业绩不良，仅仅 13 个月后，就被赶出施乐。虽然施乐重又召回保罗·阿莱尔，但阿莱尔毕竟已经 62 岁了。而新任社长兼 COO 让·马尔加西女士则在 Xerox 公司工作了 24 年，主要负责人事工作。此举显然是为了削减雇员的需要。然而，施乐要救亡图存，需要的是大革新、大动作，而不是缝缝补补，不管是阿莱尔还是马尔加西，都很难有把握担当此重任。证券分析家呼吁"Xerox 公司如今需要的是外部的新鲜血液，以打破僵化了的组织机构"，施乐很需要有一头带队的狮子！

施乐渊源。

施乐创建于 1906 年，总部位于美国康涅狄格州斯坦福市。目前市值 80 亿美元，负债 180 亿美元，员工近 9 万人。

施乐还能让辉煌重现吗？Myers（施乐前任研究与技术副总裁）说，"施乐的故事永远不会平静！它始终是一个创新着的公司！"。

资料来源：蔡建文.谁说大象不会摔跤：巨型企业败落启示录[M]. 北京：中国三峡出版社，2003.

案例思考

1. 结合本章内容，谈一谈施乐公司陷入危机中的原因是什么。
2. 假如你是施乐公司的领导者，你将采用何种方法帮助施乐走出困境。

思考与练习

选择一个你们小组感兴趣的行业，假设一定大小的企业，围绕以下几个问题进行小组讨论：

1. 该企业具体面临的危机管理要素有哪些？
2. 该企业新创企业不同成长阶段特征有哪些？
3. 如何解决该企业萌芽期的市场危机，成长期现金流向危机和成熟期阶层和人才危机？
4. 该企业衰退期需要具体进行哪些体制和技术的创新？

第二篇

实践篇

第 9 章 中国大学生创业的准备

![学习目标图标] 学习目标

1. 中国大学生创业宏观环境
2. 大学生创业前准备
3. 大学生创业企业类型
4. 大学生创业的瓶颈及解决方法

9.1 中国大学生创业的宏观环境

9.1.1 中国的大学教育体系结构介绍

从 20 世纪 90 年代末以来，我国高等教育大幅度扩招，经过不断的改革和调整，初步形成适应国民经济和社会发展的多层次、多形式、学科分类齐全的中国高等教育结构体系。高校分类标准可按照高校的"办学类型、办学层次和办学特色"这一内在统一的逻辑结构来确定。比如，在办学类型下，按照学科结构划分可以划分为单科性院校、多科性院校和综合类院校；按照办学层次可以分为高校人才培养和学术研究、学术贡献的层次，其中以人才培养为出发点可以分为培养学术型研究人才院校、培养专业性高科技人才院校和培养适用性职业技术型人才院校等。为了适应国家和区域经济的发展，满足社会的发展需要，大学教育在输出人才方面，教育结构已得到不断地优化，同时建立了科学的教育体系，形成了各种具有不同办学理念和办学风格，为各大产业的工作岗位输出了专业人才和创新型人才。

教育部把高等教育学科分类分为十二大类，分别为哲学、文学、教育学、法学、经济学、农学、工学、理学、管理学、历史学、医学和军事学。三大产业与各学科的分类如表 9.1 所示。

表 9.1 三大产业与各学科的分类

产 业 分 类	产 业 别 类	学 科 分 类	学 科 名 称
第一产业	指农、林、牧、渔业（不含农、林、牧、渔服务业）	09 农学	0901 作物学
			0902 园艺学
			0903 农业资源利用
			0904 植物保护
			0905 畜牧学
			0906 兽医学
			0907 林学

续表

产 业 分 类	产 业 别 类	学 科 分 类	学 科 名 称
第一产业	指农、林、牧、渔业（不含农、林、牧、渔服务业）	09 农学	0908 水产
		08 工学	0824 船舶与海洋工程
			0828 农业工程
			0829 林业工程
		07 理学	0707 海洋科学
			0710 生物学
第二产业	采矿业（不含开采辅助活动），制造业（不含金属制品、机械和设备修理业），电力、热力、燃气及水生产和供应业，建筑业	07 理学	0701 数学
			0702 物理学
			0703 化学
			0704 天文学
			0705 地理学
			0706 大气科学
			0707 海洋科学
			0708 地球物理学
			0709 地质学
			0710 生物学
			0711 系统科学
			0712 科学技术史
		08 工学	0801 力学
			0802 机械工程
			0803 光学工程
			0804 仪器科学与技术
			0805 材料科学与工程
			0806 冶金工程
			0807 动力工程及工程热物理
			0808 电气工程
			0809 电子科学与技术
			0810 信息与通信工程
			0811 控制科学与工程
			0812 计算机科学与技术
			0813 建筑学
			0814 土木工程
			0815 水利工程
			0816 测绘科学与技术
			0817 化学工程与技术
			0818 地质资源与地质工程
			0819 矿业工程
			0820 石油与天然气工程
			0821 纺织科学与工程
			0822 轻工技术与工程
			0823 交通运输工程

续表

产 业 分 类	产 业 别 类	学 科 分 类	学 科 名 称
第二产业	采矿业（不含开采辅助活动），制造业（不含金属制品、机械和设备修理业），电力、热力、燃气及水生产和供应业，建筑业	08 工学	0824 船舶与海洋工程
			0825 航空宇航科学与技术
			0826 兵器科学与技术
			0827 核科学与技术
			0828 农业工程
			0829 林业工程
			0830 环境科学与工程
			0831 生物医学工程
			0832 食品科学与工程
第三产业	服务业，是指除第一产业、第二产业以外的其他行业。第三产业包括：批发和零售业，交通运输、仓储和邮政业，住宿和餐饮业，信息传输、软件和信息技术服务业，金融业，房地产业，租赁和商务服务业，科学研究和技术服务业，水利、环境和公共设施管理业，居民服务、修理和其他服务业，教育，卫生和社会工作，文化、体育和娱乐业，公共管理、社会保障和社会组织，国际组织以及农、林、牧、渔业中的农、林、牧、渔服务业，采矿业中的开采辅助活动，制造业中的金属制品、机械和设备修理业	01 哲学	0101 哲学
		02 经济学	0201 理论经济学
			0202 应用经济学
		03 法学	0301 法学
			0302 政治学
			0303 社会学
			0304 民族学
		04 教育学	0401 教育学
			0402 心理学
			0403 体育学
		05 文学	0501 中国语言文学
			0502 外国语言文学
			0503 新闻传播学
			0504 艺术学
		06 历史学	0601 历史学
		10 医学	1001 基础医学
			1002 临床医学
			1003 口腔医学
			1004 公共卫生与预防医学
			1005 中医学
			1006 中西医结合
			1007 药学
			1008 中药学
		12 管理学	1201 管理科学与工程
			1202 工商管理
			1203 农林经济管理
			1204 公共管理
			1205 图书馆、情报与档案管理

9.1.2 中国大学生创业形势

随着我国每年高校毕业生人数的不断增加，大学生的就业恐慌也愈来愈大。在面对如此大的就业压力时，自主创业逐渐成为一种重要的就业方式。高校毕业生创业成为了缓解就业压力的重要途径，也成为培养创新型人才的客观要求。创业是创业者将自己拥有的各项资源和经过努力所找到的一些资源进行合理的整合，从而创造出利益和价值的过程。

但是，大学生创业并不能一蹴而就，因为对于初出茅庐的大学生来讲，他们的资历尚浅，能够动用的资源也很少，创业受到物质方面和精神方面等各方面的制约。在进行创业之前，大学生首先要熟知整个创业形势，以便开展自己的创业项目。

1. 社会各界人士支持大学生创业，有良好的创业前景

高校毕业生投身到自主创业的热潮愈演愈热，越来越多地得到了社会各界的关注。尤其是各方的政府部门，纷纷出台了支持高校毕业生自主创业的政策。如江西宜春的"就业局长校园行"鼓励大学毕业生返乡发展、河北张家口市宣化县小额担保贷款，政策扶持高校毕业生自主创业等，大部分省政府出台相关优惠政策扶持大学生就业。另外，社会上多方成功的企业家也开始注意自主创业的高校毕业生，从中发掘有潜力的创业项目进行投资，帮助大学生成就他们的创业梦想。

2. 政策落实不到位，创业环境得不到保障

虽然现如今中央及地方各级政府有关部门制定出台了一系列政策来扶持大学生创业就业，但还未形成体系，未成气候，尚未达到一个相对完善地步，导致创业环境不能得到有效的保障。大学生在创业之前要好好地熟悉并掌握各项相关政策，要明白创业政策是大学生创业的坚强后盾，但它不是成功创业的必要保障。大学生创业者要理性看待创业政策，结合自己知识体系，选择合适自己创业行业的政策，更好地让创业政策来服务自己的创业项目。

3. 创业教育逐渐普及

创业是就业的根本，培养高质量的创业者必定离不开系统的创业教育。落实好创业教育是保障高校毕业生有一个扎实的基础，是社会快速且稳定发展的必要要求。近年来，各大高校普遍开设了创业教育的课程，旨在培养高校毕业生的创业意识，夯实创业知识和提高创业能力。山东、河南、江苏等各个地方纷纷开始创立大学生创业孵化基地，扶持高校毕业生创业，为学生们提供了很好的实战基地。

浙江海盐县自 2008 年在全省率先启动大学生创业园创建活动以来，牢牢抓住了大学生人才这一生力军。截止到 2013 年，全县目前共成立企业大学生创业园 78 家，吸纳大学生 4046 人，其中拥有大专及以上学历者占 99.7%，大学生年增长率为 32.66%。2013 年上半年，创业园实现利税 7.37 亿元；共开展创业项目 203 项，其中国家级科研项目 8 项，省级科研项目 39 项；市、县级科技立项 138 项，申报发明专利 35 项；累计创业项目投入 9.12 亿元，新产品销售收入 33.3 亿元。首先，从优化组织机构环境、营造建园政策环境和营造资金扶持环境来服务于大学生的创业。其次，强化建园准入意识、强化"两主"（主体是企业、主角是大学生）参与意识、强化带头人"引领"意识，努力助推大学生人才创新。最后，创新密切政府企业联系、实施内部竞争和突出考核管理这三项机制来确保大学生人才的实干能力。最终形成了多种创业园模式来助推创新驱动，使大学生人才技术骨干辈出，加强了团队建设，强化了团队意识，使得大学生创业园实现创新驱动，加强了人才建设。

资料来源：中国就业网 http://www.chinajob.gov.cn/InnovateAndServices/content/2013- 08/06/ content_825973.htm

9.1.3　政府对大学生创业的政策支持

大学生创新创业是建设创新型国家的重要组成部分，为了培养这队主力军，提高大学生就

业创业，我国相关政府部门出台了一系列优惠政策来扶持大学生就业创业。《国务院办公厅关于做好 2013 年全国普通高等学校毕业生就业工作的通知》中就提到："各地区、各有关部门要积极完善创业政策，加强创业教育、创业培训和创业服务，大力扶持高校毕业生自主创业，尤其要鼓励高校毕业生创办国家和地方优先发展的科技型、资源综合利用型、智力密集型企业，支持通过网络创业带动就业。"

知识链接

大学生创业政策措施

一、税收优惠政策，对从事个体经营的大学生，给予定额税费减免。大学生持《就业失业登记证》（注明"自主创业税收政策"或附着《高校毕业生自主创业证》）的高校毕业生在毕业学年内（即从毕业前一年 7 月 1 日起的 12 个月）从事个体经营的，3 年内按每户每年 8000 元为限额依次扣减其当年实际应缴纳的营业税、城市维护建设税、教育费附加和个人所得税。对高校毕业生创办的小型微利企业，按国家规定享受相关税收支持政策。

二、小额担保贷款和贴息政策，毕业生在创业地可按规定申请小贷、符合条件的，中央财政据实贴息。从事微利项目的，可享受不超过 10 万元贷款额度的财政贴息扶持。对合伙经营和组织起来就业的，可根据实际需要适当提高贷款额度。

三、税费减免政策，毕业 2 年以内的普通高校毕业生从事个体经营（除国家限制的行业外）的，自其在工商部门首次注册登记之日起 3 年内，免收管理类、登记类、证照类等有关行政事业性收费。

四、培训补贴，毕业学年大学生（即从毕业前一年 7 月 1 日起的 12 个月）参加创业培训，可给予培训补贴。

五、落户政策，高校毕业生可在创业地办理落户手续（直辖市按有关规定办理）。

此外，人力资源社会保障部门加强大学生创业孵化基地建设，为自主创业，高校毕业生集中提供创业培训和实训，开业指导、融资、跟踪扶持等"一条龙"创业服务。

资料来源：

http://www.mohrss.gov.cn/SYrlzyhshbzb/zwgk/SYzhengcejiedu/201305/t20130528_103969.htm

http://www.gov.cn/xxgk/pub/govpublic/mrlm/201305/t20130517_66084.html?keywords=2013+35

除了中央政府提出来的相关优惠政策，现如今为了提高高校毕业生的就业，缓解就业压力，地方各级政府响应国家法规政策的宏观指导，也相继出台了相关政策来扶持大学生就业创业，为大学生的创业营造了一个良好的宏观环境。政府的创业支持对大学生创业者来说，是创业成功的强大后盾。在创业之初，大学生创业者要熟悉和掌握创业政策，在创业过程中使国家政策扶持有更好的导向作用，发挥好政策的保障作用。

9.2 大学生创业前准备

好的开始，是成功的一半，要想取得事半功倍的结果，一定要有完备的前期准备。创业准备是创业者在进行创业实践活动前所做的各方面准备，包括物质方面和精神方面。充分的创业准备可为日后创业活动开展奠定良好的物质基础和思想基础，有助于创业者更顺利、更高质量地开展创业实践活动。下面我们主要从大学生创业知识准备、技能准备以及心理准备三个方面进行具体的介绍。

9.2.1 知识准备

东汉哲学家王充在其无神论的著作——《论衡》中提到："人有知学，则有力矣。"意思就是人有了知识，就有了力量。知识就是力量！对于刚涉足创业领域的大学生来说，了解与掌握创业的相关知识，建立合理的科学的知识结构体系，是大学生实现创业目标，成就一番事业的必要基础。"知识"作为创业活动开展的磐石，不仅仅是指单一方面的知识，而是多方面知识的结合。因此，大学生要成功创业，必须要有合理的和系统的知识储备。

在大学生创业这项系统的工程中，要求创业者在公司定位、公司战略、市场营销、产品服务规划、股权关系、团队筹建、财务计划等领域的知识要有一定的积累。因此，创业者要想在创业中取得成功，必要的创业知识是必须要学会与掌握的，并且能系统地建立合理的知识结构，更好地为实践服务。大学生在进行创业的时候需要掌握相关知识，主要分为通识性知识、专业知识、政策及法律知识。

1. 通识性知识

通识性知识，指的是日常学习生活中所积累的通识性知识，具有普遍共同性和普遍适用性，是人们的知识结构中相对稳定的一部分，有助于人们去发现，去思考，去践行。扎实的基础性知识有利于大学生提高解决问题的能力，有较高的学习自主性并且能够使其在创业过程中举一反三，培养其创造力和执行力。通识性知识中需要注意的知识板块有计算机能力和外语能力知识，文案撰写能力知识和交际口才能力知识。创业这个复杂的大系统中，所要具备的能力是方方面面的，想要提升各方面能力，就应对症下药，培养相关的能力，务实相关的基础知识。

（1）计算机能力和外语能力知识。计算机能力知识和外语能力知识是现代大学生知识结构中不可缺少的部分。正所谓细节决定成败，最为基础的知识也为最重要的知识。熟悉掌握英语有助于大学生更多地去了解国外最新科研成果，拓宽视野，增长见识；计算机知识的学习与运用是大学生知识学习中不可或缺的必修课。

（2）文案撰写能力知识。商业计划书是创业项目最具体、最为重要的载体，据统计，大约在每1000份商业计划当中，平均只有6份能获得企业投资者的投资，想要这6/1000的概率当中脱颖而出取得投资者的青睐，制定一份出色的商业计划书是非常关键的，而商业计划书的写作对文案撰写能力也是有一定要求的。如何做到言简意赅、富有逻辑性需要文案撰写能力的知识积累，所以，文案撰写能力知识的学习对于创业者来说是必修之课。

（3）交际口才能力知识。学会如何与人沟通、与人交谈，在现实生活中对每个人来说都是一门很大的学问。对于大学生创业者来说，如何去说服合伙人来参与自己的创业项目、如何去向风险投资商或政府或公共部门更好地推荐自己的创业项目，吸引他们来投资，好的语言交际能力是必备的。

2. 专业知识

专业知识指的是大学生创业者所选行业的专业知识和企业战略管理、经营管理体系、财务会计管理、人力资源管理、市场营销管理、法律实务、金融保险等方面的专业知识。扎实的专业知识和知识运用是创业活动的力量之源。作为大学生创业者，在大学课堂学习时要有意识地掌握好相关专业知识，最好能够结合实践教学，实际操作与课堂知识相结合，能更深层次理解和学习相关专业知识。比如哈佛商学院的教育模式就是寻找世界上有借鉴意义的商业案例，将其拿到课堂上让学生们自主学习和探讨。掌握相应的专业知识对大学生创业者来说，能够使其在创业中发挥其专业所长，进而取得创业成功。

3. 政策及法律知识

在创业之初，熟知政策及法律知识对于大学生来说是非常必要的。虽然现在我国政府正在大力扶持在校大学生和刚毕业大学生的创业活动开展，但是它还是处于一个不断完善的阶段，其监督和管理机制都还不是相当健全，再加上大学生创业者的社会经验不足，危机处理的能力有限，常常会让不法分子有机可乘。因此，在开展创业活动之初，要深入了解各项政策及法律，加强安全教育，提高维权意识进而提高自身的危机处理能力。

9.2.2 能力准备

创业能力指的是在创业的过程中创业者在完成创业所具备的创业能力，包括知识结构、知识技能、经验等，它是一项智力活动和实践活动相结合的综合能力，与创业活动紧密相连。创业者创业能力的强弱决定了创业活动效率的高低。对于创业者来说，提升自身创业能力，对创业活动的开展是很有必要的。

从个人素质培养到团队合作上，大学生应该具备的创业能力有自主学习能力、交流沟通能力、抗压受挫能力、团队合作能力和管理决策能力。

1. 自主学习能力

创业活动是一个动态的、复杂的过程，在这个不断变化的环境中，如何去选择、创立和管理一个新的企业，都是要有大量的知识理论作为支撑的，而在创业的过程中，随着时代的不断变化，对知识储备的要求也越来越高，不仅创业前要学习，创业中也要学习，拥有良好的自主学习能力是非常重要的。创建一个高度的学习型组织，培养大学生的自主学习能力是拓宽和加强创业知识领域，决定创业实践战绩高度的途径。

2. 交流沟通能力

在创业过程中，拥有良好的人际关系是成功创业的必备因素，而组建良好的人际关系网络就需要有好的语言表达能力和人际交往能力。创业者不仅要搞好企业与企业的关系，还要组织好企业与员工的关系，员工与员工内部的关系。良好的交流沟通能力，能够恰当地处理好人际关系，与合作企业保持融洽的伙伴关系，使团队内部沟通顺畅，营造一个良好的合作氛围。

3. 抗压受挫能力

抗压受挫能力是指大学生创业者遇到困难时，面对挫折和抵抗压力的能力。创业是存在风险的，抗压受挫能力的强弱直接影响了创业者的创业状态。大学生初涉创业领域，缺乏社会经验，因此，拥有良好的心理素质和掌握危机处理的方法是学会承担创业风险的必备能力。

4. 团队合作能力

一个成功的企业，肯定不是单靠一个人的力量就能成立起来的，对大学生创业者来说，组建创业团队进行创业更是必行之策。团队合作能力，顾名思义就是能够团结成员，与团队成员一起合作完成创业活动的能力。

5. 管理决策能力

管理决策能力是指创业者在具备相关管理知识结构的基础上，为创业团队制定的管理体制和实施战略，组织成员内部合理分工，领导成员共同实现团队目标的能力。在创业过程中，创业者面对着众多机会和挑战，具备管理决策能力是创业者应对外部挑战和解决内部冲突的必备能力。

9.2.3 心理准备

对大学生创业者来讲，创业是他们步入社会舞台的全新挑战。良好的心理素质不仅是大学生创业者顺利开展创业活动的根本，还是决定创业成败的关键。由此可见，大学生想要成功创业，必定离不开良好的心理建设准备。

1. 大学生创业常见的心理反应

（1）操之过急，一步求成的心理。大学生创业者在发现创业机会的时候，因为市场经验的匮乏，没有对项目进行深入的评估，不了解创业的整个过程，抱着"我这个项目很好，一定可以成功的"心态，操之过急，一步求成；对创业项目的期望值过高，在面对小小挫折的时候，挫败感凸显得很大，往往这个时候就会导致创业以失败告终。

（2）盲目心理。由于大学生对创业程序、创业方面等相关知识不了解或者是了解不深入，导致其多方面知识的缺失，在创业的过程中就容易出现过多去模仿不符合本企业发展的企业，盲目从众，盲目投入，最后导致资源的过多浪费，并且不利于创业项目的成功。

（3）抗压能力差。大学生在走进社会之前，在大学校园生活的庇护下，社会经验不足，遇到的挫折也少。在创业过程中遇到挫折的时候，因依赖性和惰性过强导致抗压能力差，遇到困难就选择退缩，甚至放弃创业。

2. 大学生创业所要具备的心理

（1）富有责任感的创业心态。责任心是开展创业项目必备的心理素质。责任心强，其工作态度就好，完成工作效率也高。培养大学生创业的责任心，不仅得益于为自己的事业开创一片新的天地，而且对整个社会具有很大的社会意义与价值。

案例分享

南通新锦江印染有限公司董事长施洪生始终要求自己做一个有责任心的企业家，把关注民生、关注社会的责任融入到自己的企业当中。施洪生当时决定在三厂镇丁陆村建立印染厂的时候，首先考虑到的就是创办一厂就是要造福一方。他投入300多万元，设计了中研制污水处理装置，解决了印染企业排污不达标，造成水污染的通病；为了解决烟囱粉尘污染的问题，又投入了财力物力，安装了水膜式除尘装置。在环境监测部门的随机多次的检测中，他们厂的各种相关监测数据完全符合世界卫生组织制定的标准。良好的责任心，用心做事业，是伴随施洪生成功创业的必要心理因素之一。

（2）自信乐观的创业心态。创业者要相信自己有能力能够开展创业活动并且能取得佳绩，保持积极向上的态度来面对创业活动中的各个阶段，相信自己的能力，不断地学习新事物，充实自己，查缺补漏，不断地追求自我价值实现，带动整个团队的发展，进而创造更多的效益。国外学者Gartener、Starr等都认为，创业者要比一般的企业管理者更具有成就动机，这种成就动机对创业的决策和创业的存续能力有很强的驱动作用。持有乐观积极的心态，有利于创业者自我激励，对创业有激情时总能达到超越自我设定目标的创业成效。

案例分享

汉能集团以水电等传统清洁能源为基础，是当今国内规模最大、专业化程度最高的民营清洁能源发电企业。18年来，汉能只干一件事，就是清洁能源、水电、风电、太阳能。发展至今已经成为我们国家最大的经济发展企业，拥有 600 多万装机量，成为全球的太阳能老大。汉能集团董事长李河君说，汉能之所以有今天的成绩，得益于他们从成立那一天起就坚持着一个信念，用清洁能源改变世界。正是因为有这样一份信念，这一份自信心使汉能取得了今天的成就，成为清洁能源界的强国。

（3）脚踏实地的创业心态。资历尚浅的大学生在创业的过程中，对创业项目的选择，资金的筹备等方面缺少经验，容易急功近利，遇到困难时就比较焦躁不安。志高存远，脚踏实地对于大学生创业者在创业过程中是至关重要的。脚踏实地的创业心态是大学生踏踏实实开展创业项目，完成创业活动必须具备的心理素质。

案例分享

马来西亚华人实业家杨肃斌现任大马杨忠礼机构股份有限公司的主席，该公司是由其父杨忠礼于 1955 年创办的。在家族几代人的共同努力开拓下，公司现在已经发展为拥有六家上市子公司，业务涉及建筑、能源、旅游及电信等行业的大型综合企业。最早在 1970 年，16 岁的杨肃斌常跟着父亲去工地，他在工地和工人们一起吃住，每天早上五点就得起床去井边打水，然后从头浇到脚，即便到现在，他还是忘不了那段贫穷艰苦的时光，而这段经历让他明白了所有需要做的事自己都得去做，休想取得捷径，一步登天。

（4）意志坚定的创业心态。创业意志力指的是创业者在创业过程中坚持不懈地朝着创业目标前进，不达目的不放弃的心理状态。坚定不移的意志力能使创业者完成许多艰巨的任务并战胜很多别人认为不可逾越的困难，从中走出困境。

案例分享

联想控股有限公司的董事长柳传志在出席上海大学生科技创业基金会上发表的演讲中提到："一个创业企业要想永远成功，你要有意志力，要能顶住，我反复地和周边的朋友们比较，可能有一定先天因素，不全是后天因素，也不全是先天因素；尤其是在几百几千人面前。但人也不全是这样，有的人是有好的意志但没有被发掘，有的人确实是被弄得精神崩溃，那又何苦呢？所以能不能创业还得看能不能熬得住。"柳传志在刚创业以后不到几个月就被骗走了 14 万，卖电子表也很赔钱，这时候的经济也十分困难，但是他也没就此气馁或想要放弃，靠着坚强的意志开发新的产品出来，抢占市场先机，使公司慢慢走出困境，走上成功。

（5）理性面对成败的创业心态。胜不骄败不馁，这对大学生来说是理性面对创业中成败的必要心态。要能接受不是所有的成功都能永远的成功，不是所有的失败就没有东山再起之日。30 年河东，30 年河西，社会大环境处于不断变化发展当中，企业发展也存在很多的变数，理性面对成败是大学生必须持有的心理态度，大多数成功的创业者都是在成功后仍然继续向前，在失败中重新寻觅机会，永不言弃，最后取得创业成功的。

案例分享

经历了 20 个月痛苦的重组之后，"柯达"这个在胶片影像时代的"黄色巨人"终于在 2013 年 9 月 3 日正式宣布脱离破产保护。新柯达转型成为专业的商业影像技术公司，开始提供 B2B 的新业务，在失败中重新站起来，并且是以一个重新的身份出现在市场上。柯达中国区总裁王兵在接受《环球企业家》的采访时说道"生活中有很多过去的事情，你必须把过去丢掉只看未来。"可以看到柯达在重生意志上的坚定，正确面对失败，勇闯新的未来。王兵还对柯达的重生做了这样的一个形容"如果你相信共产主义，哪怕是走在草地上也不觉得有什么问题，因为你相信共产主义最终会赢，你相信你做的事情是有意义的。"柯达的新长征才刚刚开始，带着坚定目标还有信心，重新向前。

9.3　大学生创业企业类型

9.3.1　大学生创业企业类型的划分依据

大学生创业虽然是一种个体行为，但学校创业教育和创办企业却是一种社会行为，所以，既要从创业者的角度出发，又要从社会学角度来评估分析自身创业的企业类型，以下是经过调查研究综合分析的结论，是划分创业企业类型的基本依据。

（1）知识应用程度。包括专业知识、专业技能及管理知识等在创业企业中的应用情况。

（2）可行程度。是指在创业过程中，创业的难易程度，需要投入的资本量，市场竞争激烈程度，盈利预期等。

（3）科技含量。主要包括产业优势（新兴产业还是传统产业，是否符合国家产业政策导向）、行业地位、新成果新技术的应用与推广、市场开拓能力（产品先进性与排他性）、对科技进步和社会经济发展的推动力，等等。

（4）社会认可程度。即企业提供的产品和服务为社会所接纳的程度，是否有利于社会、企业、创业者的可持续发展，是否与传统文化传统观念相冲突等。

（5）社会化程度。主要指企业服务半径、创造就业岗位的能力、对社会的贡献等。

9.3.2　大学生创业的三种企业类型

根据上述依据，将大学生创业企业划分为如下三种基本类型。

1. 自我就业型企业

自我就业型创业是指个人创办一个小的企业，该企业的业务与其所学专业知识和技能没有必然的联系，自己给自己打工，一般以个人或家庭成员为经营主体；服务半径小，一般在1公里以内；提供就业岗位少，一般3~5人，主要解决自己的吃饭问题。自我就业型企业的主要优势是自主、灵活、简单、创业与经营成本低，但企业规模小、资源有限、后劲不足、缺乏可持续发展动力、社会认可程度低。这种低投入、低风险创业无疑是经验与资金不足的大学生生存就业的初期创业首选类型，这种创业类型立足于社区，创建于社区、依托于社区、服务于社区，主要面向社区居民提供产品或服务，从事一些诸如娱乐、餐饮、零售、家政服务等传统服务型项目。

2. 专业服务型企业

专业服务型创业是指在创办企业过程中，凭借自己的知识和技能，将知识作资本，充分利用已有的专业知识技能及管理知识，为其他企业或消费者提供具有专业特色的产品和服务。这种企业的创业需要具有相应的专业知识，有一定的技术门槛，产品和服务有市场，服务半径较大、一般在3~5公里，聘请有专业技术人员提供服务，企业有发展前景，社会认可程度较高；但投入较大、要有一定人脉资源、对专业和管理有较高的要求。这种模式在创业群体中的可行性比较高，既能发挥所长，又能在一定程度上推动社会经济的发展和进步，是值得借鉴和提倡的一种创业类型。

根据专业服务型企业提供的专业产品和服务方向的不同，可以进一步细分为如下两种类型：

第一类，直接为相关企业提供专业化产品和服务的企业。

第二类，直接为终端消费者提供专业化产品和咨询服务的企业。

还有一种专业创业模式，是根据自己的构想、创意在一些新兴领域进行的创业活动，主要集中于网络、艺术、装饰、教育培训、家政服务等一些新兴领域。基于创业者必须有新颖的点子、活跃的思维和专业的知识，能够标新立异，对于缺乏创业资源的创业者是个很好的选择，创业者可以通过独特的创意获得各种资源。

调查中，我们了解到，只要能够将社会的需求与自己的专业所长很好地结合起来，并敢于创新、敢于突破，就一定能够找到一个好的、适合自己的创业平台。

3. 科技创新型企业

科技创新型企业是指以其拥有的自主知识产权，开发、生产和销售产品方式创办的企业，即开办一个拥有自主知识产权的高新技术企业，进行产品的生产、制造与销售。这类企业拥有自主知识产权，属高新技术产业，是国家产业政策支持，能够有效推动社会经济的发展，代表一种产业未来的发展方向，社会非常认同，具有广阔的发展空间和美好的前景；但技术含量高、门槛高、投资大、风险也大。

被调查者普遍认为，自我就业型创业虽然适宜刚出校门的大学生初期创业，但社会认可程度低，学非所用，没有发展前景，不被看好；科技创新型企业社会非常认可，发展前景好，但技术门槛高、创业难度大、风险大，不适宜刚刚踏入社会的大学生创业者。专业服务型创业被普遍看好，因其具有多重优势，投资额度不高，市场竞争强度中等，创业难度中等，是一个具有一定门槛的专业性创业领域，对于那些未经过专业训练的人来说，难于进入，能够充分发挥大学生个人的专业优势，满足社会对专业服务型创业的需要。因此，专业服务型创业可作为大学生创业选型的合理定位，这是一个专门为那些具有专业技术和创业倾向的大学生准备的创业"领地"。

案例分享

走出校门来创业

徐剑、孙彦、相华是毕业于东华大学的 MBA，创业期间一次偶然的机会，他们的一家客户要求定制 X 光显影纤维，来制造符合国外手术标准的纱布，他们瞄准了这个机会，联合东华大学材料学院的专家，凭借东华大学在化纤、高分子材料行业的丰富资源和技术优势，通过 2 年多的潜心研究掌握了显影纤维的核心技术，组成了治鉴科技核心创业团队，立志将该产品产业化、规模化，并成为国内医用敷料行业的领导者。

徐剑说：这种纤维之所以能被 X 光显影，是因为含有纳米级硫酸钡。别小看了这种纤维，对它的研发横跨了四个领域：化工、化纤、纺织、医材。经过两年研发，东华学子终于取得成功，申请了发明专利。随后，他们在上海市知识产权园成立公司。先后得到了上海市大学生科技创业基金会、上海市科委科创基金的资助。

9.3.3 大学生创业选择企业类型的几点建议

1. 自我就业型企业可以作为创业初期选型，完成原始积累，必须尽快完成升级转型

大学毕业，走出校门，当个老板，有自己的事业，是许多学子的梦想，可是，出了校门没有钱，有了钱找不到项目，有了项目没有经验，怎么办？一是边打工边创业，这是最现实的选择；二是从服务社区消费行业起步，自我就业，赚取第一桶金；三是不管打工积累还是

通过自我就业积累，有志创业的大学生都必须尽快完成原始积累，寻找到更适合自己的创业机遇。

2. 不提倡毕业即创办科技创新型企业

高新技术意味着高投入、高风险、高管理、高产出，没有能力承担前几个"高"，就不会有最后一个"高"，所以，大学生创业既不要盲目求奇、求高，也不要一股脑跟风，传统行业中也蕴含很多的创业机会。可以利用自己的专业优势和资源优势，如农科类大学生，可以先搞种植、养殖；园艺类大学生可以先开一个园艺设计工作室；电子类大学生可以先做售后服务及维修等等，既可发挥学识优势，又能利用广泛的人脉资源，积累经验。

3. 专业服务型企业是创业选型的最好选择

专业服务型企业是大学生创业既适宜又理想的选择，面对创业，大学生应该有清醒的认识，有没有足够的资本、行业经验、客户资源、技术创新、商业运作能力，与即将面对的竞争对手相比是否有明显的优势，就是"血要热、头脑要冷静"。调查中发现，创业成功的大学生一般都有1~2年相关行业经验，暂时没有创业机会，可以先在准备进入的行业企业为别人打工，通过打工的经历来积累经验与资源，也是不错的选择，身处一个成熟的企业，行业知识、客户资源、盈利模式都能掌握，积累相关行业知识后，创业也就驾轻就熟。创业教育要着力打造"基础理论扎实，实践动手能力强，安心从基层做起，能够吃苦耐劳，乐于敬业、敢于创业"的人才培养特色。

4. 积极鼓励和引导专业服务型企业向科技创新型企业转化，实现质的飞跃

专业服务型企业在逐步成长过程中，科学技术、管理水平不断提高，当企业外延发展到一定程度时，必将走上内涵发展之路，应该积极支持和引导专业服务型企业，做大做强，拥有自主知识产权，实现产业升级，逐渐向科技创新型企业转化，使企业成为区域或者行业的排头兵，进而推进科技和社会经济的发展。

9.4 大学生创业的瓶颈及解决方法

由于大学生创业教育和实践在我国刚刚起步，配套的激励措施和制度建设尚不完善，同时又受资金、技术、市场、就业政策等诸多因素的影响，使得现阶段国内大学生的创业遭遇无法回避的发展瓶颈。

9.4.1 大学生创业瓶颈的主要表现

当前，大学生的创业瓶颈主要表现在五个方面：普遍缺乏创新精神和创业技能；创业热情高涨但实践少；创业项目高科技含量低；创业企业运行状况不乐观；创业融资困难。据高校毕业生自主创业研究报告显示，约75%的高校毕业生有自主创业的想法，但最终付诸实践的仅占1.94%。创业项目中，社会服务业所占比例最大，占34.63%，其次为制造业占13.27%，金融、保险业占12.94%。而真正参与高科技创业，即创业项目中拥有专利权、商标权和著作权等知识产权的创业者仅占创业人数的17.11%。在高校毕业生创业企业中，22.98%"经营状况良好，健康发展"，31.39%"收支基本平衡，平稳经营"，24.92%的创业者考虑改变经营项目或歇业，20.71%已经停止经营。将近半数的创业者对所创办的企业状况感到不满意。

资料来源：教育部"高校毕业生自主创业"研究报告显示：大学生创业**75%**有热情，仅**2%**有行动[OL]. http://www.ncss.org.cn/news_files/103003/200987167.html.

9.4.2 大学生创业的主要"瓶颈"因素

1. 创业政策不够完善

大学生创业的兴起在中国才只有十几年的时间，很多政策和制度并没有给予大学生创业者带来很大帮助，比如在对土地的使用权限、融资的额度、工商税务的减免幅度、人事制度、投资制度等关键问题的特殊政策，创业扶持力度远远不够，甚至进入创业的门槛儿很高很难，目前还没有形成一套完整的政策和法规支持大学生创业。

2. 大学生创业教育不成体系、意识不理性

目前我国很多高校创业教育仍流于形式（如创业科技竞赛），课程体系缺乏系统性、实用性和可操作性，创业教育的内容与学科教学、专业教育和实践体系相脱节。创业教学方面师资队伍匮乏，具有丰富创业经验的"双师型"老师更是凤毛麟角。创业教育的模式封闭，教育方法落后，教学途径单一，仅仅注重理论知识的灌输和课堂教学的传授。创业虽然越来越被大学生认同，但对创业的理解有失偏颇，容易形成一种思维定式，认为创业就是创办企业，创业就是创意，对创业充满理想化，缺少对市场深入的调查，过分追求热门和高薪行业，创业急于求成，缺乏理性。

3. 大学生自主创业能力欠缺

创业需要掌握的知识涉及面广，包括：管理知识、法律知识、风险投资知识、人事管理、资金财务管理、物资管理、生产管理和市场营销管理，也需要了解基本的与公司经营相关的经济法、税务、知识产权法等方面知识，例如，如何盖章、换取支票等都可能把大学生们弄得一头雾水。对于走向创业的大学生而言，虽然许多大学生都在高校参与过创业设计大赛，而且较多创业设计属于高新技术，具备了较高水平的理论修养，但在实践性方面很薄弱，当毕业走向社会，其力量显得势单力薄，由于科技含量较低，加上没有后续产品的支持，大学生创业失败的占大多数。

9.4.3 瓶颈的主要解决办法

1. 了解政府出台的创业政策

在创业发展过程中政府对创业政策的出台措施不容忽视，政府的相关创业政策是一个创业者成功的关键，也是创业者少走弯路的重点。十七大报告明确提出了"以创业带动就业"，工商、税务、银行等部门都相应地对大学生创业提供了许多优惠政策，如税收优惠、小额担保贷款、资金补贴、场地安排等扶持政策。十七大给创业者带来了更多机遇，如抓住民生项目，开发潜在服务商机；进行生态思考，开发"绿色营销"商机；抓住人力资源亮点，开发人力资源培训商机；等等。抓住有关创业的政策，为自身创业发展积蓄力量。

2. 主动地为创业作扎实的准备

确定创业方向后，要制订详尽的创业计划，包括筹集资金方式、渠道，撰写计划书。创业计划一般包括：执行总结、产业背景和公司概况、市场调查与分析、公司战略、总体项目进度及安排、关键的风险、问题和假定、团队状况及能力、公司管理、企业经济状况、财务预测假定、假定公司能够提供的利益、风险资本的退出策略等十二个方面，为今后的创业打下坚实的基础。

3. 提升个人能力，提高自身素质，为创业提供必备的条件因素

激发大学生潜在的创新意识和初生牛犊不畏虎、敢作敢为的创业激情，树立"在创业中实现自身价值"的理念，学会在市场中寻找商机。在竞争中增强本领，在创业中追求财富，在奋斗中提升人生价值，真正成为创业的主体、投资的主体、产业创新的主体。在社会实践中要学会立足市场找项目，学会组建团队，学会与社会上已有的大企业或大部门合作，共同创业，学

会依托当地已有企业锻炼自己，学会搭名企"便车"来解决自己在资金和技术上的困难，发展壮大自己。

资料来源：《对我国大学生创业"瓶颈"的几点思考》 作者 张卫民 成才之路 2010 年第 19 期

9.5 走出创业失败的误区

每年会有很多的创业者进行创业，每年也有很多的创业者以创业失败而告终，能在激烈的市场竞争的洪流中能够坚持到最后的企业屈指可数，大部分企业留给人们的只是一个失败的背影。或许你能从生活中发现他们失败的踪迹，一家开在你楼下的餐馆倒闭了，上下学的路上，你看到了以前熟悉的招牌换成了其他的名字。停下脚步，去了解，去思考，我们就可以发现他们失败的一些原因。

9.5.1 创业准备期

1. 态度悲观

我们在创业前或许面临着这样或那样的忧虑和恐惧，我创业的项目真的符合市场需求吗？我的创业项目真的能够获利吗？我的竞争对手太强大了，明天我就会创业失败怎么办？

科学家做了一项实验，结果表明，拥有积极态度的创业者，一般成功概率会较大；而失败的创业者一般都具有态度悲观的特质，认为自己的创业终会以失败告终。中国有句俗语：态度决定一切，同样也说明了态度对人的重要性。

每个人的生活难免会遭遇挫折，但是我们可以用不同的心态去面对和处理它。有的人，在面对挫折时，积极向上，把挫折和苦难当做一次新的成功起点，以乐观的态度来面对挫折；但有的人遇到问题就只会唉声叹气，没有了当初的激情和壮志，尤其是作为一个企业的领导者，如果你染上了消极的情绪，那么整个企业也会蒙上一层悲观的色彩，因为企业文化的创立主要受到领导者的影响。我们要懂得越挫越勇的道理，在遇到困难时，学会乐观面对，积极采取措施。这种乐观不是冲动、感性的乐观，而是一种理性的乐观；同样，态度悲观至极也难以创业成功。

2. 计划不明

成功是留给有准备的人的，机遇向来青睐有准备、有计划的人。创业的道路是一条未知的、充满变数的道路，每走一步都要深思熟虑、做好相关的计划，才能走向成功。如果空有满腔热情而不做好规划的话，到最后也只是徒劳无功。

9.5.2 创业实践期

看到每天数以万计的企业刚创立不久就面临倒闭的危机，想到那些在经营管理方面还愁眉不展的企业经营者，大学生创业者们的心情显得格外沉重。据报道，全世界大学生的平均创业成功率在 10%左右，而我国大学生的创业成功率仅为 1%。冰冷的数字时刻提醒着我们不要进入这些失败的误区。

1. 目标动摇

前国务院总理温家宝曾写下这样的字句：仰望星空，脚踏实地。他鼓励大学生勇敢地追求自己的梦想，并脚踏实地去完成它。但是目前大学生群体呈现出来的趋势就是"随波逐流"。大多数时候，大家并没有一个明确的目标。看到别人在努力学习，认真考研，也先要去考研，之后看到同学考雅思、托福，准备着出国，自己也改变想法去考英语出国。目标就像飘在水中的树叶，随波逐流，到最后只会使自己疲于奔命，一无所成。

2. 急于求成

每个人都想第二天起床的时候就变得富有，事业有成。当大学生创业的时候也是这样，希望在较短的时间里就获得丰厚的回报。在金钱的引诱下，创业者失去了所应有的忍耐力。用力在自己的创业之路上奔跑。殊不知创业就像跑马拉松，前面100米领先的人不一定是冠军，只有在整个过程中坚持下来，厚积薄发的人才能取得最终的胜利。

我们所处的时代生活节奏越来越快，让创业者的心态也变得浮躁和急功近利起来。路要一步一步走，饭要一口一口吃，我们要保持一个良好的心态，不要让急功近利的心态扰乱了自己的阵脚。

3. 半途而废

每个成功创业的创业者都具有坚持到底的精神，这是成功所必须拥有的条件。一些失败的创业者就是在困难面前唯唯诺诺，缺乏坚持的创业精神，所以中途放弃，致使最后创业失败。再苦再累也要坚持下去，这就是创业家的精神。进行创业活动，未来的很多事情是无法预知的，我们无法知道明天一觉醒来是阳光普照还是风雨交加，没有创业精神的创业者或许在风雨交加的那天就放弃了自己的事业，最终失败。马云有一句话：前天很黑暗，昨天很黑暗，今天很美好，但是大多数人就死在了昨天晚上。我们可以知道能成功的创业者往往就是那些能坚持下来的少部分人。

4. 孤军奋战

大学生应该越来越意识到现在的社会不是一个人的战斗而是团队的战斗。人与人之间的关系愈来愈密切，公司与公司之间的相互依赖性也越来越强。我们无法只靠着自己就在残酷的竞争中生存下来，尺有所短，寸有所长，我们需要不同类型的人才在一起才能爆发出更强大的力量。孤军奋战只能使我们身心疲惫，处于焦虑之中，根本不可能使我们取得很大的成功。

9.5.3　创业成功期

成功创业之后就代表着我们创业成功了吗？这是完全两个不同的概念，成功创业代表着我们的事业有了成功的开端，但想要真正的创业成功还需要一个很长的时间来积累和沉淀。企业在通向成功、快速发展的道路上必然也会遇到一些危机，就像一些很出名的企业，在一夜之间也可能完全垮掉，如巨人集团，史玉柱在2004年遭遇了前所未有的冰冷时期。究其原因，主要有：人性的弱点；财务的失控；管理的复杂。

1. 人性的弱点

一些创业者在成功创业后，突然取得了想要的财富或者名声，觉得自己什么都拥有了，也就不愿意再辛苦地奋力拼搏。第一，会产生懒惰的现象。这种不思进取，自以为满足的心理会导致创业者贪图目前安逸的生活，自尊自大，失去初期的奋斗精神等，整个企业失去了前进的动力，失去了创新力，也就等于失去了继续发展的前进力量。第二，就是金钱对人心里的扰乱作用。一夜暴富的企业，公司的上上下下会沉浸在这种财富大增的兴奋中，员工们开始满足于这种生活，工作的热情降低了，奋斗的精神也没有了。而且在创业初期，大多数创业者还会勤俭节约，开源节流，但是成功创业后，就会放松了节约的意识，因此，花钱大手大脚，多花一些少花一些并不怎么在意。

2. 财务的失控

财务失控主要表现在以下几个方面：

（1）企业在成立初期已经制定了相关的财务计划，但由于投资者获得了一笔可观的收益后，在完成原来的计划时，还会有一些剩余资金，这时创业者对于如何高效地使用这笔钱便犹疑不定了。资金富裕想要投资是很好的想法，但是投资的项目却没有准备充分，只好分散给其他的项目了。多方面涉足不一定是好事，企业的财务掌控力不够，必然会引起财务的混乱。

（2）很多企业面临着财务结构与企业发展不太相符的危机。很多创业者获得收益之后，不太去注重财务报表，不清楚自己手上的钱哪些是自己的，哪些应该是应付账款或者短期负债。所以就会拿着这笔钱扩大投资，造成信用的过度扩张。因为一笔不太大的错误投资就会使企业像多米诺骨牌一样垮掉。

3. 管理的复杂

企业的创业成功必然伴随着企业规模的不断扩大，结构发生变化，员工数量增多，业务范围也在不断扩大。管理结构复杂了，那自然管理难度也增加了。同时，新的员工进入企业，必然会带来不同的价值观念，如何合理地融合这些文化和价值观上的差异，也是创业者需要考虑的问题。同时，企业要发展，对人才的需求也就越来越旺盛，如何找到适合的人才使企业不断发展壮大也是摆在创业者前面的一道难题。

第10章 农业创业

学习目标

1. 认识农业创业的特点及注意事项
2. 了解我国农业创业环境及相关农业政策
3. 掌握大学生农业创业应具备的知识及技能

> 农业是其他技艺的母亲和保姆，因为农业繁荣的时候，其他一切技艺也都兴旺。
>
> ——色诺芬（古希腊）

案例导入

新生代成都大学生与传统种植业相遇

3年前，邓小泉还只是四川托普学院电信工程专业一名普通的毕业生，3年后，他已经成了郫县唐元韭黄合作联社监事长、唐元韭黄大学生创业园负责人、旭驻圆蔬菜专业合作社理事长。

这3年不单是他个人成长的蜕变史。在邓小泉及团队的努力下，现在唐元的韭黄产品已顺利出口韩国、日本。新生代大学生与传统种植业相遇的故事，构成了成都农业现代化发展之路的一个剪影。

创业：5人凑1万租地种韭黄

2009年，邓小泉从四川托普学院毕业后，在咨询公司和装修公司短暂地工作过一段时间，但他认为这不是自己想要的生活，希望"搞出一点名堂"。

邓小泉和几个大学同学一起商量，把目光投到了农业上。"农业是刚性需求，投资不会很高，而且发展空间很大。"邓小泉说，"我们经过一个多月的考察论证，锁定了唐元镇的韭黄菜地。"

"刚开始创业的时候非常艰难，没有收入，县人社局还给我们发放了一年的生活补贴，每人每个月补贴600元，一定程度上解决了我们创业初期的生活问题。"邓小泉说，"农发局还为我们提供了6个月的租地租金减半的优惠。"2009年11月，100亩土地改良成功，正式进入育苗期。

发展：出口韩国还将扩建基地

邓小泉和4名同学都来自城市，从来没有下地干过活，"那时候我一有空就往农发局的老师那里跑，让他们给我出招。"邓小泉说，农民的韭菜地都切割成很小的片块，为了让土地连成片适合规模化种植，他们只好一块地一块地重新修整，同时把所有土地编了号以确定各自的归属。"我们累了就在田垄上眯一会。"邓小泉说，"晚上也是在沙发上睡或者打地铺，就这样一路坚持了下来。"

渐渐地，基地运作进入正轨，效益越来越好。去年年底，基地的韭黄、韭菜顺利出口韩国、日本，实现四川省葱香韭类、生鲜时令蔬菜，零出口的突破。今年，韭黄基地的产值预计将达200万元，同时为每位农户创收近2万元。"出口需求量非常大，光韩国每周就要订5～6吨。"

邓小泉说，"我们已经启动了二期工程，计划扩建550亩韭黄基地。其中350亩用于出口，另外200亩将投放到国内市场。"邓小泉说，下个月底，第一批韭黄产品就要在成都的市场上试卖，如果效果好将全面推广。"我们现在的韭黄，对于农药残余有严格的控制要求，所有的蔬菜都可以追溯到是哪一块地产出的。"

梦想：当初只想租套房将来要做成集团

"大学的时候，老师曾问过我未来的梦想是什么？当时我说只要能开上一辆QQ车，租一套两室一厅的房子，我就很知足了。"邓小泉感慨道，没想到3年过去了，我们当初一起创业的5个同学都已经买房买车。"除了经营韭黄基地之外，我们还涉足通信、水电等领域的项目。"邓小泉说，"韭黄基地是我们最为看重的产业，我们也在慢慢地把其他项目的资金往农业项目上转移，因为看到了农业现代化发展的巨大空间。"

未来，邓小泉还有更长远的愿景。"我们的目标是做成一个集团。"邓小泉望着大片的韭黄菜地说，"一个属于唐元的品牌。"

资料来源：成都商报记者郭锐川2012年10月24日

10.1 农业概述

10.1.1 农业的定义

农业是人类有目的地通过种植植物或畜养动物，生产出有用农作物或牲畜的产业，属于第一产业。简单地说农业是人类运用其智慧去改变自然环境，利用动植物的生长繁殖来获得产品，更进一步换取经济收益的一种产业。

10.1.2 农业的分类

农业作为国民经济中的重要组成部分，根据不同分类标准有不同的类别。

1. 按生产对象分类

根据生产对象的不同，可以分为种植业、林业、畜牧业、渔业、现代农业等产业形式，这是广义的农业。狭义的农业是指种植业，包括生产粮食作物、经济作物、饲料作物和绿肥等农作物的活动。

2. 按投入多少分类

根据投入农业生产的资料或者劳动力的多少可以分为粗放型农业和密集型农业。粗放型农业指投入的生产资料较少的农业，主要分布在地广人稀、自然条件恶劣和生产水平较低的地区；密集型农业是指投入生产资料较多，单位面积产量较高的农业。现代农业多为密集型农业。

10.1.3 农业的特点

作为国民经济中的重要组成部分，农业是以土地资源为生产对象，培育动植物以生产食品和工业原料的产业。土地是农业中不可替代的基本生产资料，劳动对象主要是有生命的动植物，生产时间与劳动时间不一致，受自然条件影响大，因此农业有明显的地域性、季节性和周期性。

（1）地域性。农业的生产对象是动植物，动植物的生产受温度、光照、水、地形、土壤等自然条件的影响。不同地域的自然环境具有明显的差别，因此创业者需要根据所选择的农业特点选择合适的地点，或根据创业活动所在地的地域特点选择相应的农作物，以达到因地制宜的效果。如，南方粮食作物以种植水稻为主，而北方为小麦、玉米。

（2）季节性和周期性。动植物的生长发育在时间季节上具有一定的规律和周期性。不同季节的气候等条件也大不相同，因此农业生产必须按动植物的习性进行安排，顺应自然，如南方水稻一年两熟，早稻春种夏收，晚稻夏种秋收。

除了上述农业普遍存在的特点外，不同农业类型由于其生产对象及资源的不同，也具有不同的特点。

1. 种植业

种植业是栽培农作物以取得植物性产品的农业生产。种植业的产品包括粮食、蔬菜、经济作物、草药、水果和各种观赏植物。种植业是农业的基础，为畜牧业、渔业等其他农业提供了基础保障。所以，种植业在农业生产中具有极其重要的地位。

种植业产品具有同其他商品一样的价格波动性的特点：由于粮食、蔬菜等经济作物属于生活必需品，农作物易受自然环境的影响而导致产量波动，而在社会生活中，作为一种商品，在供给矛盾的影响下，价格波动有时会十分剧烈，甚至在短时间内有极大的差距，使创业的收入相对不稳定。因此，创业者在投资前必须对市场需求有充分的了解与预测，切勿盲从入市。

2. 林业

林业是指在保护生态环境和生态平衡的前提下，培育和保护森林以取得木材和其他林产品的农业生产。林业包括造林、育林、护林、森林采伐和更新、木材和其他林产品的采集和加工等。

由于林业的生产对象是林业用地和林木，所以在林业生产中，我们不仅要注意农业生产所具有的地域性、季节性和周期性，还需要注意林业的几个特点：

（1）效益多面性。林业除了具有经济效益还具有保持水土、防风固沙、调节气候、保护环境等重要作用。因此林业的效益是多面性的，创业者不能只从片面的了解就开展林业生产，要充分协调林业生产的经济效益与社会效益，才能既不影响生态平衡也不影响产业收益从而实现双赢。

（2）长周期性。由于大多数林木的生长周期较其他农业长，一般经济林木要 3 年以上时间，生态公益林木则需要至少 5 年时间，这会极大地提高林业的经营风险，因此在创业期间对林业品种的选择上，创业者需要做大量的市场调查与未来需求分析，切忌盲目跟从。

（3）可再生性。与种植业等其他农业不同的是林业具有可再生性。在不受外力的破坏或超负荷的开发利用时林业资源是可以不断再生的。如果创业者制定出合理的砍伐和培育方案，林业可以在一段时间内不断再生，为生产者提供持续效益。

3. 牧业

畜牧业是指用放牧、圈养或者二者结合的方式，饲养畜禽以取得动物产品或役畜的生产部门。它包括牲畜饲牧、家禽饲养、经济兽类驯养等。畜牧业是整个大农业和农村经济中的一个重要组成部分，是和种植业相互依存、相互促进的产业。

畜牧业的主要特点：

（1）流动性。畜牧业是以动物为生产对象，获取动物的产品，且动物具有可移动的特点，因此创业者不仅要寻找合适的地点，还要选择适当的养殖方式。另外，与动物的接触会引起疾病的传播，动物疾病的防御与控制也是不可忽视的一个方面。

（2）繁育特性。动物的生活空间对牲畜的健康十分重要。公畜、母畜、仔畜、幼畜的比例对高效合理地发展畜牧有十分密切的关系。因此，保持合理的畜群结构，对保证和加快畜牧业的发展十分重要。

（3）依赖性。牲畜在食物链中位于第二营养级或以上的阶级，牲畜的生存离不开植物，因此创业者需要在选择牲畜的同时还要考虑饲料供应及相关内容。

畜牧业的发展不仅有利于改善农业内部结构，更好地开发和利用各种生物资源，而且对改善消费者的食物结构和营养结构，提高人民生活水平发挥重要作用。

4．渔业

渔业又名水产业，是指捕捞和养殖鱼类和其他水生动物及海藻类等水生植物以取得水产品的社会生产部门。

渔业的主要特点：

（1）养殖场所的立体利用性。渔业是以海洋或湖泊等水域为养殖场所的产业。由于鱼类的特性，它们可以根据习性在水域内随意移动，使渔业具有独特的立体利用性。创业者可进行多水层增殖和捕捞，从而大大提高水域生产和增加单位产量。

（2）不稳定性。鱼类的生长、发育、繁殖都受自然环境和人类活动的影响。而自然环境难以预测，鱼类的抵抗能力较弱，因此需要创业者为鱼类生长提供较为安全稳定的场所，才能减少不稳定性带来的损失。

（3）不易保存性。渔业产品属于鲜活易腐品，保鲜、冷藏、加工、运输和销售等环节需要密切配合，才能提高质量，减少损失。

（4）生态性。为保障海洋生态平衡，国家或地区均有规定海洋作业的休渔期。远洋捕捞的创业者还需要注意相关海域的法律规定。

5．现代农业

随着经济科技的发展，现代农业不仅注重产量，而且更注重生态性和不同物种的相互依存共同生长。现代农业创业不再局限于传统种养殖业，还融合了食品加工、保鲜贮运、市场营销、信息技术服务等方面。根据不同的着重点可以大致分为混合农业、精准农业和有机农业等现代农业类型。

（1）混合农业。混合农业是指两种或以上的动植物养殖的产业，主要利用生物的互利共生等现象，对动植物进行合理的搭配养殖的农业生产活动。混合农业可以很好提高资源利用率，提高产量，如生猪养殖、沼气工程和种植业的农业园。

（2）精准农业。精准农业是利用信息技术，根据动植物的生长习性及自然环境，建立一套现代化的农事操作技术与管理系统，用以调节农业产物的生产，以最节省的方式达到更高效的收益。大学生在农业创业的过程中可以充分利用团队成员的知识技能，将现代信息融入农业生产中去。

（3）有机农业。有机农业指在生产过程中不使用人工合成的肥料、农药、饲料添加剂等，而采用有机肥作为生产要素的农业。具有无污染、利于生态平衡等多种特点。有机农业的有机农产品有利于身体健康。有机农业更是比一般农业有助于生态平衡，同时增加农村农民就业收入，国内市场的占有率极小，有广阔的发展空间。

现代农业体现了农业生产的生态性，以高产、优质、高效为目的，采取传统农业的精华和现代科学技术相结合、劳动力密集型和技术密集型相结合、个别农场发展与区域发展相结合的方式为农业生产的发展开拓出一片新天地。由于其具有生态性的特点，现代农业能够实现农业持续发展的三大目标：增加粮食生产，妥善解决粮食问题；促进农村综合发展，消除农村贫困状况；合理利用、保护与改善自然资源，维持生态平衡。因此，现代农业具有很大的发展空间，创业者需要合理选择，做好准备，找准时机。

案例分享　　　　　　　　养鸡种菜种草莓的现代混合农业

"农佰佰茶油"品牌的创始人何奇林，是长沙商贸旅游职业技术学院中小企业创业与经营1 731班在校学生，他出生在一个贫瘠落后的小县城，从小目睹了当地百姓生活贫苦、文化水平低、艰辛拓荒却始终在贫困中挣扎的现状，立下志向要用自己的专业知识去改变他们的命运。

2018年的一次机会，何奇林参加了一场返乡创业的座谈会，受邀者大多是行业成功人士和企业家，作为唯一的大学生创业者，他提出了因地制宜发展油茶产业的设想，通过科学技术和先进的管理理念实现低产低效向绿色高效的转型，带动当地脱贫致富，这一方案得到了与会专家的认可。

返回学校后，何奇林组建了扶贫创业团队，带领小伙伴们行走在湘西的山间和田头，全心投入乡村振兴与扶贫过程。2019年，他和几位志同道合的同学一起，创立了湖南农佰佰农业发展有限公司，目的是提供健康、绿色、有机、无污染的农产品平台，帮助湘西地区贫困农民脱贫致富，解决会同县等边远贫困地区优质山茶油、魔芋、富硒稻米等原生态农产品"销售难、推广难、农民增收难"的困境，教会当地农民利用互联网平台将产品推向全国，利用农博会等机会展示优势，协助他们直接供货餐饮企业，指导农民培育优质品种、品牌包装和营销推广，用现代技术和互联网模式改变偏远地区落后贫困的现状，从源头上解决了产品的生产、设计和销售问题。

农佰佰茶油项目获得2019年湖南黄炎培职业教育奖创业规划大赛一等奖，"建行杯"第五届"互联网+"大学生创新创业大赛"青年红色筑梦之旅"赛道二等奖等荣誉。目前，公司运行良好，产品供不应求，通过这一纽带而脱贫致富的农民不断增加。

资料来源：《长沙商贸旅游职业技术学院高等职业教育质量年度报告2020）》

问题与思考：案例中的高职学生是通过哪些途径帮助贫困农民增收的？哪些地方值得借鉴？

10.1.4　**农业的特殊性**

农业的特殊性主要体现在农业对空间资源的利用。土地资源是农业的生产对象，是农业的基础条件，除此之外其他空间资源也是不可忽视的。"靠山吃山，靠水吃水"，地理位置是农业生产的重要因素，如何选择地理位置是创业者需要慎重考虑且要通过不断调研与实地考察后才能决定的。根据不同农业类型，所需要考虑的因素也有不同的着重点，如表10.1所示。

表10.1　农业类型与空间资源

行 业 类 型	考 虑 因 素
种植业	地形、土壤条件、气候、水资源、交通、目标市场的距离、土地价格
林业	土壤条件、区域政策规划、土地价格
牧业	气候、水资源、卫生防疫、土地价格
渔业	气候、水域条件、水域周边环境及规划开发、交通、卫生防疫、土地价格

10.1.5　**农业的发展现状**

新世纪以来，随着一系列强农惠农富农政策的出台，我国农村改革发展的大环境有了深刻的变化，农业农村发展取得了巨大成就。但是，土地耕地资源的不断减少，生产效率低，技术落后，竞争力弱等问题，一直都是我国农业发展的障碍。

1. 我国农业存在的问题

总体来说，我国农业存在的问题如下：农业资源匮乏制约了未来农业的增长；农民收入增长停滞、徘徊，城乡差距日益扩大；从收入结构来看，农民难以从农业中获益制约了农民收入的增长；国家政府的价值取向限制了农业自我发展的能力；生存压力之下，农民和土地的关系越来越紧张，农耕文明面临消亡的局面；外来品种对本地品种的影响很大，可能会造成生物多样性的丧失；盲目追求产量的发展方式引发危机，农业生态环境呈恶化趋势。

2. 我国农业发展的优势

虽然我国农业现状存在许多不足与问题，但随着近年来我国出台的一系列强农惠农富农政策，我国农业的发展也具有以下优势：

（1）环境好。一是各级政府对农业重视程度越来越大，把农业看作是国民经济的重中之重；二是投入增加，表现在总量、单项和价格上。特别是小麦和水稻的最低收购价格；三是强农惠农富农政策正走向健全。

（2）基础好。这个包括四个方面：一是近年看起来，从争取粮食丰收的角度来看，工作是扎实的，措施是跟进的，通过努力，粮食生产目标是可以实现的；二是农民的收入较前几年有了较大的提高；三是农村的民生事业发展基础好，包括各地营养餐计划、各地合作医疗和新农标准、养老保障覆盖计划全面、基础设施建设，等等；四是农村改革成为一个亮点和突破口。

（3）前景好。一是农产品的各项需求是旺盛的；二是大量劳动力转移出来了，大量的人口要吃要喝，带来了转变性需求；三是随着人们生活水平的不断提升，食物结构升级带来了成长性需求；四是克服经济危机，应对气候变化，对粮食的间接需求量增大。

10.2 农业相关政策

10.2.1 农业政策

1. 农业补贴政策

近年来，我国实施了"四补贴"、"四减免"等支农惠农政策，并逐渐在全国范围内实行取消农业特产税、牧业税和屠宰税等措施，加大了减轻农民负担的力度。这些国家政策的实施，是农业创业者迈向成功的良好的外部条件。

（1）粮食直补政策。农民种植农作物直接补贴，中央财政按耕地面积拿钱补贴给农民，根据地方人口平分到单位面积。例如，按照粮食的直补标准，种植小麦为每亩 11.68 元，各地方可在此基础上上调。

（2）农作物良种推广补贴政策。国家为了支持农民积极使用优良作物种子，提高良种覆盖率，增加农产品产量，改善产品品质，推进农业区域化布局、规模化种植、标准化管理、产业化经营，中央财政对农民选用农作物良种并配套使用优良技术进行的资金补贴。作物品种有水稻、小麦、玉米、大豆等四大粮食作物及棉花、油菜两种经济作物，目前补贴标准：中稻、晚稻15 元/亩，玉米 10 元/亩，小麦 10 元/亩，油菜 10 元/亩。

（3）大型农机具购置补贴政策。国家对农民个人、农场职工、农机专业户和直接从事农业生产的农机作业服务组织更新和购置大型农机具给予的补贴，如耕整机，以市场经销价为计算基数补贴 30%；割晒机，以市场经销价为计算基数补贴 40%；植保机械，以市场经销价为计算基数补贴 10%。

按照"同一种类、同一档次、同一补贴额"、"分档科学合理直观、定额就低不就高"的原则，农业部和省农机局分别确定了通用类和非通用类补贴机具补贴限额。不允许对补贴农机具实行产地差别对待的政策。

（4）农资综合直补政策。指在现行粮食直补制度基础上，对和粮食生产相关的柴油、化肥、农药等农业生产资料实行的综合性直接补贴政策。农资综合直补补贴标准各省不一，如北京，小麦为60元/亩、玉米为55元/亩。

（5）能繁母猪补贴政策。养殖业每养一头能繁殖的母猪就可以得到补贴。如重庆城口标准为每头100元。

2. 农业保险政策

政策性农业保险有助于国家扶持农业发展，是一种政策性的能够有效的保护我国农业的措施。指的是在养殖业、种植业的从来过程中，意外发生事故和自然灾害给农业生产者带来了经济损失时提供的一种有保障的保险类型。这样可以减少意外事故或是自然灾害给我国的农业生产带来的负面影响，从而能够达到提高农民收入并且促进我国农村经济发展和农业发展的目的。

3. 农业专项资金扶持政策

为加快发展高效外向农业，促进农业增效、农民增收、鼓励和吸引多元化资本投资开发农业，提高农业产业化水平，鼓励投资者兴办农业龙头企业，鼓励教学、科研、推广单位到项目县基地实施重大技术推广项目，国家或有关部门对这些项目下拨专门用途或特殊用途的专项资金给予补助。这些专项资金都会要求进行单独核算，专款专用，不能挪作他用。补助的专项资金视项目承担的主体情况，分别采取定额补贴、直接补贴、贷款贴息以及奖励等多种扶持方式。

4. 税收优惠政策

（1）企业所得税。

① 免征企业所得税。从事下列项目的所得，免征企业所得税：蔬菜、谷物、薯类、油料、豆类、棉花、麻类、糖料、水果、坚果的种植；农作物新品种的选育；林木的培育和种植；林产品的采集；中药材的种植；牲畜、家禽的饲养；灌溉、农产品初加工、兽医、农技推广、农机作业和维修等农、林、牧、渔服务业项目；远洋捕捞。

② 减半征收企业所得税。从事下列项目的所得，减半征收企业所得税：茶、花卉以及其他饮料作物和香料作物的种植；内陆养殖、海水养殖。

若企业从事国家限制和禁止发展的项目，则不得享受《中华人民共和国实施条例》第八十六条规定的企业所得税优惠。

（2）营业税。

农业机耕、排灌、病虫害防治、植物保护、农牧保险以及相关技术培训业务，家禽、牲畜、水生动物的配种和疾病防治，免征营业税。

《中华人民共和国实施条例》第八条第一款第（五）项所称农业机耕，是指在农业、林业、牧业中使用农业机械进行耕作（包括耕耘、种植、收割、脱粒、植物保护等）的业务；排灌，是指对农田进行灌溉或排涝的业务；病虫害防治，是指从事农业、林业、牧业、渔业的病虫害测报和防治的业务；农牧保险，是指为种植业、养殖业、牧业种植和饲养的动植物提供保险的业务；相关技术培训，是指与农业机耕、排灌、病虫害防治、植物保护业务相关以及为使农民获得农牧保险知识的技术培训业务；家禽、牲畜、水生动物的配种和疾病防治业务的免税范围，包括与该项劳务有关的提供药品和医疗用具的业务。文件依据《中华人民共和国营业税暂行条例》（国务院令第540号），《中华人民共和国营业税暂行条例实施细则》（财政部、国家税务总局第52号令）。

（3）地方各税。

① 直接用于农、林、牧、渔业的生产用地，免征城镇土地使用税，文件依据《中华人民共和国城镇土地使用税暂行条例》。

② 在城镇土地使用税征收范围内经营采摘、观光农业的单位和个人，其直接用于采摘、

观光的种植、养殖、饲养的土地，根据《中华人民共和国城镇土地使用税暂行条例》第六条中"直接用于农、林、牧、渔业的生产用地"的规定，免征城镇土地使用税，文件依据《财政部国家税务总局关于房产税城镇土地使用税有关政策的通知》（财税[2006]186号）。

③ 纳税人承租荒山、荒沟、荒丘、荒滩土地使用权，用于农、林、牧、渔业生产的，免征契税。

④ 对农林作物、牧业畜类保险合同暂不征收印花税，文件依据《关于对保险公司征收印花税有关问题的通知》（国税地字［1988］37号）。

⑤ 对国家指定的收购部门与村民委员会、农民个人鉴订的农副产品收购合同免纳印花税，文件依据为《中华人民共和国印花税暂行条例》及其施行细则。

⑥ 对农民专业合作社与本社成员签订的农业产品和农业生产资料购销合同，免征印花税。

（4）其他优惠政策。

① 财政贴息政策。政府代企业支付部分或全部的贷款利息，以成本价格向企业提供补贴。

② 土地流转资金扶持政策。

③ 小额贷款政策。

④ 大学生创业优惠政策：优先贷款支持、适当发放信用贷款、简化贷款手续、利率优惠。

⑤ 绿色食品保障制度。

10.2.2 农业政策的影响及趋势

1. 创业的机遇

（1）整个宏观经济形势都在向好的方向发展，经济回升必定带动农业经济的走强。农产品走势将会出现上升，如猪肉价格。相关农业企业将会受益。

（2）城市化进程带来的农村人口和从事农业生产人口的减少，为农业企业的发展带来了一定机遇。根据中国社科院人口所的研究，中国的城市化率已于2010年超过50%，城市人口首次超越农村人口，但距离发达国家70%～80%的城市化率还有较大差距，按照每年2%左右的发展速度，我们的城市化进程还将持续10～15年。农业现代化、城市化是紧密联系的两个命题，要同步推进，改变目前农业现代化严重滞后于城市化的局面。而且我国要进入高收入国家行列，农业现代化是不可逾越的发展阶段。

（3）国民消费水平上升以及对食品安全的重视为农业企业发展提供了机遇。近年来出现的食品安全问题越来越被重视，市场对优质绿色农产品需求旺盛，大量的、松散的农户所供应的农产品很难解决这个问题。从长期来看，还要依靠标准化、工厂化的农业企业来解决。

知识拓展

未来将会有四种类型的农业企业容易脱颖而出：

1. 规模型农业

农业本身就是传统产业，而在过往的发展历史中，一大批靠规模取胜的企业逐渐形成，比如涉及大宗农产品的种植与养殖类的公司等。这类企业有明显的规模优势，对资金需求的门槛较高，后来者进入该领域短期内不会马上建立竞争优势。这类企业虽然短期利润率水平不高，但是盈利能力比较稳定，对于投资人来说是"现金牛"企业，商业模式成熟，可以快速地扩张和复制，而且在稳定的现金流保证下，企业可以向上游和下游同时拓展，延长产业链。

2. 技术型农业

农业虽然是传统行业，但是不断有新技术加以应用，农业科技化水平也越来越高。比如种子、农药、兽用生物制品等，就属于这一类。这类企业的共同特点是所从事的细分领域技术壁垒较高，通常需要大量的时间、人才和物力的积淀，才能取得一定的效果，门槛较高。这类企业通常可以在二级市场上获得较高的估值，因此也是投资者竞相追逐的对象。而且这类企业的产品需要经过国家的登记和认证才能在市场上销售，未来更容易得到国家产业政策的支持和在行业整合中受益。

3. 品牌型农业

随着人们生活水平的不断提高，农产品安全问题越来越被人们关注，很多消费者宁肯多花一些钱购买品牌有保证、令人放心的食品，这种趋势为品牌型农业企业提供了商机。大品牌的深加工产品是除了传统的"绿色""有机"等食品安全认证以外的又一类广泛受到消费者欢迎的产品。品牌型农业本质上就是消费品，依靠品牌和渠道建立起竞争优势，获得消费者的认可，而这种优势一旦建立起来，客户忠诚度极高。虽然目前品牌农业还是小众需求，但随着城镇居民收入的提高，未来越来越多的人会加入这一消费群体当中。

4. 创新型农业

农业是一个传统产业，很多已经使用上百年、甚至上千年的生产方式目前还在继续沿用，所以创业者们需要尝试寻找一些能够颠覆传统生产方式的新的商业模式，比如信息技术在农业生产领域中的应用等，因为在农业领域，微小的技术进步可能带来巨大的改变。

2. 创业风险的类型

农业受许多因素的影响，农业生产的风险可以分成四个大方面，如表 10.2 所示。

表 10.2 农业创业风险

风 险 类 型		原 因	例 子
自然风险	自然资源风险	缺乏水、土地等资源	如：环境污染、资源的地理位置
	自然灾害风险	因自然因素带来损失	如：干旱、洪涝、雪灾、冻害
市场风险	谈判力量不对等导致价格波动的风险	种植者与大的收购方谈判时会受到强势的制约	如：农产品受市场走低趋势影响，又被大的收购方压低收购价格
	市场信息不对称产生的交易风险	交易对象众多、市场信息不畅通等特征注定会有不确定性	如：市场多变性，当农产品拿去分销时无法赶上好行情
	人为风险	因人的主观因素导致的风险	如：破坏、投毒、失职、误判
	技术风险	由于缺乏农业技术或某些技术产生不确定副作用	如：连续使用同种农药造成植物的抗药性

3. 创业风险的规避

规避农业创业风险的方法主要有七种。

（1）投入保险。投保主要起到四种作用，即风险预防、风险转移、风险补偿、风险收益。

（2）看准市场。农业创业者只有把握市场的走势，才能避免市场波动产生的风险。而农产品应通过品牌的延伸树立形象，借助优势，促进农产品信息的传播，从而获得市场。

（3）掌握技术。对于农业生产来说，不仅环境、天气很重要，专业的农业技术也是农业生产的核心。只有掌握了技术，才能提高生产力，生产质量才能有保证。

（4）争取协作。随着知识经济时代的到来，各种知识、技术不断更新，竞争日趋激烈，社会需求和分工多样化，创业者面临的境况也越来越复杂。单靠个人的能力很难解决复杂的问题，若创业者们相互关联、共同合作，则能够提高成功率。

（5）加盟协作。加盟协会有利于降低市场风险，降低农业生产的成本，提高盈利水平，借助外部交易规模的扩大，降低交易成本，提高市场竞争的地位，使产品销售价格合理化。同时，还可以通过提高机械设备的利用率，扩大经营规模，寻求规模效益。扩大规模后便可以带动地方经济的倍增效应，这样市场运作者可以在更大范围内稳定农产品的价格，来争取市场谈判的主动权。

（6）用好政策。用好国家政策，包括税收方面的"四减免"政策、农业补贴政策等惠农政策，能够减少自己承担的农业创业的资金，得到补助。而农业保险，则能减少灾害对生产活动的影响。

（7）尝试创新。若农业创业者的技术和其生产的农产品的质量与其他的竞争者不相上下时，就很难让收购方和消费者选择你的产品，所以创业者应尝试创新，无论是技术创新或是产品的创新。

案例分享

2007年北京地区各种自然灾害频发，农民们的农田、牲畜都受到影响，甚至有些粮食的种植被毁于一旦。但因为农民事先办理了农业保险，政府给农民补助，27.2万亩粮食、2.2万亩瓜果获得赔偿2336万元；6800头生猪、种猪、奶牛等赔偿1120万元。而农民及时得到赔偿后才得以尽快恢复生产，做到灾年不减收。

10.3 大学生在农业中的创业

10.3.1 大学生农业创业的SWOT分析

1. 大学生农业创业的优势（Strengths）

（1）市场优势。农业发展环境良好，创业者仍有广阔的空间进行发展和创新。与成熟的第二、第三产业对比，农业创业的压力较小。

（2）借鉴优势。相对于欧美等发达国家来说，我国的农业较为落后，创业者可以借鉴外国农业发展的模板，取长补短，因地制宜，发展自己的农业事业。

（3）人才优势。我国传统的农业都是由欠缺现代科技知识的农民耕作的，而大学生则拥有前卫的科技知识和思维，若是掌握专业的农科知识、创业知识和先进的经营管理理念，那我们大学生在农业创业上将会比较容易脱颖而出。

（4）门槛优势。农业创业在资金、场地方面的要求都较低，若利用现有的土地资源，几万元甚至几千元就可以尝试某些项目的创业了，如对技术要求较低的种养行业。

（5）人力优势。大学生农业创业者可以聘请当地有经验的农民作指导，聘请当地剩余的劳动力，这样的话人力成本会大大降低。

2. 大学生农业创业的劣势（Weaknesses）

（1）大学生没有实际的工作经验，眼高手低，创业的激情较难维持，往往是三分钟热度，致使农业创业梦想夭折。

（2）我国高校的教育体制与现代经济发展和市场需求脱节，大多数的大学生的动手能力较差，通常是纸上谈兵，其实并没有创业的能力。

（3）现在许多大学生都生长在良好的社会环境里面，吃苦耐劳的精神不足，创业的路程上不可能一下子就成功，特别是农业的创业项目，更是需要考验大学生的动手能力和吃苦耐劳的精神。

3. 大学生农业创业的机遇（Opportunities）

（1）我国对农业的发展越来越重视，且出台了"强农惠农富农"的政策，这些都成了大学生农业创业机会的源泉，而且农业创业的资金、技术的门槛较低。

（2）近年来被爆出的各种食品安全问题受到广泛的关注，国民对我国出产的食品都产生了质疑，若创业者能抓住此次机遇，注意自身产品安全卫生问题，塑造优质产品的形象，就可以站稳脚跟，在众多农产品中脱颖而出，受到更多消费者的青睐与追捧。

4. 大学生农业创业的风险（Threats）

（1）启动资金难以筹备。开展农业创业项目的大学生大都来自农村，他们的家庭为使他们完成学业已经付出了较高的费用，难以继续承担他们回农村创业的资金。

（2）扶持政策落实难，且资助力度小。从整体上看，我国出台的支持大学生创业就业的政策由于不够完善，力度不大，针对性不强或是办理程序复杂而导致落实艰难。

（3）专业技术对口难。我国农业院校在慢慢地合并、变更或是隐性消失，这使农业教育受到较大的冲击并面临严重的萎缩。

（4）社会服务到位难。我国的高校侧重于传授一般的知识，并不注重给学生进行一些与社会接轨的实训，缺乏就业指导和创业培训。因此创业心理、创业能力和创业经验的准备对于大学生来讲都是一个难题。

大学生农业创业的 SWOT 分析如图 10.1 所示。

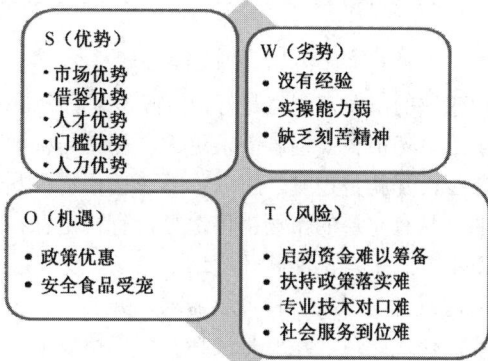

图 10.1　大学生创业的 SWOT 分析

案例分享

小张是个刚毕业的 80 后大学生，他从小在农村长大，熟悉农村环境，农村的草遍地都是，环境又安静，搞养殖业应该是很好的。他选择了肉兔养殖，并且考虑到，刚开始没有养殖经验，也不了解市场行情等，所以养殖规模并不大。开始创业后，问题就出现了，他开始觉得太累，白天打扫卫生、喂食、消毒、打疫苗、拌料……，这还不算什么，最棘手的是兔子的死亡，虽然死亡的数量并不多，但由于养殖规模太小，盈利也不会很多。于是对兔子养殖的兴趣开始淡了，开始寻找见效更快，盈利更多，出力更少，更容易发展的项目。就这样他的第一次创业失败了，接下来又做了一些创业尝试，均不理想。

就在他放弃肉兔养殖的第二年，肉兔价格开始飞涨，比当时的价格，高出了两倍还多。

由此可见，小张失败的原因也是初次创业者的通病。那就是：

1. 缺乏吃苦精神；

2. 好高骛远，不能一步一个脚印地向前走；

3. 这一条也是最主要的，那就是像马云所说："今天是残酷的，明天是残酷的，后天才是美好的，可往往大多数人死在了明天。"就像小张一样，缺少坚持和执著，如果，他当时坚持了，努力了，那么他现在就有一定的资金积累了。

10.3.2　大学生农业创业的相关准备

农业创业可以是通过创立或创新农业事业来制造产品和创造价值，用以满足社会人群的某些需求和愿望。也可以在农业领域中进行投资，从事生产、加工、运输、销售、服务等活动。

农业的创业步骤如图 10.2 所示。

1. 农业创业项目的挑选

农业创业项目的种类繁多，常见的有：设施园艺业（盆景）、规模养殖业（猪、牛）、规模种植业（种植苹果）、休闲观光农业（农家乐）、现代农业服务、农产品加工业等。

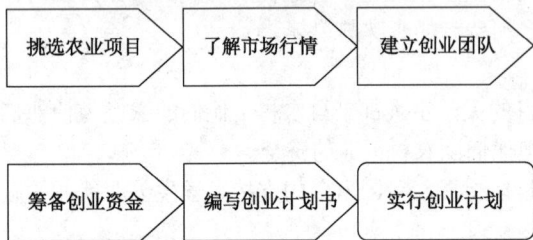

```
挑选农业项目 → 了解市场行情 → 建立创业团队

筹备创业资金 → 编写创业计划书 → 实行创业计划
```

图 10.2　农业创业步骤

很多年轻的农业创业者进入农业行业后，不管种植还是养殖，首先考虑的是做别人没做过或者较少做的项目，不去种菜种粮，而是先想种个什么市场上少见的品种；不去养鸡养猪，而是先想着养个孔雀山鸡之类。以为做的人少，价格高，竞争就少，利润就大。其实这种想法的出发点固然是好，但应该理智分析，并非做的人少就表示稀缺。稀缺是相对于需求的，供给虽然很大，但若需求更大，那就是稀缺，同样，做的人少，供给是不多，如果需求比供给还少，那就是过剩。所以，并非选择另类品种的养殖或种植就是好的。当然，如果自己所生产的产品有完备的市场销售途径，有稳定存在的需求，选择这类项目也是可以的，如果没有，千万不要幻想自己能够开拓这个市场，没有强大的经济实力，开拓一个市场几乎是不可能完成的，创造或者是引导一种市场需求，并非一日之功夫，也非一己之力。对于势单力薄的大学生创业者，初入此道，最好是选择有明确市场需求的大众类产品，而不去片面地追求"奇、怪、险、少"类产品。成功不仅仅在于选择了什么，更重要的是把选择的事情做得比别人更精通更有效率，即便选择经营大众类产品，种植蔬菜、果树，只要我们掌握了技术或是拥有比别人更好的销售渠道、有更高的效率，就更容易成功。

2. 了解市场行情

在定下农业创业的项目后，要了解自己选择的项目的发展前景。

（1）了解农业市场行情的途径：跑一跑市场、查一查资料、问一问行家。

（2）了解农业市场行情：谁是你的客户、谁是你的对手、购销渠道在哪里、发展前景怎么样。

（3）辨识农业市场行情中有用的信息的方法：比较分析，去伪存真；逆向思考，防止受骗；实地考察，亲自检验；专家能人支招，把握实用信息。

3. 建立创业团队

（1）农业也是需要专业技术人员的。建议自身是农科专业的学生开展农业创业工作，但若是自身并没有农业知识的非农科学生，则应该在创建团队的时候首先考虑技术人才问题，选择的创业伙伴应该包括相关项目的农业指导者或协助者。

（2）选择创业伙伴时，在目标与价值观一致的前提下，互补最好。不同性格的人相处虽然难度大，工作效率会因为有意见分歧而有所下降，但是创新度与活力会更高，而且不容易走极端。正因为两个人不一样，才能冷静清醒地看到对方的缺点和优点，而不至于总是"惺惺相惜"却难免功败垂成。这同时也意味着：会时刻有一个人不断提出反面意见，促使双方在争论和探讨中更成熟地考虑问题；在一个人头脑发热时，另一个人能保持足够的清醒；当一个人遭遇不擅长的问题时，另一个人或许可以轻而易举地解决。

PAGE 200

4. 筹备创业资金

当刚开始创业时，若没有庞大的资金，明智的创业者就应该因陋就简，若无属于自己的土地，应先租用现有的场地、厂房和机械设备，这样就可以降低启动资金的金额，降低了创业风险。

（1）创业资金的用途。启动资金由固定资金（投资）和流动资金（活动经费）组成，是用来支付场地（土地、建筑）、原材料、商品库存、办公机械设备、水电费、开业广告和促销、营运执照和许可证、保险、工资等费用的总和。

（2）创业资金的估算。无论创业的启动资金是高是低，都应该清楚地知道一个准确的数字，如表10.3所示；可以通过以下途径获取资金数额的信息：正在运营相关项目的人、供应商渠道、专业协会、创业指南、商业咨询顾问。

表10.3 创业资产预测

固定资产预测	企业用地和建筑（厂房、土地租赁）
	设备（机器、工具、车辆等）
	资产折旧率
流动资金预测	原材料和成品储存
	租金
	工资
	促销
	保险
	不可预见资金预测
	其他费用

企业通常都要运营一段时间才能有销售收入，例如：在销售蔬菜之前必须把蔬菜生产出来；农产品批发商在卖产品前要先去买货。

农业企业的流动资金支付时间的长短要根据农产品的生产周期而定。例如：种植蔬菜的生长周期、种植花卉林木的生长周期、饲养蛋鸡、奶牛、生猪和水产养殖的生长周期都各不相同，而鲜活农产品业为了保持产品的鲜活，要求当天进出，周期最短。所以，创业者必须预测好流动资金金额，以保持好企业可以支撑到有销售收入的时候。

（3）创业资金的筹集。启动资金对于刚决定创业的大多数人来说，都是一笔不小的数目。只有筹到这笔资金，才能启动创业的项目。创业者应该用上自有资金、用好现有资产、敢于借贷资金、争取创业基金。

5. 实行创业计划

四个准备：人员、资金、场地、制度；

四个程序：工商注册、税务登记、银行开户、择时开业。

6. 提高农业创业成功的概率

作为工作经验不高的大学生，要想提高农业的创业成功的概率，我们可以从表10.4所示的这些方面下手。

表10.4 提高农业创业成功概率

类 型	具体途径	例 子
降低成本	控制日常支出	如：尽量做到借贷平衡，供给平衡，提高生产技术和生产率
	货比三家采购	
	压缩原料库存	

续表

类　　型	具体途径	例　子
降低成本	精打细算生产	
	提高产品合格率	
	减少产品的积压	
	及时收回货款	
	减少银行利息	
	加快资金周转	
	减少人员费用	
	盘活存量资金	
提供优质的服务和产品	提高产量和质量	如：树立品牌形象，生产绿色安全粮食
	提供优质的服务	
完善销售方式	拓宽销售渠道	如：进驻大型市场、商场，尝试在小型商场中形成垄断
	提升品牌的影响力	
采用创新成果	应用新兴的科技技术	如：由人工生产转化为机器生产，提供营养平衡的粮食搭配服务
	生产新型独特的产品	
	提供新型服务	

10.3.3　农业创业的资金问题

1. 资金用途

创业资金是创业项目启动的基础，在上一小节已经有所介绍，下面我们从长远的方面介绍一下资金在整个农业中的用途。表 10.5 列举了一些农业创业中资金的主要用途。

表 10.5　农业创业资金用途

农业类型	一次性投资		持续性投资		其　他
种植业	行业调查与需求分析、育种选择、考察费用、营业证书、工具等	育种费用、灌溉系统费用	人员费用、土地费用、水电费、营销费用等	种子费用、农药	预留风险资金
林业		灌溉系统费用		农药	
畜牧业	行业调查与需求分析、育种选择、考察费用、营业证书、工具等	疾病防治费用（预防针、药品等）	人员费用、土地费用、水电费、营销费用等	饲料费用	预留风险资金
渔业		养殖设备		疾病防治费用	
其他		信息系统建设费等		信息系统更新维护费用	

创业者在创业时要明确资金在每种创业条件设备的投入比例及金额。

2. 资金流动

农业的周期性决定了农业资金流动的周期性。企业资金要运作一段时间才能有销售收入。

项目资金流动周期=农产品的生长周期+销售周期+资金回收期

除此之外，还包括在初次投入时前期准备周期、不可控因素（农产品已采收而未销售出去的储存时间）等。一般来说，企业刚开始的销售并不顺利，甚至需要进行大规模促销、试吃等活动，因此农业企业的流动资金需要有计划而且留有余地，并预测企业在获得收入之前能撑多久。

3. 效益预测

效益预测是分析创业能否成功的重要部分。效益预测从企业的收入和支出来综合全面地分析企业的盈利情况。

产品的利润是销售价格减去各种成本费用和税金后的余额。农业一般采用纯收益率来计算。

$$纯收益率=农产品纯收益÷农产品价值×100\%$$

$$单位农产品纯收益=农产品价值-生产成本-运销费=农产品价值×纯收益率$$

农产品价格可参考当地一段时间内市场平均售价，生产成本可以根据机械设备的折旧、人员费用分摊等进行估计，运销费可根据行业平均水平进行估算。效益预测是创业的必要环节，创业者需要分析项目的可行性和回报率，切忌盲目投资。

10.3.4　给大学生农业创业的建议

农业有别于其他行业，需要在自然与社会之间寻求切入点和平衡点。依赖于自然环境和社会需求。

1. 要认识农业

所谓"知己知彼，百战不殆"，农业说简单也简单，说难也难。简单是因为天天见，开门七件事，件件离不了农业，农民种起田来更是得心应手。难的是农业包罗万象，知识包括天文、地理、物理、化学。因此只能从拿手的入手，专一样而后谋发展，创效益。因此，大学生投资农业要牢记，最普通的东西往往最不容易出类拔萃。

2. 因地制宜，因时而种

农业离不开天，离不开地，各地的土壤不同，气候不同，作物也不同，甚至施肥打药都不同，在没有设施栽培的时候，因地制宜是不可忽视的，宜林则林、宜草则草、宜耕则耕。既要发挥自身地理气候优势，也要充分利用自然资源。

3. 以人为本，因人而作

市场找好了，就要衡量一下自己的能力。农业包罗万象，从天上飞的，山上种的，地下跑的到地里埋的到处都有商机。因此衡量一下种果、养猪、种菜等农业生产活动，想想哪一项才是自己的强项，发挥自身优势，选好项目，先挖出第一桶金后再图扩大，这对白手起家的大学生创业者尤其重要。

4. 物种选择

物种选择是农业生产的第一步，是一切的基础，合适的物种不仅可以带领企业走向成功，还能对社会生态环境带来好的影响。大学生创业者要立足长远，不能只贪图眼前利益，而不利于企业和社会的可持续发展。

5. 合理搭配，理性选择

农业生产具有季节性的特点，因此在物种的选择上可以根据不同农作物的生长特点进行相互搭配种植。切忌将不能共生的动植物共同养殖。应选择互利共生的动植物，这样才能实现生产和管理上的事半功倍。

6. 自然灾害的防治与处理

我国农业生产的基础设施薄弱，抗灾能力差，对气象环境的依赖性很大，因此对自然灾害、天气环境突变的提前预防很重要。灾后处理需及时，不能忽视和处理不当，否则会影响以后的生产。另外，大学生创业者可以为企业投保以减少损失，但由于我国农业保险发展不足，预防显得更为重要。

7. 以市场为中心，做到因市种植、因价上市

由于市场经济的发展，使得农业不仅要满足大学生的创业需要，更要满足农产品作为商品创造利益的需要。农业投资更是要获得收益，要赚钱，因此就得紧紧围绕市场，围绕着农产品

如何卖上好价钱，让市场和价格指导你要种什么，什么时候种。这是下定投资之前必要的调查，记住先找市场再投资。

8. 区分市场规模

小投资只需了解本地市场，只要自己去市场中询问，了解所投资农产品终年价格曲线，什么时候价格高以及农产品生长周期，每年种植的时间点，这样就成功一半了。大投资则需要有专门的市场信息来源，建议大学生利用身边人脉资源寻找建议及帮助，或上网查一下各地区农业网站专门的农产品价格，分析价格变化的趋势。

9. 精打细算，合理布局

农业面广，商机多。大学生投资农业需要考虑的问题还是很多的。首先投资成本要核算，例如，目前国内农业中用工较多，如何提高用工效率，如何创造综合效益，要考虑到如何套种、轮种、立体化、产业链化等问题，这些问题都有了解决的办法，成本就可以降低不少，效益自然就出来了。

10. 出奇制胜

《孙子兵法》说以正合，以奇胜。出奇制胜对任何商战都是有用的。对农业来说，出奇就是创新，新品种、新技术、新观念、新点子等往往能让创业者先获商机，稳操胜券。对小规模投资农业，往往能让你快速得到第一桶金，获得最重要的原始积累。

11. 安全认证

随着社会上的有毒产品不断曝光，消费者对食品的安全越来越重视。如何保证你的农产品被市场接纳，甚至做到受广大消费者喜欢，这些不仅需要从生产管理方面确保农产品的安全，还要取得权威机构的安全认证，通过第三方的机构的检测，才更容易获得消费者的信赖。另外，大学生创业者对于农产品种子幼苗、牲畜幼仔和疫苗、农药的采购也必须通过正规渠道，保存采购单据，以便日后作为安全隐患的排查和追究责任的依据。

12. 公司企业注册

我国的农业市场品牌意思较弱，农业公司的注册动力不足。随着社会经济大发展，消费者会寻求更有保障的商品，因此，如果大学生创业者有充分条件可以设立正式企业，打造农业品牌，不仅可以提高获利还能使企业的生产更具规模和影响力。

案例分享

品牌化种粮农场

今年 37 岁的沈万英是松江石湖荡金胜村的一名村民，回家种田前，她是一名都市白领。从 2008 年开始，沈万英跟着父亲一起经营家庭农场，2010 年正式接替父亲，成为一名新的家庭女农场主，目前经营面积已经达到 115 亩。

在沈万英的家里，她拿出一份印有自己商标的大米真空包装袋，是由"万"和"英"两个字组成的一个图案，这是沈万英自己设计的。"现在不少大米品牌的商标图案都是水稻、草帽等与田间相关的元素，我想设计一个特别的、真正属于自己的图案。"

沈万英说，目前，"万英"这个商标正在受理阶段。沈万英的目标是打造出真正属于松江本地农民自己的品牌，将种地变成一份真正意义上的事业。沈万英说，通过走精品化路线，自己的年收入也翻倍了。"如果全部种植普通水稻，这 115 亩田一年的净收益可能也就几万元，而通过自产自销的模式，打造精品化的包装大米，现在一年的净收入可达到十几万元。

资料来源：**MSM 中文网 2013-03-05**

问题与思考：品牌对农业企业有哪些重要性？

13. 规模创造效益

当农业发展到一定程度要创造更大的效益就得有一定的规模，就如同国家建立后游击队就得转变为正规军一样。农业的正规军就是大规模的农业生产。没有规模就成不了大气候，规模化后不仅可以机械化、专业化、而且可以解决农产品的销售问题。小规模发展以后就要整合当地的优势品种，进行区域化种植，做特色农业创品牌的道路。

14. 科技第一生产力

谁都不能忽视科技带来的生产力，据报道新科技对农业的贡献率大于60%。好的种子、好的技术、好的农药、好的化肥，好的农机等等都是科技创造出来的。什么精准农业、信息农业、设施农业、无土栽培等都离不开科技，可以说，没有科技就没有今天农业的欣欣向荣。科学种田的理念，应该深入到投资于农业的大学生心中。

资料来源：创业咨询网

本 章 小 结

介绍了农业创业所面临的环境与现状，通过对国家政策及银行贷款政策的大环境，分析了农业创业的机遇与挑战。

对比了解不同农业类型的特点及现代混合农业的优缺点，帮助创业者合理地选择创业项目。

讲解了农业创业计划的准备，包括如何选择、如何组建创业团队、如何筹备资金、如何管理资金、如何制定企业战略目标等，全面地带领创业者从实际出发。

提出了创业者在农业创业中需要注意的事项。

案例思考

文科状元辞职回家种菜成为富翁让村民大开眼界

曾经的全县学校高考文科状元，如今成了县里最有钱的农民企业家，放弃在北京的白领工作，辞职回到河南老家，带领家乡父老种植健康蔬菜，致富一方。如今，这个年仅29岁的小伙子已经成为远近闻名的千万富翁。

创实业

农场蔬菜直供北京，29岁的他让村民开了眼。

大片的蔬菜大棚、成群的鸡鸭、满圈的猪崽……这是一个集蔬菜、花木、水果等种植和家禽养殖为一体的现代高效农业工厂。但在一年多前，这里仅是一片普通的稻田。

这片现代农场，是2011年3月由范县付金堤村郭可江创办的专业合作社。除了蔬菜大棚和养猪场，郭可江还培植景观树和樱桃、苹果、梨等果树2000多棵。他还在自己的农场里推广"猪—沼—菜"、"猪—沼—果"等生态循环模式。他的种地模式让祖辈务农的村民开了眼。

据了解，郭可江在北京海淀、丰台、朝阳等地区设立了4个有机蔬菜销售点，农产品直接用货车送到销售点，不愁销路。他还在北京注册开通了网站，创立自己的"老家菜园"品牌，还请《西游记》中沙僧的扮演者担任形象代言人。

写传奇

当年高考一举成名，回乡种菜再次轰动。

郭可江的父母深知"知识改变命运"的道理，虽然家境不富裕，仍坚持将3个子女送进学校。郭可江上高二时，父亲不幸因病去世，家里顿时没了顶梁柱。郭可江多次要求退学，但都遭到母亲反对。"家里就指着可江上学能学出个名堂，就是砸锅卖铁也要供出来啊！"郭可江的母亲说。

郭可江没有辜负母亲的希望。2004年，他以全县文科状元的成绩考入中央财经大学，成了县里的名人。

2008年，上了四年大学的郭可江毕业了，进入兴业银行做了一名理财规划师，平时还做股票操盘手。工作3年后因股市崩盘欠下巨额债务，无路可走的郭可江作出了一个让所有人都吃惊的选择——回老家种地。

"我这一辈子奔的就是盼望他能跳出农村，到城市生活，他突然说要回老家种地，我当然不同意了！"郭可江的母亲对儿子的决定十分不理解，但因儿子的坚持，只好无奈地同意。

"回到老家后，村里说啥的都有，反正都是不理解。"郭可江回忆说，"不管大家怎么说，我有想法了我就要坚持干下去。"

谈心结

"生产安全放心的蔬菜难道很难吗？"谈起为何突然放弃在北京的工作，郭可江告诉记者，大学期间经常有媒体报道"毒豆芽"、"毒鸡蛋"等食品安全事件，他感觉到生产安全蔬菜有巨大的市场，也因为自己在大学期间曾得到在京范县老乡的资助，他产生了回乡创业带富家乡的想法。

郭可江学的是行政管理专业，对蔬菜的生产技术了解不够，他专门到山东寿光聘请了2名农技专家来指导种植蔬菜。通过借钱贷款等方式，郭可江在农场里的投入越来越大，如今他的农场已经超过1000亩，年产蔬菜400吨，还建成了垂钓园、游泳池、餐饮娱乐中心，搞起了生态农业观光园。一年多的艰苦创业让郭可江生出了不少白头发，但他觉得很值得。

"我们种了一辈子地，没见过这样种地的，不打农药不撒化肥，只上农家肥，种出来的蔬菜瓜果质量好，销路也好。"郭可江所在的付金堤村村民们说，"这孩子有想法，敢想敢干，我们也愿意跟他干。"

如今，郭可江的农场有150名村民上班，种地上班两不误，大幅度提高了收入。而郭可江的蔬菜每卖出一箱，他都会从中抽出一元钱，资助在校贫困学生，这在当地也被传为佳话。

开市场

员工葛培进：我们当时就觉得郭总有点打肿脸充胖子，因为员工在店里面吃住都成问题了，他还这么大方地去送这些菜。

2012年初，郭可江不但没有听取大家的意见，反而将这500箱蔬菜运到北京的一些住宅小区，大张旗鼓地赠送。

这是2013年1月20日，郭可江在北京市丰台区瑞丽江畔小区举办的蔬菜免费赠送试吃活动。2012年初，郭可江就像这样，将他的500箱蔬菜送到北京的很多住宅小区和客户家中，让大家免费品尝。

客户周慧莉：我们家小孩3岁，很喜欢吃他们家的黄瓜，当水果吃。

客户陈菊：尝了那黄瓜，特别甜，跟老家那味道一样，就像我小时候我妈种的那菜似的，那黄花绿刺都在上面呢，特别特别新鲜。

果然，这 500 箱免费送出去后，不到一星期，就开始有客户打电话要订郭可江的蔬菜。而一个月后，一个客户居然一口气定下了 2000 箱蔬菜。2000 箱，售价近 40 万元，不仅解了郭可江的燃眉之急，也给他们打了一支强心剂。

妻子张合庆：接到那个电话之后，我们全场都沸腾了，后来就每天都有不定量的客户打电话来。

郭可江：能销售出去 2000 箱，我们就能销出去更多，就能销出去 3000 箱，甚至 1 万箱。这对我们来说就是黑夜里突然来了一道亮光，我们基本上能看见方向在哪儿了。

这时，大家才明白当初郭可江为什么非要免费赠送那 500 箱蔬菜。

妻子张合庆：那 500 箱，现在一想，真的是我们踏出成功的第一步吧。

郭可江：想创造出一个品牌来，想获得别人的认可，那肯定要付出一定的代价。

员工还可以为客户提供送货上门服务。这位叫吴贵峰的人就是在免费品尝后成为了郭可江的忠实客户。像这样的一箱 6 斤装蔬菜，售价 120 元，但客户还是觉得很值。

客户吴贵峰：有葱、黄瓜、彩椒、生菜。我觉得挺值的。我没有太多时间去逛市场，每周的时间很少，这样就很方便，所以我觉得就很适合我的需求。不管刮风下雨，只要提前打电话，他就能给我送过来。

靠着这种从菜地直接供到餐桌的服务，郭可江的蔬菜被越来越多的消费者认可，蔬菜销售到了北京、河南等地，2012 年，年销售额达到了一千多万元，并带动了当地 150 户农户种菜致富。

2013 年 1 月 22 日，当郭可江还完了大部分债务，再一次来到自己 3 年前曾想轻生的这座天桥上时，仿佛做了一场梦。他在天桥上站了一会儿，就转身赶回河南的蔬菜基地了。

郭可江：即使我再赔得一干二净，我都不会再有绝望的心态。通过这个事情，我觉得人永远不要绝望，只要有一线生机，都有机会。哪怕没有机会，没有生机，我们也能创造出机会来，去改变一些事情。人的能力是无限的。

资料来源：大河报评论 2012 年 12 月 14 日/中央电视台七套《致富经》栏目

案例思考题：

1. 创业初期除了资金问题，还有哪些必须考虑到的问题？
2. 如何开拓市场，让市场接受并选择你的农产品？
3. 案例中农业企业取得成功的最大特点是什么？

案例研读

在希望的田野上，重新出发
——大学生农民李明攀的生态农业实践

飘着细雨的金秋时节，大别山区已满是寒意，记者来到黄梅县寻找在网络上被热议的"80后大学生农民"李明攀。从孔垄镇上出发，弯弯曲曲的村落小路走了半个多小时，我们来到李明攀位于周碾村的"家"。说是"家"，不如说是仓库——这是原村小学的一排教室，各间屋里整齐分类地堆放着收获的农作物、加工好的米面和各种机器，还有简陋的住宿间。迎面小跑过来的李明攀朴实地笑着，凌乱的发际间夹杂着白发，身体瘦弱却精神抖擞。已经跳出农门在大城市拥有高薪职业的李明攀，放弃一切又回到了农村，正在广袤的田野上重新开始了自己人生的旅程。

一次忠于自我的起点：弃 IT 高薪，回乡办生态农庄

10 年前，李明攀从华中科技大学毕业时不满 20 岁，进入武汉一家外资企业从事手机芯片研发。3 年前，他毅然辞去年薪 30 多万元的工作，来到黄梅一口气承包了 450 亩农田，搞起了绿色生态种植。"我是地道的农村伢，从小就认定了将来要走农业这条路。"李明攀说，他父辈是村里公认的好把式，但父母务农一辈子，却无法摆脱贫困。李明攀认为，这是因为农村人文化程度普遍偏低，生产力水平长期低下所致。他常常思考：如何运用所学知识，来改变农村的落后面貌。李明攀读的是电子专业，同时选修了武汉大学的经济学课程，业余时间几乎都用来阅读图书馆的农学书籍。对这样一个 16 岁考进大学，18 岁入党，20 岁从事 IT 研发又拿着高薪的农村孩子，乡亲们投来羡慕的目光，李明攀的父母更觉得脸上有光。

然而，李明攀却作出了一个惊人的决定：辞职回农村种地！

一段卧薪尝胆的储备：积聚能量，守护最初的梦想

"在读书和工作的十几年间，我看到了改革开放带来的巨大变化，但都市与农村的巨大反差让人难以释怀。"李明攀一直没有忘记小时候的梦想。他说，在城里拼搏的这十年，为自己储蓄了能量，积累了足够的知识、资金和人脉，从而能够走上现代化农业这条道路。带给他触动的，还有西方国家的农庄模式。李明攀在公司工作时，曾 2 次被派到美国总部学习考察。2 个月里，他没事便往近郊的农庄跑，看美国农场主如何经营现代化的农庄。后来，他调到上海的公司，作为主要研发人员，他所在团队独创的手机芯片核心技术，荣获国家科技进步奖，除了拥有 30 多万年薪，还有公司授予的期权。在这期间，他与在深圳华为公司工作的女友结婚，并在武汉城区购了房。一个直接的契机来源于李明攀的病情——他因饮食不良患上肠炎，回乡养病时顺便承包点土地，种植"有机绿色大豆"。没想到，3 亩地不施化肥、不打农药，产出了 150 多公斤大豆和 50 多公斤黑豆，颗颗又大又圆，这更坚定了他走生态农业道路的想法。得到妻子支持后，他来到妻子娘家黄梅县，一口气拿出 100 多万元，买下了卢圩村 11 年、安墩村 25 年共 450 亩土地的经营权。

一股敢于逐梦的力量：生态农业，带领乡亲同致富

顿时，流言四起。一些人认为李明攀回农村种地，一定是在外面混不下去了。父母的不理解和邻里的冷嘲热讽并未令他退缩。身边一群热血朋友给了他精神和资金上的支持，他们对李明攀说："你追求的也是我们梦想的，但我们没有你这种勇气和胆识，放不下现在所拥有的。"

创办生态农业的道路并不是一帆风顺。前两年，虽然李明攀注册的"谦益农业"公司生产的有机粮食比普通产品贵很多，仍受到不少人的欢迎。但由于前期投入太大，公司一直亏损，直到今年才开始略有盈利，保守估计年底有 10 多万的纯收入。"产品 70%通过网络销售，30%为团体电话订购。"李明攀说，当前，人们越来越重视粮食的安全，这让他的有机粮供不应求。绿色耕种不仅为李明攀创造了经济效益，而且带来了巨大的社会效益。

通过几年打拼，李明攀已经探索出一条农村产业发展的新路子，他的承包田也成为农民科技致富的试验田。李明攀说，村镇为支持他办生态农业给予了不少帮扶，而更让他高兴的是，以前铺天盖地的冷言冷语再也听不到了，不少在外打工的村民给他打电话，说等他的农庄办大了就回来加入。"这让我很期待，也充满信心。农业竞争水平低，这意味着还有更广阔的天地让我们去耕耘。"

到目前为止，李明攀一直是孤身奋战，他渴望通过自己的成功，带动村里的年轻人回到家乡，一起发展生态农业，让村里的老百姓共同过上富裕的幸福生活。

资料来源：湖北日报/2012 年/9 月/21 日/第 001 版　记者 张仕洪 新闻研修班学员雷丰 李洪江

思考与练习

1．如何把握好当前农业创业的机会？请从市场需求、政治环境等方面考虑。

2．如何将传统农业向现代农业过渡？如何提高农业企业生存的空间？

3．通过以上学习，你认为农业创业人需要拥有哪些品质？

4．根据你的资源及想法，设计一个属于你的农业创业的计划书，并对你所创造的企业进行评估，分析其可行性。

5．尝试组建一个创业团队 3～7 人，选择一个农业项目进行深入了解、分析，参考本章的教学内容进行农业创业模拟。

第 11 章　制造业创业

学习目标

1. 了解制造业的概念、分类及特点
2. 了解制造业发展状况与趋势
3. 掌握大学生在制造业创业中的相关特点
4. 了解各专业在制造业的创业

一个企业最重要的就是转折点，你必须要知道什么时候企业该转折，这条路一开始是金光大道，可能再往前走就是死胡同，而过去的成功往往却成为了陷阱。

——美的集团董事长何享健

案例导入

格兰仕集团"德叔"的创业之路

这个欣赏《道德经》里"以其不自生，故能长生"的第一代民营企业家梁德庆，以"苦行僧"般的毅力，让格兰仕这样采用 OEM 或 ODM 产业模式的出口制造型企业，多年屹立潮头不倒。"德叔"1937 年 6 月出生于广东顺德。1978 年创办顺德桂洲羽绒厂，1988 年成立桂洲畜产品企业集团公司，1992 年 6 月将其更名为广东格兰仕企业（集团）有限公司。此后，格兰仕通过持续降价，使微波炉产品得以普及。梁氏父子通过整合全球产能与资源，率先走出一条具有格兰仕特色的国际化道路。

顺德模式

那是一个峥嵘年代。顺德大道从南到北 10 公里的车程内，云集了 5 个中国驰名商标：科龙、容声、美的、万家乐、格兰仕。关于中国家电业的产业集群地，"南有顺德、北有青岛"成为普遍共识。1994 年 1 月，顺德碧桂园学校在《羊城晚报》连续 3 次刊登以"可怕的顺德人"为题的悬念广告。"可怕的顺德人"创造的顺德模式，引起了全国高度关注。至今，草根经济还占到了顺德经济总量的 70%。

与中国制造业的成长路径一样，格兰仕是通过凌厉的价格战与规模经济实施总成本领先战略。1996 年 8 月、1997 年 10 月，2000 年 6 月和 2000 年 10 月，格兰仕把微波炉价格狂砍 40%，行业门槛被格兰仕提升至年产 1200 万台的规模。作为最大赢家，格兰仕微波炉的全球市场占有率高达五成左右。但梁庆德并不赞同外界赋予格兰仕"价格屠夫"的称号。"价值和价格是一个问题的两个方面。格兰仕一直打的是价值战，让商品性能越来越好，价格越来越低。这本身是一种积极的态度。松下幸之助说要把家电做得像自来水一样，我们比松下做得到位得多。"

苦行僧的毅力

仔细研究格兰仕的经营历史就会发现，格兰仕习惯在市场过热的时候按兵不动，在市场趋冷的时候开始进攻。"企业有两类，一类是 1 块钱当 10 块钱来用，当金融危机来临时，由于银根收紧，企业应该收缩战线，以确保自己的主业；还有一类是 10 块钱只用 2 块钱，当金融危机来临时，资产大跌，就是企业低成本扩张的最佳时期。"梁庆德说，"这两类企业不存在优劣之分，只是战略风格不同。但毫无疑问，格兰仕属于后者，作为格兰仕的精神领袖，这种市场策略激进、内部经营保守的风格与其说是企业的文化基因，不如说是梁庆德的个人秉性。1993 年开始的顺德产权改革，目标之一是集中财力扶持科龙、美的、格兰仕等旗舰企业。

做 500 强的企业，不如做 500 年的企业

梁庆德承认，格兰仕创业之初真正追求的不是创业，而是创富。随着企业不断做大，目标才一步步从挣钱回归到做事业。2004 年，他发布了一个十分宏伟的目标：与其做 500 强的企业，不如做 500 年的企业。

2005 年，格兰仕进行了建厂 27 年来最大规模的组织架构变革，核心是把公司做小，分权放权。由此，一个格兰仕集团裂变为 14 家子公司，职业经理人开始被大量引入。刚开始，格兰仕请过一名韩国籍技术高管，并配了 5 名左右的中国技术员工，但效果不好。后来他们就调整为招聘团队，一组一组地挖，其中也包括营销人才。目前，格兰仕在日本就有 8 个猎头公司在为其服务。无论是高价聘请还是抄底人才，格兰仕的评估原则是，是否缩短了与世界优秀企业的距离。

资料来源：中国百科网

11.1 制造业概述

11.1.1 定义

制造业是指对制造资源如物料、能源、设备、工具、资金、技术、信息和人力等，按照市场要求，通过制造过程，转化为可供人们使用和利用的工业品与生活消费品的产业，包括约 30 个行业。作为我国国民经济的支柱产业，制造业是我国经济增长的主导部门和经济转型的基础；作为经济社会发展的重要依托，制造业是我国城镇就业的主要渠道和国际竞争力的集中体现。

中国的制造业产品一般包括：食品、饮料、烟草加工、服装、纺织、皮革、木材加工、家具、印刷、石油化工、化学纤维、医药制造业、橡胶、塑料、黑色金属、机床、专用设备、交通运输工具、机械设备、电子通信设备、仪器等类别。完整的制造业一般包括以下环节：产品制造、设计、原料采购、仓储运输、订单处理、批发经营、零售。制造业直接体现了一个国家的生产力水平，是区别发展中国家和发达国家的重要因素。

11.1.2 制造业政策

1. 国外——推动发展

自 2001 年中国加入 WTO 后，中国产业发展或多或少地对世界产生了影响，而对中国制造业本身来讲，机遇与挑战共存，不可避免地使中国的制造业成为了世界经济的一部分。也就是说，当世界经济发展繁荣的时候，中国制造业可以从中获得可观的收益，但是当世界经济遇到寒流的时候，中国制造业也不可能独善其身。

2. 国内——促进发展

中央召开十七届五中全会对于十二五规划，明确提出了一些产业发展设想，如提高农业地位，提升制造业的核心竞争力，发展战略新兴产业，其中专门讲到发展现代产业体系，提升产业核心竞争力，首先就是要改造并提升制造业，促进制造业大发展。

3. 政策导向——扶持发展

财政部、国家发改委联合发布的《新兴产业创投计划参股创业投资基金管理暂行办法》明确提出"新兴产业创投计划是指中央财政资金通过直接投资创业企业、参股创业投资基金等方式，培育和促进新兴产业发展的活动"，集中投资的领域为：节能环保、信息、生物与新医药、新能源、新材料、航空航天、海洋技术、先进装备制造、新能源汽车、高技术服务业等。其中面对小微型企业经营困难加剧，中小企业整体利润率不到3%的现状，国务院促进中小企业发展领导小组会议也将召开，届时，进一步扶持中小企业发展的政策措施将出台。而对于鼓励和引导民间投资的相关配套政策也将加快出台，并根据新的中小企业划型标准，研究有针对性的措施进行实施，重点扶持小微型企业。这无形对小微型企业发展形成了良好的契机。

4. 政府——鼓励发展

根据目前国家政策鼓励大学生创业，学校注重培养大学的创业技能，社会也开始逐步承认大学生创业。各地政府发布有关优惠政策，结合毕业大学生人力资源和学科优势，各地筹建了大学生创业园，为大学生创业企业提供孵化服务，建立扶持大学生创业企业发展、促进科技成果转化的平台和载体，作为大学生自主创业的实践基地。大学生创业的环境在逐渐改善。从而为大学生创业提供外部条件。

11.1.3　发展状况与趋势前景

1. 我国制造业的发展状况

迄今为止，我国制造业发展趋势与典型工业化国家的一般规律基本吻合，同时也表现出追赶发达国家的一些特点。从已经出现的行业峰值时点看，与国际已有制造业发展经验吻合度较高。当前我国劳动力成本上升、生产性服务业发展不足等问题，对制造业升级提出了挑战。

（1）工业化率呈挤压式增长特点。改革开放以来，我国制造业增速明显快于国民经济总体增长水平，1981年至2011年间工业增加值年均增速达11.5%，比GDP增速高出1.5个百分点。从工业增速与GDP增速的相关性看，二者走势高度相关，这符合典型工业化国家的经验。按照购买力平价口径测算，2008年我国工业化率为48.5%。2008年我国人均GDP为3414美元，按购买力平价折算为6725国际元，与典型工业化国家同一发展阶段的情况相比，我国工业化率比重偏高，明显高于英国、美国、日本、韩国等国家，呈挤压式增长特征。

（2）制造业结构演变趋势与典型工业化国家吻合度较高。在经济快速增长的同时，我国产业结构实现了持续快速升级，主要制造行业的变动趋势与国际经验吻合度较高。以纺织业、食品工业等为代表的劳动和资源密集型产业占GDP比重回落时点较早。纺织缝纫皮革工业从1980年的6.1%持续下降到2012年的2.7%；食品工业在2002年前小幅回落，但之后稳定在3.7%左右。以冶金工业、建材工业等为代表的重工业占GDP比重经过快速上升期后，目前已接近峰值水平。2012年我国人均GDP达到9136国际元，已接近典型工业化国家钢铁行业比重达到峰值的阶段。当年我国冶金行业比重虽达到5.6%，但较上年下降了0.5个百分点，同时行业面临较大调整压力。以电气制造、交通运输设备制造等为代表的资本和技术密集型产业比重长期呈上升态势。我国交通运输设备制造业占GDP比重由1980年的1.1%上升到2012年的2%，电子及通信设备制造业由0.9%上升到1.9%，未来仍有上升空间。根据典型工业化国家经验，这些行业比重在人均GDP达到15000国际元左右时上升趋势才会停止。

（3）重化工业比重偏高，钢铁、有色、建材等行业峰值临近。当前我国产业结构重化工业特点明显。2012年我国人均GDP达到9136国际元，冶金工业占GDP比重达到5.6%，化学工业达到 4.1%，显著高于其他工业行业。高重化工业比重、高投资率和高增长是工业化处于中后期阶段的典型特征。根据典型工业化国家经验，人均 GDP11000 国际元是钢铁、有色等重工业达到峰值的普遍时点，随后转入快速下降通道。各种迹象显示，目前我国正步入重化工业阶段后期，钢铁、有色、建材等行业峰值临近。

（4）制造业的服务投入系数偏低。1987 年至 2002 年间我国制造业的服务业投入系数整体呈上升趋势，由 8% 上升到 12.2%。但在 2002 年至 2007 年间出现了明显的下降，2007 年制造业的服务业投入系数仅为 8.3%，显著低于典型工业化国家 15% 以上的水平。而且在制造业的服务业投入结构中，运输仓储业等传统生产性服务业占比相对较高，而金融保险业等现代生产性服务业占比相对较低。这与 2002 年至 2007 年间我国处于重化工业阶段，钢铁、化工等高资源消耗产业占比大幅上升以及我国制造业大多处于国际产业分工链低端，对商务服务业、金融保险业等现代生产性服务业的需求不足有关。

（5）劳动力、土地等成本上涨压力增大，转型发展形势严峻。受劳动力供求格局变化影响，近年我国劳动力成本大幅上涨，低端劳动力工资涨幅尤为明显。从国际比较来看，我国制造业劳动力工资跟发达国家还有较大差距，但已经明显高于越南、印尼、印度等国。随着城镇化进程加快以及大规模货币投放，房价、地价大幅上涨，从而抬高了实体经济部门的生产和商业成本。相比而言，越南、印度、墨西哥等国具有更多制造业成本优势，"非中国制造"开始增多。

（6）各种风险带来的挑战。制造业中的高新技术创业项目尤其应该考虑高风险因素。它的高风险主要来自几个方面：高新技术从前沿的科技理论出发，理论方面也许还存在很多的不确定因素及推断，这是技术带来的风险。高新技术能否顺利转化成为商品的风险。高新技术转换成产品过程中，时间带来的需求变化的风险（还有同类技术竞争者产品的威胁）。项目要有足够的资金支持，并保持持续的现金流才能够完成各阶段既定的目标。利用风投公司筹资中的风险及项目启动资金，如不能按期到位或者研发周期加长带来的相关风险，都是创业者应该理性考虑的风险问题。

2. 制造业发展的趋势预测

我们根据典型工业化国家的一般规律和我国产业结构的演变趋势，预测了未来 10 年我国各工业行业比重变化的趋势。虽然我国工业化率将下降，但工业内部结构将不断优化升级，劳动密集型产业和资源密集型重化工业比重将不断下降，资本和技术密集型产业比重将持续上升。

纺织缝纫皮革工业、造纸及文教用品工业、食品工业等劳动密集型产业延续了回落态势，这些行业在工业化早期就已经达到了行业比重的峰值。2012 年至 2022 年间，纺织缝纫皮革工业增加值占 GDP 比重从 2.7% 下降到 1.7%；造纸及文教用品工业从 1.5% 下降到 0.9%；食品工业和森林工业分别稳定在 3.7% 和 1% 左右。纺织业比重的下降速度要快于食品工业，主要是受国内消费需求和出口成本优势同时下降影响。

冶金工业、电力工业、煤炭工业、建材及其他非金属矿制造业、石油工业、化学工业等重化工业所占比重将在 2015 年前后出现峰值，之后逐步回落。从回落的幅度看，冶金工业、电力工业、煤炭工业、建材工业等行业所占比重回落的幅度要大于石油工业和化学工业。这一演变趋势符合典型工业化国家的一般经验。在工业化后期，石油工业受国内需求带动效应较强，化学工业在细分行业中仍存在较大升级空间。2012 年至 2022 年间，冶金工业增加值占 GDP 比重从 5.6% 下降到 3%；电力工业从 2.3% 下降到 1.2%；煤炭工业从 2% 下降到 1.1%；建材及其他非金属矿制造业从 3.2% 下降到 1.7%；石油工业从 2.9% 下降到 2.8%；化学工业从 4.1% 下降到 3.9%。

金属制品工业、机械制造业、交通运输设备制造业、电气机械及器材制造业、电子及通信设备制造业等资本和技术密集型行业所占比重继续上升，大约在 2020 年前后趋于稳定。2012

年至 2022 年间，金属制品工业增加值占 GDP 比重从 1.1%上升到 1.6%；机械制造业从 3.1%上升到 4.5%；交通运输设备制造业从 2%上升到 2.8%；电气机械及器材制造业从 1.4%上升到 2%；电子及通信设备制造业从 1.9%上升到 2.7%。

资料来源：我国制造业发展的现状与趋势 **2013** 年 **08** 月 **05** 日中国网

11.1.4 我国制造业优劣势

1. 优势

（1）我国劳动力成本低，在劳动密集型产业/产品领域占优势，竞争力强。

（2）我国潜在消费市场大，能容纳这些产品，促使这些产品很快地形成规模经济。

（3）总体而言，中国制造业基础比较完善，制造业发展异常迅速，产业基础越做越大。

（4）制造业生产比较集中，大部分分布在相关资源较为丰富的地区，如中国制造业高度聚集在沿海地区，尤其珠三角，长三角以及环渤海地区。

2. 劣势

（1）中国制造业在生产中的物耗比重偏大、加工程度低下、技术含量不高，从而导致制造业产品附加值较低。

（2）缺少关键技术，创新能力不足。缺乏知识产权保护，企业的创新信心因为不能得到预期回报而受挫，关键技术自给率低。

（3）竞争优势的层次低，中国制造业集中在低水平层次，增值能力非常有限。

（4）产业组织及产权形式的不合理。"十五"时期以来，大部分制造产业行业投资和建设规模过度扩张，导致产能大量过剩；传统制造业的许多产品都已处于供大于求的状态。

11.2 大学生制造业创业

11.2.1 制造业创业特点

1. 对于掌握知识技术方面要求高

众所周知，制造业是一个对技术有一定要求的行业，不同于服务业等业态。制造业对创业者或创业伙伴的知识有一定要求，特别是现代制造业更为明显。

2. 投入资本大，资金启动门槛高

制造业明显的特点就是创业初期对设备需求量大，这也是制造业在初期的资本消耗量最大的地方，直接影响到后期的成本回收和盈利。所以这就要求创业者在创业初期要找到一个适合自己情况的融资方式以达到创业目的。

3. 团队合作要求高

鉴于制造业的特性，一般制造业创业者都会选择相对数量的合作伙伴。

现代企业，需要的是少走从前的弯路，而从一开始就走规范化管理道路，因此，创业者在注册公司时就应该组建创业团队。一个好的创业团队对新创科技型企业的成功起着举足轻重的作用。

创业团队的凝聚力、合作精神、立足长远目标的敬业精神会帮助新创企业渡过危难时刻，加快成长步伐。另外，团队成员之间的互补、协调以及与创业者之间的补充和平衡，对新创科技型企业起到了降低管理风险、提高管理水平的作用。

4. 具备完善的管理体系

制造业创业公司即使小型企业也是有一个相对完整的架构体系，整个公司的管理体系需要一个合理完善的规划才能使公司正常运营。

首先，创业管理是"以生存为目标"的管理方式。新事业的首要任务是从无到有，把自己的产品或服务卖出去，掘到第一桶金，从而在市场上找到立足点，使自己生存下来。在创业阶段，生存是第一位的。

其次，创业管理是"主要依靠自有资金创造自由现金流"的管理方式。现金就好比是人的血液，企业可以承受暂时的亏损，但不能承受现金流的中断，这也是为什么强调"赚钱"而不是"盈利"的原因。

第三，创业管理是充分调动"所有的人做所有的事"的团队管理方式。新事业在初创时，尽管建立了正式的部门结构，但很少有按正式组织方式运作的。

5. 风险系数较大

基于制造业是一个对资本要求高的行业，制造业企业的盈利与否关乎创业成功，因此，制造业创业风险性较大。一旦无法盈利，企业就无法运营，陷入市场误区就会导致资本周转困难，直接影响到创业的进行。在进行制造业创业前一定要考虑到制造业创业所有可能性因素，分析任何可能性，做好万全准备进行创业项目。但是创业也需要一颗敢于前进的心，不能因制造业的巨大风险而退步，敢于创业做好准备才是创业成功的关键因素。如《创业有风险考虑要周全》书中所说，"即便在中国创业氛围最好的中关村，也是每天早上太阳升起，就有 10 家企业诞生；每天晚上太阳落下，就有 9 家企业倒闭。"

11.2.2 大学生专业与创业领域选择

大学生专业与创业领域选择如表 11.1 所示。

表 11.1 大学生创业领域选择

制造业	指经物理变化或化学变化后成为新的产品，不论是动力机械制造，还是手工制作；也不论产品是批发销售还是零售，均视为制造，建筑物中的各种制成品、零部件的生产也应视为制造，同时包括机电产品的再制造，即将废旧汽车零部件、工程机械、机床等进行专业化修复的批量化生产过程，再制造的产品达到与原有新产品相同的质量和性能也统称为制造	主要匹配：理学类、工学类、管理类、艺术设计类、经济类等学科	对于创业者掌握资源要求较高，需要创业者在科学技术，专利或设计等方面具有极高的专业素质
农副食品加工业	指直接以农、林、牧、渔业产品为原料进行的谷物磨制、饲料加工、植物油和制糖加工、屠宰及肉类加工、水产品加工，以及蔬菜、水果和坚果等食品的加工。	生物学、农学、农业工程学（包括林业渔业资源开发利用）	准入门槛较低，市场中食品加工企业多，竞争压力大
谷物磨制	也称粮食加工，指将稻子、谷子、小麦、高粱等谷物去壳、碾磨及精加工的生产活动	生物学、农学	技术要求低，竞争优势不明显

续表

饲料加工	指适用于农场、农户饲养牲畜、家禽的饲料生产加工，包括宠物食品的生产活动，也包括用屠宰下脚料加工生产的动物饲料，即动物源性饲料的生产活动	生物学、农学、机械工程	技术要求低，竞争优势不明显
植物油加工		生物学、农学、机械工程	
制糖业	指以甘蔗、甜菜等为原料制作成品糖，以及以原糖或砂糖为原料精炼加工各种精制糖的生产活动	生物学、农学、机械工程、食品学	资源指向型企业，对于上游材料依赖性强。这类企业对于技术要求不高，相对来说企业特有竞争力区分度不高，但技术提升可以提升生产效率，降低成本
屠宰及肉类加工		生物学、农学、机械工程	
水产品加工		生物学、农学、机械工程、渔业资源学	
蔬菜、水果和坚果加工	指用脱水、干制、冷藏、冷冻、腌制等方法，对蔬菜、水果、坚果的加工	生物学、农学、机械工程	
焙烤食品制造		生物学、食品学、机械工程	对产业链上游的依赖
糖果、巧克力及蜜饯制造		生物学、食品学、机械工程	已有市场竞争压力大
方便食品制造	指以米、面、杂粮等为主要原料加工制成，只需简单烹制即可作为主食，具有食用简便、携带方便，易于储藏等特点的食品制造	生物学、食品学、机械工程	对于已有方便食品改良出现瓶颈。健康问题成为消费障碍
乳制品制造	指以生鲜牛（羊）乳及其制品为主要原料，经加工制成的液体乳及固体乳（乳粉、炼乳、乳脂肪、干酪等）制品的生产活动；不包括含乳饮料和植物蛋白饮料生产活动	生物学、食品学、机械工程	一般产品辐射范围小，就近生产消费，对于保鲜技术要求高
罐头食品制造	指将符合要求的原料经处理、分选、修整、烹调（或不经烹调）、装罐、密封、杀菌、冷却（或无菌包装）等罐头生产工艺制成的，达到商业无菌要求，并可以在常温下储存的罐头食品的制造	生物学、食品学、机械工程	对于保鲜技术要求高。健康问题成为消费障碍
调味品、发酵制品制造		生物化学、食品工程学	
酒的制造	指酒精、白酒、啤酒及其专用麦芽、黄酒、葡萄酒、果酒、配制酒以及其他酒的生产	生物学、食品学、机械工程	消费者对于酒产品品牌认知较敏感，市场阻力大
饮料制造		生物学、食品学、机械工程	对于饮品口感、作用创新要求高
精制茶加工	指对毛茶或半成品原料茶进行筛分、轧切、风选、干燥、匀堆、拼配等精制加工茶叶的生产活动	植物学、食品学、机械工程	对产业链上游的依赖
烟草制品业		植物学	
卷烟制造	指各种卷烟生产，但不包括生产烟用滤嘴棒的纤维丝束原料的制造	植物学	

续表

纺织业			
棉纺织及印染精加工	指棉、棉型化纤（化纤短丝）纺织及印染精加工	生物学、材料学	
毛纺织及染整精加工		材料学、纺织工程	对于材料的选取，以及加工技巧的掌握，熟悉纺织技术
麻纺织及染整精加工		纺织工程	
丝绢纺织及印染精加工		材料学、纺织工程	
化纤织造及印染精加工	指经纬双向或经向以化纤长丝（不包括化纤短纤）为主要原料生产的机织物	材料学、纺织工程	
针织或钩针编织物及其制品制造		材料学、纺织工程	制造这类产品时候需要的材料，以及制造流程的精准
家用纺织制成品制造		纺织工程	
非家用纺织制成品制造	也称产业用纺织制成品制造	纺织工程	
纺织服装、服饰业		纺织工程	
机织服装制造	指以机织面料为主要原料，缝制各种男、女服装，以及儿童成衣的活动；包括非自产原料制作的服装，以及固定生产地点的服装制作活动	机械工程、纺织工程	
针织或钩针编织服装制造	指以针织、钩针编织面料为主要原料，经裁剪后缝制各种男、女服装，以及儿童成衣的活动	纺织工程	
服饰制造	指帽子、手套、围巾、领带、领结、手绢，以及袜子等服装饰品的加工	设计学、纺织工程	
皮革、毛皮、羽毛及其制品和制鞋业			
皮革鞣制加工	指动物生皮经脱毛、鞣制等物理和化学方法加工，再经涂饰和整理，制成具有不易腐烂、柔韧、透气等性能的皮革生产活动	化学工程与技术、纺织工程	制造环节中皮具、皮类、毛皮、羽毛绒、硅胶等一系列原材料的选取是很重要的，也是要有一定的安全检验标准，不是轻易可以进行的
皮革制品制造		纺织工程	
毛皮鞣制及制品加工		纺织工程	
羽毛（绒）加工及制品制造		纺织工程	
羽毛（绒）制品加工	指用加工过的羽毛（绒）作为填充物制作各种用途的羽绒制品（如羽绒服装、羽绒寝具、羽绒睡袋等）的生产活动	化学工程与技术、材料学	
制鞋业	指纺织面料鞋、皮鞋、塑料鞋、橡胶鞋及其他各种鞋的生产活动	材料学	
木材加工和木、竹、藤、棕、草制品业			
木材加工		材料学	

人造板制造	指用木材及其剩余物、棉秆、甘蔗渣和芦苇等植物纤维为原料，加工成符合国家标准的胶合板、纤维板、刨花板、细木工板和木丝板等产品的生产活动，以及人造板二次加工装饰板的制造	化学工程与技术、材料学	对于材料的选取，进行的加工、设计
木制品制造	指以木材为原料加工建筑用木料和木材组件、木容器、软木制品及其他木制品的生产活动，但不包括木质家具的制造	材料学、机械工程	
竹、藤、棕、草等制品制造	指除木材以外，以竹、藤、棕、草等天然植物为原料生产制品的活动，但不包括家具的制造	材料学、机械工程	设计的实用、新颖、耐用都是要考虑的因素
家具制造业	指用木材、金属、塑料、竹、藤等材料制作的，具有坐卧、凭倚、储藏、间隔等功能，可用于住宅、旅馆、办公室、学校、餐馆、医院、剧场、公园、船舰、飞机、机动车等场所的各种家具的制造	机械工程、材料学	
木质家具制造	指以天然木材和木质人造板为主要材料，配以其他辅料（如油漆、贴面材料、玻璃、五金配件等）制作各种家具的生产活动	机械工程、工程与技术	
竹、藤家具制造	指以竹材和藤材为主要材料，配以其他辅料制作各种家具的生产活动	工业设计、机械工程	
金属家具制造	指支（框）架及主要部件以铸铁、钢材、钢板、钢管、合金等金属为主要材料，结合使用木、竹、塑等材料，配以人造革、尼龙布、泡沫塑料等其他辅料制作各种家具的生产活动	机械工程	合格的原材料是后期制作的保障
塑料家具制造	指用塑料管、板、异型材加工或用塑料、玻璃钢（即增强塑料）直接在模具中成型的家具的生产活动	设计学、机械工程	
其他家具制造	指主要由弹性材料（如弹簧、蛇簧、拉簧等）和软质材料（如棕丝、棉花、乳胶海绵、泡沫塑料等），辅以绷结材料（如绷绳、绷带、麻布等）和装饰面料及饰物（如棉、毛、化纤织物及牛皮、羊皮、人造革等）制成的各种软家具；以玻璃为主要材料，辅以木材或金属材料制成的各种玻璃家具，以及其他未列明的原材料制作各种家具的生产活动	材料学、设计学、化学工程与技术	
造纸和纸制品业			
纸浆制造	指以机械或化学方法加工纸浆的生产活动	机械工程、化学工程与技术	
造纸	指纸浆或其他原料（如矿渣棉、云母、石棉等）悬浮在流体中的纤维，经过造纸机或其他设备成型，或手工操作而成的纸及纸板的制造	材料学、化学工程与技术	造纸业的材料的选取是环保问题的一个延伸，现在的环保趋势促使了人们对于这方面的重视
纸制品制造	以纸及纸板为原料，进一步加工制成纸制品的生产活动	材料学、化学工程与技术	

续表

印刷和记录媒介复制业			造纸业的材料的选取是环保问题的一个延伸,现在的环保趋势促使了人们对于这方面的重视
印刷		化学工程与技术	
装订及印刷相关服务	指专门企业从事的装订、压印媒介制造等与印刷有关的服务	化学工程与技术	
记录媒介复制	指将母带、母盘上的信息进行批量翻录的生产活动		
文教、体育和娱乐用品制造业		材料学、工业设计、机械工程	文教、体育和娱乐用品主要在于它的实用性、新颖性。这部分已有大量的制造商,需要有一定的独特性才能有更多的市场份额
文教办公用品制造			
乐器制造	指中国民族乐器、西方乐器等各种乐器及乐器零部件和配套产品的制造,但不包括玩具乐器的制造	材料学、机械工程	
工艺美术品制造		工业设计	
体育用品制造		工业设计	
玩具制造	指以儿童为主要使用者,用于玩耍、智力开发等娱乐器具的制造	工业设计	
游艺器材及娱乐用品制造		工业设计、材料学	

11.2.3　大学生制造业创业自身条件分析

1. 优势

(1)大学生创业者接受新鲜事物快,是潮流的引领者。思维普遍活跃,敢想敢做。容易将新型的技术应用于生产制造,在专业学习中不断观察、思考、消化,从而衍生出全新的技术与产品,使拥有这种专利技术与研发队伍的企业基础更为扎实,更有机会把握时机,不断推陈出新,占据产业链的上游。

(2)自信心足,有实现目标的激情。

(3)年纪轻,精力旺盛,"年轻是最大的资本"。

(4)技术专长是技术类大学生创业者具备的优势资源,是重要的创业资本。从事有核心技术的相关项目,可以使创业者手握重要资源,大大提高创业成功的比率。技术是技术创业企业得以生存和发展的核心竞争力。因此,选择合理的技术战略对技术创新企业的生存和发展起着举足轻重的重要作用。一般来说,企业的技术战略包括技术创新战略和技术转移战略。而前期需要的技术准备就在于合理利用自己现有的技术能力,对其进行合理的规划,以市场未来的需求为导向来充实已有技术。选择多种技术战略,搭配使用,形成适合自己的最佳技术战略组合,从而去适应技术的发展。

(5)人脉因素,在所要从事的项目里有自己的同学、朋友或专家,这种人脉资源会给你提供很多有价值的信息、建议和帮助,作为制造业项目中的竞争者手中也会掌握一些有利于竞争的资源。另外,对于合作伙伴:高新技术创业项目成员往往缺乏经验,如各领域的人才协作不好、创业困难导致的人才流失等问题,这使项目组织管理风险非常突出。选对合作伙伴,将会完善你的能力，增加成功的机会。

2. 劣势

（1）缺乏社会经验和职业经历，尤其缺乏商业网络。

（2）缺乏商业信用，在校大学生信用档案与社会没有接轨，导致融资借贷困难重重。

（3）心理承受能力差，遇到挫折轻易放弃，有的学生在前期听到创业艰难，没有尝试就已经轻易放弃。

（4）整个社会文化和商业交往中往往不信任青年人，俗语说的"嘴上没毛，办事不牢"，这种想法很不利于年轻人的创业。

11.3 对大学生制造业创业建议

11.3.1 大学生在制造业创业时易忽视的问题与建议

1. 盲目选择项目

对于大学生创业者，当看好某个行业未来的发展前景时，就觉得自己也可以在这个行业立足。考虑不谨慎，不仔细，同时对市场的了解不够，是导致风险的第一步，也是创业最容易失败的一个诱因。缺少社会经验，只有一定的课本理论知识，这也是很不容易成功的，不要盲目地认为你能够有很好的运用能力，你需要虚心进行学习，向有能力和有经验的人多学习。

2. 竞争风险

寻找蓝海是创业的良好开端，但并非所有的新创企业都能找到蓝海。更何况，蓝海也只是暂时的，所以，竞争是必然的。如何面对竞争是每个企业随时都要考虑的事，而对新创企业更是如此。如果创业者选择的行业是一个竞争非常激烈的领域，那么在创业之初极有可能受到同行的强烈排挤。一些大企业为了把小企业吞并或挤垮，常会采用低价销售的手段。对于大企业来说，由于规模效益或实力雄厚，短时间的降价并不会对它造成致命的伤害，而对初创企业则可能意味着彻底毁灭的危险。因此，考虑好如何应对来自同行的残酷竞争是创业企业生存的必要准备。

3. 缺乏创业技能

很多大学生创业者眼高手低，当创业计划转变为实际操作时，才发现自己根本不具备解决问题的能力，这样的创业无异于纸上谈兵。对于具有长远发展目标的创业者来说，他们的目标是不断地发展壮大企业，因此，企业是否具有自己的核心竞争力就是最主要的问题。一个依赖别人的产品或市场来打天下的企业是永远不会成长为优秀企业的。

4. 管理风险

大学生创业总是想着自己跟同学合伙，这样能够节省资金，但每个人都是管理者，这样会导致没有管理者的情况出现，一些大学生专业技能很强，但在理财、营销、沟通、管理方面的能力普遍不足。

一个优秀的创业团队能使创业企业迅速地发展起来。但与此同时，风险也就蕴含在其中，团队的力量越大，产生的风险也就越大。一旦创业团队的核心成员在某些问题上产生分歧不能达到统一时，极有可能会对企业造成强烈的冲击。

5. 人力资源流失风险

制造业创造性人才的紧缺已经成为制约中国传统制造业转型为创新型制造业的一大瓶颈。人才的缺失导致制造业创新活力不足，使传统制造业已不适应现存市场，因此转型制造业人才是抢占新兴制造业市场的绝佳利器。准备进入制造业市场创业的大学生正拥有这样的优势。大学生的人脉资源，尤其是攻读技术专业的大学生身边拥有很多有技术有创新意识的人才资源，如果对于这些人脉资源加以利用，会成为大学生制造业创业手中的第二个关键竞争力。

6. 资金成本风险

对有较大投入的制造业来说，面临的最大风险就是由投入带来的成本风险，大量资金、固定资产、专有技术投入项目之后，项目的成败风险就转移到了创业投资人身上，而这样的投入一旦失误对创业者来说无论是在资产上还是在投资信心上都会产生重大影响。大学生在创业之初，一定要仔细斟酌投资项目，慎重选择，并衡量风险，做好创业过程中各种问题的解决方案。并且在对制造业投资初期可以考虑引进合作伙伴共担风险或利用创投公司投资，减小风险对于自身的影响。

7. 意识上的风险

意识上的风险是创业团队最内在的风险。这种风险是无形风险，却有强大的毁灭力。风险性较大的意识有：投机的心态、侥幸心理、试试看的心态、过分依赖他人、回报的心理等。大学生创业时候对于市场意识的不足，对创业回报率的过于高估，对创业处于理想状态，以及对自己现有技术的盲目自信，对于市场营销的不了解，在初期投入上的不合理分配都会产生急于求成的心理。

8. 知识产权上的风险

知识产权保护在我国来说还停留在初级阶段，知识产权维护不到位，保护内容有限，力度不够，窃取盗用他人知识产权及产品的事情时有发生，但保护知识产权成本较高，所以，掌握制造业项目核心技术的创业者对于自身资源的开发利用要注意知识产权的自我保护。在企业内部要建立健全核心技术的保护监察制度，防患于未然。

9. 产品与生产运作风险

产品责任风险的管理：制造业产品进入市场都会遇到产品责任的问题，一方面应保证自身产品质量，以达到优质产品提升品牌形象增强竞争力的作用。另一方面进行产品生产责任管理是对消费者的负责行为，对于制造业企业与消费者长期合作和企业长期健康发展都有决定性作用。创业者应在产品责任部分加大重视力度。

生产运作风险：根据上述内容不难看出资金对于制造业创业的重要性，同时资金对于企业日常维护和运营也有至关重要的作用。资金链断裂足以使企业致命。日常运作风险还包括企业与产业上下游的合作关系，供应商的持续资源供应，下游销售链完整，物流过程完善，资金回流顺利安全。还有财务问题中的应收应付账款的结算等。

安全和社会责任风险：产品安全是产品进驻市场的基本标准，也是企业产品经受消费者评价的重要指标。制造业企业有义务实现产品安全，并承担产品置于市场之中的社会责任风险。

本 章 小 结

制造业基本情况：工业化率挤压式增长的情况下，制造业结构演变趋势类似于成熟工业化国家发展过程。重化工业比重偏高，钢铁、有色、建材等行业峰值临近。劳动力、土地等成本上涨压力增大，转型发展需求较高。

制造业创业中的特点：技术要求大，知识要求高，投入资本大，资金启动门槛高。对于团队合作要求高。管理技术难度相对较大，风险性高。

大学生在制造业创业中，要学会利用自身的优势资源，技术专长是技术类大学生创业者所具备优势资源，是重要的创业资本。借助自身应有的技术资源，可以大大增强大学生制造业创业成功率。

案例思考

获VC青睐的大学生创业者——上海申传电气有限公司总经理郑昌陆

"天使"基金让博士提前创业

面对激烈的就业压力，如今很多大学生无奈选择了考研和考博。然而郑昌陆说他从来不担心自己在上海找不到工作。就在硕士毕业后，他还在一家电子企业任职，月薪不菲。可为了继续深造，2004年他毅然辞职选择了读博。就在郑昌陆考上博士的第二年，上海首次推出了大学生科技创业基金（天使基金）。一位同学去申报，并获得了通过。消息传来让郑昌陆不觉有些心动。第二天，没有准备详细的创业计划书，仅仅带着一个构思，他赶到上海大学受理点就问："我能申请吗"急切的口气，让负责申请的老师都笑了出来："当然可以!"在接受了相关辅导后，郑昌陆申请了煤矿安全生产监测监控系统项目。经过几番评审，他顺利申请到了"天使"基金。

"为别人打工，总要按照别人的思路来做事，而按照我的性格，更觉得把自己的想法付诸实践更有价值。"郑昌陆表示原本打算在毕业后再开始创业，创业基金的出现，让他的计划整整提前了两年。就在2006年1月，上海申传电气公司在上大科技园区正式成立，注册资金100万元，实到资金50万，其中除了来自"天使"的15万元，还有团队筹到的35万元。

资金短缺曾让男儿潸然落泪

然而，创业初期的喜悦和新鲜感没有维持多久。一个月不到，郑昌陆就发现原来申报的项目虽然应用前景很好，但研发周期长，需要大笔资金投入，与在实验室完成的项目不同，这样郑昌陆认识到，要发展，必须首先解决公司生存问题。于是，创业团队做出了一个果断的决策，除了原先的申报项目外，同时专攻既有一定基础又有市场前景的电子电力产品。经过几番攻关，创业团队陆续开发出高性能逆变电源，智能化蓄电池充电装置，工业变频器等产品。渐渐地，公司开始获得订单，并与国内几家大型企业达成了长期合作协议。

为了寻找新的资金源，郑昌陆"长征"般地转战了各风投公司"路演"。由于公司没背景，吃过"潜规则"的亏，也付出经验不足的代价，让他感动的是，那段日子里团队中没有一个人提出放弃。"我的员工至少都是硕士学历，出去找工作都不成问题，他们的信任，给了我坚持下去的勇气。"郑昌陆说"从始至终，我们几个发起人都没有动摇过，这个项目一定有前途，无论处境如何我都要坚持下去。"

300万元的"金苹果"从天而降

转机终于来了，通过上大科技园的牵线搭桥，上海亿创投资有限公司对申传的项目表示感兴趣。2006年6月2日，这家风险投资商决定来到郑昌陆所在公司进行实地考察。在考察现场，想起数月来承受的压力和艰辛，坚强的汉子讲着讲着，忍不住热泪盈眶。"不错，这个项目有前景。"在听完这段感人的介绍之后，包括上海科投、亿创等在内的投资经理，对郑昌陆团队取得的成绩感到满意。几乎就在现场，召开了一个临时董事会。此后，双方又经过座谈交流，最终达成协议。上海亿创投资有限公司将分阶段注资300万元。就这样，一个最初规模50万元的公司，资产迅速扩张到了700万元。

300万的风险投资，这个让众多中小企业都梦寐以求得到的"金苹果"，居然被一家创办不到半年的小公司拿到了，并且双方从刚接触到拍板只有短短的两个星期；郑昌陆带领的团队，成为了上海市大学生创业获风险基金的第一例。

大学生创业者也是创业者

与一般大学生摸索创业不同，郑昌陆对创业有着清晰的概念"以大学生身份开始创业可以，但绝对不能在创业之后还把自己看成是个大学生。商场有商场的规矩绝对不能对自己降低要求。"

在一次会议上，他就对相关媒体呼吁过："我认为大学生科技创业应该和社会创业等同起来。是大学生没错，但我更是公司的法人代表。从法律角度讲在谈判桌前我是作为一个自然人在与业务客户、风险投资人、股东谈判。他们不会因为是一个在校生就会降低要求和标准。大学生创业者也是创业者，这是认识问题"。

他常说，大学生创业者还是一个相对较弱的创业群体．资金的瓶颈是很多大学生创业的一道坎，而以技术研发见长的大学生还有管理等问题困扰，这就需要一个好的环境来培育和鼓励。应该说大学生科技创业基金开展后创造了很好的社会环境。但总体而言，现今的创业基金是公益性的，在资本注入方面可以考虑引进市场化操作的天使风险基金．投入到创业企业中"不仅扶上马，还能送一程"，效果可能会更好。

顶着上海第一位获得风投的大学生创业者光环的郑昌陆一直强调：创业需要环境但关键还要看创业者本身。不管别人怎么扶，要使企业最终站起来还得靠团队自己。

问题与思考：熟读案例进行讨论，并对其中一个问题进行课堂展示。

1. 为别人打工和为自己打工，作为一个大学毕业生该如何抉择？
2. 是哪些因素使申传成为申城传奇？
3. 在企业发展遇到瓶颈和寻找资金源过程中郑昌陆是如何通过努力克服困难的？
4. 在你心中大学生创业者是一个怎样的群体？

案例研读

戴尔的创业经

迈克尔·戴尔（Michael Dell）是全世界公认的年轻首富，在华尔街，戴尔公司的股票一涨再涨，尽管分析家们一再警告说现在戴尔股票上的泡沫已过多。戴尔少年得志但不轻狂，然而，他运作出来的企业，却锋芒毕露，让很多世界巨腕心生佩服。

1984 年，戴尔既不懂技术、也没有雄厚的资本，更缺少阅历和经验，19 岁的他只是个学生物的大学一年级学生。后来，他辍学办公司，只靠计算机直销起家。如今，在个人电脑业越来越不挣钱、世界大公司纷纷向后退却的情况下，戴尔却越战越勇，"在戴尔公司历史上有 8年的发展速度是 80%，有 6 年的发展速度是年平均 60%，这两年的年平均发展速度是 45%。我们之所以把速度降下来，是想让公司在各个方面的发展有一个平衡点。我们销售收入曾经在一年内从 180 亿美元一下增长到 260 亿美元。"

那么这位赚钱天才赚钱的秘密武器是什么？

其实，戴尔公司现在已经开始对互联网工具进行投资，这些互联网工具是为 ISP 和 ASP 来提供服务。"我们能帮助任何一家想在网上做贸易的公司，包括咨询和服务。"另外，戴尔公司每天在网上的销售额为 3000 万美元，约占公司总收入的 40%。目前，戴尔公司已在 44 个国家用 21 种语言建立了公司网站。

戴尔喜欢利用业界中最有势头、最有影响的技术，比如在处理器方面，紧跟英特尔，在操作系统上，又紧跟微软。这两家公司在各自的领域里都是世界第一位。

戴尔当初起家时就尝到了大势的甜头。"当时，我才 19 岁，是一名才上大学一年级的学生，我投资 1000 美元，以自己的名字成立了戴尔公司，准备专门做计算机生意。当时，个人电脑刚刚兴起，利润非常高，一台销售价 3000 美元的 IBM PC 机，其所有的零件其实只有 600 美元至 700 美元，经销商以 2000 美元进货，可净赚 1000 美元。"

戴尔由丰厚的利润看出做电脑的价值来，而这时芯片的技术也有了很大发展，使组装 PC 变得大为简单。戴尔公司刚成立时，只做 PC 机的攒机生意：从批发商手中买来机器，然后加以改装，添进一些大硬盘、或大内存，然后以低于市场价卖出去。在第一年，他们的销售额为 620 万美元。此后，戴尔迅速发展，在四年之内获得了极大的发展空间，并积极向海外扩张。四年以后，戴尔公司上市，11 年以后，戴尔公司的年销售额为 217 亿美元。其市值从当初 8500 万美元一下达到今天的 1272 亿美元。

1. 建立好的生意模式

"我们的重点是在发展我们的重点。我们在存储器、服务器方面有 11% 的市场份额，我们有最好的生意模式，我们在这方面能有一个好的结果。"

戴尔所谓 "最好的生意模式" 指的是戴尔式的直销模式，他说："我们的核心竞争力是直销，我们的管理风格也是直销。" 直销，成为戴尔公司优于竞争对手的唯一解释。但戴尔所说的直销不是人们通常意义上所认为的直销。戴尔说："人们只把目光盯在戴尔公司的直销模式上，其实直销只不过是最后阶段的一种手段，你要掌握好直销的本领，首先就要完全理解直销的含义，然后才能很好地对其加以应用。我们真正努力的方向是追求 '零库存运行模式' 和为客户 '量体裁衣' 定做电脑。由于我们是按订单和客户的要求定做电脑，使我们的库存一年可周转 15 次。相比之下，其他竞争对手，其周转次数还不到戴尔公司的一半。"

"在戴尔公司发展的 15 年中，戴尔推动公司集中做的只是两项重要工作：通过一整套为客户量身订做的综合软件、硬件的流程使戴尔公司及其客户降低了成本；通过个性化，使戴尔公司可以为客户提供更高层次的服务。"

"通过戴尔直线订购模式，与那些通过缓慢的间接渠道的公司相比，戴尔公司以更快速度完成了最新相关技术的应用，而戴尔公司的 6 天存货制使其比其他竞争对手保持了低成本，再加上按客户意愿来做电脑，使戴尔公司的发展既有速度，也很有利润。"

2. 理念共享

戴尔天生是做生意的胚子，虽然他从小家境并不穷，但他对做生意偏偏最感兴趣。在 14 岁生日那天，戴尔用自己挣来的钱为自己买来一台苹果电脑。拿回家后，戴尔把它拆得乱七八糟，但戴尔不是为了学技术，而是为了寻找商机。后来，戴尔又继续拆 IBM 的 PC 机。拆机器的结果使他看到了一个闪光的商机：IBM PC 机的零件一共才值 600 至 700 美元，但当时在外面的市场价却高达 3000 美元。

于是，戴尔到批发商那里将积压的 PC 机以批发价买回，再买来内存、Modem、磁盘驱动器及更大的显示器。之后，将这些机器进行升级，使其有更多内存和磁盘驱动器，然后在当地报纸上登出广告，以低于零售价 10% 至 15% 的价格出售。几个回合下来，让戴尔尝到了甜头，也使戴尔的大学生涯只有一年便夭折了，那年他才 19 岁。16 年以后，戴尔不仅做个人电脑生意，还做服务器和工作站、互联网工具生意。戴尔公司的销售收入已达 260 亿美元。

我们可以看到，戴尔虽然不做具体技术，但他却从未断过随时学习的好习惯。戴尔虽然中断了大学之路，但只不过是没有因袭一般人的发展轨迹，这需要有一般人不敢做的非凡勇气。敢冒险，是野生派企业家们的一个共同特点。

资料来源：阿里巴巴资讯创业 2008 年 10 月 8 日简木

思考与练习

1．制造业创业的发展前景如何？

2．大学生制造业创业有哪些优势和劣势？最大的挑战是什么？

3．制造业创业的主要特点有哪些？

4．如果你是一个化学专业毕业的学生，在创业方面选择会优先考虑哪些行业？

5．大学生创业容易忽视哪些风险性问题？

6．在创业时哪些细节性问题值得注意？

7．对自己家乡的制造业发展现状做一些调查，并结合本章节所学内容讨论在家乡进行制造业创业的利弊。

第 12 章　服务业创业

学习目标

1. 了解服务业定义
2. 了解服务业特点
3. 了解服务业创业优势

> 挑选一个你认为真正能在这里做出独特贡献的领域，你将享受为它而工作的每一天。
>
> ——比尔·盖茨

案例导入

真功夫的诞生

真功夫已经成为中国规模最大、发展最快的中式快餐连锁企业。而说到它的渊源，要从 1994 年说起。

两位刚刚 20 出头的广东小伙子蔡达标与潘宇海，在东莞长安镇霄边村 107 国道旁开设第一家餐厅，因为开在国道旁边，所以取名 "168" 蒸品店，主营中高档蒸饭、蒸汤和甜品。当时 "168" 蒸品店面积仅有 70 多平方米，餐厅只有 4 名员工，但俩人却认为，一定可以将生意做得更大，做成中国的麦当劳。

如何吸引顾客在尝试后还能继续光顾？蔡达标及潘宇海下了很多功夫。他们重视做好餐厅的日常服务，并不断向顾客了解他们的看法和意见。俩人听顾客说哪里的蒸品很好吃，就一定赶去那些餐馆、酒楼偷师学艺。

当时，香港货柜车司机经常去东莞星级酒店吃饭，蔡达标及潘宇海俩人也去吃，吃完回来立即到厨房捣弄，尝试做出同样美味的食物。慢慢的，模仿做出来的菜品达到以假乱真的地步，最后，司机们夸奖为 "比酒店的还好吃了"。就这样，货柜车司机们纷纷不再去酒店吃饭了，都转到 "168" 蒸品店来用餐。这件事最终还引起了那家五星级酒店大厨的注意。有一天，好几个大厨专程到这个 70 多平方米的小店用餐，探个究竟。不过，双方并没有闹得不愉快，大厨们也很豪爽，品尝完后觉得确实不错，就没有再说什么，而且还给蔡达标董事长及潘宇海副董事长提了些出品的建议。

注重真材实料、出品美味营养，很快，"168" 吸引了越来越多的回头客。每到中午，来此用餐的香港货柜司机络绎不绝，卡车停在国道上排成长龙，成为当地一时美谈。

1995 年，"168" 蒸品店经过一年的发展已经开到第三家店，但是这时创始人蔡达标和潘宇海副董事长却暂停了继续开店，因为他们知道：单纯地多开几家分店并不是他们想要的结果。

在这期间，蔡达标借助华南理工大学科研力量，与华工教授共同研发了电脑程控蒸汽柜，一举解决了困扰中式快餐多年的标准化难题；同时，蔡达标广交朋友，结识了一批拥有快餐业先进管理经验，又对中式快餐事业抱有热忱的志同道合者，制订了 7 本从柜台、厨房到餐厅的

100 多个岗位的操作手册。

至此，从设备到管理都实现标准化后，两位创始人意识到，可以继续扩张开店了，而且，他们要把餐厅开到核心商圈。此时，"一路发"（168 的谐音）的名称与目标顾客开始显得不协调。因为公司要面对的不再是国道公路上频繁经过的香港司机们，而是市镇居民们。

终于，两位创始人选择了"双种子"，寓意"种子萌芽，携手弘扬中华饮食文化"。这个 LOGO 看起来很像两颗小种子，它们的设计来源于中国易经中的阴阳符号，蔡达标对此有一个解释，他说，任何事物都有两面、互为补充，我们都要从不同角度去思考。

2002 年，"双种子"蒸品连锁餐厅的业绩已经表明企业自身在整个行业处于遥遥领先的优势地位，走出华南，迈向全国，成为了大家的共识。经过深入调研、探讨后，蔡达标逐渐意识到市场已经不再是"酒香不怕巷子深"的年代了。在机缘巧合下，蔡达标与叶茂中营销策划机构（叶茂中营销策划机构是一家由中国大陆、中国港台地区及美国、韩国人才构成的创作群，120 名策划创作精英，为企业进行过整合、营销、传播策划和品牌设计的公司）在 2003 年开始了合作——花费 400 万元人民币为"双种子"蒸品连锁餐厅做品牌调研及品牌策划。

在对全国快餐市场进行详细调查后，叶茂中策划公司的服务小组认为，"双种子"品牌给人的是一种朴实、亲切的农村、乡镇形象，不够现代感。建议换其他新品牌名，这个提议引起公司上下的很大震荡。因为，当时"双种子"蒸品连锁餐厅已经在华南有了深厚的顾客基础，有些顾客已经把"双种子"亲切地称呼为他们家的饭堂。据了解，当时"双种子"的品牌价值至少在几千万以上。

但是，"双种子"企业领导团队是非常年轻的，他们过去就是靠不断学习和创新才赢得今天的成绩，同样，他们也不会轻易放过每一个可能带他们走向更成功的新想法。所以，大家决定，先思考起个什么样的品牌名。"真功夫"的名字在机缘巧合下应运而生，并得到大多数人认同。

中国功夫源远流长，威震世界，而且，中国人说一个人做事用功、用心，就会描述为"下了功夫"，有非常正面及积极的寓意。蔡达标对此也有自己的一番阐述：功夫不仅仅是一招一式、一拳一脚，它更是一种中国人不畏艰难、挑战自我的精神。

于是在 2004 年 6 月，公司在广州开了第一家"真功夫"原盅蒸饭餐厅，经市场检验，"真功夫"餐厅的营业额明显快速超过"双种子"餐厅。于是，深思熟虑后，新品牌"真功夫"开始全线启动，并创造出一个富有动感的人物造型作为 Logo。公司希望顾客能在被时尚店面门头所吸引的同时，也能感受到"真功夫"在产品和服务上，都会"全情投入，用足功夫"。

之后，真功夫成功地在广州、深圳市场快速发展，新品牌的更换得到了消费者的好评。

资料来源：真功夫官网统计

回答问题：

1. 在创业的过程中，蔡达标与潘宇海为了提高服务质量做了哪些措施？
2. 我们可以从蔡达标与潘宇海两个人身上学到什么？
3. 作为餐饮企业的创办者，应该注意创业过程中的哪些问题？结合案例谈谈你的体会。

12.1 服务与服务业概述

12.1.1 服务与服务业

1. 服务的定义

服务是有形产品与无形产品的多种有效结合，可以给他人带来利益或满足感的可供有偿转让的活动。服务提供的基本上是无形的活动，有时也跟有形产品联系在一起。可供转让并非是转让所有权而是产品的使用权。服务总共表现为四种：一是基于无形产品上所完成的，比如为了准备税款申报书所需要的收益表；二是基于有形产品上，比如顾客来电脑城修理电脑，并支付报酬；三是纯粹的无形产品，比如上培训课程时老师传授给学生的知识；四是指整个服务环境与氛围，比如咖啡馆给人安逸舒适的氛围等。

人们把这种包含各种有形和无形服务的集合称为"服务包"。基本服务包由三个内容组成：核心服务、附加服务以及支持性服务，如图 12.1 所示。核心服务是企业在市场中的立足之本，在酒店服务中，提供住宿是核心服务。为了顾客可以更好地使用核心服务，还需要附加服务，比如酒店配备床单、空调等。支持性服务是用来提高服务的价值，使服务与竞争对手区别开来的一种服务。

图 12.1　服务包的组成

2. 服务业的定义

服务业的定义在理论界还存在着争议。美国经济学界提出了广义服务业和狭义服务业的概念。狭义服务业是指排除了流通部门，即交通运输、邮政通信业、商业、饮食业等的非实物生产部门；广义服务业是指所有非实物产品生产的经济部门，并且随着经济的发展，服务业的种类也会不断增加。

3. 现代服务业的定义

在我国，现代服务业的提法最早出现于 1997 年 9 月党的十五大报告中。十五大报告提出："社会主义初级阶段，是逐步摆脱不发达状态，基本实现社会主义现代化的历史阶段；是由农业人口占很大比重、主要依靠手工劳动的农业国，逐步转变为非农业人口占多数、包含现代农业和现代服务业的工业化国家的历史阶段。"现代服务业伴随着信息技术和知识经济的发展而产生，用现代化的新技术、新业态和新服务方式改造传统服务业，创造需求，引导消费，向社会提供高附加值、高层次、知识型的生产服务和生活服务的服务业，隶属第三产业，一般包括金融保险业、信息服务业、旅游业、物流业、房地产及社区服务业等，是现代经济的重要组成部分，是社会进步、经济发展、社会分工进一步专业化的产物。

12.1.2　服务业的分类

1. 联合国和世界贸易组织的分类方法

按照联合国和世界贸易组织的分类方法，服务业主要包括 11 大类。

（1）商务服务：其中又分为专业服务、计算机服务等类别。

（2）通信服务：其中又分为邮政服务、速度服务、电信服务、视听服务等类型。

（3）建筑和相关工程服务。

（4）分销服务：其中又分为佣金代理服务、批发服务、零售服务、特许经营服务等类型。

（5）教育服务。

（6）环境服务。

（7）金融服务：其中又分为保险和保险相关服务、银行和其他金融服务、证券服务等类别。

（8）与健康相关的服务和社会服务。

（9）与旅游相关的服务。

（10）娱乐、文化和体育服务。

（11）运输服务：其中又分为海运服务、内河运输服务、航空运输服务、铁路运输服务、公路运输服务、管道运输服务、运输辅助服务等类型。

2. 我国的分类方法

我国《十一五规划纲要》中将服务业分为两种类型：面向生产的服务业和面向生活消费的服务业，即生产性服务业和消费性服务业。

生产性服务业是指为了保持工业生产不间断性并可以提高产品升级更新和提供保障的服务。一般来说，生产性服务业包括服务贸易、交通运输业、现代物流业、科技服务业、信息产业、现代金融业、中介服务业、农业生产服务业等行业。

消费服务业是指以满足居民消费需求或基本民生要求的服务业，它包括绝大部分公共服务。一般来说，消费性服务包括旅游业、商贸流通业、餐饮业、酒店住宿业、文化产业、体育健身产业、社会服务业、市政与公共服务业、农村生活服务业等行业。

在我国国民经济核算实际工作中，将服务业视同为第三产业，即将服务业定义为除农业、工业之外的其他所有产业部门。在国民经济行业分类中包括除了农业、工业、建筑业（国民经济行业分类细分为农业，采矿业，制造业，电力，燃料及水的生产和供应业，建筑业五大实物商品生产部门）之外的所有其他十五个产业部门，即：

（1）交通运输、仓储和邮政业。

（2）信息传输、计算机服务和软件业。

（3）批发和零售业。

（4）住宿和餐饮业。

（5）金融业。

（6）房地产业。

（7）租赁和商务服务业。

（8）科学研究、技术服务和地质勘查业。

（9）水利、环境和公共设施管理业。

（10）居民服务和其他服务业。

（11）文化、体育和娱乐业。

（12）公共管理和社会组织。

（13）教育。

（14）卫生、社会保障和社会福利业。

（15）国际组织。

12.2 服务业的发展

12.2.1 国内外服务业发展比较

与其他国家的服务业相比，我国服务业的发展不如工业的发展，然而发达国家正走在"工业经济"向"服务经济"转变的道路上。

我国服务业与国外服务业的比较如表 12.1 所示。

表 12.1　我国服务业与国外服务业的比较

我国服务业发展的特点	国外服务业发展的特点
我国服务业的发展相对落后，其增加值比重始终偏低，服务业国民生产总值低于世界平均水平，而且服务业占 GDP 的比重低于低收入国家（见表 12.2）	经济增长的主导产业为服务业，世界第三产业增加值在 2008 年已经达到了 69%，其中发达国家达到了 72.5%，发展迅速（见表 12.2）
服务业在国际贸易中缺乏竞争优势，服务业出口结构不平衡，我国服务业大部分集中在传统服务上，而知识密集型和技术含量较高的服务行业较少	服务业贸易发展趋势为日渐高级化。据中国国家统计局数据显示，2008 年，世界整体的人均服务贸易进出口额为 1086 美元，美国是世界水平的 2.7 倍，德国是世界水平的 6 倍，日本约为世界水平的 2.3 倍。由此可看出发达国家的知识密集型和技术含量较高的服务行业所占比重较大
服务业就业率虽然保持着增长趋势，但是其劳动就业率还是偏低	多数发达国家第三产业的就业率已经高于第一、二产业。服务业成为这些国家重要的就业产业之一

资料来源：国内外服务业发展比较研究，纪明辉

表 12.2　第三产业占 GDP 的比重

	第三产业增加值比重（%）		人均国民总收入（美元）	
	2000 年	2008 年	2000 年	2008 年
世界	67.2	69.0	5265	8613
低收入国家	44.0	47.5	291	524
中等收入国家	53.6	53.0	1322	3260
中低收入国家	53.2	52.9	1155	2789
高收入国家	70.2	72.5	25883	39345
中国	39.0	40.1	930	2940
印度	50.5	53.4	450	1070
南非	64.9	65.9	3050	5820
俄罗斯	55.6	56.7	1710	9620
巴西	66.7	65.3	3870	7350

资料来源：中国统计年鉴

12.2.2　服务业发展趋势

我们现在所处的时代是服务经济时代，未来我国的综合竞争力在很大程度上将取决于服务业竞争力。每个国家的经济主导基本上都是由农业发展到制造业，最后再发展到服务业的。大力发展服务业已成为我国当前改变经济增长方式和调整经济结构的重要举措。根据 GDP 总量可知，世界服务业产值已经超过了 60%（表 12.2），服务贸易占到世界贸易总额的 25%，服务消费占到所有消费的 50%左右，由此我们不得不承认服务及服务业已经成为拉动世界经济增长的重要力量。

改革开放以来，我国的服务业取得了非常大的成就，但由于我国属于低收入国家，经济发展不平衡，服务业的发展水平与西方发达国家对比相对滞后。总体来说，我国的服务业发展规模不断扩大，在国民经济比重中所占比例有所增加，近年来一直保持在 40%左右，如图 12.2 所示。与世界服务业产值的 60%相比，仍有很大的发展空间。

发展服务业有利于调整经济结构，促进我国社会主义市场经济的建设；发展服务业可以满足人们日益增长的物质和文化生活需要；有利于促进世界贸易，提高我国在世界的经济地位；有利于增长就业，解决我们大量剩余劳动力，缓解就业压力；以服务业促进工业化进程，并且成为了节能减排、调整产业结构的有效手段，有助于实现绿色 GDP。与制造业相比，服务业具有低能耗、低污染以及高附加值的特点，在可持续发展的道路上更有优势。

在新一轮国际竞争中，要想掌握主动权就必须及时把握机遇，大力发展服务业。

图 12.2　我国服务业占 GDP 比重

资料来源：中国统计年鉴

12.3　服务业创业的特点与优劣势

12.3.1　服务业经营特点及与其他产业的区别

1. 服务业经营特点

服务业经济活动最基本的特点是生产和消费同时进行，其经营上的特点如下。

（1）范围广。由于服务业企业既在生产商品，又在销售商品。因此，无论是在经营品种上还是地域上都没有限制，服务业开展业务时非常自由，属于活动范围、经营范围最广的行业。

（2）服务多样。消费者的需要具有多样性。如酒店除住宿这项基本服务外，还需要配合信息通讯、购物、交通、饮食、理发、医疗等多种服务。对于大型服务企业一般采取多样化经营的方式；对于小型服务企业，由于经济实力等方面无法提供多种服务，一般采取专业经营的方式。如果同一个地区的各专业服务企业结合起来则形成了一个服务周全的商圈。

（3）分散性大。服务业大部分是直接为消费者服务的，而消费是分散的。因此服务业一般实行分散经营。

（4）因地制宜。由于不同地方的自然条件和社会条件不同，经济、政治和文化都存在着一定的差异，所以服务性企业对消费者提供的服务也不尽相同。

（5）业务能力强。业务就是对商业上相关的活动进行处理，其最终的目的是"出售产品，获取利润"。从事有关服务性的工作，这种处理业务的能力应该要高。

2. 服务业与其他产业的区别

从本质上讲，服务业与其他产业不同，主要区别如下。

（1）无形与有形的结合。服务业以服务为载体，通过有形的产品向消费者输出无形的服务。企业向社会提供实物产品，而消费者更注重的是该实物产品的质量和使用价值。

（2）生产与消费同时性。在服务性企业中，生产和消费一般是同时进行的，生产的过程等同于消费的过程。

（3）随机性。提供服务具有较强的随机性，由谁来提供服务、何时何地提供服务、服务对象是谁等都是无法确定的，要具体情况具体分析。

（4）高度参与性。服务业以人为本，大部分时间是直接面对消费者，利润也是从这个环节产生的。参与性低根本无法获得企业所需要的利润。

（5）即逝性。由于在服务业领域中，生产与销售同时进行的这一特征，使得服务业具有即逝性的特点。生产出来的产品如果在当天没有被消费，那么很有可能就会失去它的价值。

（6）服务必须具备连续性。服务业提供的服务是无形的，与其他产业不同的是，它没办法像其他产业一样，比如制造业、零售业，在产品说明书上客观地介绍产品性能和使用方法等，这就要求服务必须连续不断地向不同的客户开展服务。

（7）更加注重员工素养。尽管现代社会科技水平日趋发达，机械化水平也越来越高，但是在服务业中，由人所提供的手工劳动还是占主要的部分。员工的个人素质、知识能力、服务技能、表达能力等直接影响了企业服务水平的高低，所以服务业创业者应该制定科学完善的服务质量标准，提高员工服务水平，进而提高整个企业的服务水平。

12.3.2　服务业创业的优势与劣势

1. 优势

（1）市场广阔，规模大。服务业涵盖了多个产业部门，行业规模非常大。随着人们对高质量生活的追求，服务业得到了飞速发展，年均增长速度超过 10%。由于服务业覆盖面广，数量众多，对就业市场的发展起到了推动作用，解决了许多就业问题。

（2）投资幅度大。小到休闲餐饮店，大到金融、房地产等服务业，都可以根据自己实际的资金实力来选择投资。

（3）高效率、高利润。众所周知，服务业所需要的原料成本是很低的，加工成成品以后，经过中间各个服务环节、销售环节，大大增加了产品的附加值，价格自然而然也就翻倍了。每售出一件产品，每提供一项服务所获得的利润相当可观。只要有计划有组织地合理配置人力资源，控制产品库存，效率就会上升，利润也就上升了。

（4）进入门槛低，形式多样化。

（5）资金流动性强，回笼快。服务业的经营特点告诉我们，它与其他产业是有很大差别的，许多像制造业、农业等产业是处于生产加工环节的，面对的消费者很少是最终消费者，资金无法立即收回，存在许多应收款项。而服务业是直接面对最终消费者的，当消费者确定消费了，资金也就回笼了。由于消费者流动快，资金流动也就快得多。

（6）经营灵活，便于操作。由于服务业投资相对少，经营业态多种多样，专业性和技术性不高等使企业在经营过程中可以适当调整其战略，操作起来也比较容易。

2. 劣势

（1）专业性较弱。尽管服务业专业性较弱的特点使得其进入门槛低，但也存在缺陷。由于进入门槛低，劳动力价格非常低廉，服务业从业人员受教育水平不高，整体素质较低，这不利于社会发展。

（2）竞争激烈，创新尤为重要。服务业在国民经济的比重中占到 40%，吸纳的就业人口最多，成为主导产业，竞争可想而知非常激烈。在这种情况下，如果企业仍采取中庸之道是发展不起来的，只有勇于创新，将创新点变为利润点，才能在激烈的市场竞争中占有一席之地。

（3）对人的依赖性大。服务业直接面对最终消费者，提供产品及服务时需要人来提供，员工的形象也直接影响到企业的形象。所以企业在进行服务业创业时要花上比其他产业更多的时间来调配人力。

12.4 服务业行业的相关政策

目前我国对大学生服务业创业的政策支持如下。

（1）新成立的城镇劳动就业服务企业，当年安置待业人员（含已办理失业登记的高校毕业生，下同）超过企业从业人员总数60%的，经相关主管税务机关批准，可免纳所得税3年。劳动就业服务企业免税期满后，当年新安置待业人员占企业原从业人员总数30%以上的，经相关主管税务机关批准，可减半缴纳所得税2年。

（2）大学毕业生创业新办咨询业、技术服务业的企业或经营单位，提交申请经税务部门批准后，可免征企业所得税2年。

（3）大学毕业生创办从事公用事业、商业、物资业、对外贸易业、旅游业、物流业、仓储业、居民服务业、饮食业、教育文化事业、卫生事业的企业或经营单位等服务性的企业，提交申请经税务部门批准后，可免征企业所得税1年。

（4）某些省市还有如下优惠政策，从事现代服务业等行业领域的经营，可将家庭住所、临时商业用房以及租借房等作为经营场所。

本 章 小 结

服务业包括广义服务业和狭义服务业。狭义服务业是指排除了流通部门，即交通运输、邮政通信业、商业、饮食业等的非实物生产部门；广义服务业是指所有非实物产品生产的经济部门，并且随着经济的发展，服务业的种类也会不断增加。

服务业经济活动最基本的特点是生产和消费同时进行。其经营上的特点有范围广、服务多样、分散性大、因地制宜、业务能力强等

服务业创业具有市场广阔，规模和投资幅度大，高效率和高利润，进入门槛低，形式多样化，资金流动性强，回笼快经营灵活，便于操作等优势。但也存在其不足之处，比如专业性较弱，随着市场的发展竞争越来越激烈，此时创新就变得尤为重要，另外，由于服务业直接面对消费者，对人的依赖性大。

案例思考

创业方向新选择：以洪鑫家政服务为例

白山市洪鑫家政服务有限责任公司现有员工360多人，80%为失业的中年人，公司是一家主要从事物业保洁、家政服务、劳务输出和劳动技能培训等业务的民营企业。2012年，公司营业额600万元，上缴税金20万元，给员工交纳各项保险80余万元，累计提供再就业工作岗位600多个，培训和劳务输出家政服务人员大约1.3万人。

说起洪鑫的创业历程，可谓一波三折。1999年，洪鑫的朋友下岗后去大庆创业取得了成功，得知洪鑫想创业又苦于无资金、无项目时，他爽快地答应，等洪鑫找到项目时，借给洪鑫启动资金。在选择创业项目的时候，恰好国家正在大力扶持家政服务业。洪鑫在北京终于找到一家

大规模的保洁公司。在朋友的支持下，他顺利加盟了特丽洁清洁公司。回到白山市，洪鑫购买了专业设备，租下了房子，办理了保洁中心的工商执照。但开业一个多月，没接到一个客户，连一个电话咨询都没有。原来老百姓根本不知道保洁中心是干什么的。没办法，他就把广告宣传语改成打扫卫生、擦玻璃，这样才有了第一笔生意。白山市的家政服务价格很低，跟那些从事家政服务的散户比，他们专业的保洁公司成本和价格相对要高，虽然他们强调是正规保洁，但客户根本不买账。这就逼着他们把价格一降再降，价格虽然降了，但质量不能降。这样只能维持公司运转，看不到什么效益。但是洪鑫认准了家政服务业。2003年，他又多方筹集资金收购了两家家政服务店，注册成立了白山市洪鑫家政服务有限责任公司，当时的员工达到了80多人。当时为了维持公司的正常运转，他是苦活、累活、脏活，什么活都干；大钱、小钱、零钱，什么钱都挣。室外楼体保洁，高空作业危险性大，员工吓得哇哇哭，没人敢干，洪鑫就自己上吊索示范，手把手地教员工。

可即便如此，公司也是入不敷出，工人工资和维持公司运转的费用很多都是借的。身边的亲戚朋友都借遍了，最高时洪鑫外面欠款达40多万元，可就是这样他也从没拖欠过工人一天工资。由于公司长时间亏损经营，多年来只见投入不见收益，周围的朋友、亲属都劝他趁早转行吧。洪鑫心想："我能放弃吗？如果我这样放弃，那些借来的钱怎么还？公司上百号员工怎么办？我们家政服务公司大部分员工都是"40"、"50"的就业困难群体，找份养家糊口的工作不容易，如果我放弃，他们就会失业。我不能倒下去，绝不能放弃，我不能放弃我创业的梦想，不能放弃信赖我、支持我的员工，不能放弃我心爱的家政服务业。"国家发展，家政服务业的政策越来越好，对民营企业的扶持力度越来越大，他认准家政服务业前景一定是光明的，于是便暗下决心，咬牙坚持，相信早晚会取得成功。

到了2005年，劳动就业部门对自主创业企业出台了很多优惠政策和扶持办法，他抱着试试看的心态，找到了市劳动就业局，局领导热情地接待了他，帮他出谋划策，解决经营中的困难，还在政策允许范围内给他办理了6万元无息贷款，后来又贷给公司扶持资金8万元，这两笔钱，解决了公司的资金短缺问题，也使企业终于迎来了新的发展机遇。2006年，公司与白山市中心医院签订了一个为期半年的试用物业保洁合同，如果服务好再签订长期合同。公司优质的服务得到了医院领导的高度认可，后来签订了长期合同，做到了互利双赢。在接连做完两个大项目后，公司的知名度提高了，品牌形象树立了，很多大型企事业单位纷纷主动与我们建立合作关系。也在这一年，洪鑫在劳动就业部门的帮助下，成立了白山市家政服务培训学校，让更多的下岗失业人员学会一技之长。为了让取得上岗资质的学员尽快找到工作，公司又增加了劳务输出业务，向北京、上海、长春等大城市输出劳务，几年来已累计输出劳务人员1万多人。2006年年底，公司终于实现了扭亏为赢。2009年，洪鑫还清了公司所有欠款，一心一意从事家政保洁服务。公司从此进入了发展的快车道，一年一个台阶。公司被中国家庭服务业协会授予"百家诚信兴业诚信服务"单位，还成为白山市唯一一家中国家庭服务业协会会员单位、省家庭服务业协会副会长单位、白山市家庭服务业协会法人单位。洪鑫也被国务院授予全国创业就业先进个人，被白山市人民政府授予再就业优秀个人、全民创业明星、劳动模范、先进工作者等荣誉称号。

现在，他正在选址兴建自己的办公大楼，扩大公司规模。还准备开办一家养老院，拓展公司家政服务范围。他还在积极申报物业公司资质，打算再成立一家专门的物业公司，吸纳更多就业困难的弱势群体员工，为他们提供更多的就业岗位。有志者，事竟成。创业的路还很长，奋斗的脚步不会停止。

资料来源：于洪鑫，创业路上写春秋，2013.5

问题：

1. 在亏损的情况下，为什么于洪鑫还是认准了家政服务业？选择在这个行业进行创业有哪些优势呢？

2. 在进行创业方向选择的时候，你更愿意选择风险小，成熟度高的创业项目还是选择新兴的、有前景的、风险大的项目，为什么？

案例研读

以进步咖啡屋为例了解服务业创业过程

读高中期间，胡娟是学校学生会主席。通过学生会的活动，她接触到了蓝色咖啡屋，这个咖啡屋在该市某旅游点成功地进行着特许经营。在蓝色咖啡屋，胡娟在所有部门都工作过，还经常与员工和经理们讨论业务，因此她体验并掌握了经营咖啡屋的诀窍，并获得相应的资质证书。

几年后，胡娟大学毕业了，她主修信息和通信技术，辅修小型宾馆管理。在学校要求的暑期实践活动中，她为多家小宾馆设计和实施了ICT系统，并获得SIFE中国区总决赛的第一名。毕业后胡娟在一家四星级宾馆工作了一段时间，接着她申请并获准经营进步咖啡屋。这家咖啡屋租用了某写字楼的底层和草地。

进步咖啡屋空间非常宽敞。它的目标顾客是该写字楼的办公人员（约3000人）以及附近的3000多名居民、还有一些是经此路过的顾客，以及在那座写字楼附近的企业里工作的员工。咖啡屋早上七点开门营业，晚上十点关门，每天大概接待顾客900余人。咖啡屋向附近的居民提供直接配送业务、外卖服务及直接服务（自助服务和服务员服务）。在这个商业区内还有其他4家咖啡屋。第一家由于营业空间太小，显得非常拥挤；第二家是一家国际特许经营店，价位很高；第三家位于隔壁建筑的第三层；而第四家则位于后街，并且该咖啡屋没有设置座位。目前，进步咖啡屋已经占据了该区域15%的市场份额。

一直以来，进步咖啡屋每年创造的净利润达120万元人民币。从毛利润中扣除23%的所得税之后，每月的平均利润为10万元人民币。所有销售均为现金交易。每月的食品支出以及其他直接费用占零售额的50%，经营、管理费用占28%，营业税占5%，净利润占17%。每月的销售额高达60万元人民币，食品支出30万元人民币。其他经营费用包括，人工支出10万元人民币，租金2万元人民币，水费0.45万元人民币，电话费0.6万元人民币，电费0.7万元人民币，运费0.5万元人民币，办公费0.2万元人民币，维修和清洁费0.8万元人民币，还贷利息4.5万元人民币，其他费用1.3万元人民币。一年中所有月份的数据基本上固定不变。咖啡屋由包括所有者在内的11名员工经营。其中厨师2名（根据需要可以再聘一些），出纳1名，仓库保管员/采购员1名，服务员4名，清洁工2名，所有员工都受胡娟领导。所有员工自咖啡屋开张之日就在此工作，并且都有相关的从业资格证书，因此他们能胜任自己的工作。咖啡屋重新开展还需要200万启动资金；其中存货30万，购买车需要55万，购买库房需25万，购买餐具需18万，购买炊具需30万，购买家具需23万，5万用于开业前准备，预留14万现金。胡娟的储蓄只有100万，母亲将借给她50万，无须偿还利息，而所差的50万元，银行也将以10%的利率贷款给她。

此外，进步咖啡屋与一家电话中心和一家网吧在同一座写字楼上，那家网吧由一家创业者俱乐部经营。进步咖啡屋提供不含酒精的热饮、冷热点心、水果、蔬菜沙拉，冰激凌，以及健康易消化的食品，价位在目标顾客的承受能力之内。胡娟计划维持原价位不变。同时，为吸引更多顾客，她计划实行以下策略：制作精美的宣传册，安装醒目的广告牌，播放高雅的背景音乐，为社区外顾客送货，提供优质餐具和舒适的环境，改进整体设计，要求员工礼貌待客，提高服务质量，并且分区提供不同服务，避免拥挤。此外，她还计划通过希望工程资助10名本地儿童接受教育，向老年基金会捐款，辅导有志创业青年，参与推动城市美化环境活动等。

这则篇幅不长的故事，涵盖了创业过程的方方面面，如表 12.3 所示。

表 12.3　案例要点与信息

要　　点	提　取　信　息
创业决策	胡娟基于之前对该咖啡屋的了解，以及与相关人士的探讨
创业优势	她曾经在一家蓝色咖啡屋里打工，在蓝色咖啡屋，胡娟在所有部门都工作过，还经常与员工和经理们讨论业务，因此她体验并掌握了经营咖啡屋的诀窍，并获得相应的资质证书，所以对咖啡方面的销售与策划比较了解，有一定的契机来经营咖啡屋
选址	进步咖啡屋空间非常宽敞，能容纳很多人同时喝咖啡，目标顾客是该写字楼的办公人员以及另外 3000 多名居民。一般白领在工作时或者闲暇时间都喜爱喝咖啡来打发时光，旁边有多个写字楼，配送物流极其方便。而且每天来的人数多达 900 人之多，通过人与人的交流传播，达到免费宣传的效果。同时上面有个网吧与电话中心，这正好是人群聚居之地，与咖啡屋的理念相得益彰
创业准备	她主修信息和通信技术，辅修小型宾馆管理。在学校要求的暑期实践活动中，她为多家小宾馆设计和实施了 ICT 系统，并获得 SIFE 中国区总决赛的第一名。毕业后胡娟在一家四星级宾馆工作了一段时间。这些工作经历为她从事服务业创业打下了基础
服务特性	产品：优质的咖啡、小点心、冰激凌、蔬菜沙拉、水果 服务：灯光、音乐、气氛、格调、卫生、特色、静谧
服务范围	产品服务的范围比较广，可以为写字楼的办公人员（约 3000 人）以及附近的 3000 多名居民提供服务
服务的连续性	老顾客有折扣或者是有小礼品赠送，或者是老顾客介绍新顾客时可以给老顾客一些折扣同时也给新顾客一些优惠，还可以举行一些小比赛送礼品。制作精美的宣传册，安装醒目的广告牌，播放高雅的背景音乐，为社区外顾客送货，提供优质餐具和舒适的环境，改进整体设计，要求员工礼貌待客，提高服务质量，并且分区提供不同服务，避免拥挤
竞争优势	进步咖啡屋的空间非常宽敞，价格适合附近居民和普通的上班一族，地理位置较好，专业人员较为齐全，咖啡屋的布置合理，能提供优质餐具和舒适的环境，员工礼貌待客，服务质量高，并且分区提供不同服务，避免拥挤
人力调配及员工职责	√　厨师 2 名，为顾客提供美味的食品 √　出纳 1 名，管理店铺的经济收入 √　仓库保管员/采购员 1 名，在市场采购原料 √　服务员 4 名，给顾客提供优质的服务 √　清洁工 2 名，打扫咖啡屋的环境卫生 √　胡娟，对店铺进行全面的管理
员工素养	√　仓库保管员/采购员，有较高的谈判能力和技巧以及信息搜集能力，对采购的领域有一定的专业知识，懂一些财务和税务知识 √　清洁工，吃苦耐劳，认真负责 √　胡娟，有较强的沟通能力，强烈的方向感，有对企业负责的自信和勇气，和谐的家庭，有洞察力，有预见性，有人情味，坚持以诚待人，尊重他人，有朝气，有魄力 √　所有员工自咖啡屋开张之日就在此工作，并且都有相关的从业资格证书
法律政策	1. 咖啡屋营业面积不得少于 50 平方米；单间面积不得少于 8 平方米，不得遮蔽；不得超出核准登记的经营范围。 2. 室内布局必须合理，要有良好的通风设施，空气质量、饮（食）具、公用物品消毒必须符合国家卫生标准

续表

要　　点	提　取　信　息
法律政策	3. 营业场所的装饰要健康 4. 从业人员的身份须经公安机关审查同意，并佩带由公安机关统一制发的身份证明胸章上岗服务 5. 营业场所播放的音像制品必须是国家有关部门正式批准的。播放音量白天要在 70 分贝以下，夜间要在 55 分贝以下
获取贷款	SIFE 中国区总决赛的第一名证书、营业许可证、个人经营资质证书 现金 100 万、进步咖啡屋固定资产、租用咖啡屋空间和草地资产
初始资金	200 万（包括初始流动资金 19 万和初始固定资产投资资金 181 万）
其他经营费用 （每月）	1. 存货（项目和食品）：10 万 2. 劳动力（所有其他雇工）：10 万 3. 管理费（租金、电费等）：5.25 万

思考与练习

1. 利用身边的资源，在当地寻找一家创业型的服务业企业，了解这家服务业企业的创业历程。

2. 如果毕业之后选择在服务业领域创业，你会选择哪一个方向，并说明原因。

第 13 章　教育业创业

学习目标

1. 掌握教育与教育业相关内容
2. 了解国内外教育业发展趋势
3. 了解教育业创业相关政策
4. 发现大学生教育业创业机会

> 世界上的竞争，从古到今，无非是三种资源的竞争，一是体力竞争，二是财力竞争，三是脑力竞争。
>
> ——牛根生

案例导入

从家教老师到教育集团总裁
——张浩自述自己的创业历程

我是 2005 年开始创业的。2004 年寒假，我回老家合肥，突然发现爸妈老了，而我还在读书，一无是处，还要靠他们养活我。我爸爸是个小学老师，每天骑电动车上下班，合肥冬天很冷，我看得心很痛。男孩的成熟往往是突然完成的。回到厦门的学校，晚上睡觉的时候我就想家、想父母、想自己，于是很快就冲动地做了一个决定——在老爸退休之前买辆车送给他。

有了想法后，我觉得很紧张，他快退休了，而我还没毕业。我马上产生第二个想法——要赚钱，我一定要挣十万元。当时恰好在看卡耐基的《成功学》，有点疯狂，我拿了张纸打印了"十万"两个大字贴在墙上。

干什么能挣十万？那时候我能做的只有家教。我算了下账，当时厦门家教是两小时 50 元，也就是一个晚上 50 元。我决定每周做六个晚上家教，300 元，周六、周日每天做四份家教，400 元。一个月四周，不到 3000 元，一年下来四万不到。可我的目标是十万，我有没有可能两小时收 100 元？

我可以先找一份家教，做出成绩后，拿这个做案例，再涨价。我通过中介给一个初二的男孩做家教，带了他一年后，他从中考时排名的倒数第五十名考到全校第二，进入厦门最好的中学厦门一中读书。

之后，那个孩子的父母主动帮我介绍 100 元的家教了。后来好多人找我，所以几个月后我的业余时间就排满了，但是我觉得很累，每天要一遍一遍地讲。我就对孩子父母讲：周末的时候把孩子送到厦大来，让孩子感受下厦大的人文氛围。这样我就在厦大找了个小教室，然后同年龄段的孩子放在一起教。就这么做一直做到暑假前。暑假我开了两个班，招了 20 多个学生，挣了 18 000 多元。

当时厦大对面有个光大银行，我每次做家教拿到钱都会全部存进去，每次特别开心的就是看存折上最后的那个数字。有时候为了凑一个整数，会把口袋的零钱全放进去。那年的11月，我存最后一笔钱进去的时候，整十万元。

创业之初

这是2005年的事情，后来我最多在厦门大学同时租用4个教室，开16个班。那个时候我已经开始招兼职家教老师了，我去贴招聘广告，亲自面试、培训、代课。我们公司现在的副总裁、上海事业部的主管，很多骨干都是那时加入的，那时他们才上大二、大三，从那以后就没有离开过"快乐学习"。

2008年，我从厦门回了趟合肥，给我爸爸买了一辆车，我爸成了他们小学唯一一个开着轿车从乡下去上课的老师，那部北京现代每天都会停在学校操场上。

从2005年开始我在讲台上一直站到2009年，五年中我每个周末每天八个小时的课。中午我们去小教室吃盒饭，然后一个人躺一个垫子立马睡着，睡半个小时，起来后洗把脸，看一下下午的讲义，下午接着上课到晚上8点。2009年之前我们没有请过一个保洁员，卫生都是我们自己打扫，晚上9点钟吃饭，之后备课。

奋斗中的那些事

课外辅导，首先必须满足家长的功利性需求，就是成绩要改变，所以在这方面一定要有效果。但是一个机构如果只做到这样的话，我们称之为有现在，没未来。我们有个"3S快乐学习法"：第一步，激发你的学习兴趣，孩子不想读的话，神仙也帮不了他；第二步，教给孩子学习的方法和习惯；第三步，培养孩子的价值观。

关于竞争对手，我认为最大的竞争对手其实是自己，也就是要看自己能不能静下心来做好这件事。教育是个慢产业，需要耐下心来慢慢做。"企业如同万物，有其自然生长规律"，如果你违背了规律，迟早是要还的。

教育产业政策上没有风险，只要高考不取消，家长对补习的需求一定存在。我们希望在师资的培养上，"快乐学习"是这个行业最用心、做得最扎实的。稳定的教师资源是"快乐学习"最大的财富。未来我们要做一家在所有教育机构中最有灵魂的机构，而不仅仅是为了满足孩子们上课、考试。

那时招生压力很大，有时候备课后还要背个大包，里面装着满满的传单，往一个个小区的邮箱里塞、贴。常常会碰到大叔大妈干涉，有时候碰到熟人也很没面子。更糟糕的是会碰到保安。

一次我们到一个小区，信箱有一排，很长、很多，每次看到这种情况我都很兴奋，有点像电影《摩登时代》中卓别林饰演的那个见到螺丝就疯狂的劳工，于是就刷刷往里塞传单，速度那是相当快。

不幸的是，保安来了，告诉我小区不能发广告，要把传单从信箱中一个个夹出来，不夹就得挨揍，一群保安把我围起来，那一瞬我最无助。

我带着我太太天天晚上出去，特别是像暑假前的招生旺季，每次投到凌晨一点两点。我太太不想去，我说你还是陪我吧，你什么都不用做，站在我身旁跟我讲讲话就好了，只为克服心理恐惧。

有时候想想，我们为什么要这么辛苦啊？研究生毕业，厦门大学企业管理系，找一份体面的工作没问题，但是想完后还是继续贴。为什么？大概奋斗是一件容易上瘾的事儿。

资料来源：80后励志网

13.1 教育业概述

13.1.1 定义

　　教育业归属于服务业，是服务业中的一个产业部门，包括教育培训与教育咨询。因其特点为自立性服务，也被人们称为头脑产业。即根据一定社会的现实和未来的需要，遵循社会人身心发展的规律，有目的、有计划、有组织、系统地引导受教育者获得其所需的知识技能以便把受教育者培养成为适应一定社会（或一定阶级）的需要和促进社会发展的人的一种智力密集型的知识服务型产业。

13.1.2 特点

1. 生产投入

　　教育产业的投入是一个全社会的、全方位的投入，教育经费投入的目的不是为了获得直接的经济收益，更多的是为了获取社会效益。教育产业的投入既需要广大教育工作者时间和精力的投入，智力和感情的投入，也需要政府的投入。即政策上的指导和人、财、物方面的支持；还需要社会方方面面的关爱。社会教育、家庭教育都是教育工作的重要组成部分。目前，从高教经费投资来看，已基本上改变了计划经济体制下国家包办教育、包拨教育经费的模式，逐步转变为面向社会，建立起以财政拨款为主，辅之以多渠道筹措办学经费的体制。过去将教育看成纯消费性事业，是发展经济的旧观念，现已转变为开发人力资源的教育投资，这是生产性投资，是比物质生产投资更具效益的投资的新观念。教育经费投入的直接目的更多地是为了取得长远的经济效益和社会效益，即培养德才兼备的合格大学生和各类专业工作者，培养德、智、体、美、劳全面发展的社会主义劳动者。

2. 成本核算

　　教育产业不能一味地降低教育产业成本，相反，在必要的时候还需要提高教育成本，用以保证良好的教育质量。教育产业也要进行成本核算，不计成本地为办教育而办教育，是与现代教育思想和教育实践的基本要求相悖的。但是教育产业不仅不能像其他产业一样一味地降低教育成本，必要时还需要通过提高教育的成本来改善教学设施和办学条件，培养高学历、高素质、高水平的教师队伍，改善学生的学习和生活条件，以服从和服务于提高教育质量、培养全面发展的社会主义劳动者这一根本目的。

3. 生产过程

　　教育产业的生产过程是一个生产周期长、投资大、见效慢，在"学校工厂"生产的产品不能直接产生经济效益，不能直接收回成本，更不可能直接实现价值增值的生产过程。一般产业是以体力劳动为主，以制造和生产物质财富为主的生产劳动过程。而教育产业是以脑力劳动为主，以"生产"智力劳动者这种特殊产品为主的生产劳动过程。学生毕业以后，通过为社会创造一定的物质财富，增加整个社会的物质财富，增加社会生产的总量，从而提高整个社会的经济效益。

4. 市场竞争

　　教育产业面临的市场竞争是一种不完全竞争市场，竞争的胜负最终取决于教育产业生产的"产品"的优劣，即培养的人才的质量，而不是"产品"的数量。教育产业市场的竞争性和垄断性主要来自于学校作为生产者生产的"产品"的差别上。在教育产业市场上，学校的数量增多，各个学校的办学规模也逐渐扩大，各个学校都会根据自己学校的特点开设一些有特色的专业，使学生各自拥有一定的特色和优势，从而对于具有一定偏好的用人单位来说，在短期内占有一定的垄断优势；与此同时，由于各个学校培养的人才具有较强的可替代性，这就使各个院校之间存在着明显的竞争关系，使得原来占优势的学校可能失去已有的竞争优势。教育产业的竞争是一种相互交流、相互支持、相互合作的竞争。禁止任何学校以诋毁、破坏别的学校的名誉获取不义之"财"的丑陋行为；禁止和反对用任何不正当手段"争生源"、"抢地盘"、"夺师资"；反对和禁止牺牲教育质量，"只招不教"的行为；坚决禁止"卖文凭"等违法乱纪行为。唯有如此，学校才能在市场竞争中取得胜利。

5. 生产产品

教育产业生产的产品是不能直接用经济指标来衡量的，而是要通过"产品"投向社会，经过一段较长时间的实践以后，由社会实践来检验产品的质量。由于教育的"产成品"是经过教育培养掌握了现代科技知识、提高了劳动能力的"人"，教育产业是其他产业部门赖以存在和发展的基础和载体。因此，应改变把高等教育看成纯消费性事业单位的旧观念，树立起以教育带动国民经济和社会发展的教育产业观。

6. 效益评估

教育产业的效益评估既不能简单地用经济指标来计算，又不能以毕业学生人数的多寡来衡量，也不能以产生的名人的数量来佐证，而必须以全体学生的综合素质的提高和社会与市场的认同为尺度，由社会来评判，由市场来选择。

13.1.3 发展现状

1. 国内的现状

21世纪是一个经济全球化和服务国际化的时代，中国加入世贸组织后教育成为服务业中的重要组成部分。近年来，教育市场呈现旺盛的增长趋势，成为我国经济领域闪亮的市场热点，成为创业投资最热门的关键词。2011年面对房地产、股票等投资市场的不景气，专家指出，中国的教育市场巨大，机会仍然很多，但是教育市场的竞争将更加激烈，行业将进入比拼内功和规模的圈地时代。有关专家表示教育业是未来投资的热点，全国教育市场巨大，市县级城市市场急需开发，新一轮的教育掘金行动即将开启。

2. 国外的状况

以美国为例，可以归纳为四句话：幼儿教育风生水起，私立大学举步维艰，巨头并购风潮迭起，在华合作投资不断。而韩国教育行业与中国类似。在日本，教育学制与我国一样，但目前经认可的教育培训机构中没有上市公司。

13.2 教育业创业的相关政策与发展趋势

13.2.1 相关政策

1. 针对社会

2002年颁布的《民办教育促进法》肯定了民办教育事业的公益性地位，指出国家对民办教育实行"积极鼓励、大力支持、正确引导、依法管理"的方针，民办学校和公办学校享有同等的法律地位，并且明确表示办学者可以获取合理回报。这对于希望从事营利性教育培训事业的机构而言是一个有利的信号，表明教育培训行业的营利行为是可以被法律认可的。

2. 针对大学生

为推进大学生科学就业与创业，科技部中国高新技术产业开发区协会联合国务院国资委研究中心、教育部中央教育科学研究所、劳动和社会保障部中国职工教育和职业培训协会等 9 家单位决定大学毕业生新办咨询业、信息业、技术服务业的企业或经营单位，经税务部门批准，免征企业所得税两年；新办从事教育文化事业的企业或经营单位，经税务部门批准，免征企业所得税一年。

13.2.2　发展趋势

1.　进入教育业国际市场竞争

在国际教育集团悄然进入中国教育市场的时候，中国的教育机构也开始慢慢走向国际大舞台，与国际教育集团展开在国内外市场上的竞争。此时本土品牌应该联手行动，加大产业联盟，既要学习国际先进的教学科技技术和教育模式，同时也要借助自身优势研发国内教育产品，使自己国际教育集团的竞争力得到提高。而小、中型培训机构的竞争策略就是求"深"不求"大"，也就是认真分析所细分的市场，选准目标需求点，再精准地深入发展下去。

2.　形成教育品牌化格局

在未来，会形成中国教育业的品牌化、格局化的局面。例如：英语培训领域的新东方、环球雅思等机构领跑英语培训市场；中小学课外辅导领域的巨人教育用多元化的优势占领全国市场；职业教育的安博、北大青鸟等机构占据职业培训市场份额。将来会出现教育业大品牌割据市场的格局，在自己的所在领域内不断圈地扩大，并向全国推广标准化和专业化的运营模式。

3.　关注中小学课外辅导市场

孩子学习成绩的好坏对中国父母来说直接关系到他们孩子将来的发展。据相关调查显示，目前中国有 70% 的中小学生，会用课外辅导的方式来弥补学校教育的不足，而大考冲刺阶段的学生选择比例更高。而且有 1/3 的被调查家长表示，愿意花上万元为孩子的课外辅导买单。

4.　教育业发展重头戏：并购整合早教市场

在中国，城市中产阶级家庭支出和储蓄中的 15% 和 24% 是为子女教育形成的储蓄和消费，这已成为中国家庭第二大消费。与其他相关行业相比，最分散的是学前教育领域，它有地域性强、小势力割据、批地繁杂、教师流动性大等诸多问题，实际上规模的教育机构很少。"但这也正是机会所在，任何一个成熟的细分市场都是从这个阶段发展过来的"。（容敬思）也就是说，对于早教市场，并购整合将是教育业下阶段的重头戏。例如巨人幼儿教育市场迅速启动新的战略，已经形成了自己独有的模式，正在全国市场加快发展步伐。

13.3　大学生在教育业中的创业

13.3.1　大学生的专业与领域

教育业与大学生专业的匹配情况如表 13.1 所示。

表 13.1　教育业与大学生专业匹配

类 别 名 称	说明及特点	匹 配 学 科
早教	孩子在 0～6 岁这个阶段，根据孩子生理和心理发展的特点以及敏感期的发展特点，而进行有针对性地指导和培养，为孩子多元智能和健康人格的培养打下良好的基础，侧重开发儿童的潜能，促进儿童在语言、智力、艺术、情感、人格和社会性等方面的全面发展	教育学、学前教育、师范类学科、艺术类学科、管理类等

续表

类 别 名 称	说明及特点	匹 配 学 科
课外辅导（家教）	指主要针对中小学生在学习中出现的问题，给予课余时间的课程辅导，而成立的一种教育机构。辅导课程为中小学在校开设的课程，形式具有多样化	各种语言专业、师范类、教育学、管理类等
艺术培训	集音乐、舞蹈、美术等培训，艺术传媒培训，提升学生的艺术涵养	艺术类、师范类、管理类等
留学、就业等相关咨询业	提供与国家留学生及就业相关等方面的全部信息和资料，并全面了解相关信息	师范类、教育学、管理学、对外汉语、人力资源、财务管理等
各类资格证培训业	如教师资格证、会计证、驾照等	相关资格证专业、管理、师范类等
网络远程教育业	网络远程教育是指由特定的教育组织机构，综合应用一定社会时期的技术，收集、设计、开发和利用各种教育资源、建构教育环境，并基于一定社会时期的技术、教育资源和教育环境为学生提供教育服务，以及出于教学和社会化的目的进而为学生组织一些集体会议交流活动（以传统面对面方式或者以现代电子方式进行），以帮助和促进学生远程学习为目的的所有实践活动的总称	信息技术类、教育学、师范类、管理类等
企业人才培训业	企业或针对企业开展的一种提高人员素质、能力、工作绩效和对组织的贡献，而实施的有计划、有系统的培养和训练活动。目标就在于使得员工的知识、技能、工作方法、工作态度以及工作的价值观得到改善和提高，从而发挥出最大的潜力，提高个人和组织的业绩，推动组织和个人的不断进步，实现组织和个人的双重发展	管理类、经济类（商科）、教育学等
其他培训业	以社会各种需求为前提，为顾客提供各种技能、知识的相关培训服务	管理类、师范类、教育学及相关的专业等

13.3.2 大学生自身条件分析

1. 优势

（1）大学生对未来充满希望，他们有着年轻的朝气，以及"初生牛犊不怕虎"的精神，而这些都是一个成功创业者应该具备的素质。

（2）大学生大都能与时俱进，易接受新事物，具备将传统教育业与新兴科技等相结合的能力。

（3）大学生在学校里学到了很多相关的教育业的理论，有较高层次的技术优势，而且学生是最了解、最贴近教育事业的人，大学生知道现在最需要的是什么样的教育。

（4）国家政策对与教育业的鼓励支持。近年来，为了鼓励创业和扩大就业，国家实行了一系列税收优惠政策。

（5）大力发展创业教育，国家在这方面进行了相关培训，有较大优势。教育部会同科技部，以国家大学科技园为主要依托，重点建设了一批"高校学生科技创业实习基地"，并制定出台了相关的认定办法。

（6）提供多种形式的创业扶持。大学生创业实习或孵化基地结合实际，为大学生创业提供了场地、资金、实训等多方面的支持。国家要求这些基地需做到：开辟较为集中的大学生创业专用场地，配备必要的公共设备和设施，为大学生创业企业提供至少 12 个月的房租减免。

2. 劣势

（1）受传统教育的影响，很少有新型创意教育业企业出现。

（2）教育业的市场意识的缺乏、商业管理经验的缺乏、创业初期的急于求成等，是影响大学生教育业成功创业的重要因素。学生们虽然掌握了一定的教育管理知识，但缺乏必要的经营管理经验和实践能力。

（3）大学生的市场观念较为淡薄，很少涉及研究教育业所需的服务或关键技术，如师资、学习方法等。

（4）大学生对教育业创业的理解仅仅是一个概念。许多人还不现实地试图在商业计划书中用一个自认为很新奇的创意来吸引投资。

（5）由于大学生对于教育业创业的社会经验不足，常常盲目乐观，没有充足的心理准备。

（6）当今电子信息、网络教育鱼龙混杂，进行新型网络教育创业可能会造成一定的不利影响。

13.3.3　给大学生在教育业创业的建议

1. 毕业后先就业然后再进行创业

创业能够带来的丰厚回报固然令人欣喜，但创业的风险也要警觉。要想创业必须对准备涉足的教育业有足够的认识和充分的了解。对大学生中毕业时有意进行创业的人而言，毕业时先就业，等自己积累了足够的经验和能力之时，再进行创业，不失为一种明智的选择。

一个准备自主创业的大学生，如果能在前期的就业中，成为自己就职公司中的"佼佼者"，也会为他在创业时管理好、带领好自己的公司积累经验。同样，高校鼓励大学生毕业时"先就业、再择业"，同样也具有一定的道理，值得每一位大学生认真思考。

2. 打破专业性质的局限，扩展到各个专业

当今大学生的教育业创业，不能仅仅局限于教育、师范专业的学生，而是需由各种不同的专业学生进行组织创建。只有多功能的创业团队才能实现商业与知识技能的结合，达到成功。

3. 结合社会实践经历进行创业

对于任何一名大学生，如果在毕业时一点实践经历都没有，无论政府部门如何支持，高校的创业教育开展得如何有效，他在毕业的时候也很难有创业的计划、勇气和信心的。对于高校而言，引导学生在大学期间结合自己的专业积极进行社会实践和锻炼十分重要，这有利于他们毕业后进行自主创业和就业。

4. 要为家长排忧解难，不给家长增添负担

教育业是服务业，是给家长排忧解难，而不是增添负担，这是我们教育业创业的价值所在。

5. 做教育，不是做交易

教育是一项系统极为复杂的工程，决不能把它当做是轻率简单的一般交易。培训事业是公办学校教育的重要补充和完善，是无价的。

6. 提供好的教师培训

教师是教育的瓶颈，在公办学校和培训机构都是这样。好教师的评价标准是：思想端正、爱岗敬业、业务过硬。"空降"和"兼职"教师都是弊大于利。因此要有一个功底扎实、要求严格的首席培训师，并且有切实有效的培训目标、培训计划、培训考核制度等，让我们的每一位教师有归属感、心情愉快舒畅、晋升空间充足、病老有所依托、家庭幸福美满、生活有滋有味，

就显得尤为重要了。

7. 没有投入就没有回报，但可以尝试用低成本出大效果

投入不仅是创业的一个条件，更表明了一种决心和信心。如果没有付出没有投入，那创业者通常就不会努力不会珍惜。但就培训机构而言，可以尝试低成本出大效果的方式，这主要取决于所加盟的品牌给本机构提供的平台效果。

本 章 小 结

教育是根据一定社会的现实和未来的需要，遵循年轻一代身心发展的规律，有目的、有计划、有组织、系统地引导受教育者获得知识技能、陶冶思想品德、发展智力和体力的一种活动，以便把受教育者培养成为适应一定社会（或一定阶级）的需要和促进社会发展的人。

教育业归属于服务业，是服务业中的一个产业部门，包括教育培训与教育咨询。因其特点为自立性服务，也被人们称为头脑产业。

从目前的发展状况看，中国的教育培训业尚处于起步阶段，虽然教育培训机构已有近万家，但资金规模超过 10 亿元的屈指可数。

我国教育业发展趋势与前景：品牌化格局形成；进入国际市场竞争；早教市场并购整合将是重头戏；中小学课外辅导市场大有可为。

大学生在教育业创业的优势专业：教育学专业；管理学专业。

给大学生教育业创业的建议：教师是教育的瓶颈；低成本出大效果；要做教育，不要做交易；培训事业是服务业；对家长的教育同样重要。

案例思考

90后大学生创业故事：远赴辽宁办教育培训机构

一、名牌大学毕业生远赴辽宁开办教育培训机构

22 岁的王家晨今年刚刚离开中国政法大学的校园，就已经在辽宁省锦州市忙活开了。

王家晨的家在北京，这个名牌大学毕业生原本有着众多让人羡慕的就业选择，但是他却毫不犹豫地和几个志同道合的朋友来到了辽宁省锦州市，在渤海大学附中对面租下了几间房子，打算开办一间教育培训机构。

实际上，从大一开始，他就和两位家在辽宁省朝阳市建平县的同学一起，利用寒暑假的时间面向高中学生搞教育培训。经过几年的积累，把第二站选在了辽西的中心城市——锦州。

家晨的合伙人崔凯去年毕业于北京交通大学，另一个合伙人高健同年毕业于浙江理工大学，眼下，三人正盯着锦州教学点的装修。

家晨为了摸清整个锦州的教育培训市场的状况，他这大半年把这里的大街小巷跑了个遍。整个锦州市，形形色色的补课班家晨都了解了一遍。根据他的调查，现在锦州的教育培训市场竞争十分激烈，大大小小的几乎有上百家。

二、90后合伙人屡败屡战不愿服输，"叫醒自己的不是闹铃是梦想"

家晨还记得他们初次办班时的情景，几个年轻人在一阵"兵荒马乱"中租借了教室，他们的第一个暑假班就这样开班了。虽然当时团队里有两个当地高考状元的金字招牌，但因为毫无办学经验，第一个暑假班只招了 20 多个学生，最终只能以亏本结束。

尽管初次创业以失败告终，但家晨是个不轻易服输的人，第二年暑假，他又说服了两位同

学，重振旗鼓。总结第一次的教训，那次他们一口气招了两百多个学生。但是，人太多也带来了麻烦，补习班的教学秩序一度陷入混乱。 家晨等人的第二次招生依然以亏本收场。

家晨说他最佩服的人就是俞敏洪，而他觉得自己和他最大的共同点就是有韧劲，这也是家晨自认为自己最大的优点。

第二次开班失败之后，学校里的一次获奖又为他们提供了第三次创业的资金。家晨等人的项目获得了中国政法大学创意大赛的冠军，学校无偿为他们提供了十几万的资金使用。这笔雪中送炭的资金给了家晨和他的伙伴们莫大的动力。学习之余，他将更多的精力投入了这个培训点的发展，功夫不负有心人，坚持到第三个年头的几个年轻人终于在去年暑假尝到了成功的甜头。

从前的家晨和其他的年轻人一样，觉得早起太痛苦了，但是自从拥有了自己的事业之后，早起对他来说根本不算难事。每天叫醒他的不是闹铃，而是梦想。

三、创业路上波折不断斗志不减 期待有朝一日可以上市

眼下，锦州培训点的装修正在热火朝天地进行，王家晨的想法是装修完成之后就尽快招生。但是创业路不可能一帆风顺，波折总会不期而至。目前，家晨等人的当务之急是把手续办下来。

几个 90 后的年轻人，在最美好的年纪，尽管疲惫不堪，尽管还有些茫然，但他们正带着希望远行，怀揣着梦想起航。王家晨说，他的目标是做一个受尊重的教育企业，从经济上来讲，这辈子的梦想，就是也能够像俞敏洪的新东方一样，有朝一日可以上市。

资料来源：《CCTV2 经济半小时》2013-07-10

思考题：

1. 根据案例所述，作出简单的财务分析。
2. 探究他们初次创业失败的原因。

案例研读

大学生创业 5 年开画室　创造美术培训神话

5 年，说长不长，说短不短。然而，就在 5 年的时间里，一个大学生带领他的小小团队创造了一个美术培训界的神话，这个人就是西南交通大学环境艺术专业毕业的李治斌。从 2006 年只招到 3 个学员到今天从唐园画室走出去的学员遍布全国各地。

从一名在校大学生，到一位企业负责人，5 年的时间里，李治斌在摸爬滚打中体会着创业的苦与乐，也成就了一个大学生创业的典范。

创业资金紧缺——画室落根交大工业园

2006 年唐园画室刚开张时，由于租金问题，李治斌曾将画室选址在离学校有一个小时公交车程的居民小区。一次，李治斌为推广画室在居民区内办了一个简陋的画展，由于有几幅人体素描，结果有居民报警，说他办色情画展。这个事情让李治斌哭笑不得，画室不得不辗转多处，最后在交大老师的帮助之下，李治斌找到了学校后勤处，就在现在这栋楼房里，李治斌租下了一间画室，正式开始了创业历程。

资金是创业成功的最重要的因素之一，对于还没有毕业就创业的大学生来讲，创业资金问题尤其难以解决。虽然条件是艰苦了些，但李治斌还是充满信心。"我是成都双流县的一个农村孩子，父母都是农民，家里没有什么钱。创业之初，一直困扰我的是资金和招生问题。所以，能租到这样的教室，已经很不错了。虽然稍微偏僻隐秘一点，但这几年的成绩大家是有目共睹的，等到各方面条件成熟了再考虑找个好一点的地方。"李治斌告诉记者。

艰难注册——唐人画室变身唐园画室

一年前，李治斌的画室还叫做"唐人画室"，那时是挂在一所艺术培训学校名下。今天，在李治斌办公室一个书柜的上面，记者看到了一个崭新的私营企业执照，在企业名称这一栏上写着：成都唐园教育咨询中心。

为什么"唐人画室"更名为"唐园教育咨询中心"了呢？李治斌道出了其中的缘由：挂在别的学校名下，画室的发展会受到各方面的限制；登记注册培训学校的话，资金、场地等各个方面又有严格的要求。

经过深思熟虑后，李治斌决定暂时注册为一个私营企业，等各方面条件成熟了再成立为培训学校。但当李治斌到工商局注册时却被告知"唐人画室"已经被一家企业注册了。

李治斌想了很多个名字，最后决定用"唐园画室"这个名字作为名称。经过一年多时间的奔波，李治斌在前些时间才把营业执照拿到。把"唐人"改成"唐园"，寓意为大家一起聚集在美术的园子里去实现自己的美术梦想。

坚持——5年创造培训神话

"今天很残酷，明天更残酷，后天很美好，但是绝大多数人都死在明天晚上，看不到后天的太阳。"阿里巴巴总裁马云曾在一次青年创业大会上说过这样一句话，显然李治斌不属于这类人。

在李治斌看来，要想创业成功，最重要的品质就是两个字——坚持。李治斌说，很多想创业的人都很有想法，但坚持下来的人却很少，很多人都坚持不下来最终选择了放弃。

2006年画室刚开张时，只招到3个学生，这一度让李治斌感到很气馁。经过一系列的思想斗争，李治斌还是坚持下来了。就在那一年，这仅有的3位学员没有让李治斌失望。一名学生单科色彩考了140多分（满分150），还有一名同学速写考了94分（满分100），另外一名考上了上海交通大学。李治斌自豪地跟记者分享着唐园画室从2006年到2011年来取得的成绩。5年时间，有100多名中学生从这里走向了上海交通大学、西南交通大学、江南大学、四川美术学院等知名学府。仅在2011年的美术高考中，就有20多个学员摘取中央美术学院、四川美术学院、清华大学美术学院等名校的专业资格证，其中蒋欣宇同学更是在今年四川省美术联考中考取全省第二名的好成绩。"虽然创业很困难，也吃了不少的苦头，但每当看到那么多的同学从这里走向全国各地的名校，我觉得很欣慰，这也是对我这些年所做的工作的肯定。"李治斌脸上露出了欣慰的笑容。

在"精"不在"多"——对学生负责严格把关

随着画室的成绩一年更比一年好，唐园画室的学员也越来越多。每年七八月，唐园画室都会有一批远道慕名而来的学员。有的来自眉山，有的来自绵阳，甚至有些来自成都南部的攀枝花。

面对学员的不断增多，如何处理好规模与质量的问题，李治斌有自己的一套："我们实行的是'精品教学'，唐园画室的主要发展方向是'精'而不是'多'，我们要确保每一个学生在这里都能有进步，都能考上理想的美术院校；如果学生太多的话，就目前来讲难以保证教学质量，在管理上也不好管理。所以在报名的时候我们都有一个简单的测试，主要是看一下他们有没有这种学美术的潜质。"

我说了算——团队里必须要有一个做最终决定的人

志同道合是组建团队很关键的因素，也是最重要的因素之一。"选择团队成员的时候，尽量找自己关系比较好的同学或者朋友，最好是和你有共同爱好的，可以是很有个性的，但也应该和你有共同语言和共同梦想的人，彼此之间要能够互相信任。"关于组建唐园画室团队的标准，李治斌如此表示。

不少的大学生在创业之初，自己的团队都是很团结的，但随着创业项目的不断扩大，成员们之间因为经济利益或者意见不合等原因而散伙。

对于这个大学生创业中司空见惯的现象，李治斌则表示他目前没有遇到这种情况。"我们都有制定严格的规章制度，每一个成员都会很主动地遵守规章制度，很多事情我们都坐下来一起商量。"

"我们遵循的是少数服从多数的原则。确实意见差异太大的话，在尊重大家的前提下，我说了算。"李治斌直言不讳，"团队里必须要有一个做最终决定的人。"

资料来源：四川新闻网　http://www.newssc.org　2011 年 6 月 27 日

思考与练习

1．以小组为单位采访一位在教育业创业成功的人士，整理所搜集的资料，制作成 Word 文档。

2．以小组为单位，实际调研多个教育业的办学机构（企业），并进行一次模拟教育业创业的计划，以 PPT 形式展现。

第 14 章　零售业创业

学习目标

1. 了解零售业发展现状与未来发展的趋势
2. 了解零售业的特点
3. 了解零售业相关政策
4. 大学生在零售业创业需要注意的问题

> 对所有创业者来说，永远告诉自己一句话：从创业的第一天起，你每天要面对的是困难和失败，而不是成功。我最困难的时候还没有到，但有一天一定会到。
>
> ——马云

案例导入

亚马逊公司的三次定位转变

亚马逊公司（Amazon.com，简称亚马逊，NASDAQ: AMZN），在全球范围内是网络书店的开创者，是 B2C 电子商务模式的代名词。亚马逊公司（纳斯达克代码: AMZN）是一家财富 500 强公司，总部位于美国华盛顿州的西雅图。

在美国市场自 2002 年实现盈利之后，亚马逊几乎在美国市场一路高歌猛进，不断在出版业并购与电子书、有声书、二手书有关的网站。如果说那时的亚马逊对于中国出版界还只是"门口的野蛮人"的话，亚马逊 2004 年收购并重组卓越网之后，这个一度市值达到谷歌公司两倍的庞然大物已经是中国出版界"客厅里的那只大象"了。

亚马逊成立于 1995 年，一开始只经营网络的书籍销售业务，现在则扩及了范围相当广的其他产品，包括了 DVD、音乐光碟、电脑、软件、电视游戏、电子产品、衣服、家具等等。2004 年 8 月亚马逊全资收购卓越网，使亚马逊全球领先的网上零售专长与卓越网深厚的中国市场经验相结合，进一步提升客户体验，并促进中国电子商务的成长。至今已经成为中国网上零售的领先者。

然而，任何一个优秀的零售企业，在它的发展中往往是峰回路转，一步步将自己推上顶峰的，亚马逊也不例外，亚马逊在整个发展过程中发生了三次定位转变。

第一次定位转变: 成为"地球上最大的书店"（1994—1997）

1994 年夏天，从金融服务公司 D.E.Shaw 辞职出来的贝佐斯决定创立一家网上书店，贝佐斯认为书籍是最常见的商品，标准化程度高；而且美国书籍市场规模大，十分适合创业。经过大约一年的准备，亚马逊网站于 1995 年 7 月正式上线。为了和线下图书巨头 Barnes&Noble、Borders 竞争，贝佐斯把亚马逊定位成"地球上最大的书店"。为实现此目标，亚马逊采取了大规模扩张策略，以巨额亏损换取营业规模。经过快跑，亚马逊从网站上线到公司上市仅用了不到两年时间。1997 年 5 月 Barnes&Noble 开展线上购物时，亚马逊已经在图书网络零售上建立了巨大优势。此后亚马逊和 Barnes&Noble 经过几次交锋，亚马逊最终完全确立了自己最大书店的地位。

第二次定位转变：成为最大的综合网络零售商（1997—2001）

贝佐斯认为和实体店相比，网络零售很重要的一个优势在于能给消费者提供更为丰富的商品选择，因此扩充网站品类，打造综合电商以形成规模效益成为了亚马逊的战略考虑。1997年5月亚马逊上市，尚未完全在图书网络零售市场中树立绝对优势地位的亚马逊就开始布局商品品类扩张。1998年6月亚马逊的音乐商店正式上线。仅一个季度亚马逊音乐商店的销售额就已经超过了CDnow，成为最大的网上音乐产品零售商。此后，亚马逊通过品类扩张和国际扩张，到2000年的时候亚马逊的宣传口号已经改为"最大的网络零售商"。

第三次定位转变：成为"最以客户为中心的企业"（2001—至今）

2001年开始，除了宣传自己是最大的网络零售商外，亚马逊同时把"最以客户为中心的公司"确立为努力的目标。为此，亚马逊从2001年开始大规模推广第三方开放平台（Market Place）、2002年推出网络服务（AWS）、2005年推出Prime服务、2007年开始向第三方卖家提供外包物流服务Fulfillment by Amazon（FBA）、2010年推出KDP的前身自助数字出版平台Digital Text Platform（DTP）。亚马逊逐步推出这些服务，使其超越网络零售商的范畴，成为了一家综合服务提供商。

正所谓打江山容易守江山难，一个好的企业如果没有不断推陈出新，注入新元素，那么很快会被后来者击败。因此，亚马逊在创新方面也是很注重的。在2004年1月，亚马逊推出总统候选人特别活动，鼓励顾客捐赠从5到200美元给他们心目中理想的美国总统候选人，作为竞选活动经费。1999年贝佐斯因经营策略得法、成为了时代杂志的年度人物。2012年9月6日，亚马逊在发布会上发布了新款Kindle Fire平板电脑，以及带屏幕背光功能的Kindle Paperwhite电子阅读器。2013年3月18日，亚马逊已经制作了一系列大预算的电视剧集，这些剧集仅可通过互联网观看，原因是这家公司正在与Netflix展开"战争"，竞相利用人们对于在智能手机、平板电脑和互联网电视上观看电视节目的兴趣，以扩大自身在流媒体播放服务这一领域中的占有率。

由于亚马逊提供的亚马逊云服务在今年以来的出色表现，著名IT开发杂志SD Times将其评选为2013 SD Times 100，位于"API、库和框架"分类排名的第二名，"云方面"分类排名第一名，"极大影响力"分类排名第一名。

案例来源：百度百科，亚马逊 http://baike.baidu.com

14.1 零售与零售业的概况

14.1.1 零售的定义

"零售"一词的定义，对于普通的消费者而言已经是非常熟悉了，但是要给这个词一个准确的定义，相对来说比较困难。因此，众多学者从不同的角度对"零售"一词作出了不同的诠释。

根据本书所涉及的内容，将"零售"一词定义为：商品生产者或经营者将生产性消费品或非生产性消费品及其相应服务出售给最终消费者个人或社会团体，以作最终消费之用的所有活动。这个定义包括了以下几点。

（1）零售的终端消费者不仅为消费者个人，还包括社会集团。一般出售给社会集团的为非生产性消费品。例如，某学校订购办公用品，供其教职工使用。在我国，社会集团购买的零售额约占社会商品零售总额的10%。因此，零售商一定不可忽视社会团体对象。

（2）零售是供其消费者完成最终消费的活动。例如，零售商将汽车轮胎出售给个体消费者，而个体消费者将其安装在自己的车上，这种交易行为就是零售；但是，当购买者是汽车销售商时，将购买的轮胎安在汽车上，再将汽车出售给个体消费者，这种行为则不是零售。

（3）零售不仅向最终消费者提供有形商品，同时也提供相关服务。消费者在购买了一台空调后，零售商会提供相应的服务，如送货上门、安装以及维修等服务。在这种情况下，消费者在购买商品的同时，也享受了相关的服务。

（4）零售交易方式的多样化。当今社会，完成零售活动不仅可以在零售商店内进行，还可以有更多的方式，如网络销售、自动售货机、上门推销等。零售的实质是不会因为零售方式的改变而改变的。

14.1.2　零售业的定义

零售业是指提供所需商品及其相应服务给消费者个人或社会集团（即最终消费者）的行业。

零售业是一个国家或地区最重要的行业之一。每一次的零售业变革，都会引起消费者消费方式的改变。从而提高消费者的生活水平。

零售业是最古老的一个行业，从《清明上河图》描绘的北宋时期都城汴京繁荣的商业的实况，就可略见一斑。零售业从古时的沿街叫卖逐步发展到如今的商店林立，从无店铺经营到有店铺经营。

零售业反映了一个国家或地区的经济运行状况。在流通领域中，特别是消费品市场，能够观察到国民经济是否协调发展，社会与经济结构是否合理。

零售业提供了更多的就业渠道与就业机会。零售业对劳动力的需求很大，提供的岗位也比较多。零售业在每个国家，都担当起相对较多的就业任务。由于零售业所作出的贡献，致使很多国家会把发展零售业作为解决就业问题的一项政策。

14.1.3　零售业的分类

零售业态是指零售商的经营方式的外在表现，具体是零售商为了满足不同消费需求而形成的不同经营形态。主要包括零售商的目标市场、选址、商品、价格与服务等多种因素。

零售业态从大体上可以分为有店铺零售业态和无店铺零售业态2种。

有店铺零售业态包括：百货商店、超级市场、专业店、专卖店、便利店、仓储式商店、购物中心、食杂店、便利店、折扣店、家居建材商店等。

无店铺零售业态包括：自动售货机、邮购商店、网络商店、直销、电话购物等16种零售业态。

零售业态分类中的有店铺零售业分类如表14.1所示。

表14.1　有店铺零售业态分类

业态	选址	商圈及目标顾客	规模	商品结构	售卖方式	服务功能	信息管理系统
百货公司	市、区级商业中心或历史形成的商业集聚地	目标顾客以追求时尚和品位的流动顾客为主	6000～20 000平方米	商品结构为综合性，品类齐全，以服饰、鞋类、箱包、化妆品、家庭用品、家用电器为主	采取柜台销售和开架面售相结合的方式	注重服务，设餐饮、娱乐等服务项目和设施	高

续表

业态	选址	商圈及目标顾客	规模	商品结构	售卖方式	服务功能	信息管理系统
超级市场	市、区商业中心，城郊结合部，交通要道及大型居民区	辐射半径2公里左右，目标顾客以居民为主	6000平方米以上	大众化衣、食、日用品齐全，一次性购齐，注重自有品牌开发	自选销售，出入口分设，在收银台统一结算	设不低于营业面积40%的停车场	高
专业店	多设在百货公司、购物中心内，或者在商业中心与商店街	目标客户以有目的的选购某类商品的流动顾客为主	营业面积根据主营商品的特点而确定	商品结构要体现深度性与专业性。品种丰富，选择余地大。主营商品占经营商品的绝大部分	采取定价销售和开架销售	销售人员必须具备丰富的专业知识	一般
专卖店	市、区级商业中心以及百货店、购物中心内	目标顾客以中高档消费者和追求时尚的消费者为主	根据商品特点而定	以销售某一品牌系列商品为主，销售量少，质量高，毛利高	采取柜台销售或开架面售方式，商品陈列、照明、包装、广告讲究	注重品牌声誉，从业人员具备丰富的专业知识，提供专业性服务	一般
便利店	商业中心区，交通要道以及车站、医院、学校、娱乐场所、办公楼、加油站等公共活动区	商圈范围小，顾客步行5分钟内到达，目标顾客主要为单身者、年轻人。顾客多为有目的的购买者	营业面积100平方米左右，利用率高	以即食食品、日用百货为主，有即时消费性、小容量、应急性等特点，商品品种3000种左右，售价高于市场平均水平	以开架自选为主，结算在收银处统一进行	营业时间在16小时以上，提供即食性食品的辅助设施，开设多项服务项目	高

2. 无店铺零售业态

（1）邮购商店。邮购商店是指通过定期将商品目录或宣传广告资料，通过电话或邮信的方式供顾客订购，收到订单后再将商品寄送到顾客手中的零售业态。

邮购和电话订购的经营方式是：

① 定期将免费或收取少许费用的广告或商品目录寄送给顾客，同时办事处也备有商品目录。

② 借助电视、报纸或杂志等刊登广告，宣传商品，顾客可以通过电话订购。

③ 电话推销。

适用于邮购的商品一般具备以下特征。

① 新潮商品。

② 稀缺性商品。在普通的商店里没有的商品。

③ 价格低。因为商品邮购，节省了营业店铺租金与销售人员薪金。

④ 购买隐蔽。企业经常销售顾客不好意思在商铺购买的商品。

（2）网络商店。网络商店是指通过互联网进行销售经营活动的一种商店形式。零售商在互联网上建立电子商店或营销的网站，网上的消费者可以根据网店搜寻所需要的商品。通过电子转账的方式支付。零售商则将商品通过邮寄或快递公司送到顾客手中。

网上购物是时下最流行的购物方式。与此同时，网上购物有其独特的优势。不仅大大节省了消费者购物时所消耗的时间，还能够将商品进行网络价格对比。而且，网络商店所涉及的商品种类可以是成千上万的。以美国的亚马逊（Amazon）网络书店为例，美国最大的书店也只能够陈列17万种图书，而亚马逊网络书店上却陈列着250万册图书。另外，亚马逊还有其他类型的商品出售。由此说明，网络商店的发展是一片光明。

14.1.4 零售业的特征

每个行业都有其特别之处，零售业也不例外。在零售业创业之前，首先要对零售业的特征有一定的了解，才能在以后的创业过程中，有更好的策略。下面介绍零售业的特征。

（1）零售贸易的标的物不仅有商品，还有劳务，即还为顾客提供各种服务，如送货、安装、维修等。多数情形下，顾客在购买商品时，也可以买到某些服务。而现在零售商之间的竞争，也相应地将一部分力度放在服务上。

（2）零售贸易的交易量零星分散，交易次数频烦，每次成交额较小。同样，零售交易活动不一定非在零售店铺中进行，也可以利用一些使顾客便利的设施及方式，如上门推销、邮购、自动售货机、网络销售等，无论商品以何种方式出售或在何地出售，都不会改变零售的实质。

（3）零售的交易对象是为直接消费而购买商品的最终消费者，包括个人消费者和集团消费者。零售的交易对象不限于个别的消费者，非生产性购买的社会集团也可能是零售交易的对象。如学校购买办公用品、电脑，以供教师教学使用；某企业订购鲜花，以供其会议室或宴会使用。

（4）零售贸易受消费者购买行为的影响比较大。消费者的购买行为具有多种类型，大多数消费者在购买商品时表现为无计划的冲动型或情绪型。面对着这种随机性购买行为明显的消费者，零售商欲达到扩大销售之目的，特别要注意激发消费者的购买欲望和兴趣。

（5）零售贸易的经营品种丰富多彩、富有特色，由于消费者在购买商品时，往往要挑选，"货比三家"，以买到自己称心如意、物美价廉的商品。因此，零售贸易一定要有自己的经营特色，以吸引顾客。备货要充足，品种要丰富，花色、规格应齐全。

14.1.5 零售业的发展现状

零售业的发展一直是一个国家或地区的晴雨表，想要在零售业创业发展，先分析与学习国外先进的零售管理理论，然后了解国内零售业的发展现状。

1. 国外零售业的发展

零售业在国外的发展比较完善，所应用的理论也走在前沿。美国的经济特色之一就是因为有发达的商业零售业，而商业零售业也是美国拥有最多企业的行业。因此我们以美国零售业的发展为例，来了解国外零售业的现状。

当前，美国的零售业态主要有这几种：厂家直销中心（Outlets）、购物中心（Shopping Mall）、仓储式商店（Warehouse Store）、专业店（Specialty Store）等。近年来，随着网络的发展，网上商店也成为了诸多商家进军的目标。据有关数据显示：2011年网上销售占零售业销售总额的4.7%，比2010年提高0.3%，增速快于零售业销售总额增长8.7%，其中84.5%都是无店铺的，主要是通过网上实现销售的。2011年，电子商务平均毛利润率达到34.7%，虽比10年前40.9%有所下降，但仍处于较高水平。亚马逊的发展，也印证了科技网络的发展给零售业带来的好处。

现在零售业的潮流向着连锁经营的方向发展。连锁经营最早出现在美国。目前连锁经营是零售业的主流，广泛地应用于各种零售或是服务行业。连锁商业所创造的营业额占美国总的销售营业的绝大部分。连锁经营对美国零售业的发展具有很重要的意义。由于连锁经营的发展模式，使得商品在其流通领域中得到更加快速的运转，实现了规模效应。

零售业能在美国获得如此良好的发展，顺应了国民的生活方式。喜好户外运动的美国人，对饮食方面的兴趣没那么强烈；虽然拥有过多奢侈品产品，但却追求独特的商品。在国外的商店里，很少能看到小规格包装的商品，大多数的商品都是家庭装或是特大包装的。这些小细节，体现了零售商的前期调查与细心的分析。

2. 国内零售业的发展现状

清楚把握我国零售业的发展，对于提高零售业的竞争力具有十分重要的意义。全球宏观环境的每一丝动静，都影响着零售业的发展。行业的发展离不开市场环境的走势，认清行业的发展，不断自觉完善与创新，保持行业的生命力。这就是这一章节的重点内容。

随着经济的发展和消费品市场的变化，我国的零售行业逐渐步入了转折发展期。同样，零售业正面临着许多挑战与机会，要如何把握这个转折机遇期，进行行业渠道的转型，将零售业带入新的局面呢？首要之事，就要分析当今零售业发展所呈现的趋势与未来发展的机会。

（1）零售业规模迅速提升。

国家统计局1月18日公布，2012年12月份，社会消费品零售总额20 334亿元，同比名义增长15.2%（扣除价格因素，实际增长13.5%，以下除特殊说明外均为名义增长）。其中，限额以上企业（单位）消费品零售额10773亿元，增长15.3%。1～12月份，社会消费品零售总额207 167亿元，同比名义增长14.3%（扣除价格因素实际增长12.1%）。从环比看，12月份社会消费品零售总额增长1.53%。

从上面的数据可以看到，零售总额以平稳的速度增长。

（2）零售业现代化水平提高。

最近这几年，中国零售业的现代化水平不断地提高。在降低流通费用的同时，也达到了管理水平的提升。这是由于快速推广先进流通经营与管理技术。除了新型零售业态和现代流通方式发展的基础上，突显现代化水平的重要因素。大中型的商场90%以上都建立了销售时点管理系统（POS）、条形码技术、管理信息系统（MIS）、电子数据交换系统（EDI）和互联网（Internet）等现代信息技术。推动企业电子商务的发展与信息化建设。

（3）市场集中度提高。

中国零售百强企业迅速成长，市场份额逐步向优势企业集中。百强销售规模占社会消费品零售总额的比重连续三年有提升。2012年中国零售百强的销售规模同比增长20.2%，比同年社会消费品零售总额增速高5.9%。销售规模的快速扩张，使得百强销售规模占社会消费品零售总额的比重再进一步提升。

14.2　与零售业相关的政策及其所带来的发展趋势

14.2.1　与零售业相关的政策

1. 相关政策与条例

创业者要想在零售业创业，了解相应的法律法规是必不可少的。我国经济正处于转型的重要时期，消费已经成为国家经济发展的主推动力。但是零售在我国仍然存在诸多问题。食品安全、供应商关系、价格欺诈等问题依然存在。因此，政府为了应对这些难题，出台了一些政策。

（1）规范网络促销行为。运用网络资源，在网络上进行买与卖的行为不断增长。部分网络商家为了吸引更多的消费者，采取了不正当的手段来获取消费者的眼球，如打价格战等。在各大网络购物节中，部分商家的商品价格低得引人注目，甚至引来实体店的控诉。另外，不少商家为了能够打出"全网最低价"的招牌，货物以次充好，欺骗消费者。其次还有虚假广告、"刷好评"、"刷下单量"等，这些恶劣行为，扰乱网络市场的消费秩序，应当坚决抵制。

（2）团购监管法规。据了解，国家工商总局正酝酿国内首部涉及网络团购的法规。团购行业一直处于无人监管的状态，即使相关部门想监管，也缺乏相关条例与规定。即将出台的团购监管法规将填补这一空位，规范网络团购的管理。网络团购不再因为其入行门槛低，投资少而令市场鱼龙混杂。

（3）《2011年中国零售业节能环保绿皮书》发布。2011年10月，商务部发布《2011年中国零售业节能环保绿皮书》，推动了我国零售业的进一步发展，确保零售业的可持续发展。目前，在一些企业已经注重能源消耗的时候，还有不少企业仍处于节能瓶颈的状态。所以，零售业节能环保的发展需要与相关政策匹配。

（4）《网络零售管理条例》。因为网络零售体系的不完善，导致网络零售的市场混乱。因此，2011年12月13日，商务部表示，日前正在起草网络购物条例。商务部认为应该加快网络零售法律管理体系建设。构建一个有完善市场规划的、有法可依的网络市场。

2. 大学生创业的政府政策支持

为了支持大学生创业，国家各级政府出台了很多优惠政策。2013年我国对大学生零售业创业提出了以下几点优惠政策。

（1）企业注册登记方面程序更简化，各种费用也相应减少，例如经居委会报会所在地工商行政管理机关备案后，1年内免予办理工商注册登记，免收各项工商管理费用。

（2）在金融贷款方面给予优先贷款、简化手续、利率优惠等。

（3）税收缴纳优惠，例如凡高校毕业生从事个体经营，自工商部门批准其经营之日起1年内免交税务登记证工本费。

（4）在企业运营方面，员工聘请和培训享受减、免费优惠，人事档案管理免2年费用，社会保险参保有单独渠道等。

14.2.2　国内零售业的发展趋势与机遇

近几年，国内零售业不断整合发展，不但促进了现代物流业的快速发展，还大大提高了经营化程度。下面介绍我国零售业具体的发展形势。

1. 发展趋势

（1）电子商务的发展。目前，我国的电子商务发展存在地域性。东南沿海地区的发展较为发达，而北部和中部地区正在高速发展，西部地区较为落后。但总体上来说，整体发展趋势是比较好的。自2005年以来，我国电子商务市场交易额正快速增长。另外，政府出台了一系列有关电子商务的政策和法规，努力推动电子商务的高速发展，这无疑是对电子商务的推进。预计我国电子商务将迎来另一轮新的发展高潮。

很多人不看好实体店零售，甚至断言网络零售店会完全取代实体店零售。其实不然，网络零售的优势在于打破环境、空间和时间的限制，而实体零售店的优势在于满足消费者的购物体验与享受服务的需求。在网络零售与实体零售的融合上，实现优势互补。随着电子商务的迅猛发展，网络零售和实体零售更趋向于逐步融合发展的趋势。

虽然技术的进步，让电子商务能够更好地发展，但与此同时，我们还要了解到网上零售商也将面临激烈的竞争。

（2）实体店面临挑战。在信息时代，消费者的消费行为已经从在实体店体验式的消费演变为在家网上购物。足不出户，就可以将所需之物在网上完成购物过程，不必再花费过多的时间与精力。网络购物的出现除了带来销售方式的变化，同时还带来了经营费用的变化。与实体店相比，网络零售商的经营成本有所下降。实体店所需的店铺租金、水电费等固定成本的支出，能够大大减少。

因此，很多实体店逐渐成为陈列室。越来越多的消费者喜欢到实体店查看或试用商品，然后在网上以更低的价格购买同款的商品。如此一来，实体店则变成名副其实的陈列室或更衣室。例如宜家家居，大部分进店的人，都是抱着来休息一下的心理，而另外一些有购买欲望的人，则是在试用商品后，记录型号，然后转到网上购买同类产品。由于这种现象大量存在，使得实体店经营越来越困难，实体店未来的路该如何走下去？这是一个值得思考的问题。

部分实体店在危机面前，已经开始改变。为了吸引更多的顾客进店消费，实体店开始走特色化路线。无论是外观形象、产品设计、服务特色到品牌特色、消费群体的定位日益突显。在保持原有的或是更好的服务质量之时，还增添了各自的特色。让顾客每次进店都有更好的服务与感受。令顾客觉得，进店消费是一种享受。

（3）渠道的多元化发展。一些大型零售企业面对网上购物的发展，采取了加快全渠道销售的方式，那就是在网上开旗舰店。不仅要留住实体门店的顾客，还要吸引更多的网上顾客。通过建立多元化渠道的布局，使消费者能够从网络商店、实体商店或不同的社交平台，获得统一的、一致性的购物体验。渠道之间的协调与融合，为消费者提供了全面的消费空间。日后，零售商将根据各个业态的特点，从仅靠实体零售或网络零售转入全渠道零售。

（资料来源：http://www.askci.com/news/201307/05/0516243432544.shtml）

（4）零售商与供应商关系日趋和谐。零售业的竞争，已经从企业之间的竞争，转向供应链间的竞争。要实现企业利益最大化，不仅要注重企业自身的管理，还要注重供应链管理。供应链管理就是企业为了使整个供应链成本达到最小化，把制造商、供应商、配送中心和仓库等有效地组织在一起，进行产品的制造、运转、分销和销售的管理方法。

（资料来源：http://wiki.e-works.net.cn/wikipage/200904/entry5189.htm）

（5）竞争对手源源不绝。由于市场的发展，预计消费者对消费者市场（C2C）会日益增多且继续快速发展。如淘宝网这些提供个人网上销售交易活动的网站会不断涌现。而像1号店这样的大型的网络超市，也会得到更好的发展。一些消费品公司已经了解到这一现象，并开始通过这一种方式来接触终端客户。保洁公司有专门的网站将商品直销给消费者，雀巢公司也同样给德国消费者创建了专有的市场。而根据经济学人信息部全球报告显示，41%的消费品公司计划将产品直销给消费者。

在这样的环境下，外资零售企业也面临相同的困境。2012年沃尔玛、家乐福、TESCO新开店速度平均降低27%，与此同时，主要外资连锁企业在2012年关闭了26家门店。由此看来，外资零售企业将调整在我国发展的策略，增加网上销售渠道，缩小门店规模，成了主要的方向。

（资料来源：http://www.linkshop.com.cn/web/archives/2013/244017.shtml；http://www.askci.com/ news/201303/26/269241729227.shtml）

（6）个性化消费带领零售业的发展。从我国国情分析，中国人口中 15～60 岁的人口数量将在 2015 年达到峰值，此后将持续最少 10 年的峰值状态、人口对消费的贡献将非常大。这部分的消费者随着生活水平的提高，成为高学历、高收入、高信息量的消费者。他们的需求旺盛，品牌意识出乎意料的强，但对任何单独门店的忠诚度较差。个性化消费日益突显，消费方式从实用消费逐渐往享受型消费靠拢。他们更愿意花钱去购买一些为自己量身定做的商品或服务，带动了零售业往个性化发展。

（7）消费方式指引零售业的方向。便捷式消费成了更多消费者所青睐的消费方式。以往，消费者都在商店内消费，随着网络的发展，消费者更愿意足不出户在网络商店购买所需商品。对比以前的单一消费渠道，现在拥有更多的选择。另一方面，价格不再是消费者考虑的唯一指标，产品的质量，以及其特别的属性，成为产品综合评价的一个重要因素。未来，零售商更注重产品的综合性。战略也较少选择低价格策略。

（8）成本问题是零售业发展的绊脚石。国内零售业发展的前景并非十分乐观。通过一些具体的数据，可以看到零售业的发展，但是在另一些方面，据统计，2012 年国内 29 家零售企业的巨头中，有 9 家在上半年的净利润增幅有所下降。成本，一直都是零售业业绩提高的绊脚石。如今，劳动者基本工资的提高，物料的成本，流通渠道的成本，这些成本合计，绝非一笔小数目。在控制成本的情况下，很多零售业开始不良经营，影响了发展。

零售业的发展前景在一片广阔中，也有些许阻碍前进步伐的绊脚石。但从另一方面分析，大学生作为青年群体，思维活跃，想法新颖奇特，对市场的敏感度也较强。如果大学生能在创业的过程中，注重品牌的塑造，保证服务或产品的质量，如此看来这也会是一个可以争取到的机会。目前，很多大学生创办的特色零售业已得到越来越多消费者的认可。

大学生创业者可以根据上述所提到的零售业发展形势与前景，找到日后创业的机会。

2. 机遇

我国的零售行业逐渐步入了转折发展期。电子商务正迅猛地发展。从人均 GDP 与零售业态的生命发展周期关系来看，随着人均 GDP 提升，零售各业态的成长空间都较大，并且随着消费者需求层次的日益清晰，以及个性化、专业化服务要求的提高，零售业态将出现日益细分的趋势并不断衍生出各种新业态。

未年至少 10 年间，15～60 岁 9 亿左右人口对消费的贡献将非常大。

在消费特征上看，我国消费者需求旺盛，品牌意识出乎意料的强，但对任何单独门店的忠诚度较差，结构特征表现为零售商较难获得非常集中的消费份额。这一特征看似是一个挑战，但从另一方面来讲，如果大学生在创业过程中注重品牌的塑造，保证服务或者产品的质量优秀，那么自然就能够吸引一部分消费者，如此看来这也会是一个可以争取到的机会。

14.3 大学生在零售业创业

14.3.1 专业与创业领域的选择

零售业的经营范围广，入行门槛低。同时零售业也是综合性较强的行业。所以大部分的专业，都比较适合在零售业发展。例如，专业为服装设计的学生，创业方向可以选择服装零售行业的创业；学习机械类专业的学生，也可以在零售业创业。但是，如果你是经管类专业的学生，在零售业创业将会占有很大优势。一方面，是因为经管类学生已经在本科阶段涉及一些管理与经济的基础理论，另一方面，由于他们的专业原因，会更容易找到创业的商机，在平时的学科实训作业中，已经有相关的接触与了解。从图 14.1 可了解到，市场营销类的专业的大学生创业者在创业时，创业项目与专业的相关比例最高，由此可见，在同等的机会下，经管类学生在零售业创业成功具有更高的概率。

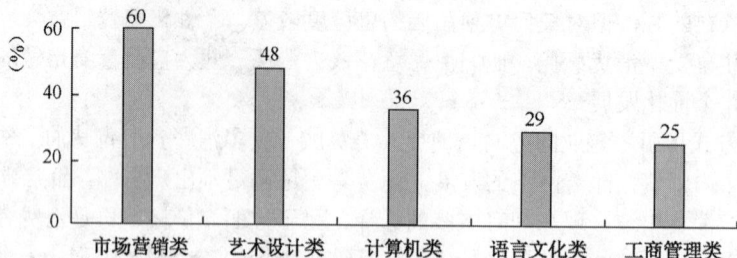

图 14.1　本科毕业生自主创业项目与专业相关比例最高的 5 大专业

市场营销专业的学生的主要课程有：市场营销学、会计学、财务管理、人力资源管理、市场调查与预测、公共关系学等。这些课程所涉及的基础理论对于零售业创业具有一定的帮助。所以相对来说，市场营销专业、工商管理专业、特许经营管理专业的毕业生比较适合于零售业创业。但是，对于其他专业的毕业生而言，通过自身学习相关基础知识，在零售业创业也是可行的。毕竟零售业是一个比较综合的行业。

目前，大部分大学生创业中的技术成分不高，主要集中于零售业、文体娱乐业、制造业等。而零售业在整个创业大环境中，占了最大的比重，百分比达到 23%，如图 14.2 所示。

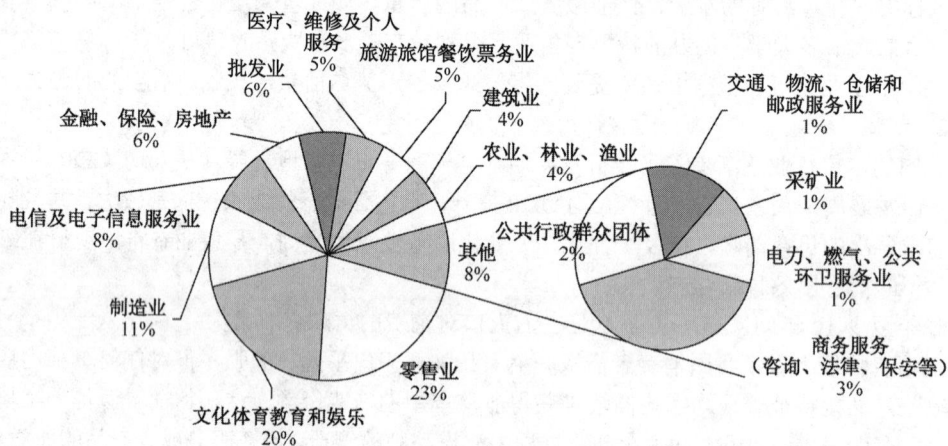

图 14.2　全国 2008 届本科毕业生自主创业的行业分布

数据来源：麦可思-中国 2008 届大学毕业生求职与工作能力调查，http://www.mycos.com.cn

14.3.2　大学生在此领域创业自身条件分析

在电子商务发展如此迅速的环境下，传统零售业受到了一定性的打击，实体店面临一定的挑战，但是另一方面网店在不断崛起。另外，渠道的多元化发展以及零售商与供应商关系日趋和谐使得零售业有更好的新发展态势，同时也带来源源不断的竞争。下面我们来分析一下大学生在零售业创业的优劣势。

1. 优势分析

（1）大学生思维活跃，想法新颖奇特，作为青年群体，对于个性潮流的敏感度也比较强。因此很多大学生创办的零售业上的特色服务越来越得到消费者的青睐。

（2）零售的业态比较多，大学生在零售业创业上可选性比较大，一些零售业的准入门槛也相对较低，比如现在流行的网店。

2. 劣势分析

（1）启动资金缺乏，融资困难。

（2）缺乏对目标市场客户的深入了解，导致市场推广困难。

（3）缺乏拳头产品，技术水平不够高，核心竞争力弱。

（4）对国家各级政府的相关政策缺乏了解，未能充分利用各项优惠措施。

14.3.3　大学生零售业创业的特点

（1）政府鼓励优惠政策的出台使更多的大学生在毕业后考虑自主创业，而在创业项目的选择中越来越多的大学生更青睐于零售业创业。但是在创业过程中要学会运用这些优惠政策。

（2）由于大学生思想活跃，想法新颖，在零售业创业过程中往往能想到好的卖点去吸引顾客。

（3）零售业作为一种有发展潜力的行业，它很多时候是机遇与挑战并存的，大学生在选择零售业创业的时候往往只看到机遇，却没有好好分析其带来的挑战与困难。

（4）随着电子商务的发展，越来越多的大学生更倾向于把电商作为零售业创业的首选项目。

（5）喜欢纸上谈兵，设想大而无当，市场预测普遍过于乐观。

14.3.4　对大学生零售业创业的建议与指导

1. 认真做好市场与消费者分析，进行产品定位

零售业的销售对象是直接消费者。主要是个人消费的城乡居民，也包括集体消费者，如机关、团体、学校等单位。我们在创业前期的市场调查中对市场以及消费者进行细分和必要的分析，根据数据进行产品的定位，这样才能针对性地做出相应的营销计划和策略。

在零售业中，有许多购买是无计划的或凭一时冲动的即兴购买，为了吸引顾客，零售商必须考虑到有关商店位置，交通设备、营业时间、花色品种、停车场所和广告宣传等各种因素。

在消费者无计划地购买许多商品的情况下，零售商在预测、预算和订货等方面的控制能力就减弱了。而对于这种情况我们只能尽力去避免，把它带来的不好的影响降到最低。

2. 注意企业品牌形象

零售企业销售的商品，主要是为了满足最终消费者的需要，而不是为了转卖或加工。商品一经售出，即从流通领域进入消费领域，其价值也就随着使用价值的被消费而得到实现。所以要十分注重产品质量，注意打造企业的品牌形象，切勿贪一时的利润从而丢失客户，在吸引新顾客的同时留住老顾客。

3. 注意细节

零售企业销售次数频烦，销售数量零星，平均销售额较低。这意味着零售企业成本必须低廉，花色品种必须齐全，周转率必须高。信贷管理、存货控制、商品包装和加贴商标等方面，都是零售商必须严加控制的，以求提高效率。

4. 调整心态

最后要注意的就是大学生创业的心态要好，不仅仅是零售业创业，任何一种创业都有困难，都需要有一个良好的心态去面对困难，需要一颗刻苦坚定的心去解决困难。

零售业创业往往要求创业者要有好的商业触觉，灵敏地发现顾客需求的变化和市场的动态变化，这些能力是在大学期间需要慢慢去培养去学习的，并不是一朝一夕能学会的。

14.4 网络商店

14.4.1 网店发展的现状与前景

随着网络技术的发展，电子商务在中国近几年来的发展势如破竹。现在的年轻一代在购物方面首先想到的大多数是"网购"。"双11"不再仅仅是光棍节，它已经成为了电子商务一年一度的盛典，网购一族的"血拼日"。2013年"双11"阿里巴巴公布的数据显示，支付宝交易总额于当日凌晨5:49分突破了100亿，比去年提前了7小时49分。

网店作为电子商务的一种形式，是一种能够让人们在浏览的同时进行实际购买，并且通过各种在线支付手段进行支付完成交易全过程的网站。网店大多数都是使用淘宝、易趣、拍拍、购铺商城等大型网络贸易平台完成交易的。

近日由上海发布的数据表明，上半年该市零售网点同比减少2600余家，降幅超过10%，而网上商店的零售额增长了57.4%。"网点降一成，网上增一半"，这说明，社会消费习惯的改变，正深刻影响着城市产业结构，新型零售业态正在迅猛生长。

无独有偶。苏宁最新公布的财报显示，上半年，苏宁新开连锁店面28家，关闭或置换连锁店面120家，而苏宁易购的销售额则增长101%。

网络消费的大潮已无法阻挡，在大步挺进一二线城市的同时，它也正迅速"入侵"农村。淘宝发布的"县域网购报告"显示，江苏省的昆山成为网购渗透率最高的县域地区，高达56.41%。而从金额上看，2012年淘宝购物花费最多的地区，前10名均为浙江和江苏2省所包揽。

据中国电子商务研究中心监测数据显示，截至2012年12月中国网络零售市场交易规模达13205亿元，同比增长64.7%，预计2013年有望达到18155亿。其中，淘宝天猫交易额首度突破万亿大关，达到了11600亿元，京东商城交易额突破600亿元；苏宁易购全年销售额达183.36亿，如图14.3所示。

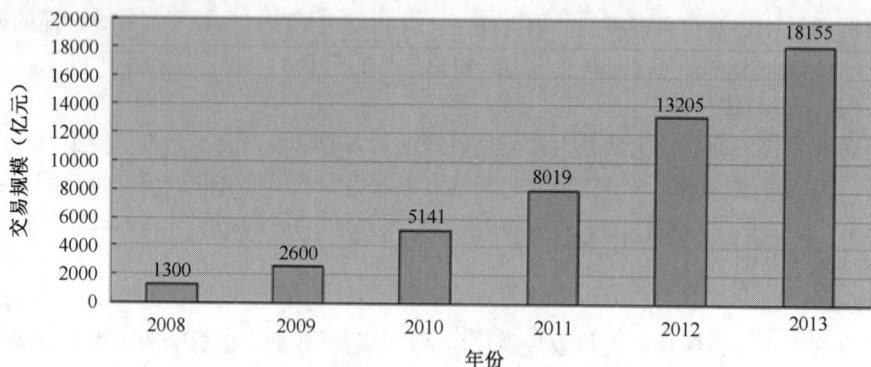

图14.3 2003—2013年中国网络零售市场交易规模

网上商店越来越多，商品种类包罗万象。相比于实体店，人们越来越倾向于到网店购物。实体店逐渐变成网店"试衣间"，"炒号族"进店只问价。可见，近几年来，中国网购用户也在不断上升。2012年中国网购用户规模达2.47亿人，而2011年数据达到2.03亿，同比增长21.7%。我们预计：2013年年底中国网络购物用户规模将达到3.1亿人，如图14.4所示。

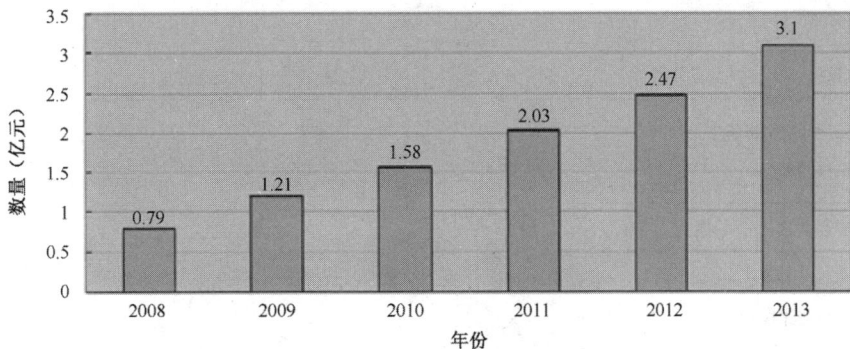

图 14.4　2008—2013 年中国网络购物用户规模增长图

　　相信很多人都希望能够自己创业，拥有一间属于自己的店铺，但是随着房价的不断上升，租金成了很多创业者最大的绊脚石。再加上初期投入成本过高，许多人望而却步。然而网上开店给了我们这些创业者们实现梦想的新途径，网上开店不需要店铺租金，不需要店面装修，甚至不需要货物积压和一些烦琐的营业证件。另外，网上开店门槛低，上手容易，利润空间也比较大，关键就看经营者能否把握住机会，努力用心经营。

14.4.2　如何开网店

　　1. 开网店的基本物质条件

　　首先，开网店最基础的硬件设施就是一台电脑和网络的接入，如果更齐全一点，还可以加上数码产品，例如单反、数码相机。

　　2. 开店具体流程

　　如今网络上的交易平台有很多，常见的有淘宝、一号店、天猫、京东、亚马逊等，这些平台都是可以申请账号然后进行开店申请的。我们首先要选择适合自己所经营的产品的网站进行开店，下面我们以淘宝开店为例，介绍一下在淘宝开店的步骤。淘宝会员进行网店申请及交易一般需要经过 4 个步骤。具体流程如图 14.5 所示：

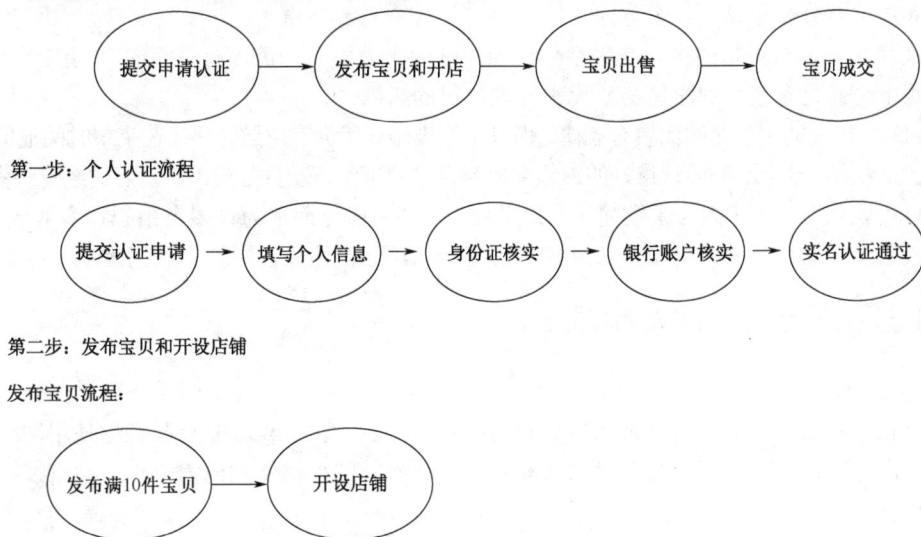

第一步：个人认证流程

第二步：发布宝贝和开设店铺

发布宝贝流程：

图 14.5　淘宝 C2C 网店交易步骤

店铺设置功能：

基本设置	宝贝分类	推荐分类	友情店铺	友情留言	店铺风格

第三步：宝贝出售中

可进行的操作：

查询交易信息	修改商品信息

第四步：宝贝成交后

宝贝成交流程：

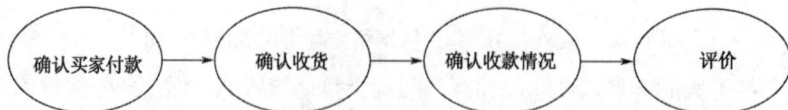

确认买家付款 → 确认收货 → 确认收款情况 → 评价

网上安全交易流程如下：

选择商品 → 付款到支付宝 → 卖家发货 → 收到商品 → 付款给卖家

图 14.5　淘宝 C2C 网店交易步骤（续）

3. 什么样的人适合开网店

不是所有人都适合开网店的，也不是所有商品都适合网上销售的，在开店之前，就应该分析自己是否具备了开网店的条件。一些经验者认为，开网店主要是细心，还要有耐心，因为刚开始由于推广不足，订单会非常少的。另外，开店注重的是质量和服务，有好的产品再加上好的服务就有可能会有好的销量，当然，前提是前期要注重推广才行，在没有什么人知道你的小店的时候是没什么生意的。

在时间上，每天最好能固定投入最少一个小时，这样才能更好地管理自己的店。目前在网上开店的人群主要分布在以下几个方面：

（1）在校学生，这里指的主要是大学生，因为学业压力不大，可以有足够的时间进行商品的采购和网上交易也有较大的激情与心思去管理自己的店铺。

（2）白领，白领的工作时间比较有规律，而且工作设施一般会有电脑，那么在空余时间他们能够经营自己的小店，甚至一些经营得好的白领会放弃自己的工作，全身心投入到网店的经营中去。

（3）自由职业者，网店因为手续简单，投资较少，容易操作而成为许多自由职业者的选择。这些人一般也会根据自己的兴趣爱好去经营自己的产品，他们往往在兴趣和利润上双丰收。

14.4.3　开网店的注意事项

1. 政策变动

近日，国家税务总局公布了《网络发票管理办法》，宣布将从 4 月 1 日起推行使用网络发票，并试行电子发票。一时间，关于"网店即将开征税收"的说法立刻成为热点。网络发票的全面实施意味着什么？

西安一家时尚饰品网店店主赵敏（化名）表示，自己开网店已经有一年多时间了，"平时很少有顾客索要发票，说实话如果人家要，我也没法提供。"据她介绍，多数个人网店无法提供发票。记者从一些网店店主处也了解到，如果顾客需要提供发票，一般会在原有价格上有所浮动。

一位不愿具名的西安网店店主告诉记者，自己的网店以经销服装为主，目前每个月的营业额能达到六七万元，网店方面的投入并不是很大，除了两名员工工资外，每个月最大的支出就是参加网络商城的促销活动，需要支付1500元至2000元左右。"如果要征税的话，对我们的售价肯定有影响。税率超过10%就很难接受了。"

鲁振旺则认为，征税必将引发网购价格的整体上升，"同时也促使淘宝等电商平台以及网店自身做出转型，有助于摆脱底层的价格战竞争，但这一过程中，不可避免，一部分对成本及供应链控制不强的网店将被'洗牌'出局。"

由于中国的电子商务起步慢，发展迅速，很多管理条例和政策跟不上，法律监控力度不够，因此在网上开店我们要谨慎，时刻留意国家政策的变动，以免造成不必要的损失。

2. 身体状况

"鹿城一家五钻的淘宝童鞋店所有商品下了架，下架的原因令人唏嘘：28岁的店主小蔡在深夜经营网店时不幸猝死。"温州都市报的这则新闻引起了很多人对网店经营者的关注。其实这类新闻在近几年不少见。网上开店看着很美，其实很累，据市区多年经营网店的张女士说，她也是在网上开淘宝店卖童鞋的。经营网店看着容易，其实操作起来却很困难，真是既费体力又费脑力，生意不好的时候焦急担心；生意好了，赚到钱了，但人又很劳累。

张女士说，他们每天都要去看货、拿货，回来后再进行拍照、作图、补货、上架等一系列的操作，顾客下订单了还得及时打包发货，顾客不满意了还得负责调换等售后问题，哪一样都不能马虎。虽然店里有4个人分工打理，但基本上大家每天都要熬夜，体力脑力消耗很大，生活非常没规律。有时候一款货物临时没有，自己还得想办法帮买家找到，以免对方投诉，降低自己网店的信誉度，直接影响到以后的生意。他们是4个人经营一家网店，已经感觉有些吃力，而小蔡大部分时间都是一个人打理网店，体力透支肯定会很严重的。张女士感慨，以前听说过外地淘宝店家猝死的新闻，感觉很遥远，听说了小蔡的遭遇后，她说以后要抽出时间休息，再不能"拿命换钱"。

网上开店往往需要长时间对着电脑，我们在经营网店的时候应该切记注意休息，不能因为网店减少自己的休息时间，没有一个好的身体，再好的网店又有什么用呢？

3. 社会道德要遵守

"青浦警方日前在一别墅内，查获一个制售假冒化妆品的窝点，当场查获2万多件名牌化妆品假冒品，其中涉及兰蔻、倩碧等多个国际知名品牌，涉案价值超过千万元。该案主犯为一对80后夫妻，是资深淘宝卖家，目前已被批捕。"由于监管力度不足，法律法规不完善，许多网店商家钻空子，在网上售卖伪劣商品。我们在网上开店，万万不能为了利润，抱着侥幸去做违反法律法规，违背社会道德的事情，一旦发现，后果严重不堪。即使网络世界的监管力度不强，我们也应该遵守社会道德，遵守法律，做一个有良心有道德的网店经营者。

网店作为当今的一种潮流趋势，很多人都从中获利，在丰厚利润的背后是要付出许多精力和时间的。不是所有人都适合开网店，一旦选择了网店经营，就要有足够的毅力和心思去经营，同时也要做好失败的准备。另外，网店并不是绝对盈利的，也不是最好的经营模式选择，找准自己的定位，慎重做决定，寻找适合自己的模式在零售业上创业才是根本。

本 章 小 结

1. 当今，零售业的发展正在处于另一个发展高峰。因而要随时了解零售行业的发展现状与发展趋势。随着网络的不断发展，在网络市场已经逐步占据更大市场份额时，创业者若能考虑进军电子商务，将会有一个更好地发展平台。

2. 创业者选择在零售行业创业，能够比较容易发展。对于创业者来说，零售业创业是一个好的选择。特别是对于专攻经管类学科的大学生。在学习阶段已经得到相关基础知识的了解，在日后的创业过程中一定能够学以致用。

3. 结合自身的条件，在遇到机会的时候，就能够事半功倍。若只是觉得创业项目好而匆忙投资，在没有分析自身条件的优劣的情况下盲目行事，机会或许会变成危机。

4. 在本章的最后，涉及了一些关于网店的相关知识。在未来的经济发展中，网络的贡献绝不亚于其他方式的零售贡献。把握商机，适当地进军电子商务。

案例思考

谭某和陈某，是湖南大学机械制造 05 级学生，拥有一家名为"星星"的碟店，从事影碟的出租和电脑软件及游戏碟的出售。

谭某陈某于 2007 年 9 月盘下一家碟店，开始创业，星星碟店为 2 间小木屋，店内出租用的碟片大部分是以前经营者留下来的，租金是每月 330 元，水电费另算，目前经营正常，但经营业绩有下滑的趋势。两人都有较强的管理能力，曾做过一些保健产品的促销。两人最初的创业目标并不是经营碟店，而是食品及保健品的销售，但由于目前资金及人力资源的限制而选择经营碟店来积累资金和经验。目前，谭某为加强创业能力，正在辅修工商管理和商务英语。碟店现阶段面临的困难主要是市场需求饱和，DVD-9 类影碟的出售逐渐取代了原有 DVD 影碟的出租，造成原有碟片的淘汰，损耗了较多成本。

思考题：

案例中我们从谭某和陈某的失败经验中能够得出什么结论，你认为该怎么避免？

案例研读

他创业走过了怎样一条路呢？

从小收购土特产卖

胡启立 1982 年出生在红安县华河镇石咀村一个普通农家，父亲在当地矿上打工，母亲在田里忙活。在胡启立 3 岁那年，父亲在矿上出事了，腿部严重骨折瘫痪在床，四处求医问药。3 年后，父亲总算能下地走路了，可再也不能干重活累活了。为给父亲看病，家里几乎家徒四壁。胡启立的父亲不能下地干活，只得开了家小卖部，卖些日用品。胡启立小小年纪就经常跑进跑出，"添乱又帮忙"，也正是因为这个原因，他从小就接触到了买和卖。

慢慢长大了，胡启立在商业方面开始显才。全村 20 多个同龄小孩，他的年龄和个头都不是最大的，但却是"领袖"，他经常带着同伴们去挨家挨户收购土特产，如蜈蚣、桔梗、鳝鱼等，然后再卖到贩子手上，挣些零花钱。高考时，他本打算报考一所商学院，却遭到家人的反对，好在他对电子也有兴趣，最后选择了武汉科技学院电子信息工程专业。

贴海报发现校园商机

2003 年春季一开学，胡启立开始给一所中介机构贴招生海报，这是他找到的第一份兼职工作，并且交了 10 元钱会费。

"贴一份 0.20 元，贴完了来结账。"中介递给他一沓海报和一瓶糨糊，胡启立美滋滋地开始往各大校园里跑。"贴海报，看起来容易，其实很难做的。"胡启立没想到贴份海报，还要受人管，一些学校的保安轻者驱赶一下，严重的会辱骂甚至动手。3 天后，胡启立按规定将海报贴在了各个校园，结账获得 25 元报酬。同行的几人嫌报酬少，都退出了，而胡启立却又领了一些海报，继续干起来。不过，他心里也开始在想别的门道了。

一次，他在中国地大附近贴海报时，看到一家更大的中介公司，就走了进去，在那里遇到一位姓王的年轻人。王某是附近一所大学的大四学生，在学校网络中心搞勤工俭学。几个学生商量，能不能利用网络中心的电脑和师资，面向大学生搞电脑培训。网络中心同意了，但要求学生们自己去招生。"只要你能招到生，我们就把整个网络中心的招生代理权交给你。"王某慷慨地说。胡启立想发动自己在武汉的同学帮忙，招几个人应该是没问题，就满口应承下来。做招生宣传要活动经费，胡启立没有经验，找几个要好的同学商量，结果大家都不知道要多少钱。有的说要 5000 元，有的说要 2000 元，最后胡启立向王某提出要 1800 元活动经费，没想到王某二话没说，就把钱给了他。

胡启立印海报，买糨糊，邀请几个同学去各个高校张贴，结果只花了 600 元钱，净落 1200元。这是他挣到的第一笔钱。尽管只花了 600 元钱，但招生效果还不错，一下子就招到了几十个人。然而，这些学生去学电脑时却遇到了麻烦，因为动静搞大了，学校知道了这个事情，叫停了网络中心的这个电脑培训班。胡启立几次跑到网络中心，都没办法解决这个事情。他无意间发现网络中心楼下有个培训班，也是搞电脑培训的，能不能把这些学生送到那去呢？对方一听说有几十个学生要来学电脑，高兴坏了，提出给胡启立按人头提成，每人 200 元。非常意外地，胡启立一下子拿到了数千元钱。

办培训学校，圆了老板梦

2005 年，"胡启立会招生"的传闻开始在关山一带业内传开了。一家大型电脑培训机构的负责人找胡启立商谈后，当即将整个招生权交给他。

随着这家培训机构一步步壮大，胡启立被吸纳成公司股东。但胡启立并不满足，他注册成立了自己的第一家公司——一家专门做校园商务的公司。胡启立谈起成立第一家公司的目的："校园是一个市场，很多人盯着这个市场，但他们不知道怎么进入。成立公司，就是想做这一块的业务，我叫它校园商务。"同时，胡启立发现很多大学生通过中介公司找兼职，上当受骗的较多，就成立了一家勤工俭学中心，为大学生会员提供实实在在的岗位。他的勤工俭学中心影响越来越大，后来发展到 7 家连锁店。"高峰时，每个中心能有 1 万元左右的纯收入。"2005 年下半年，由于业务越做越大，胡启立花 20 多万元买了一辆丰田花冠轿车，在校园和自己的各个勤工俭学点奔跑。去年 9 月，他又将丰田花冠换成 30 多万元的宝马 320。记者问他为何换名车，他说："谈生意，好车有时候是一种身份证明吧。"

在给一些培训学校招生的过程中，胡启立结识了一家篮球培训学校的负责人，开始萌生涉足体育培训业务的念头。经过多次考察比较，2006 年年底，胡启立整体租赁汉阳一所中专校园，正式进军体育培训。当年招生 100 余人，今年的招生规模预计是 300 人。"以前都是为别人招生，这次总算是为自己招了。"如今，胡启立已涉足其他类型办学，为自己创业先后已投入 200 万元左右。

思考与练习

1. 找一家零售企业，调查或访问其企业发展的目标与发展过程。
2. 上网寻找资料，深入了解零售行业的经营规则。
3. 小组合作，体验零售业创业经营的全过程。

第 15 章 金融业创业

学习目标

1. 掌握金融业创业的定义和金融业体系
2. 了解金融业发展状况
3. 结合实际案例，了解现代大学生金融业创业情况
4. 了解金融业十二五规划
5. 了解金融业创业的瓶颈和特点

> 对所有创业者来说，永远告诉自己一句话：从创业的第一天起，你每天要面对的是困难和失败，而不是成功。我最困难的时候还没有到，但有一天一定会到。
>
> ——马云

案例导入

阿里出击控股天弘基金的背后，互联网金融的曲线救国路线

支付宝母公司，浙江阿里巴巴电子商务有限公司（浙江阿里）宣布将出资 11.8 亿元，认购天弘基金 26 230 万元的注册资本。注资完成后支付宝将持有后者 51% 的股份，成为控股大股东。目前，入主天弘基金的框架协议已经和相关各方签署完毕，但该事项最终达成尚需通过天弘基金股东会审议和中国证监会批准。在此次增资前，市场传闻天弘基金与阿里还有一系列更加深入的合作，诸如推出新的互联网基金产品，此次控股若完成，又将给市场带来巨大的遐想。

阿里为何不安安分分地继续做支付工具，而非要成为天弘基金的控股股东？

一、全线出击，渗入全产业链

金融的本质是资金的融通，在控制了中国最大的网上交易平台，掌握了用户生活和交易的信息流之后，马云围绕阿里体系内的现金流做了不少文章：从支付宝到小贷公司、担保公司，继而推出余额宝、信用支付、聚宝盆计划，等等。

细细数来，阿里几乎涉足了所有金融行业的业务：银行（汇款业务、信用支付、贷款业务）、券商（暂无）、基金（货币基金）、担保典当（阿里担保）、保险（网上销售、众安保险）、租赁（暂无）、信托（暂无）。

一旦整个金融行业都被打通，获得的协同效应将是不可限量的，这也是为什么中国的三大金融集团：平安、中信、光大一直希望能够拿到金融业务的全牌照；各大银行加速混业经营的步伐；宝钢集团、海航集团等产业资本持续向金融领域渗透的原因。

金融混业是金融改革的重要内容，阿里也正努力朝着这个方向前进。

二、曲线救国，完成华丽转身

作为第三方支付公司，支付宝一直是以非金融机构的身份做着金融机构的活，早期是获得了一定的监管红利，但随着业务的扩展和竞争对手的觉醒，受到牌照的限制越来越大。

其实作为第三方支付公司的利润率本来就偏低，但根据央行的备付金管理办法，随着交易额的提升，支付宝需要不断提升注册资本，这对于阿里而言，属于规模越大净资本回报则越低的行为，必须要想办法绕开。

通过控股天弘基金，支付宝在提高资金的利用率的同时能够获得与金融机构同台竞技的牌照，巨量的资金沉淀绕了一圈又回到了阿里的体系内。这正是马云高明之处。

同时，控股天弘基金相当于变相拿到了基金牌照，从喝不到汤水的支付行业的屌丝摇身一变，成为了大口吃肉的金融业高富帅。

三、业务协同，共促多方共赢

除此之外，控制天弘基金还能够与阿里小贷及担保公司产生协同效应。信任总理屡次提出用好增量，盘活存量，意图直指资产证券化。阿里、小贷两家公司的注册资本仅为16亿，即便阿里能够做到每年循环20多次，放贷的总额度还是十分有限。但如果能够先让阿里担保公司为小贷产品担保，然后通过天弘基金公司打包小贷产品，将小贷产品证券化，就能够及时补充贷款资金，同时也能够分散贷款风险，对于基金公司和担保公司来说增加了一宗业务，对于消费者来说，也多了一个高收益的投资标的。资金在阿里的体系内的良性增值将为阿里带来更多的现金流入。

因此，马云说，阿里不做银行，那是他不想做传统的苦逼银行，他是想通过合作搞新类型的金融机构，或者通过收购获取金融牌照来控制金融机构，从而获取阿里体系内每一份资金的价值。

此次如果能够顺利通过收购天弘基金获取牌照，下一步可能就是通过收购股份制或者是农信社进入银行领域了，进而收购保险公司、信托公司都是完全可能的事情，在阿里上市前完成金融领域的布局，十分有利于其整体估值的提升。

这次控股行动不是简单的产品的升级或者扩充，而是阿里吹响了向传统金融进攻的号角，全面进入金融行业的标志，全方位控制商品贸易的物流（菜鸟）、现金流和信息流，获取全链条的利润才是阿里的最终目标。

资料来源：http://www.kankanews.com/ICkengine/archives/58114.shtml

15.1 金融业概述

15.1.1 金融业的定义

金融的本质是资金的融通。金融业是指经营货币信用业务的行业，通常还包括保险业。具体指银行及其他金融机构经营存款放款、储蓄、票据贴现、外汇、结算、信托、投资、发行有价证券等金融业务。

15.1.2 金融机构的分类

金融机构是指专门从事货币信用活动的中介组织。

我国经过十几年的改革和发展，现已形成以中国人民银行为中央银行，国有商业银行为主体，包括政策性金融机构、股份制商业银行以及其他非银行金融机构的分工协作的金融体系。我国金融机构的分类如图15.1所示。

货币当局	中国人民银行；国家外汇管理局
监管当局	中国银行业监督管理委员会；中国证券监督管理委员会；中国保险监督管理委员会
银行业务存款类金融机构	银行；城市信用合作社（含联社）；农村信用合作社（含联社）；农村资金互助社；财务公司
银行业务非存款类金融机构	信托公司；金融资产管理公司；金融租赁公司；汽车金融公司；贷款公司；货币经纪公司
证券业金融机构	证券公司；证券投资基金管理公司；期货公司；投资咨询公司
保险业金融机构	财产保险公司；人身保险公司；再保险公司；保险资产管理公司；保险经纪公司；保险代理公司；保险公估公司；企业年金
交易及结算类金融机构	交易所；登记结算类机构
金融控股公司	中央金融控股公司；其他金融控股公司
新兴金融企业	小额贷款公司；综合理财服务公司；第三方理财公司

（最左侧为"金融机构分类"主干，分出以上各类）

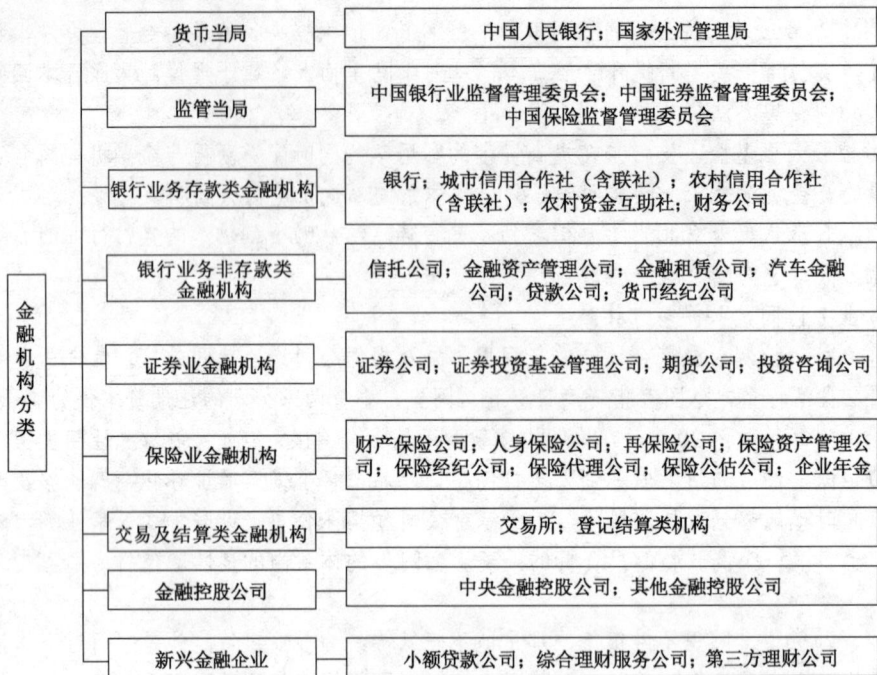

图 15.1　我国金融机构分类

（资料来源：中国人民银行，《金融机构编码规范》，2010）

15.1.3　金融业的特点

金融业具有指标性、垄断性、高风险性、效益依赖性和高负债经营性的特点。

近年来，互联网金融成为金融业发展的新趋势，相对于传统载体的金融业来说，互联网金融更为开放，商业性更强。

1. 指标性

指标性是指金融业的指标数据从各个方面反映了国民经济的整体和个体状况，反映了国民经济发展情况。

2. 垄断性

垄断性一方面是指金融业是政府严格控制的行业，未经中央银行审批，任何单位和个人都不允许随意开设金融机构；另一方面是指具体金融业务的相对垄断性，信贷业务主要集中在四大商业银行，证券业务主要集中在国泰、华夏、南方等全国性证券公司，保险业务主要集中在人保、平保和太保。

3. 高风险性

高风险性其中一点指金融业是巨额资金的集散中心，涉及国民经济各部门。单位和个人，其任何经营决策的失误都可能导致"多米诺骨牌效应"。

4. 效益依赖性

效益依赖性是指金融效益取决于国民经济总体效益，受政策影响很大。

5. 高负债经营

由于金融业是一个资金融通的行业，对资金的要求非常高，从而高负债经营。而高负债经营，为其带来天然的脆弱性。

15.1.4　金融业的发展现状

1. 国外

金融业是当今世界经济领域中最具影响力、最庞大的产业。影响力不仅表现为它作为经济活动的中介对所有的经济领域的渗透，更为主要的是资本作为重要的生产要素，已成为现代经济活动的初始条件。即现代经济活动已从传统的"实物（服务）—货币—实物（服务）"转变为"货币—实物（服务）—货币"。表现为它的品种交易量和规模。金融业的子产业或产品主要包括：商业银行信贷、股票、债券、保险、期货、金融租赁、直接投资、国际机构（世行、开发行等）与政府信贷等。根据 2012 年底的数据，全球股市规模约 48 万亿美元、债市规模约 90 万亿美元、银行业总资产规模 96 万亿美元，分别占全球 GDP 的 69%、128%、137%，如表 15.1 所示。

表 15.1　全球股市、债市、银行资产与 GDP 比例（单位：万亿美元）

	股市规模	债市规模	银行业总资产规模	GDP	股市占比（%）	债市占比（%）	银行资产占比（%）
全球	45	90	96	70	69	128	137
美国	22	28	13	16	137	238	81
中国	3	4	21	8	38	50	263
欧盟	11	20	35	13	84	154	292
英国	4	3	9	2	200	150	450
日本	4	10	11	6	67	167	183

数据来源：彭博、IMF、招商证券

2. 国内

在改革开放后，我国金融业才得到了快速发展。经过二十多年的发展，我国金融业已发展到一定阶段。2001 年，我国加入世界贸易组织后，根据国际市场的发展需要，我国进一步完善多层次、多功能的金融市场体系，促进经济多元化发展。全国银行交易成员数量日趋增加，交易与信息系统服务功能日趋完善。目前我国已经基本建立了证券期货市场、货币市场和银行间外汇市场，实行了主体多元化的发展，其中包括商业银行、社会保障基金、信托公司、保险公司和证券公司等机构。除了发行金融债、国债、中央银行票据等金融市场产品，还在证券和银行业产品方面有了新的尝试。但我国二十多年的金融发展更多地表现为外延型的扩张，而未取得更多的质的突破。不能满足多层次经济主体的创业与投资需求。审视我国金融业发展的现状特点及主要问题可以概括为以下几个方面。

（1）在所有制结构方面，公有成分多，非公有成分少，而固有商业银行产权不够明晰，不能成为独立的市场主体，严重影响了其经营活力。

（2）在融资形式方面，间接融资多，直接融资少，社会资金低效运转和浪费损失严重，形成巨额不良资产，并通过银行这一信用中介将包袱甩向了国家。

（3）在资金配置方面，市场配置比重小，大部分金融机构不能完全按照商业化原则操作运行，信贷资金使用效益低下，没有起到优化资金配置和优化产业结构的作用。

15.2　金融行业相关政策

15.2.1　金融环境的定义

金融环境是指一个国家在一定的金融体制和制度下，影响经济主体活动的各种要素的集合。

15.2.2　中国金融环境分析

1．政治环境

1992 年提出要建立社会主义市场经济体制。坚持以公有制为主体，多种所有制经济共同发展的原则。社会主义市场经济市场调节与宏观调控相结合。同时设立专门金融监管机构对中国的金融体系进行监管，我国目前的金融监管机构包括"一行三会"，即中国人民银行、中国银行业监督管理委员会、中国证券业监督管理委员会、中国保险业监督管理委员会以及国家外汇管理局。

（1）政府出台支持金融业发展的政策以促进金融业健康有序地发展。如：充分发挥银行业的作用，建立风险投资机制，依托资本市场，建立中小企业担保机制。中国政府也积极促进中国金融国际化。2001 年中国加入 WTO 后，按照 WTO 的要求逐步放开金融市场，汇率与利率逐步国际化。

（2）中国特别注重与美国开展金融合作。截至 2013 年 6 月中国外汇储备高达 3.5 万亿美元，居世界首位。中美战略与经济对话进一步促进中美更深层次的合作。在 2013 年 7 月 10 日至 11 日第五轮中美战略与经济对话中，中国表示要进一步深化中国金融市场的改革，进一步开放金融市场。

（3）中国逐步开放金融市场，促进金融国际化。例如于 2013 年 8 月 22 日经国务院正式批准设立的中国（上海）自由贸易区，于 9 月 29 日上午 10 时正式挂牌开张。试验区总面积为 28.78 平方公里，相当于上海市面积的 1/226，范围涵盖上海市外高桥保税区、外高桥保税物流园区、洋山保税港区和上海浦东机场综合保税区等 4 个海关特殊监管区域。在这片面积不足 30 平方公里的地方，将享有更加优惠的金融政策，利率、汇率市场化、税收优惠政策。

2．经济环境

（1）外部经济环境。

在促进中国经济增长的三驾马车中，出口占很大的比重，虽然度过了 2008 年全球经济危机，但是国际经济形式仍不容乐观，美国推出量化宽松政策，欧债复苏缓慢，日本债务危机，出口增长不确定因素增多。所以近几年中国经济的外部环境不容乐观。

（2）内部经济环境。

2010 年中国 GDP 超过日本成为世界第二大经济体，达到美国经济总量的一半以上。但是伴随着外贸红利、人口红利、地方政府债务危机、民营企业发展危机，中国的经济发展告别了超高速增长模式，开始了增效提质的高速增长模式。2013 年第一到第三季度中国 GDP 同比增长 7.7%。国民经济呈现稳中有升、稳中向好的发展态势。

针对这样的经济形势，我国需继续实施积极的财政政策和稳健的货币政策，盘活存量、优化增量，着力提高财政资金使用效益，加大金融支持实体经济的力度。

（1）国内投资增长潜力巨大，但民间投资乏力。我国的国内投资增长具备一定的潜力，主要表现在：改善状况愿望迫切，投资热情高涨；房地产、汽车工业的发展促进了产业规模扩大以及工业化、城市化程度的加深，使投资空间进一步广阔；国民储蓄总量巨大和国外投资，使得投资资金充足。但目前经济增长动力主要还是依靠投资拉动，政府投资增速比民间投资增速要快得多。所以要实现经济明显复苏的关键还是要带动民间的投资。

（2）国内消费市场潜在空间广阔，但开发难度增大。国内消费市场仍具有较大的潜力：首先，农村消费市场将会迅速发展并形成新的经济增长点；其次，城镇居民收入和消费信心增加，有利于刺激本轮消费升级。但是，针对当前就业形势严峻、农民增收困难、中国居民消费预期不乐观和消费行为滞后等多重因素制约，我国消费增长难以持续保持在一个较高的水平上。

（3）出口贸易趋势保持稳定，但外贸形势不容乐观。近几年人民币升值压力有所上升，美元出现较大幅度贬值。美元中长期弱势格局难以根本改变，而中国拥有世界第一的外汇储备和巨大的贸易顺差，人民币升值压力近期有所上升，不利于中国出口回升。其次，国际贸易摩擦加剧。国际贸易保护主义升温，中国成为最大的受害国。中国出口高速增长局面难以重现。

（4）工业增长条件充足，但结构调整难度很大。一方面，工业经济高速发展条件充足：工业企业利润的增长惯性依然存在；公司治理和管理水平的改善；消费升级步伐的不断加快，投资较快增长的态势将增大对制造业产品的需求。另一方面，工业快速增长的同时也带来了产能过剩这一中国经济的顽疾。前几年出口的指数型增长，吸收了我国不断产生的过剩产能。

（5）财政和金融环境良好，但通胀预期逐渐显现。我国面临的财政和金融环境相对比较稳定和良好。首先，财政实力和外汇储备实力逐渐增强。近年来，中国财政收入出现快速增长趋势，财政实力不断增强。其次，我国的外债偿债率、负债率等各项指标均持续回落。再者，金融监管体系在稳健提高。但也要看到，全国通货膨胀的预期和压力，都将逐步增强。

3．社会文化环境

在中国，金融业是政府严格控制的行业，具有很高的垄断性，未经中央银行的审批，任何单位和个人都不允许随意开设金融机构。信贷业务主要集中在四大商业银行——中国工商银行、中国农业银行、中国建设银行、中国银行。证券业务主要集中在国泰、华夏、南方等证券交易所。保险业务主要集中在人保、平安和太保。

国人投资理财财富流向分布：76%银行，20%证券，4%保险业务和其他。相对成熟的发达国家来说，国人的投资理财结构有很大的问题。在美国，65%的资金投入证券市场，27%的资金投入保险市场。在中国，资金投入银行，百分之三点多的定期存款利息敌不过通货膨胀；投入证券市场，上证指数水平是13年前的水平，也是亏损；投入保险，中国保监会副主席杨明生说过："中国保险业是美国保险业100年前的水平，现在仍然靠欺诈来赚钱。"欺诈误导，理赔纠纷，承保纠纷，退保纠纷，其他纠纷均有上升，所以投资保险也会使资金流失。国人为了规避风险，宁愿资金存在银行缩水，也不愿意投入证券市场和保险市场。要改变国人目前这种不健康的理财状况，必须深化金融改革，开放银行、证券、保险市场，实现完全的市场化竞争，让老百姓和民营企业受益。

4．技术环境

互联网的发展，使得中国金融业有了更广阔的发展平台。网上银行、ATM自动存取款机加快了资金流通速度，提高了结算效率。

案例分享

三马的跨界融合

8月24日，中国平安董事长马明哲在中报业绩发布会上证实了平安保险与腾讯的马化腾、阿里巴巴的马云合资成立一家网络保险公司的"传闻"。

最近两个月来，这家公司的情况陆续得以浮现。

据了解，"三马合资"公司名为众安在线财产保险公司（众安在线），注册地在上海，注册资金10亿元，其中，阿里巴巴控股19.9%，平安和腾讯各持股15%，携程持股5%，其余股东中包含多家网络科技公司。

马明哲在业绩发布会上对媒体表示，希望可以通过新公司"将线下的保险搬到网上去"，同时"游戏中、网络上有虚拟价值存在"，新公司也将在虚拟财产保险方面做一些尝试。

据了解，众安在线将主要从事两种产品的保险：基于互联网的产品和基于物联网的产品。

例如虚拟货币失盗险、网络支付安全保障责任险，甚至还有基于语音技术的保险保障服务。

"这是一种整合所有资源的模式。虚拟财产保险的实现，要借助保险公司的风险判断和识别体系。"接近阿里巴巴的人士向《财经》（博客，微博）记者透露，新公司主营业务不会与传统保险公司有太多重合，更多还是虚拟物品保险以及与网络电子商务交易密切相关的新业务。

"三马合资"公司的诞生意味着互联网金融跨越单纯渠道合作的阶段，催生出新的金融业务品种及业务模式。

曾在平安从事多年保险电子化业务的吴军告诉《财经》记者，比之其他行业，金融行业的互联网化进程较慢，以保险业为例，从 2011 年数据来看，通过互联网渠道销售的保险仅占保险业总销售额约 1%，有很大提升空间。"三马"的联合有助于平安接触到阿里巴巴、腾讯的广大客户群，这对于保险公司来说至关重要。

众安在线因涉及虚拟财产保险，将脱离作为保险销售渠道的单一角色，深入互联网业务的机体内，形成深层次的产品创新。

目前，虚拟财产保险在国内并不常见。2011 年 7 月，阳光保险率先提供虚拟财产服务，不过，只是针对网络游戏"聚仙"的玩家提供"网络游戏运营商用户损失责任险"、"网络游戏玩家意外险"等。

尽管众安在线的成立具有多重想象空间，但同时也不可避免地带来监管问题。据了解，众安在线将推出的虚拟财产保险的险种尚未有确切消息，而且目前保监会也未有相关法律对其施以监管，业界亦担忧其可能带来的用户隐私权被侵害。

对于已将触角伸向第三方支付、小额信贷的互联网企业而言，众安在线则意味着其进军保险业的开始。

与当年兴办第三方支付公司和小额信贷一样，阿里巴巴、腾讯两家互联网公司的原动力来自完善用户的交易环境。

其中，阿里巴巴因其已经具有阿里小贷和庞大的电子商务用户及交易数据而格外具有想象空间。

目前，由于阿里巴巴没有银行牌照，阿里小贷的资金来源成为其进一步扩展的瓶颈，而平安同时拥有银行、保险、证券三张牌照，阿里巴巴是否会借此次深入合作试探政策空间？尽管两家互联网公司对此事颇为低调，但外界仍有诸多猜想。

在 8 月 24 日的发布会上，马明哲表示，新公司仍在申报过程中，可能"有一个漫长的过程"。

接受《财经》记者采访的金融、互联网行业人士亦普遍表示，新公司将"三马"囊括其中，或将在互联网金融领域摸索出新路子。

"随着互联网的快速发展，互联网和金融融合范围增大了，我们的监管部门也需要尽快研究和制定与之相应的监管体系。"

资料来源：http://insurance.hexun.com/2012-10-22/147067818.html

15.2.3 金融"十二五"规划政策解读

1. 金融改革步入"深水区"

与"十一五"规划建议中的"加快金融体制改革"表述有所不同，"十二五"规划建议提出"深化金融体制改革"，"深化"二字意味深长。

"在经历了 30 多年经济高速增长后，改革已进入'深水区'，金融领域更不例外。目前，资金价格在资源配置中仍存在扭曲现象，有时不能真正反映市场供求关系和资源稀缺程度，造成急需资金的一些行业'失血'，而一些行业却在'费血'，这已严重影响到当前我国经济结构的调整。"中国社科院世经所研究员张斌认为，建议中提出的推动利率市场化改革等内容将成为下一步我国金融体制改革的突破点。

发展经验告诉我们，在金融资源配置过程中，完善相关制度，让市场力量而非行政力量发挥基础性作用，始终是贯穿中国金融业改革的一条清晰主线。

回顾"十一五"期间，无论是大型国有商业银行完成股份制改革、登陆A股市场；还是股市恢复直接融资功能、构筑多层次资本市场；或是人民币汇率改革向纵深推进、人民币跨境贸易投资试点启动……几年来我国金融领域突破层层障碍所启动的若干项改革，均旨在进一步优化金融资源配置，让金融之"血"更好地给养中国经济之"躯"。

除了"稳步推进利率市场化改革"，还就"完善以市场供求为基础的有管理的浮动汇率制度""逐步实现人民币资本项目可兑换"、"深化政策性银行体制改革"等改革任务进行了部署。这些改革，都将有利于资源的合理配置，有利于推动国民经济的平稳健康发展。

2. 构筑逆周期金融调控框架

两年前的金融危机，让全球的经济决策者将目光聚集到金融宏观审慎管理上来。"金融危机的重大教训之一，是不能只关注单个金融机构或单个行业的风险防范，还必须从系统性角度防范风险。防范这一风险的良药就是宏观审慎政策。"央行行长周小川日前强调。

完善宏观金融调控制度，促进经济的健康发展，将成为未来几年金融改革的重点。日前发布的《建议》中，就首次提及要构建逆周期的金融宏观审慎管理制度框架。

"逆周期的金融宏观审慎管理"，通俗地讲，就是在经济扩张时期提早启动从紧政策，在经济衰退时期及时出台扩张政策。事实上，"十一五"期间我国为应对百年一遇的金融危机，提高宏观政策的前瞻性、预见性和灵活性，在经济出现周期性变化之始，便加强了逆周期宏观调控力度，通过熨平经济波动，实现经济稳定协调增长。在主要经济体深陷衰退泥潭之际，我国经济率先实现了企稳回升。

就在半个月前，当面临信贷投放连续增长、物价屡创新高、经济增长由回落走向回稳局面时，我国央行再次开启逆周期操作，果断出台利率上调政策，向市场释放货币条件回归常态的重要信号。

"后危机时期，国内外经济形势更为复杂。这就需要根据宏观调控和货币政策的需要，发挥跨周期的逆向调节功能，降低商业银行行为的顺周期性，最终增强金融系统稳定性和支持经济增长的可持续性。"央行研究局有关人士说。

3. 打造中国金融"安全网"

"十一五"期间，中国的商业银行发生了脱胎换骨的变化——截至2009年末，工商银行和建设银行位列全球银行市值排名前两位，中国银行列第5位。然而，我国金融企业距离现代金融企业仍有不小的差距，金融安全仍存隐患。

一直以来，存款保险制度被发达国家视为一国金融安全网的重要支柱。所谓存款保险制度，是指银行按一定比例向特定机构缴纳一定保险金，当发生危机时，由存款保险机构通过资金援助等方式来保障其清偿能力的一项制度。金融危机后，我国要求建立存款保险制度的呼声格外强烈，如今这一制度已经进入政策制定者的视野中。

"十二五"规划建议明确提出了建立存款保险制度。央行在日前发布的《2010金融稳定报告》中进一步指出，当前我国推出存款保险制度的时机已经成熟。要尽快推出存款保险制度，强化对存款金融机构的市场约束，实行限额保险和差别费率，强化对"大而不能倒"金融机构的制约。

"如果把市场化改革能否进一步破冰比作改革者的'远虑',那么,金融风险则可视为是监管部门的'近忧'。"中央财经大学银行业研究中心主任郭田勇认为。未来 5 年,随着经济增长放缓、企业利润增速减缓,银行不良资产反弹压力可能出现上升,这将成为"十二五"期间我国金融领域需着力应对的问题。

金融安全至关重要。为此,"十二五"规划建议着重提出,要"加强金融监管协调"、"完善地方政府金融管理体制"、"建立健全系统性金融风险防范预警体系和处置机制"以"提升我国金融业稳健标准"。

4. "十二五"期间有望实现利率市场化

规划称,将进一步明确政府作用的领域和边界,减少政府对微观金融活动的干预,要在利率市场化、汇率市场化、人民币资本项目可兑换、引导民间资本进入金融业等方面稳步推进改革。

兴业银行首席经济学家、市场研究总监鲁政委在其微博中表示,规划支持金融机构综合化经营,认可了金融控股公司模式和券商基于市场化导向的创新;明确了利率市场化的路径"通过放开替代性金融产品价格"来完成;明确了资本项目开放路径:直接投资、证券投资、信贷。然而,规划未能清晰给出备受关注的汇率形成机制改革和利率市场化的时间表和量化目标。

中国社科院金融研究所刘菲表示,长期以来,中国实行的其实是双轨利率体系:一边是以存贷款利率为代表的管制利率;另一边则是市场化程度已相当高、影响日益深入和广泛的金融市场利率,包括债券利率、回购利率、同业拆借利率和掉期利率等,甚至理财产品利率也完全由市场决定。这种利率体系有相当多不尽合理之处,需要改进的环节很多。刘菲认为,存款利率的放开实为利率市场化取得突破的关键。

中国国际经济交流中心专家徐洪才认为,利率市场化、汇率形成、人民币国际化与资本项目开放无疑是未来金融改革的主要内容。其最应该突出的重点问题包括价格形成机制、建立金融中心等。

对于利率市场化的实现时间,宏源证券高级分析师范为在接受新华网记者采访时表示,一方面,目前银行业的利润相当丰厚,银行业平均利润率处于实体经济企业之上,商业银行有条件实现市场化利率。另一方面,我国利率互换市场相对国际市场的规模还小很多,如果发展起来将有助于实现利率市场化。

5. 央行近期推进金融市场制度性建设

2012 年 4 月 16 日,中国人民银行将银行间即期外汇市场人民币兑美元交易价浮动幅度由 5‰扩大至 1%,将外汇指定银行为客户提供的人民币对美元现汇买卖差价幅度由 1%扩大至 2%。作为扩大汇率浮动幅度的配套安排,央行外汇操作方式也作出适应性调整,大幅减少了外汇干预。

5 月 21 日,国家外汇管理局发布《关于调整银行间外汇市场部分业务管理的通知》,简化外汇掉期和货币掉期业务的市场准入管理,对人民币外汇远期、外汇掉期、货币掉期业务实行一次性备案管理;增加货币掉期业务的本金交换形式,境内机构在银行间外汇市场开展人民币与外币掉期业务,除现有规定外,还可以采取在协议生效日和到期日均不实际交换人民币与外币的本金交换形式。

6 月 8 日,中国人民银行下调金融机构存贷款基准利率,同时调整金融机构存贷款利率浮动区间。允许金融机构存款利率上浮,浮动区间的上限由基准利率调整为基准利率的 1.1 倍。放宽金融机构贷款利率浮动区间。

6. 金融业规划强调加强金融服务实体经济

企业直接融资占社会融资规模比重将提高至 15%以上。根据央行此前发布的数据,2011 年该占比为 14%，还须进一步提升。为提高直接融资比例，决策层对股票与债券市场的改革均作出了相应的部署。

（1）把握好服务实体经济的着力点，做到"稳中有为"，强调支持实体经济发展，并非贷款越多越好、融资规模越大越好，关键是要平稳适度。按照稳中求进的金融工作总基调，金融业要准确把握"保持经济平稳较快发展，扩大消费是基础，稳定投资是关键"的重要内涵，坚持"三稳定三加大"作为银行业服务实体经济的着力点，确保经济实现平稳较快发展。一是对"十二五"重大项目和符合国家产业政策的在建、续建项目要继续保持平稳、合理的信贷支持，对节能环保、科技创新、现代服务业、文化产业则要加大信贷支持力度；二是对地方政府实施的重点产业、工业园区、龙头企业工程要继续保持稳定、合理的信贷支持，对"小微企业"和"三农"贷款则要加大信贷支持力度；三是对地方经济、承接产业转移等要继续保持平稳、合理的信贷支持，对消费领域、保障性住房建设等民生领域则要加大信贷支持力度。

（2）要持续提升服务实体经济的质效，切实改进服务。银行业要不断改进实体经济的金融服务，切实在提供质优价平的金融服务上下工夫。一是科学规划网点布局，增加金融供给主体。按照"向能弥补银行业组织体系缺陷的机构倾斜、向金融服务相对薄弱的二线城市倾斜、向广大农村地区倾斜"的原则，继续加大金融机构审批设立力度。二是积极鼓励和引导民间资本有序进入银行业，参与农村新型金融机构的组建以及中小银行的增资扩股，为民间资本进入金融业畅通渠道，充分发挥银行业动员储蓄转向投资实体经济的功能。三是要以市场为导向，不断提高服务质量和服务效率。顺应实体经济对银行业服务的客观需求，强化主动服务意识，创新服务方式，提升服务功能，主动贴近市场，贴近企业，从提高效能和降低成本两方面入手，积极改进信贷管理模式，优化信贷审批流程，以优质高效的多样化金融服务对接多元化的实体经济需求。

（3）切实增强服务实体经济的能力，不断深化改革。一是深化金融机构改革，明确市场定位。推动政策性银行分支机构完善职能定位，做实政策性金融业务，审慎开展自营性业务；推动大型银行完善体制机制建设，充分发挥系统性银行的标杆和引领作用，加大信贷结构调整力度；推动邮政储蓄银行加强和完善内控建设，增强支持农业和服务中小企业的功能；推进股份制银行细分市场客户，走差异化竞争、特色化发展道路；推动地方法人机构进一步健全完善公司治理，优化发展战略，专注服务于"三农"、城市中小企业和县域经济发展。二是转变经营方式。进一步完善资本约束机制，强化精细化管理；进一步健全绩效考核体系，走效益、质量、规模、结构协调发展之路；进一步树立审慎经营、科学发展理念，增强可持续发展能力。三是加强与外资及区域外金融的合作，提升当地银行业开放层次和程度，强化金融合作，促进金融业可持续发展，增强为地方经济发展服务的能力。

（4）夯实服务实体经济的金融基础，着力防控风险。银行业要正确树立全面风险管理的理念，加强内部控制建设，提升内控执行力和内生动力。一是切实落实内控管理第一责任人的责任，健全完善风险动态管理机制，提高全流程风险管理水平。二是按照"贷款新规"完善传统信贷管理流程，建立涵盖所有业务风险的监控、评价和预警系统，制定全面的风险识别计量报告和控制程序，提升风险管理的技术水平。三是加强对重点区域、重点行业、重点客户的风险排查，及早制定风险防控预案，严防出现区域性、系统性风险和重大案件风险。四是建立与"影子银行"之间的"防火墙"制度，严防非法集资、高利贷、金融传销、民间融资等领域的风险向银行体系传染。

（5）努力改善服务实体经济的外部环境，加强多方合作。一是加强监管政策与货币政策、财政政策、产业政策的协调配合，进一步增强银行业服务实体经济的科学性、前瞻性和有效性。

二是加强与政府有关部门的沟通协作,联合研究制定和细化有关支持服务实体经济的扶持政策,确保对"三农"和中小企业发展的金融财税扶持政策措施"落地"。三是加强与有关部门协调,建立科学合理、公开透明的收费制度,降低企业融资成本。四是加大对不当竞争行为的治理力度,切实为银行业服务实体经济营造良好的外部环境。

15.3　大学生在金融业创业的建议

15.3.1　大学生专业与领域

与金融业相关的专业如表 15.2 所示。

表 15.2　与金融业相关的专业

1	信用管理	7	金融数学	13	金融投资与风险管理
2	保险专业	8	金融理财	14	国际金融与企业投资
3	投资学	9	应用金融	15	房地产经营与估计
4	金融业	10	证券投资	16	保险实务贸易经济
5	金融管理与实务	11	公司金融		
6	金融工程专业	12	保险精算		

金融业由于本身的行业限制,对行业知识及敏感性要求很高,并不像其他行业那样易进入,其他行业可能我们平时接触比较多,有相应的了解。但金融业更多的是需要深刻的知识及行业积累。由此,你必须学习过金融知识,或者有在这个行业工作过的经历,你才能有开始的机会。

但除此之外,比如对企业投资来说,相应的知识是充分条件,但不是必要条件。企业投资,投资人面对的是形形色色的行业,投资人必须对相应的行业或环境有了解,不然只是"纸上谈兵终觉浅"。你要对行业了解,要对某个行业的企业发展的市场前景作一定的评估。

15.3.2　大学生自身条件分析

1. 优势

(1) 接受过 12 年的基础教育,有正确的人生观、价值观和扎实的基础知识。

(2) 最具创新意识的人群,有着年轻的血液和蓬勃的朝气,接受新鲜事物快,思维活跃。

(3) 大学校园内有丰富的资源,整合大学资源可以为创业提供极大的帮助。

(4) 国家设立专项基金和优惠政策鼓励大学生创业。

(5) 大学生在大学学到了很多理论知识具有较高的学术水平。

2. 劣势

(1) 大学认识不足,对大学前的教育和了解不够。

(2) 大学很无聊,原因很多,主要是不会学,不会教,学校管多导少,个人规划少。

(3) 课外时间多,不会安排时间,实际上是心理幼稚行为,也是不会读书的表现。

(4) 大学生中有不少人认为自己还没有成熟,心理未完全成长。

15.3.3　给大学生在金融业创业的建议

金融业比起其他行业而言,进入门槛更高,对创业者的背景要求也更高,比如需要一定社会经验的积累、一定财富的积累、具有比较高的学历、了解更为全面的产业发展状况以及国家政策等。针对金融业创业的特点，提出以下几点建议。

1. 知识储备

（1）大学生金融业创业的瓶颈：知识储备不足。作为一个大学生，想进入金融业创业的话，你会遇到的一个瓶颈就是你的知识储备不足。其他行业可能不会遇到这个问题，比如在零售业创业的话，开一家服装店，你需要的可能就是把握流行的动态，然后懂得财务管理方面的知识，还有了解政策。但是在金融业创业就没有这么简单。广为人知的金融业领域包括银行、典当行、保险业。我们举个例说，开一个典当行需要具备什么知识。客人过来典当古董，你要能判别古董是真的还是假的，知道哪个时代的；客人过来典当手表、电脑，你知道客人的物品到底还值多少钱吗？除了应该知道大部分典当物的价值，还需要知道如何判定客人赎回典当物的期限，以及赎回的价格该如何制定，等等。因为需要各方面的琐碎、繁杂的知识，知识储备不足也因此成为金融业创业的一个瓶颈。

（2）建议：考虑自身的教育背景，不断扩展自己的知识储备。想要在金融业创业的学生最好要有相关的教育背景，比如金融专业、与经济有关的一些专业的学生，这些学生往往会具有更大的优势。并非说文科学生就不能进入金融业创业，而是相比而言，商科、理科的学生会更具优势。

因为他们在大学四年将在金融业领域所需大部分知识进行了了解和掌握，比起其他专业的学生，不用再花时间去学习类似于《宏观经济学》、《市场营销学》、《合同法》等专业性较强的知识。他们花了更多的时间在这个行业上，还有经常性地去了解相关的新闻政策，他们往往会对行业的发展状况了解更清楚，也更了解这个行业的规律，对全局的掌控也会比较得心应手。

2. 人脉、资金

（1）大学生金融业创业的瓶颈：人脉和资金的缺乏；缺少实战经验。大学生总会有着一股"身先士卒"的勇气。虽说"初生牛犊不怕虎"，但是在金融业这个行业，如果你没有一定的工作经验，又没有一定的人脉关系和资金，就想要去创业。你除了不知道从哪里入手之外，可能你会缺少足够的资金和资源去运营你的项目，就算运营了也有可能陷入困境。

人脉与资金都归属于资源。资源的缺失是大学生在金融业这个领域中创业常遇到的一个瓶颈。其实金融业创业出现的很多问题，大多都可以利用人脉去解决的。比如你开了一家典当行，接到不确定是否值钱的典当物，那去找你熟悉的老行尊，这样子就可靠多了。不够钱开店，如果你的人脉网够广，人家又对你的项目感兴趣，钱的问题就不用再犯愁了。

对于金融业创业而言，经验也是至关重要的。但是几乎很多人都是在没有一点实际经营经验的情况下就踏上了创业的道路。本着"摸着石头过河"的战略方针一步一步地前进，创业过程中的一个个小问题就变成了一颗颗炸弹，慢慢积聚着；后来又没办法及时有效地解决，一旦爆发，也就宣告该次创业失败。

积累一定的人脉、资金还有经验，能大大地减少你在金融业创业所面临的风险。

（2）建议：实战和工作经验、人脉的积累。对在校学生来说，最先该去积累的是人脉和实战经验。大学是一个可以大量扩张你人脉网的地方。身边的每一个同学、每一个老师，甚至每一个你遇到的社会工作人士，只要你热情去经营，真诚地去对待他们，就能使他们成为你的人脉。而在积累你人脉的同时，你还能去使用你熟悉的人所拥有的人脉。俞敏洪讲过一句话，"你想想知道你今天究竟值多少钱，你就找出身边最要好的3个朋友，他们收入的平均值，就是你应该获得的收入。"人人都想成功创业致富，然而机会在哪里？其实很多机会就在我们的人脉中，通过熟人、利用人脉资源进行营销，就可以大幅度地减少与合作伙伴、客户洽谈过程中磨合的时间，使双方更快、更容易地进入正题，减少不必要的猜疑，提高效率和成功率。下者用己之力，中者用人之力，上者用人之智。一个人要想成功，光靠自己的力量是无法取得成功的，必须依靠或者是借助别人的力量，这是人脉的价值。

对在校学生或应届毕业生来说，因为工作经验的缺乏，于是建议考虑先进入社会去沉淀一下，找到想要创业领域对应的大规模公司任职，比如，你想要开家典当行，你应该先去找一份典当行的工作，积累多一些的相关经验，与此同时要多向一些老行尊学习一些靠经验得来的知识；积累一些人脉。珍惜你的工薪族的生涯，打工不是你一辈子的目的，但它一定会成为你人生的一段美好时光。不要贪图宽领域，要专。抓住一个领域，做某一方面的通盘手，多积累帮你赚钱的人，而不是帮你花钱的人；也要靠一个组织，今天靠个人积累关系很难，依靠着公司，你可以更好地积累自己的人际关系。

改变自己的现状，不断地学习新的知识，不断拓展自己的人际圈，这都是创业路上的积累。趁着还有时间，可以多去了解金融业知名网站上的最新资讯，借鉴成功人士的经验；还可以多结交一些行业内人士，多参加行业活动去接触更多的业内人士；多读一些书和杂志，比如《创业家》、《哈佛商业评论》等。

🖥 小链接

创新工场董事长兼 CEO 李开复说："最近 10 家在美国上市的中国互联网企业，其 CEO 在创业时的平均年龄是 33 岁，同时创新工场内拿到 A 轮的公司创始人平均年龄也约是 33 岁。中国特殊的教育体系和创业环境可能导致年轻的创业者面临更多的创业挑战，相比美国创业者，他们需要更多的时间培养自己的情商、管理能力和社交能力，也需要更多的时间积累人脉、加强执行力及组建、培养自己的创业团队。同时，中国互联网创业者还需要有足够的心态和经验去应对大公司涉足自己的创业领域。所有这些都是非常年轻的创业者很难具备的素养和经验。"

3．心理准备

（1）大学生金融业创业的瓶颈：心理素质太低，承受能力低。很多学生都想要创业，觉得创业赚的钱一定会比安于职守地做一份工作来得多也来得快。但是在金融业这个领域中，高收益同时也具有高风险。既然在金融业创业赚钱会比工作赚钱多，那你也要知道创业所承担的风险也会更大。创业本来就不是一件易事，而在金融业创业就更难。心理素质差、承受能力低的人，只会在一挫再挫之后，一蹶不振。因为现在环境越来越好，大学生在大学之前所面临的困境越来越少，一旦遇到困难，大学生创业者的心理承受能力和心理素质会受到很大的挑战。只要遇到一些无法解决的困难，随之而来的可能就是自我崩溃。接受不了创业的一个个困难，是无法走向最后的成功的。

（2）建议：做好一定的心理准备。商场如战场，有赚就有赔。你要创业，就要做吃苦的思想准备，还得有承担失败的心理准备。有一个经典说法是："创业失败是必然的，成功是偶然的。"2010 年的数据显示，中国大学创业成功率平均为 3%，美国的大学生创业成功率为 20%，中国大学生创业的成功率为美国的 1/7（南方日报，2010 年 10 月 15 日）。也就是说，中国大学生创业 97% 都是失败的。金融业创业的门槛高，决定创业失败率会更高。

创业之前先要培养一种良好的心理素质，勇敢地面对未来可能出现的一切情况。哪怕现在是失败的，你也必须有坚强的毅力去面对以后的困难。有强而有力的创业心理准备。

本 章 小 结

金融的本质是资金的融通。金融业是指经营货币信用业务的行业，通常还包括保险业。

金融业的特点是指标性、垄断性、高风险性、效益依赖性、高负债经营性。

给在金融业创业学生的建议是：厚积薄发。不断积累自己的知识、人脉、资金、经验，会降低你在创业中所遇到的风险。

案例思考

苏禹烈拿投资当创业

一、普通的我

1985 年生，2003 年考入北京大学中文系，2010 年毕业（期间因创业休学 3 年），拥有文学学士学位。被称为国内"最年轻的天使投资人"，入选《创业家》杂志"中国天使投资 176 人"榜单。2011 年 10 月，加盟央视大型创投真人秀《给你一个亿》天使投资团，成为节目签约投资家。

2006 年，苏禹烈 21 岁时第一次创业。当时开了家文化交流公司，主要的业务范围是针对外国人旅游参观学中文等。创业未遂，最大的收获是，与后来合伙创立青阳天使基金的杰森相识并成为彼此信赖的朋友。

"当时的状态是第一没有过在大公司的工作经验，第二没有学历，第三在学校里参加的社团也都很少。"对于当时的尴尬处境，苏禹烈表示，"我当时想的就是两条路，要么是做演出，要么是做投资。北大、清华做投资的氛围是比较浓的，做这行可能能更快地积累财富吧，早点退休，还是干我那音乐那事儿去。"

之后，苏禹烈进入鼎鑫国际资本，成为一名高级项目经理，从此一脚踩进了投资行业。

"当时鼎鑫有一块业务想投餐饮。他们投餐饮的方式和其他公司不一样，它是一种创业式的投资。"这意味着，他们必须自己去找人搭团队、开店、做品牌。在这段时间里，跟餐饮有关的所有工作，包括服务员、采购甚至店面装修等各种细枝末节的工作，他全部做遍。

经过一段时间扎根一线的创业之后，苏禹烈认为，餐饮行业非常辛苦，但现金流好，竞争小，这成为后来青阳重点关注餐饮的主要原因。据苏禹烈介绍，"除了看其他项目，我主要就干这个。"从鼎鑫开始，直到后来成立青阳并将投资重点放在餐饮行业，都与这一段经历相关。

二、转身天使

苏禹烈正式的天使投资路开始于 2009 年。当时，青阳天使基金目前的合伙人之一杰森被两个美国朋友建议投资一家鸡尾酒酒吧。杰森当时并不懂投资，也不懂餐饮，于是找到了苏禹烈。

当时的苏禹烈并不大相信杰森拿来的这个项目，即使杰森连续催促了两次，苏禹烈还是没有提起看项目的商业计划书的兴趣。两星期后，难得的闲暇，苏禹烈决定看看这个外国人的项目。

"结果看一眼之后，我说，哎哟，这犯傻犯大了。"第二天，苏禹烈火速约见了杰森的两个朋友，然后立刻定下了青阳的第一个投资项目。

2009 年 11 月，Apothecary 在三里屯正式开业，总投资额为 190 万元。苏禹烈和几个朋友一共投了 20 多万元。与此同时，他们成立了青阳天使投资基金，一期基金仅 100 万元。

Apothecary 很快便不负众望地成为苏禹烈和他的合伙人们引以为傲的一个项目。"开业第二周达到盈亏平衡，现在每天流水 2.5 万，纯利润就有 1 万多。"

"国内一般是两种投资人。一种来自天堂，借用大的平台直接做投资，比如沈南鹏、熊晓鸽；一种来自地狱，成功的创业者华丽转身做投资，比如马云。而青阳属于第三种，我们是在创一种投资的业，介于天堂和地狱之间，我们是在人间。"在定位青阳天使投资基金时，苏禹烈这样表示。

2010 年 5 月，苏禹烈曾经短暂地跳转到另一家 PE 公司。原本希望能够有所提升的他却发现，这家公司基金投资概念非常短视，快进快出。苏禹烈开始明白，做投资已经慢慢开始和智力无关，基本上是靠拉关系、抢地盘。

"基金、风投，他们是需要退出的。但青阳不同，我们的一些项目，年收益率超过100%，IPO也不过是这种回报率了。"苏禹烈表示。

三、投资当创业

从Apothecary开始至今，苏禹烈和他的团队共投了8个项目，一半以上来自餐饮行业。除了Apothecary，还有紫藤桥传世功夫菜、真难吃到送餐、Ocean Grounds Cafe、福禄寿喜京畿料理等。

"大概现在国内都不可能有我们这种类型的天使投资人。我们的团队有一些是外国人，很多在国内都是没有任何人脉资源的。我们是拿投资当创业来做。"在谈及青阳独特的投资模式时，苏禹烈坦言："其实很多东西不是人聪明就能想出来的，都是逼出来的。因为原来钱少，只能投早期，中晚期投资就高了。没钱就投不起烧钱的项目，只能投现金回报高的项目。什么项目现金回报高？那就是开店，开各种店，比如小饭店、小旅店。"

"业内很多人也想投餐饮，但是餐饮和贸易是一个历史同样长的行业，如果你不真正了解，很容易亏损。"苏禹烈向《新金融》记者介绍道，"比如大厨是可以控制产品的。比如鱼翅，外面都卖八九千块钱一斤，好的大厨愿意做整的，啪一刀把碎的全切下去，他拿个小塑料袋子装着拿走，外面碎的收三四千块钱一斤。如果你有这个成本管理控制的能力，你当然能控制住，不然几千块钱利润一下子就没有了。"

苏禹烈认为，青阳之前的投资方向，基本是集中于餐饮相关的产业链，如一些支撑型的项目。一些项目虽然小，却能够为其他项目提供支撑，形成餐饮业的一个完整的链条。"比如餐饮人力资源公司、消费类企业的广告公司，诸如此类。"

据苏禹烈介绍，青阳虽然不会直接参与到投资项目的公司管理中，但在项目启动之后，会通过自己的相关资源，帮投资的企业找人、找店面，甚至通过一些人脉关系来找相对便宜的店面。

餐饮行业的项目投资小，然而退出确实是最大的问题。苏禹烈却认为，青阳更愿意投一些相对不愿意上市的公司。"有比较好的现金流，上市不上市无所谓。很多企业在行业里面有一定地位、有人脉，并不需要上市来融资。"

"未来还是会考虑自己投资做一些企业，做成实业控股的集团，而不是仅仅做天使投资。"苏禹烈表示，"还是要回归到实业上，其实不是说未来，我们现在就有自己的生意，就是我们投资的一些餐厅什么的就是我们自己开的，而且做得也还不错。"

案例来源：http://www.tianjinwe.com/tianjin/tjcj/201104/t20110404_3489113.html

思考题：

1. 苏禹烈是通过什么样的方式找到他的合作伙伴的？又是怎样开始他的投资作为创业之路呢？
2. 试想一下，如果你是苏禹烈，你会想到把投资当创业吗？你会怎么做？
3. 在创业之路，知识、人脉、经验你觉得重要吗？你会怎样去为你的创业先做好准备？
4. 从这个案例中你学到了什么？给你以后的创业之路有什么启示？

案例研读

张科迪和他的投融资工厂

众所周知，金融行业相对一般行业有较高的进入门槛，选择在这个领域进行创业的人较少，能进入这个行业，产品能覆盖从基金投资到个人贷款等理财产品的就更少了，而张科迪不仅成立了这么一家公司进行创业，而且还获得了一定的成功，他的生意是怎么做起来的呢？

张科迪，杭州图顺科技有限公司总经理，投融资工厂创始人。

2007 年，张科迪毕业于浙江工商大学，在校期间他读的是数学专业，因为同样是数学系毕业，笔者很好奇地问他后来做金融这一块是否和这个专业有关，因为许多金融产品的设计离不开专业的数学知识。出人意料的是张科迪却表示两者期间并没特别的联系，在校期间他只是一名很低调的学生，比起很多创业者，他甚至连学生会等社团组织也不曾参与，理由很简单，他不想被人管。

毕业后，张科迪也没有正儿八经地找过一份工作，不过他做的事情却比一般人多得多。据他所说，毕业后他搞过风险投资，炒过商铺，开过饭馆，等等，这个也许和他自身所处的环境有关。张科迪是杭州下沙本地人，下沙是热门的经济技术开发区，其时正在大规模建设当中，到处都是老房拆迁，新楼盘开发，各种商业中心不断建立，民间资本的流转很快。身处其中，耳濡目染的张科迪和江浙一带许多有为的年轻人一样，他们虽然没有一份正式工作（可能本身也看不上），却不肯安分守己，充分利用自身条件和人脉资源，走上了一条与众不同的创业之路。这种创业模式没有严格的朝九晚五，也不是正式的公司组织，张科迪典型的一天是这样的：晚上有个朋友打电话过来想谈一个项目，第二天找个合适的时间从床上爬起来与朋友见面，聊完之后考虑一下可行性，然后又可以回家呼呼大睡或者干点别的。

毕业后前几年张科迪就是在这种广泛的尝试中度过的，这种生活方式虽然扩展了他的视野，带来了直接的一手经验，但他并不满意，同时也很清楚自己要有更加正规的商业模式才能充分体现自己的价值，比如，注册成立一家有限责任公司。不过在此之前，张科迪还是做了充分的准备，因为经验告诉他这个社会对于资金流转有很强的需求。为了进入这个行业，张科迪特意到中国的金融中心北上深广进行考察，而且一考察就是 2 年。

这趟考察不仅增长了见识，更加坚定了他从事金融行业的决心，从外地回来的张科迪很快成立了杭州图顺科技有限公司，其主打网站投融资工厂也开始上线，通过大规模招兵买马，该公司成立了一个技术中心和一个业务中心，他也完成了从一个自由职业者到公司老总的转变。

依靠长时间的积累和自己的主动出击，张科迪完成了自己的原始积累，厚积薄发，他的公司一成立就令人耳目一新：虽然只是一家刚刚进入业界的公司，它的金融产品却涵盖融资、贷款、信用卡理财等方面，它的口号也很明确：专注于提供金融一站式服务。笔者质疑这样做对于一家新成立公司来说是否涉及面过广时，张科迪却很自信地表示要做就要做广做全，这也正是他公司的独特之处，而且他也有足够的资源来支撑起这个公司的发展。当天在下沙四季风情会所 5 楼的办公室里，原计划不到一个小时的采访却进行了 3 个多小时，张科迪一再无奈又有点自豪地向笔者表示实在太忙了，刚刚送走一拨客户又来一拨，有当地的，也有远从天津来的，他的业务已经扩展到了全国各地。

访谈最后，张科迪又透露近期还会上线一家专门从事热门的 P2P 贷款业务的网站，在预祝他的新业务取得成功的同时，笔者又问起了开头的问题，你是怎么进入看似水很深的金融业，同时又能把业务做得如此成功时，张科迪很平静地说，每个行业都有自己的内在发展规律，我只是遵循这个规律，一步步往下做而已。

资料来源：**http://club.1688.com/threadview/34116367.html**

思考与练习

1. 以 8~10 人为一组，请各小组查找更多关于金融行业的政策制度，挑出一些你觉得对自己未来在这个领域里创业有益的政策，做一个 3～5 分钟的 PPT，与其他小组分享。

2.（1）以 8～10 人为一组，请各小组选择已有的一个金融创业项目作为参照，利用第一篇的理论知识，模拟或以此项目做一份商业计划书；

（2）将这个项目可能遇到的困难罗列出来，并为此提供尽你所能想到的解决办法。

3．如果你是一个想在金融业领域创业的学生，你对自己的了解是否足够了呢？请为自己做一份优劣势的分析，并可以请你的伙伴为你补充，最后思考如何去完善？（选做题）

参 考 文 献

[1] 米兰. 精彩案例：创业路上，她只有一只枕头[J]. 致富时代. 2012（1）.

[2] 程永源. 创业理论与实践[M]. 中国科学技术出版社，2008.

[3] 李良智，查伟晨，钟运动. 创业管理学[M]. 中国社会科学出版社，2007.

[4] 陈永怀. 创业与创新[J]. 发明与创新（综合版），2006（8）.

[5] 顾强. 我国创业活动现状、问题与对策[J]. 中国经贸导刊，2004（24）.

[6] 杨安，兰欣，刘玉. 创业管理——成功创建新企业[M]. 清华大学出版社，2009.

[7] 郑炳章，朱燕空，赵磊. 创业环境影响因素研究[J]. 经济与管理，2008（9）.

[8] 刘平，李坚. 创业学——理论与实践[M]. 北京：清华大学出版社，2009.

[9] 张俊，颜吾芟. 论大学生创业教育[J]. 北京交通大学学报（人文社科版），2008（1）.

[10] 关红蕾. 我国创业教育发展现状和对美国创业教育的借鉴[J]. 新课程，2013（1）.

[11] [美]多林格著，王任飞译. 创业学：战略与资源：第三版[M]. 北京：中国人民出版社，2006.

[12] 德鲁克. 创新与创业精神[M]. 上海：上海人民出版社，2005.

[13] 胡海波. 创业计划[M]. 厦门：厦门大学出版社，2011.

[14] 刘平. 创业管理[M]. 北京：清华大学出版社，2011.

[15] 刘志阳. 创业学[M]. 上海：上海人民出版社，2008.

[16] 林嵩. 创业机会识别研究——机遇过程观点[J]. 中南民族大学学报，2007（9）.

[17] 李时椿，常建坤. 创业学：理论、过程与实务[M]. 北京：中国人民大学出版社，2011.

[18] 郎宏文，赫婷，高晶. 创业管理[M]. 北京：科技出版社，2011.

[19] 姜彦福，张玮. 创业管理学[M]. 北京：清华大学出版社，2005.7.

[20] 魏拴成，姜伟. 创业思维·过程·实践[M]. 北京：机械工业出版社，2013.

[21] 张秀娥. 创业管理[M]. 厦门：厦门大学出版社，2012.

[22] 左凌华，雷家啸. 创业机会评价方法研究综述[N]. 中外管理导报，2002（7）：54～55.

[23] 张文松，裘晓东，陈永乐. 创业学[M]. 北京：机械工业出版社，2011.

[24] 候之，学军. 马化腾的资本新途[J]. 中国投资，2004（10）：114.

[25] 于凌波. 马化腾创业速成新版硅谷故事[J]. 当代经理人 2000.

[26] 森丽. 名人传记（财富人物）[J]. 2008（1）.

[27] 马婷婷. 中国众筹模式有待进一步发展文[J]. 卓越理财，2013（8）.

[28] 石润梅，刘焕钦，王力敏. 创业贷款成就新疆各族大学生创业梦[J]. 卓越理财金融时报. 2013.

[29] 雷春萍，朱艳梅，于辉. 试论企业财务运行机制及其构建[J]. 黑龙江金融，2005（3）.

[30] 高金玲，熊义. 中小企业融资问题研究中小企业融资风险分析[J]. 辽宁省交通高等专科学校学报，2005（1）.

[31] 戴小平，陈靖. 我国中小企业融资风险及其防范[J]. 上海金融学院学报，2005（2）.

[32] 唐玉莲，徐大进，唐娜. 民营企业融资风险之成因分析[J]. 现代管理科学，2004（3）.

[33] 蓝虹，穆争社. 中国企业融资风险生成与转假的博弈分析[J]. 财经科学，2004（4）.

[34] 冯曰欣. 企业融资风险研究[J]. 山东财政学院学报，2003（3）.

[35] 张亦春. 金融市场学[M]. 北京：高等教育出版社，1999.

[36] 罗伯特·巴隆，斯科特·谢恩. 创业管理——基于过程的观点[M]. 张玉利等译. 北京：机械工业出版社，2005：19.

[37] 唐德才. 现代市场营销教学教程[M]. 北京：清华大学出版社，2009（7）.

[38] 荆新，王化成，刘俊彦. 财务管理学[M]. 北京：中国人民大学出版社，2012.

[39] 王国红、唐丽艳. 创业与企业成长[M]. 北京：清华大学出版社，2010.

[40] 龚荒，创业管理[M]. 北京：北京大学出版社，2011.

[41] 姜彦福，创业管理学[M]. 清华大学出版社 2005.

[42] 张耀辉，张树义，朱锋. 创业学导论：原理、训练与应用[M]. 北京：机械工业出版社，2011.

[43] 郎宏文，郝婷，高晶. 创业管理[M]. 北京：科学出版社，2011.

[44] 赵立祥. 创新型创业管理[M]. 北京：科学出版社，2011.

[45] 烨子. 三十六计与顶尖创业[M]. 北京：金城出版社，2002.

[46] 梅强. 创业管理[M]. 北京：经济科学出版社，2011.

[47] 张彦福. 创业管理学[M]. 北京：清华大学出版社，2005.

[48] 蒋云清著. 与明天竞争——马云商业智慧[M]. 安徽：安徽人民出版社，2012.

[49] 董克用著. 人力资源管理概论（第三版）[M]. 北京：中国人民大学出版社，2011：205.

[50] [美]迈克尔·比尔. 管理人力资本. 北京：华夏出版社，1999：143.

[51] 唐德才. 现代市场营销学教程[M]. 北京：清华大学出版社，2009.

[52] 陈维政，吴继红，龚沛. 企业中高层管理人员的激励的激励因素[J]. 人才开发报刊，2006.

[53] 胡蓓，李毅. 人才流失危机预测预警管理[J]. 中国人力资源开发，2005.

[54] 荆新，王化成，刘俊彦. 财务管理学[M]. 北京：中国人民大学出版社，2012.

[55] 迈克尔·波特. 小悦译. 竞争战略[M]. 北京：华夏出版社，2012.

[56] 彭尔霞，王为，路军. 企业创新环境危机的原因分析与对策[J]. 科技与管理周刊，2008.

[57] 唐德才. 现代市场营销学教程[M]. 北京：清华大学出版社，2009.

[58] 亚德里安·斯莱沃斯基. 凌晓东译. 发现利润区[M]. 中信出版社，2011.

[59] 叶国灿. 从管理理论演进看企业管理模式创新趋势[J]. 中国人民大学学报，2004.

[60] 张凌，李锦慧. 基于技术危机的企业技术危机管理系统初探[J]. 科学·经济·社会，2007.

[61] 张凌，李锦慧. 基于技术危机的企业技术危机管理系统初探[J]. 科学·经济·社会，2007.

[62] 王晓红. 大学生创业准备的指导策略[A]. 湖北社会科学，2011（3）.

[63] 张卫民. 对我国大学生创业"瓶颈"的几点思考[J]. 成才之路，2010（19）.

[64] 吉文林. 开始你的农业创业[M]. 中国农业出版社，2010.

[65] 刘志，刘银来. 现代农业创业基础[M]. 湖北科学技术出版社，2012.

[66] 蒋琳. 现代服务业税收的国际比较与借鉴研究[M]. 北京：科学出版社，2012.

[67] 黄鹤. 从黄鹤创业案例看大学生创业思路[J]. 科技日报 2006（11）.

[68] 蔡克勇. 大学生创业机遇在哪里[J]. 民办高等教育研究，2007（12）.

[69] 方远平，毕斗斗. 国内外服务业分类探讨[J]. 国际经贸探索，2008（1）.

[70] 于富荣，陈海涛. 草根创业—休闲娱乐业创业路线图[M]. 北京：中国经济出版社. 2010（1）.

[71] 卢福财. 创业通论[M]. 北京：高等教育出版社，2012.

[72] 张玉利. 创业管理[M]. 北京：机械工业出版社，2012.

[73] 倪锋. 创新创业概论[M]. 北京：高等教育出版社，2012.

[74] 吴运迪. 大学生创业指导[M]. 北京：清华大学出版社，2012.

[75] 尹琪. 大学生创业原理与实务[M]. 北京：高等教育出版社，2011.

[76] 张晶敏. 现代服务企业的服务创新[M]. 辽宁：东北财经大学出版社，2012.

[77] 张国云. 服务崛起——中国服务业发展前沿问题[M]. 中国经济出版社，2007.